서양의 역사 총서

제국주의

신화와 현실

박지향

서울대학교출판문화원

머리말

제국주의 연구를 시작한 지도 5~6년이 되었다. 지금이나 마찬가지로 그 때도 21세기를 몇 년 앞둔 들뜬 분위기에서 사람들의 관심이 온통 새로운 것에 쏠리고 있었다. 제국주의 연구를 시작했다는 나의 말에 한 친지는 "아직도 그런 것을 하느냐"는 반응을 보였다. 제국주의는 더 이상 존재하지 않는 구시대의 잔재라는 인식이었을 것이다. 그러나 우리의 삶의 얼마나 많은 부분과 영역이 여전히 제국주의 시대의 유산에 의해 지배되고 있는지를 생각하면 우리는 '아직도'가 아니라 '여전히' 그런 것을 해야 하는 처지에 있음을 깨닫게 된다.

나의 원래 목표는 영국과 일본의 제국주의를 비교 연구하는 것이었다. 그 핑계로 동경대학 사회과학 연구소에서 6개월, 케임브리지 대학에서 6개월의 좋은 시절을 보낼 수 있었다. 그러나 비교 연구서를 쓰기 전에 우선 서양 제국주의에 대해 정리해야겠다는 생각이 들게 되었다. 유감스럽게도 우리 나라에는 아직 제국주의에 대한 적절한 입문서가 없는 실정이다. 한때 신식민주의가 유행할 때 그 관점에서 제국주의이론을 번역, 소개한 책이 한두 권 나왔을 뿐이다. 그런 사정을 고려하여 서양 제국주의의 다양한 면모와 해석을 이 책에 담고자 하였다. 나의 전문분야가 영국사이기 때문에 영국의 경험이 중심을 이루고 있지만 가능한 한 서양 전반을 다루려고 노력하였다. 어찌 되었든 대영제국은 인류 역사상 가장 큰 규모의, 그리고 가장 위대하다고 인정된 제국이었기 때문에 근대 제국주의 연구는 결국 영국을 모델로 하지 않을 수 없다는 구실도 한 구석에는 있었다.

이 책은 정치적 종속과 경제적 착취라는 익숙한 논의만이 아니라 최근 포스트 모더니즘과 탈구조주의의 영향으로 꽃피고 있는 제국주의의 문화와 젠더 영역에 대해서도 소개하고 있다. 여기서 다루지 못한 주제 가운데 가장 중요한 것은 종속민에 대한 논의이다. 이 책은 주로 제국주의자의 논의와 행위를 다루고 있기 때문에 서양의 충격을 감당하고 그 지배를 받아야 했던 피지배민의 반응을 살피는 데까지 나아가지 못했다. 그것 자체 거대한 연구과제이므로 훗날을 기약할 수밖에 없을 것 같다.

동경대학에서 당신의 연구실까지 나에게 내주며 연구를 도와주신 와다 하루키 교수, 케임브리지의 고즈넉한 저녁시간을 나와의 토론에 빼앗기는 것을 마다하지 않았을 뿐만 아니라 고색창연한 컬리지 디너에도 여러 번 초대해 주신 A. G. 홉킨스 교수, 그리고 언제나처럼 나의 연구구상에 귀 기울이고 여러 조언을 해주신 에릭 홉스봄 교수에게 마음에서 우러나는 감사를 드린다. 이 책의 일부를 읽고 논평해 주신 서울대학교 권태억 교수, 주경철 교수, 육군사관학교 교수부의 김대륜 중위에게 감사한다. 서울대학교 서양사학과의 강현주, 권윤경, 노경덕 조교에게서도 큰 도움을 받았다. 지난 수년간 나의 제국주의 강의를 수강한 서울대학교 대학원 학생들의 열띤 토론이 이 책을 구상하는 데 큰 도움이 되었음은 물론이다. 모두에게 고마움을 전하고 싶다. 마지막으로 촉박한 시일 내에 책을 만드느라 수고하신 서울대학교 출판부의 직원 여러분께 감사드린다.

2000년 2월
관악에서 박지향

차 례

제1장

오늘의 담론: 왜 지금 제국주의인가

왜 지금 제국주의인가? 새로운 밀레니엄이 시작된 지금 우리는 왜 제국주의를 논해야 하는가? 우리는 흔히 식민주의와 제국주의를 지나간 시대의 잔재로 생각한다.[1] 유럽의 식민주의와 제국주의는 보통 이베리아인들이 1492년 아메리카를 발견하고 1498년 인도에 도착한 때부터 시작되었다고 간주된다. 이 때 시작된 유럽의 해외 제국은 20세기 후반에 종결됨으로써 약 500년간 지속되고 사라져 갔다. 그 중에서도 19세기 말부터 20세기 초에 이르는 한 세대 동안에는 전 세계가 한줌밖에 안 되는 유럽 강대국들에 의해 지배되는 특이한 현상이 일어났다. 그렇지만 제국주의는 그 거대한 영향력에도 불구하고 세계사에서 단지 스쳐 지나가는 현상에 불과한 것으로 보인다. 아직도 남아메리카와 대서양 및 태평양에 있는 섬들에 영국과 프랑스 식민지들이 남아 있지만 이제 이 세상 거의 모든 곳에서 공식적 식민지는 사라져 버렸다. 그러나 유럽 제국주의는 세계질서에 대단히 중요한 결과를 야기한 역사적 현상이었다. 제국들은 사라졌지만 그 유산은 남는 법이다.

역설적으로 새로운 세기에 대한 대중적 기대가 그 어느 때보다 컸던 지난 10여 년 동안 학계에서는 실상 식민주의와 제국주의에 대한 논의가

1) 식민주의와 제국주의의 개념 정의에 대해서는 제2장을 참조할 것. 이 장에서 두 개념은 구분 없이 사용되고 있다.

그 어느 때보다도 활발하였으며, 새롭고 혁신적인 연구가 시작되었다. 이것은 얼핏 보면 모순되는 현상이라고도 생각되는데, 그 배경에는 몇 가지 원인이 자리잡고 있다. 여기에는 1989년 이후 변화된 국제관계, 점차 명백해지고 있는 문화적 · 사회적 · 인종적 다양성, 1980년대 이래 강력한 영향력을 행사해 온 탈식민주의, 포스트 모더니즘, 페미니즘과 같은 사조의 영향이 포함된다. 그 결과 식민주의와 제국주의는 새로운 중요성으로 우리에게 등장한 것이다. 우선 소련 체제의 붕괴로 말미암아 야기된 냉전 구조의 종말은 우리에게 근대 역사의 과정을 다시 생각해 볼 공간을 마련해 주었고, 특히 제국과 탈식민의 서사시를 되새겨 보게 만들었다. 1989년 이래 유럽에서 진행된 급격한 변화들은 과거에 대한 관심을 약화시키기보다 오히려 강화시켰던 것이다. 사람들은 점점 더 우리가 살고 있는 지금 이 세계의 역사는 15세기 이후 유럽과 그 외 세계 사이에 있었던 복잡한 상호관계를 알지 못하고는 이해할 수 없다는 사실을 깨닫게 되었다.

사람들은 공식적 식민지 지배가 20세기 후반에 다 사라졌지만 국제관계와 국제적 인종관계에서의 소위 '신식민주의'적 지배는 여전히 남아 있다고 생각한다. 그것은 강대국들이 제3세계에서 영향력을 계속 행사하려는 목적으로 야기하는 군사적 공격이나 중심부에 유리하게 경제적 질서를 유도하려는 정치적 통제 등에서 드러난다는 것이다. 제국주의 지배세력과 종속국으로서의 경험은 여전히 국내적인, 혹은 국제적인 정치현장에서 명백히 드러나고 있으며, 지금의 국제관계 역시 지난 세기의 지배-피지배 관계의 흔적을 답습하고 있다. 또한 제국주의 지배하에서 이루어진 사회적 재구성은 비유럽 세계의 사회적 조직에 근본적인 영향을 미쳤으며 사회의 문화적 생산에 뚜렷한 자취를 남기고 있다. 탈식민 세계에서 많은 신생국들이 태어났지만 그들의 국경선은 유럽 제국주의자들이 식민지 이전 시대의 정치적 · 문화적 · 종족적 테두리를 몰라서, 혹은 알면서도 무시한 채 그어 놓은 국경선이다. 이들 국가에게는 독립과 더불어 국경선만이 아니라 식민지 지배자들이 남겨 놓은 언어, 행정체제, 법체계, 경제적 하부구조 등을 받아들이는 것 외에 다른 대안이 없었다. 물론 그 결과는 다양하게 나타났다. 어떤 나라들은 만성적인 종족적 갈등과 경제적 종속에 시달리는가 하면, 다른 나라들은 경제적 · 산업적 세력으로 발전하기도 하였다. 그리고 그것은 상당 정도 식민시대가 남겨놓은 유산이다.

제국주의에 대한 연구가 최근 활발해진 두 번째 원인은 다인종적이고 다문화적인 사회의 대두이다. 이제까지 거의 순수하게 백인들만의 사회이던 유럽은 독립한 식민지로부터 온 이민들로 인해 다인종적이고 다문화적인 사회가 되었다. 이 현상은 단순히 미국만이 아니라 영국, 프랑스, 독일, 그리고 식민지 경험을 가진 주변부 사회에서도 비슷하게 진행되고 있는 형편이다. 그 결과 낡은 인종주의가 살아나고 새로운 인종주의가 만들어졌다. 현재 이 사회들이 경험하고 있는 혼란과 '복수 형태의 정체성'은 결국 식민주의의 결과라고 말할 수 있다. 따라서 우리 역사에서 제국주의가 가지는 중심적인 위치와 인종주의와 민족주의가 남긴 유산이 부각되는 것이다.[2)]

식민지와 제국의 문제들이 활발하게 제기되어 온 세 번째 이유는 우리의 문화가 점차 지구화하는 현상에도 기인한다고 할 수 있다. 특히 최근 제3세계 작가들이 성공적으로 세계 시장을 확보하게 되었고, 그에 덧붙여 이제까지 주로 중심부로부터 주변부로 향했던 글쓰기에 반하여 주변부 저자들이 중심부를 향해 되쓰기(writing back)를 하는 경향이 강해진 탓이라고 할 수 있다.[3)] 그들의 되쓰기는 이제까지의 유럽 중심적 사고에 대한 도전장이었으며, 전혀 다른 각도에서 사회와 역사를 바라보는 시각을 제시함으로써 제국의 시대에 대한 새로운 성찰을 요구하였던 것이다.

---

2) Alice Conklin & Ian C. Fletcher eds., *European Imperialism 1830-1930*(Houghteon Mifflin, 1999), 1.

3) Francis Barker, Peter Hulme and Margaret Iversen eds., *Colonial Discourse/Postcolonial Theory*(Manchester University Press, 1994), "Introduction," 1.

마지막으로 우리는 '탈(post)' 개념의 성행을 생각해 볼 수 있다. 공식적 제국이 더 이상 존재하지 않는다는 의미에서 우리는 우리 시대를 보통 '탈식민' 시대라고 칭한다. 실상 지난 20년 가까운 기간 동안 우리는 어디에서나 '탈'이라는 수식어가 붙은 단어들에 익숙해 왔다 — 탈식민주의, 탈근대주의, 탈구조주의, 탈포드주의, 탈마르크스주의 등. 이러한 '탈' 개념의 유행은 직선적인 역사적 전진이라는 개념의 위기를 보여 주는 것이다. 이제 역사와 진보에 대한 직선적인 견해가 더 이상 받아들여지지 않는 상황인 것이다. '탈' 개념은 또한 보다 해방 지향적이고 긍정적인 미래에 대한 전망을 암시하기 때문에 선호받는 것인지도 모른다. 그러나 '탈'이라는 접두어가 보여 주는 것만큼 우리 시대는 식민주의로부터 벗어났는가? 현재 많은 사람들이 '탈근대'를 외치고 있지만 우리는 얼마나 많은 영역에서 우리 사회가 '탈근대'적이고 '탈식민'적이지 못한가를 다시금 깨닫고 있다. 우리는 제국주의와 식민주의가 여전히 근대 세계를 이루는 요소들이고 그것의 갈등 요소라는 사실을 다시 한번 인식하게 된 것이다. 식민주의는 보다 거칠면서도 사실은 보다 정교한 행동과 불쾌한 조크와 은근한 불평등의 형태로 여전히 우리에게 남아 있다.[4)]

우리 시대가 '탈식민' 시대가 아니라는 증거는 무엇보다도 식민주의와 제국주의가 여전히 우리의 문화적 삶을 지배하고 있다는 사실에서 발견된다. 식민주의와 제국주의는 이제까지 주로 서양의 인종주의나 정치적 · 경제적 이해관계의 추구라는 관점에서 이해되어 왔다. 제국주의라면 우리는 즉각적으로 '침투', '정복', '경제적 착취', 그리고 유럽인들에 의한 토착민의 '지배'를 연상하는 것이다. 그러나 제국주의는 물질적 현상이 아니라 오히려 항상 문화적 과정이었다. 제국주의는 상징과 메타퍼와 이야기를 통해 사람들의 상상력을 자극하고 그것에 의해 강화되었던 것이다. 따라서 가장 최근의 제국주의 연구는 '제국주의의 문화사'에

---

4) Nicholas Thomas, *Colonialism's Culture*(Polity, 1994), 1.

관심을 집중하고 있다. 물론 역사가들은 항상 가치와 이념이 제국주의에서 중요한 요인이었다는 사실을 알고 있었다. 그러나 그 토대는 최근까지 거의 체계적인 분석의 대상이 되지 못하였다. 게다가 제국주의적 문화에 대한 요즈음의 접근은 이전의 접근방법과는 근본적으로 다른데, 이전의 접근법이 제국주의가 표방한 공식적 원칙에만 국한하였다면 지금은 텍스트, 이미지, 실천들을 통해 어떻게 제국이 상상되고 표상되고 경험되었는가를 분석하는 데 주력을 기울이고 있다.

제국의 문화사에 대한 이러한 관심은 두 분야의 학제간 연구에 의해 자극을 받아 촉진되었다. 첫번째는 에드워드 사이드에 의해 시작된 탈식민 문화연구이다. 문화적 현상으로서의 제국주의에 대한 관심은 사이드의 『오리엔탈리즘』으로부터 시작되었다고 할 수 있다. 사이드는 이 저서에서 '오리엔탈리즘'이라는 용어를 비밀스런 학문적 분야를 지칭하는 말로부터 서양 제국주의와 인종주의의 동의어로 탈바꿈시켰다. 지식은 언어로부터 파생된 담론의 한 분야라는 탈구조주의적 명제로부터 시작한 사이드는 푸코로부터 지식과 권력체제의 긴밀한 관계에 대한 성찰을 받아들였다. 사이드에 의하면 오리엔탈리즘은 담론, 혹은 이데올로기적이고 제도적인 틀에 해당하는데, 그 틀은 유럽이 타자를 이해하고 타자에 대해 행동하는 방법을 지시해 주는 준거가 되었다. '서양이 동양이라고 정의한 세계의 표상'인 오리엔탈리즘에 대한 연구는 이 일군의 지식이 소위 동양에 대해서 거의 말해 주는 바가 없으며, 서양에 의해 표상된 동양은 서양의 상상력 밖에서는 존재할 수도 있고, 존재하지 않을 수도 있음을 지적한다. 그것은 단지 서양이 자신의 헤게모니적 지배하에 들어온 사람들과 문화 위에 스스로를 부과하려는 노력이었다는 것이다. 따라서 오리엔탈리즘은 제국주의 세력을 물질적 현상으로 간주하는 전통적 개념을 밀어내고 인식론적 체제로 대체하였다. 서양 세력은 그것이 만들어 내고 부과한 문화적 표상에 연결되어 있기 때문에 제2차 세계대전 이후 식민지들이 독립했음에도 불구하고 살아남을 수 있었다는 것이다.

사이드의 오리엔탈리즘과 그로부터 영향을 받은 후속 연구들은 식민지 종속민에 대한 오리엔탈리즘적인 지식 생산이 식민지 지배를 유지하는 데 얼마나 중요했는가를 강조한다. 나아가 이 연구들은 우리가 스스로에게 부과한 자기-타자에 관한 개념이 얼마나 오류에 찬 것인가를 깨닫게 해주었다. 오리엔탈리즘의 담론은 타자와 동양에 대해 서양인들이 만들어 놓은 부정적 정형화로 가득 차 있는데, 이러한 담론의 많은 부분이 여전히 오늘날에도 영향력을 미치고 있는 형편이다.[5] 뿐만 아니라 우리에게 가장 놀라운 사실은 이들 유럽인들이 만들어 놓은 '타자'에 대한 잘못된 상을 동양 스스로가 받아들였다는 것이다. 유럽인들은 자신들의 정체성을 형성하기 위해 인종과 문화의 차이에 비추어 아시아인, 아프리카인, 그리고 아메리카인을 발명해 내고, 자신들이 가지고 있지 않은 집단적 동질성을 그들에게 부여하였다. 그런데도 동양은 서양이 그들에게 만들어 준 잘못된 정체성과 함께 역사에 대한 서양 사람들의 단선적 관점을 받아들였다는 것이다. 그리하여 동양은 그들 자신의 과거를 내던지고 대신 남들이 교묘하게 주입시킨 과거에 대한 견해를 그대로 수용하였다는 것이다.[6] 이 분석이 함의하는 바는 서양의 지배 양식의 붕괴는 서양적 지식 구조의 해체를 요구한다는 것이고, 여기서 탈식민이론과 포스트 모더니즘, 그리고 제국주의의 문화사가 만나게 되는 것이다.

제국주의의 문화사에 대한 관심은 페미니즘 연구에 의해서도 자극을 받았다. 페미니즘적 시각이 도입되기 전까지 '고통받는 식민지 종속민'의 이미지는 전적으로 남성이었다. 식민주의에 대해 가장 예리한 분석을 가한 파농조차 그렇게 상정하였다. 또한 독립 후의 어떤 탈식민국가도 여성과 남성에게 동등한 권리를 인정하지 않았다. 탈식민국가의 발전은 전적으로 남성의 갈등, 남성의 희망사항, 그리고 남성의 이해관계와 동일시되었던 것이다. 남성과 여성은 식민시대는 물론, 탈식민사회에서조차 같은 방법과 같은 조건하에서 살아온 것이 아니었다. 여성은 탈식민

---

5) Conklin & Fletcher eds., *European Imperialism 1830-1930*, 7.

6) 조셉 폰타나, 김원중 옮김, 『거울에 비친 유럽』(새물결, 1999), 187-192.

의 긍정적 영향력을 거의 경험하지 못한 집단으로 남아 있게 되었고, 여기서 식민주의와 제국주의에 대한 페미니즘의 시각은 기존 남성 위주의 시각에 대해 매우 비판적일 수밖에 없었다.

페미니즘 연구자들은 우선 제국주의를 남성의 영역으로만 지정해 온 기존 경향에 대한 반대로부터 출발하였다. 이들은 제국의 유지 및, 제국에 대항한 반식민주의 투쟁과 민족주의 운동에서 여성이 행한 역할에 주목하였다. 나아가 페미니즘 연구자들은 제국주의와 젠더 사이의 매우 복잡하고 복합적인 상호관계를 파헤치기 시작하였다. 제국주의 시대에 여성과 남성, 백인과 비백인의 구분과 이들 사이의 관계는 복합적으로 작용하였다. 그것은 단순히 성의 구분도, 인종의 구분도 아니었다. 식민지 사회는 4개의 요소들이 복합적으로 작용하는 현장이 되었다. 영화 「Out of Africa」에서 표현되듯이 백인 여성이 사파리에서, 혹은 비행기로 식민지의 하늘을 날며 느끼는 해방감은 그녀의 속옷을 빨아야 하는 흑인 여성과는 아무 상관이 없었다.[7] 그렇지만 식민지 사회에서 백인 여성이 가지는 정체성은 백인 남성의 정체성과는 다른 것이었다. 이처럼 식민주의 시대에 성(sexuality)이 인종적인 차별로 바뀌고 역으로 인종이 성 차별로 바뀌는 역학관계, 그리고 백인 남성이 만들어 낸 '여성성'과 '남성성'의 담론이 여성과 비백인들을 종속시키는 데 있어 기여한 바는 피상적으로 인식되어 온 것보다 훨씬 복잡하고 새로운 조망에 의해서만 이해될 수 있는 것이다.

제국주의를 문화적 현상으로 보게 되면 '식민'과 '탈식민'의 시간적 구분은 무의미해진다. 문화적 현상에는 시작과 끝이 명료하지 않기 때문에 쉽게 '식민지적 과거'와 '탈식민적 현재'를 분리할 수 없게 되는 것이다. 중요한 것은 식민지의 정치적 종속이 아니라 '식민 세력이 타자의 몸과 공간에 스스로를 새겨 넣는 순간'이다. 같은 맥락에서 단순히 식민지의

---

7) Anne McClintock, "The Angel of Progress: Pitfalls of the Term 'Postcolonialism,'" in *Colonial Discourse/Postcolonial Theory*, 260, 261.

정치적 독립이 아니라, 식민주의와 '식민주의의 역사 길들이기의 역사'가 그것이 생산해 낸 범주와 개념들의 지배로부터 얼마나 자유로워질 수 있는가가 중요하다. 즉 식민주의자와 식민지 종속민, 백인, 흑인, 황색인, 문명과 비문명, 문화적 정체성, 부족과 민족 등에 대한 개념화와 담론이 탈식민사회에서 어느 정도 해체되었는가가 핵심인 것이다. 제국주의의 문화사를 이해하기 위해서 우리는 실질적인 식민지 소유와 지배 자체만이 아니라 그 이전과 이후 시기에까지 관심을 기울여야 한다. 게다가 사이드의 주장처럼 서양이 스스로를 인식하기 위해 필요한 타자로서의 역할을 부여하기 위해 동양을 정형화했다면 식민주의가 끝났다고 해서 타자로서의 동양, 타자로서의 종속민의 이미지와 필요성이 모두 사라진 것은 아니다. 하나의 적이 사라지면 다른 적을 다시 만들어야 하는 법이다. 역사에는 종말이나 빈 공간은 있을 수 없다. 따라서 현재 '탈'이라고 묘사되는 시대는 영원한 현재일 뿐이다.

그런데 제국주의 문화연구에 나타난 가장 최근의 경향에서 우리는 사이드와 탈식민이론으로부터 받은 근본적인 영향력에도 불구하고 다시 그것을 극복하려는 시도를 발견할 수 있다. 이제까지 식민주의이론은 식민주의의 효과가 종속민들에게 깊숙이 파고들었고, 이들은 식민주의의 결정적인 충격에 의해 지배되고 동화되었다고 주장해 왔다. 가야트리 스피박에 의하면 식민주의의 효과는 너무나 엄청나서 식민지 종속민들은 도전의 말을 뱉을 기반조차 박탈당했다는 것이다. 그러나 요즈음 서양의 일방적인 통제라는 개념에 대해 많은 비판이 제기되고 있다. 비판자들은 제국주의자들이 절대적인 지배를 상정하지도 않았고 그렇게 하려는 의지도 가지지 못했다고 지적한다. 많은 경우 식민지 지배자들은 불안감에 떨었고 원주민 사회에서 만나게 되는 모호하고 이해하기 힘든 양상에 압도되었다는 것이다. 그들은 식민지 사회에 대해 엄청난 양의 지식을 축적하였지만, 손으로 만질 수 없고, 느낄 수 없으며, 사실이 아닌 표상만을 가진 채 절망감에 빠져들었다는 것이다. 따라서 최근의 새로운 경향은 식민지 지배가 성공했는가, 실패했는가의 문제를 따질 것이 아니라 지배자와 피지배민의 상호관계, 다시 말해 특정한 식민주의 기획이 원주민 사회에 의해 어느 정도 변화되거나 굴절되었는가를 찾아보는 데 더 큰 관심을 기울인다.[8)]

이처럼 최근의 논의에서 우리는 제국주의의 다양성을 찾으려는 노력을 발견할 수 있다. 이제까지 제국주의 연구는 식민주의자와 종속민 사이의 복잡한 다양성과 상호작용을 제국주의 지배자와 식민지 종속민, 동양과 서양, 문명인과 원시인, 과학적인 것과 미신적인 것 등의 이분법적 논리로 환원시켜 왔다. 그런데 이것은 탈식민이론가들이 그처럼 비판해 온 제국주의자들의 잘못과 흡사하다고 비판받고 있는 것이다. 따라서 지배-피지배의 이분법적 구분이 아니라 양자가 혼합하고 교차하는 주변 영역에 대한 관심이 점차 증가하고 있다.[9)] 그것은 곧 일방적인 지배와 종속이 아니라 서로 변화를 야기할 수 있는 상관관계와 상호작용이라는 맥락에서 식민지 지배자와 종속민을 바라보려는 시도이다. 이러한 시도는 식민주의자와 종속민 모두에서 다양성을 발견하려는 노력으로 이어진다. 종속민에 대한 식민주의자의 태도에는 동화와 배제라는 두 가지 방법과 요소들이 동시에 존재하였으며, 종속민에게서도 마찬가지로 식민주의자에 대한 저항과 함께 그들을 모방하려는 모습이 발견된다는 것이다. 사이드가 강조한 정형화된 오리엔탈리즘의 틀은 극복되어야 한다는 것이다.[10)] 이러한 연구 경향은 제국의 시대를 살아온 지배자와 피지배민을 보다 동등한 관계에 위치시키고, 식민지 주민들을 일방적으로 종속되고 지배된 사람들이 아니라 보다 적극적인 '행위자'로 되살리려는 의도에서 나온 것이다.

이러한 맥락에서 우리는 이제 외형적으로는 사라졌지만 여전히 우리

---

8) Thomas, *Colonialism's Culture*, 15.

9) Gyan Prakash, "Introduction: After Colonialism," in *After Colonialism*, ed., Prakash (Princeton University Press, 1995), 3.

10) Barker et al eds., *Colonial Discourse/Postcolonial Theory*, "Introduction."

곁에 있는 식민주의와 제국주의에 대해 다시 한번 생각해 볼 기회를 가져야 할 것이다. 역사를 연구하는 이유는 과거의 현상과 표상이 시간적으로 멀리 떨어져 있다 하더라도 현재 우리의 논의에 반향하고 있고 그것과 관련을 맺고 있기 때문이다. 제국주의 역시 마찬가지이다. 만약 현재에 대한 비판에 관심이 없다면 우리가 과거에 대해 더 많이, 더 잘 안다는 것은 그렇게 중요하지 않을지도 모른다. 역사를 알고 이해하고자 하는 것은 단순한 지적인 호기심만이 아니라 어떤 정치적이고 현실적인 요구나 희망사항에 의해 자극되는 경우가 많기 때문이다. 우리가 품고 있는 희망의 하나는 전 인류가 보다 공정하고 보다 평등한 사회에서 공생하는 미래를 만들어 내는 것이라고 생각된다. 그러한 우리의 희망사항이 단순히 희망사항으로 남지 않으려면 제국주의 시대의 담론과 현재가 어떻게 서로 관련 맺고 있는지를 보다 직접적으로 질문하는 것이 필요한 것이다.

가까운 과거에 식민지 경험을 한 우리에게 제국주의를 다시 생각해 볼 필요성은 더욱 절실하다 하겠다. 현재 우리의 문화적 태도에서 식민주의와 제국주의가 가지고 있는 영향력을 이해하기 위해서 우리는 과거를 알아야 한다. 우리는 아시아, 아프리카의 다른 '탈식민' 사회들과 마찬가지로 여전히 '탈식민'하지 못한 상태에 있다. 독립과 더불어 모든 악이 사라지리라는 기대는 환상이었다. 우리의 반제국주의적 정서는 특히 지난 60년대 이후의 정치적 상황 때문에 반봉건과 반독재의 정서와 결합되어 왔고, 그 때문에 우리는 식민주의와 제국주의에 대해 더 많은 오해를 해왔다고 생각된다. 현재 우리에게 필요한 것은 과거의 잘못을 비난하고 보상을 얻어 내는 것이 아니라, 식민지 종속민이었던 우리만이 아니라 우리를 지배했던 제국주의 세력으로 하여금 식민주의와 제국주의의 유산을 보다 잘 이해하게 만드는 것이다. 그리하여 어떻게 식민주의와 제국주의가 여전히 우리 문화와 사회관계, 국가관계를 지배하고 있는지를 깨닫게 해야만 한다.[11] 현재 우리가 전지구적으로 당면하고 있는 많은

---

11) Edward Said, *Culture and Imperialism* (Vintage, 1994), xxiv.

문제점들은 과거의 식민주의 세력들과 종속되었던 사회가 함께 풀어야 할 문제들이기 때문이다.

제국주의의 과거와 현재적 의미를 제대로 알아야 우리는 21세기가 가져올 전대미문의 변화에서 중심부의 담론과 의식체계에 함몰되지 않을 수 있을 것이다. 타자를 배척하는 것이 아니라 자기와 타자를 함께, 제대로 인식할 수 있을 때 바람직한 상호관계가 형성되는 것이다. 그리고 그것은 개인적 · 사회적 · 국가적 차원을 넘어 모든 것에 적용되는 원칙일 것이다. 근대 제국주의는 놀라울 정도로 다양했고 그것이 중심부와 주변부에 끼친 영향력은 진정 극적인 것이었다. 오늘날에도 분명히 존재하는 그 다양한 충격을 강조함으로써 우리가 사는 이 세상이 어떻게 만들어졌는가를 이해하고 그것을 토대로 미래를 계획하도록 하는 데 이 연구의 목적이 있다.

제2장

제국주의란 무엇인가

식민주의(colonialism), 제국(empire), 제국주의(imperialism)라는 개념은 현재 매우 불분명한 상태로 혼란스럽게 사용되고 있다. 우리는 제국주의가 무엇인지 알고 있다고 생각하지만 막상 그것을 정의하려 들면 곧바로 어려움에 부딪치게 된다. 학자들 사이에서도 이 혼란은 마찬가지이다. 식민주의와 제국주의의 차이는 무엇인지, 제국주의가 있는 곳에는 반드시 제국이 존재하는 것인지 등에 대해 연구자들조차 완전한 합의점에 도달하지 못한 실정이다. 이 장에서는 우선 다양한 이론의 바탕이 되는 식민주의와 제국주의, 그리고 제국에 대한 보다 정확한 개념 정의부터 시작하기로 한다.

식민주의는 식민지(colony)로부터 파생된 단어이다. 식민지는 고대 로마 시대 멀리 떨어진 로마 시민들의 정착지를 의미하였는데, 대농장 경영(plantation)과 동의어로 사용되었다는 사실에서 알 수 있듯이 원래 나쁜 의미를 내포한 것은 아니었다. 그러나 다른 곳에 정착한다는 것은 결국 다른 사람들이 살고 소유해 온 땅을 '대신 차지한다'는 행위를 의미할 수밖에 없었고 따라서 체계적 정착화로서의 식민주의는 궁극적으로 나쁜 것이 되어버렸다. 로마의 멸망 이후 식민지는 중요한 개념이 아니었지만 16세기 유럽이 세계로 팽창하면서 다시 거론되기 시작하였다. 토머스 모어는 영국에서는 처음으로, 로마 시대의 의미대로 모국으로부터 이국 땅에 옮겨 간 가지(scion)라는 의미로 식민지라는 단어를 사용하였다.

그는 그의 저서 『유토피아』에서 유토피아 섬의 넘쳐흐르는 인구가 인접한 빈 땅으로 이주해 간 것을 묘사하면서 식민화를 정당화하였는데, 그 근거로 토지의 생산적 사용으로 인구를 부양하는 사람들이 땅을 내버려두고 있는 사람들로부터 그 땅을 빼앗는 것은 합법적이라는 주장을 내세웠다.[1)]

그러나 근대적 의미에서 식민주의는 궁극적으로 다수 원주민과 외부로부터 온 소수 침입자 사이의 지배-피지배 관계를 의미하게 되었다. 다시 말해 식민주의는 하나의 독립 국가가 그 국가에 속하지 않는 한 지역을 복속시키고 관리를 파견하여 그 지역 주민들을 지배하는 경우를 의미하는 것이다. 가장 최근의 학문적 정의는 식민주의의 특징을 한 영역의 '공식적 통제의 존재'로 규정하는데, 이는 곧 법적인 주권이 식민주의 세력에게 양보되거나 약탈되는 것을 의미한다. 식민주의에서는 식민지 주민의 삶에 영향을 미치는 근본적인 결정들이 대체로 멀리 떨어진 중심부에서 결정되며, 식민지가 아니라 중심부의 이익의 추구를 목표로 삼는다. 무엇보다도 식민주의에서는 지배자와 피지배민 사이의 부동성(不同性)이 결정적으로 중요하다. 식민지 지배자들은 종속민들과의 문화적 타협을 거부하고 그들 자신의 우월감과 '지배해야만 하는 숙명'을 확신하는데 여기에는 문화적 우월감만이 아니라 인종적 오만함까지 가세되는 경향이 일반적이다.[2)]

식민주의는 대체로 식민지에서 행해지는 지배의 형태를 의미하지만 '식민지 없는 식민주의(colonialism without colonies)'라는 개념도 상정할

---

1) David Armitage, "Literature and Empire," in *Oxford History of the British Empire,* vol. 1. *The Origins of Empire*, ed., Nicholas Canny(Oxford University Press, 1998), 108-110.

2) Jürgen Osterhammel, *Colonialism*(Markus Wiener, 1997), 16, 17. 문화와 식민화는 어원상으로 깊은 관련을 맺고 있다. 둘 다 경작, 거주, 한 지역을 돌보는 것 등을 의미하는 라틴어 콜로레(colere)에서 기원하였던 것이다. David Spurr, *The Rhetoric of Empire: Colonial Discourse in Journalism, Travel Writing, and Imperial Administration* (Duke University Press, 1993), 5.

수 있다. 이것은 내부적 식민주의(internal colonialism)에서 주로 발견되는데 이것은 한 국가에 속하는 한 집단이나 지역이 마치 이민족의 식민지인 양 다루어지는 상황을 의미한다. 특히 잉글랜드와 웨일즈, 스코틀랜드, 아일랜드 등 켈트 변두리 사이에서 볼 수 있는 관계가 여기에 해당한다고 할 수 있다.[3] 또한 독립 전의 북아메리카 백인 정착지의 경우처럼 '식민주의 없는 식민지(colonies without colonialism)'도 생각해 볼 수 있다. 북아메리카는 거의 완벽한 자유를 누리고 있었지만 형식적으로는 영국의 식민지로 남아 있었기 때문이다. 물론 이 말은 백인 정착민에 한정된 것이고 원주민인 인디언들과 백인 정착민, 혹은 본국과의 관계는 별개의 문제이다.

식민지가 근대 초 유럽에서 이미 익숙한 개념이었다면 '제국'은 그렇지 못하였다. 제국은 임페리움(imperium)의 속어적 개념인데, 임페리움은 로마 공화정 말기와 제정 초기에 로마법의 권위가 통용되는 공간 영역을 의미하였다. 원래는 군사적 총수가 가진 최고 권위를 의미했지만, 거기서부터 '지배'라는 보다 일반적 의미가 파생하였으며, 궁극적으로 그러한 지배가 미치는 영역을 의미하게 되었던 것이다. 근대 초기의 제국의 의미는 이러한 로마 시대의 선례와 거기서 파생된 유사 개념으로부터 나온 것이었다. 즉 제국은 상위 권력을 가지고 있지 않은 모든 권력을, 그리고 거기서 확대된 의미로서 '자치적이고 최고의 권위를 가진 정치 공동체'를 의미하게 되었는데, 이러한 의미에 가장 가까운 것은 신성로마제국처럼 공통된 최고 권위자에 의해 지배되는 다양한 영토와 신민들의 공동체였다.[4]

영국에서 제국이라는 개념은 튜더 시대에 사용되기 시작하였다. '잉글랜드 왕국은 제국'이라는 헨리 8세의 유명한 말이 그 최초의 사용이다.

---

3) Michael Hechter, *Internal Colonialism: The Celtic Fringe in British National Development 1536-1966* (University of California Press, 1975).

4) Armitage, "Literature and Empire," 103, 104.

이후 잉글랜드는 때때로 제국으로 표현되었지만 그것은 잉글랜드가 교황을 위시한 외국 세력으로부터 독립해 있다는 사실을 강조하는 의미에서 사용되었던 것이지 해외 영토에 대한 지배를 의미하지는 않았다. 특히 헨리 8세는 종교개혁을 단행하여 교황과 절연한 후(1534) 제국이라는 단어를 즐겨 사용하였다. '제국'의 사용은 1625년 찰스 1세가 아메리카 식민지를 지칭하여 "버지니아, 뉴 잉글랜드 등을 우리의 충성스러운 제국의 일부로 주장한다"고 한 발언에서도 발견된다.[5] 그러나 이 때의 영제국은 단지 명목적이었으며 잉글랜드, 스코틀랜드 그리고 북아메리카는 동일한 왕을 갖는다는 사실을 제외하고는 공통점이 없었다. 제국의 의미는 18세기에 들어서야 영국인들에게 각인되기 시작하였다. 이 때가 되어서야 영국인들은 제국의 경제적 가치를 깨닫게 되었고 제국을 소유하고 있다는 사실에 자부심을 느끼게 되었던 것이다.

제국은 정치적 합병을 통한 '공식적 제국'과 그러한 것이 없이 유지되는 '비공식적 제국'으로 구분되기도 한다. 공식적 제국의 역사적인 예는 로마제국이며, 비공식적 제국의 역사적 예는 델로스 동맹을 주도한 아테네의 경우이다. 즉 공식적 제국이 합병과 식민지 정부의 통치라는 양상을 보이고 중심부의 군대와 주변부의 협력자들에 의해 유지되는 제국이라면, 비공식적 제국은 법적으로는 독립된 주변부의 정치체제를 뇌물을 사용하거나 종속된 협력자들을 조종함으로써 간접적으로 통제하는 방식을 취하는 것이다. 근대에 들어 비공식적 제국의 대표적 예로는 아르헨티나가 언급된다. 영국인들은 19세기 말, 20세기 초에 아르헨티나 철도의 88%를 소유하고 있었는데 이것은 그 나라 총자본의 14.7%에 해당하는 규모였다. 아르헨티나는 명백히 영국의 비공식적 경제제국의 일부였던 것이다.

---

5) Richard Koebner, *Empire*(Cambridge University Press, 1961), 74. 이 책에서 '잉글랜드'는 1707년 잉글랜드와 스코틀랜드가 합병하여 통합 왕국을 건설하기 이전의 잉글랜드를 의미하며, '영국'은 1707년 이후의 통합 왕국을 지칭한다.

또한 1882년 영국에 의해 군사점령된 이집트나 인도 토후국들의 경우, 합병의 형태를 띠지는 않았지만 이 지역들이 영제국의 일부였다는 사실은 자명하다. "우리는 이집트를 지배하지 않는다. 단지 이집트의 지배자를 지배할 뿐이다"라는 말은 비공식적 지배의 형태를 단적으로 보여 준다. 이집트에서 영국의 권력의 우두머리는 명목상으로는 겸손하기 이를 데 없는 '총영사'직에 그쳤는데, 이는 거의 무제한적인 그의 권력을 모호하게 만들어 다른 유럽 강대국들의 관심을 벗어나기 위한 것이었다. 이집트의 국제법상의 위치를 정확하게 정의하는 것은 쉽지 않았다. 이집트는 법률적으로는 오토만제국의 일부이면서 조약상으로는 강대국들이 그 행정에 관여할 권리를 가지고 있었지만, 실질적으로는 영국 정부가 주권을 행사하였기 때문이다. 자신들의 진짜 주인이 누군인지를 아는 이집트인들도 거의 없었다.[6)]

제국주의는 식민주의보다 나중에 출현하였을 뿐만 아니라 그보다 더욱 일반적이고 광의의 개념이다. 제국주의라는 단어는 1840년대에 나타나서 여러 차례의 변화를 겪었다. 1840년대 프랑스에서 쓰이기 시작한 제국주의는 나폴레옹 제국의 영광을 회복하고자 하는 프랑스 정치인들, 특히 나폴레옹 3세의 욕심을 의미하는 개념이었다. 따라서 1852~1870년 사이 어떤 영국인에게도 제국주의는 영국의 해외 영토를 의미하는 것이 아니라 프랑스의 국내정치의 스타일을 의미하는 개념으로 이해되었던 것이다. 영어권에 '제국주의'가 도입된 것은 1870년대였다. 이 용어는 디즈레일리에 의해 정치적으로 사용되기 시작했는데 1900년에 이르면 정치 현장에서 가장 강력한 시대적 조류를 칭하는 말이 되었다. 그러나 영국에서 제국주의는 적어도 1880년까지는 매우 부정적인 의미를 내포하는 것으로 받아들여졌다. 그것은 영국의 권력과 특권을 증대시키기 위해 해외 영토를 이용하는 정책을 표현하는 경멸적인 슬로건으로 간주되었

6) Michael Doyle, *Empires*(Cornell University Press, 1986), 217; Osterhammel, *Colonialism*, 52.

던 것이다. 그러다가 1880년대 들어 본국과 식민지에 퍼져 있는 영국인들의 연방을 의미하는 긍정적인 뜻으로 사용되었는데 여기에는 케임브리지대학 역사학 교수 실리의 공헌이 크다.[7)] 그 후 1902년 J. A. 홉슨의 『제국주의』가 출간되면서 제국주의는 다시 부정적 의미로 변질되었다.

그렇다면 우리는 제국주의를 어떻게 정의할 수 있을까? 필드하우스가 "제국주의는 우산과 같은 단어"라고 지적하였듯이 식민주의나 제국과는 달리, 제국주의를 정의하는 일은 간단치 않다. 제국주의는 모든 사람들에게 모든 것을 의미하는 '미끄러운 용어(slippery term)'라고 말해진다. 보다 학문적인 정의로서 랭어 교수는 제국주의를 "한 국가나 민족에 의한 다른 비슷한 집단들에 대한 직접적이거나 간접적인 정치적 · 경제적 지배나 통제", 혹은 "그러한 지배나 통제를 확립하려는 충동이나 노력, 성향"이라고 정의하였다.[8)] 여기서 알 수 있듯이 반드시 지배가 실현되지 않더라도 그러한 충동이나 시도가 있으면 제국주의로 간주하자는 것이다. 그리고 여기서 제국주의의 적용에서 나타나는 혼란이 야기되는 것이다.

식민주의와 제국주의를 구분하고자 한 대표적 인물은 제국주의에 관한 논의를 학문으로 수립한 홉슨이었다. 홉슨은 식민주의를 근본적으로 유럽 문화를 다른 곳에 옮겨 심는 호의적인 행위로 파악하였으며, 동시에 실업, 범죄 가능성 등의 국내 문제를 해결하는 구제 행위로 간주하였다. 이에 반해 제국주의는 영토의 '호전적 획득'이라고 구분하였다. 홉슨은 식민주의가 자유로운 백인 정착민들의 민주주의, 권력의 분산화 등 대체로 긍정적인 방향으로의 길을 열어 놓은 데 반해, 제국주의는 이러한 자유롭고 건전한 식민지간의 연결과는 정반대되는 현상이라고 생각하였다. 따라서 식민주의가 사람들이 노쇠한 땅으로부터 새로운 땅에 이주하여 정착하는 '진정한 민족체(nationality)의 확산'이라면, 제국주의는

---

7) 실리의 제국관에 대해서는 제10장을 참조할 것.

8) Brian Stanley, *The Bible and the Flag*(Apollos, 1992), 34.

'모국으로부터 생명력을 빼앗아 가는 것'이었다. 홉슨이 제국주의에서 가장 비난한 점은 제국적 영광이 국내의 비참함을 대가로 획득된다는 사실이었다.[9] 물론 홉슨은 긍정적 의미의 식민화가 성공하는 법이 거의 없다는 사실을 알고 있었다. 식민지 정착은 대체로 원주민들의 반란과 복속과 제국주의를 동반하게 되고 결국 눈물로 끝났던 것이다. 그럼에도 불구하고 홉슨은 식민주의의 충동이 군인과 정치가들의 거친 합병과는 달랐다는 점을 강조하였다.

그렇다면 식민주의와 제국주의의 관계를 어떻게 정리할 수 있을까? 제국주의의 핵심은 다른 집단에 의한 민족이나 인종의 통제이다. 그 통제는 우선적으로 정치적이거나 경제적인 통제이며, 국가들 간의 종속적 관계의 성립과 유지를 의미한다는 점에서는 식민주의와 크게 다를 바가 없다. 그러나 공식적인 영토적 지배를 포함할 필요가 없다는 점에서 식민주의와 다르다. 식민주의는 프랑스의 정치인 쥘르 페리가 구분했듯이 제국주의의 여러 변화하는 단계에서 특별한 단계의, 그러면서 가장 눈에 띠는 형태로 이해할 수 있을 것이다. 다시 말해 제국주의는 식민주의의 형태를 취하기도 하지만 그렇지 않을 수도 있는 것이다.

제국주의가 제국의 건설과 유지를 위한 모든 힘과 행동을 포괄하는 개념이라면 거기에는 식민지 정치만이 아니라 국제정치까지도 포함된다. 따라서 식민주의가 특수 식민 담당부서와 현장에 있는 사람들에 의해 추진된다면, 제국주의는 재무부, 외무부, 국방부에서 계획되고 이행된다고 말할 수 있다. 이러한 의미로 식민주의와 제국주의를 구분한다면 근대초의 식민제국에는 제국주의라는 개념을 사용하지 않는 것이 좋다. 근대초 식민제국은 현재 우리가 이해하는 식의 제국주의적 권력을 행사하지 않았던 것이다. 즉 그들은 '제국주의 없는 식민제국'이었다. 가장 넓은 의미에서 제국주의는 단순히 '지배'를 의미하는 것으로 이해되기도 한다. 그러나 이것은 지나친 확대 해석이고 그러한 확대 해석은 역사적 분

9) J. A. Hobson, *Imperialism: A Study* (George Allen & Unwin, 1968), 125, 140, 141.

석틀로서의 기능을 할 수 없게 되고 만다.

제국주의를 둘러싼 가장 심각한 문제는 '제국 없는 제국주의'에 관한 것이다. '제국 없는 제국주의'의 대표적인 역사적 예는 19세기 중엽 영국의 '자유무역 제국주의'를 들 수 있다. 영국의 역사학자 갤러거와 로빈슨은 19세기 중엽 자유무역주의를 신봉하면서도 제국적 이익과 팽창을 추구한 영국의 정책을 특히 '자유무역 제국주의'라고 불렀다. 홉슨과 레닌 이래 제국주의 연구에서는 특히 1870년 이후의 시기를 신제국주의 시대라 하여 이 시기의 제국주의적 열정을 그 이전의 무관심과 대조하는 경향이 주류를 이루어 왔다. 그러나 1870년 이전 시기와 이후 시기가 근본적으로 다르지 않았다는 것이 갤러거와 로빈슨의 주장이다. 목표는 마찬가지이고 단지 절차상의 차이가 있을 뿐이었다는 것이다. 비공식적 제국은 정치적 수단 없이도 제국주의가 가능한 단계에서 실시되고, 그것이 더 이상 가능하지 않게 되었을 때 제국을 공식화하게 된다는 것이다. 공식적 제국에만 주의를 기울이는 것은 마치 빙산의 크기와 성격을 물 위에 나타난 부분만 보고 판단하는 것과 마찬가지라는 것이 이들의 주장이다.[10]

갤러거와 로빈슨은 '제국주의 시대'라는 개념 및 전통적으로 그것과 연결된 해석들을 완전히 뒤흔들어 놓았다. 이들의 주장을 받아들이면 특별히 제국주의의 시대란 존재하지 않게 된다. 또한 더 이상 공식적 통제가 가능하지 않을 때 제국이 공식화된다고 한다면, 공식적 제국은 피상적으로 생각되는 것처럼 제국주의 세력의 강력함이 아니라 오히려 허약함의 반영이라고 할 수 있다. 19세기 말 나타난 유럽 국가들의 공식적 통제에 대한 집착은 힘의 반영이기보다 그 반대로 실패와 허약함을 인정한 결과였던 것이다. 그러나 이들의 주장에서 대두되는 문제점은 정확히 어디에 공식적 제국과 비공식적 제국의 구분선을 그을 것인가이다. 모든

10) John Gallagher and Ronald Robinson, "The Imperialism of Free Trade," *Economic History Review*, VI, 1(1953).

국제관계에서 우리는 힘의 불균형을 발견하는데 강대국의 일반적인 영향력의 행사와 제국주의적 지배의 구분점이 어디인가에 대해 명확하게 답할 수 없는 것이다. 공식적 합병만을 제국주의의 근거로 보는 것은 분명 너무 협소한 해석이다. 그렇지만 모든 불평등한 국제관계를 전부 제국주의적이라고 치부하는 것 역시 올바른 연구자의 태도는 아니다.

비공식적 제국이라는 개념은 제국주의의 외연을 확장시켜 주었다. 제국 이전에 제국주의가 있었다면 제국 이후에도 제국주의가 있을 수 있는 것이다. 특히 제국이 제국주의의 여러 형태들 가운데 하나일 뿐 유일한 형태가 아니라는 주장은 1945년 이후의 국제관계에서 입증되는 것으로 보였다. 따라서 제국주의가 식민지 지배의 공식적 종말을 넘어 살아남았다는 사실이 분명하다고 생각하게 된 1960년대 이후 우리는 '제국 후의 제국주의', '신식민주의' 등의 용어를 많이 들어왔다. 제국주의가 반드시 제국을 소유하는 것이 아니라 주변부 사회에 대해 '결정적' 영향력을 행사하는 관계를 의미한다면, 이러한 의미의 제국주의는 탈식민 시대의 불균등한 관계에서도 명백히 발견되기 때문이다. 특히 마르크스주의의 영향을 받은 이론가들은 전후 자본주의 경제의 세계적 팽창을 신식민주의 세력에 의한 제국주의의 지속으로 보고 이를 강조하였다.

그러나 우리는 '제국 후의 제국주의'라는 개념을 사용함에 있어 신중을 기해야 할 것이다. 제국주의를 자본주의의 아류 개념으로 확대 해석하고 자본주의 체제 내에서 발생하는 불균등한 경제적 관계까지를 모두 제국주의에 포함시키는 것은 개념을 과대 확장시키는 것이다. 시장에서 일어나는 교환에는 시장의 작용에 의해 일어나는 불평등과 힘에 의해 만들어지는 불평등이 있을 수 있다. 시장에서는 또한 합법적으로 상대방의 주권을 존중하면서 이익을 추구할 수도 있고 무리수를 둘 수도 있는데, 시장의 작용과 교환관계에서 일어나는 불평등의 경우를 모두 포함하여 제국주의적으로 볼 수는 없다는 판단인 것이다.

제국주의의 핵심은 경제적 통제가 아니라 오히려 정치적 통제가 아닌가 생각된다. 제국주의적 착취가 非시장적 제한을 의미하는 한 제국주의는 정치적 개념으로 정의되어야 한다는 것이다. 앞에서도 언급되었듯이 공식적 제국과 비공식적 제국의 구분선은 정치적 합병의 존재 여부에 달려 있다. 정치적 측면을 강조하는 학자들은 제국이란 '한 국가가 다른 정치적 사회의 효율적인 정치적 주권을 통제하는 공식적 · 비공식적 관계'이며, 제국주의는 그러한 제국을 형성하거나 유지하는 과정이나 정책이라고 정의한다. 그 관계는 무력에 의해, 정치적 협상에 의해, 혹은 경제적 · 사회적 · 문화적 의존에 의해 이루어질 수 있지만, 중요한 것은 정치적 통제가 반드시 있어야 한다는 것이다.[11] 다시 말해 우리는 경제적 · 정치적 · 군사적인 힘을 전략적으로 이용해서 상대방의 주권을 침해하는 행위, 또는 그것을 의도하는 이념을 제국주의라고 정의할 수 있을 것이다.

이 책은 주로 19세기 이후 20세기 전반까지의 제국주의를 다루고 있다. 이 기간의 제국주의는 대체로 식민주의의 형태를 띄고 있었고 따라서 이 책에서 두 개념은 거의 구분 없이 사용될 것이다. 다시 말해 이 책에서는 자유무역 제국주의 등을 제국주의의 범주에서 제외하고 '공식적 제국을 운영하기 위한 정책'만을 제국주의로 정의하기로 한다. 위에서 언급한 '제국 없는 제국주의'는 따라서 이 책에서는 거의 적용되지 않는 개념이라 할 수 있다.

---

11) Doyle, *Empires*, 45.

제3장

식민과 탈식민의 이론

1878년이 되면 서구 열강은 1년에 83,000 평방 마일씩을 획득해서 지구의 67%를 차지하였고, 1914년에 이르면 1년에 24만 평방 마일을 얻어 지구의 85%를 식민지, 보호령, 신탁통치, 연방 등으로 소유하게 되었다. 제국주의의 원인에 대한 논의는 특히 1870년 이후 신제국주의 시대에 집중되어 있다. 이 시기에 일어난 전대미문의 대규모 식민쟁탈전을 어떻게 이해할 것인가가 아직 해결되지 않았기 때문이다. '제국주의學'은 J. A. 홉슨으로부터 시작되었다고 해도 과언이 아닐 것이다. 제국주의의 정의, 시대 구분, 설명 모두가 그의 분석을 따랐다. 제국주의를 정치적 통제의 성립으로 파악한 홉슨은 그것이 식민제국의 금융 자본으로부터 유래했다고 보았고, 그를 좇아 제국주의를 금융 자본주의의 결과로 보는 관점이 오랫동안 지배적이었다. 그러나 최근에는 제국주의의 비경제적 동기를 강조하는 의견들이 보다 신뢰를 얻고 있다. 또한 1960년대 초 로빈슨과 갤러거가 주변부이론을 제기하고 나서 제국주의 연구는 홉슨 이래 주류를 이루던 유럽 중심적 관점에서 탈피하였다. 제국주의의 중심 세력과 팽창의 대상지역이 함께 연구되어야 한다는 주장은 이미 정설이 되어 있다.

제국의 해체에 대한 이론도 원인에 대한 이론과 마찬가지로 유럽 중심적 시각과 주변부 중심적 시각으로 분류될 수 있다. 최근 제국주의 연구에서는 담론 분석이 크게 주목받고 있다. 푸코와 사이드 및 포스트 모더니즘이라는 새로운 경향에서 자극을 받은 담론 연구는 특히 공식적 제국의 해체 이후에도 계속해서 주변부 사회를 지배하고 있는 정신상태와 담론구조의 극복을 목표로 하는 작업이다. 이 장에서는 제국주의를 둘러싼 여러 중요한 문제점에 대한 이론적 접근을 시도해 보기로 한다.

1. 신제국주의의 원인

1) 경제적 해석

경제적 해석의 효시는 1902년 출간된 홉슨의 『제국주의』였지만 홉슨 이후에는 주로 마르크스주의자들에 의해 발전되었다. 홉슨이 본 19세기 말, 20세기 초의 영국 자본주의는 이미 산업 자본주의가 아니라 금융 자본주의였고, 제국주의의 동기는 상품 시장이 아니라 금융 자본의 해외 투자 욕구였다. 제국주의적 팽창의 동인은 국내에서 부의 불공평한 분배로 인해 소수 지배층은 과잉저축을 하게 된 반면, 다수 대중은 저소비에 직면하게 되었다는 사실이다. 저소비는 국내산업의 위축을 가져오고 따라서 이윤율의 계속적 저하현상이 나타나기 때문에 축적된 자본은 해외로 유출된다는 것이다.[1] 제국주의적 팽창과정에서 가장 혜택을 입는 사람들은 말할 것도 없이 금융업, 군수산업, 몇몇 수출산업, 해운업에 종사하는 자들로서 이들은 언제나, 어디서나 팽창을 환영한다. 반대로 오히려 군대 주둔비와 식민지 행정에 드는 비용 때문에 제국은 국민 대다수에게는 부담만 증가시킬 뿐이라는 것이 홉슨의 지적이었다.

그렇다면 보어전쟁에서 나타난 것과 같은 대중의 열광이 무엇 때문인가라는 문제가 제기되는데 홉슨은 이를 정치적 측면에서 분석하였다. 즉 금융 자본가가 지주, 관리, 군대 등을 동원하여 만들어 낸 특수 이해집단

1) J. A. Hobson, *Imperialism: A Study*(George Allen & Unwin, 1968), 특히 제4장, 제6장.

이 자본주의적 투자의 도모를 위해 언론, 교육기관들을 이용하여 제국주의를 선전하고 팽창주의적 외교정책을 장려하기 때문이라는 것이다. 그러나 홉슨은 독점 자본주의를 자본주의의 불가피한 산물로 보지 않았다. 문제는 자본주의가 아니라 금권정치적 구조인 것이다. 자유주의 내 급진주의 전통에 서 있던 홉슨은 따라서 국가가 가난한 사람들을 위해 사회정책을 실시하고 경제체제의 성격을 근본적으로 바꾸어 대중의 소비수준을 높이면 쓸데없는 제국주의적 팽창은 사라질 것이라고 예측하였다. 홉슨의 주된 공헌 가운데 하나는 제국에서의 각기 다른 사회계급들의 적나라한 이해관계를 밝혀 낸 것이다. "신제국주의가 나라 전체에게는 나쁜 사업이더라도 특정 집단이나 계급에게는 좋은 사업이었다"는 그의 관찰은 국가 중심적 접근이 결여하고 있는 탁월한 계급 분석의 길을 마련해 준 것이었다.[2)]

홉슨을 쫓아 금융 자본주의의 해외팽창을 제국주의의 본질로 받아들인 사람들은 힐퍼딩, 레닌 등 마르크스주의자들이었다. 그러나 이들이 논의의 중심으로 택하고 있는 이윤율 저하와 해외투자 개념은 원래 마르크스의 자본주의 분석에서 제시된 개념이었다. 따라서 우선 제국주의에 대한 마르크스의 분석을 간단히 살펴보기로 한다. 제국주의가 절정에 이르기 전에 사망한 마르크스(1818~1883)에게 있어서 제국주의는 그의 학문체계의 핵심인 자본주의이론에 별로 중요한 사건이 아니었다. 그러나 영국에 거주하고 있던 그에게 영제국은 관심의 대상이 아닐 수 없었는데 마르크스는 영국과 인도의 관계에 대한 관찰에 근거하여 제국적 팽창의 몇 가지 단계를 설정하였다. 1) 영국 자본가들은 국내 노동자들의 저임금으로 인해 발생하는 저소비 때문에 해외시장을 확보해야 할 필요성을

---

2) *Ibid.*, 46. 제국주의와 사회구조의 관계에 대한 홉슨의 시각은 최근 케인과 홉킨스 등에 의해 다시 중점적으로 연구되었다. P. Cain and A. Hopkins, *British Imperialism* vol. 1. *Innovation and Expansion 1688-1914;* vol. 2, *Crisis and Deconstruction 1914-1990* (Longman, 1993).

깨닫게 된다, 2) 영국이 인도를 식민지화한 후 값싼 랭커셔 공산품은 인도시장을 쓸어버려 인도의 수공업자들을 파멸시켰다, 3) 새로운 국제적 노동분업과 자본투자 등으로 인해 영국과 인도간의 불균등 무역은 그 후에도 지속된다는 것이다. 흥미로운 점은 마르크스가 제국주의에게 파괴와 더불어 재생이라는 이중적 사명을 부여하였다는 사실이다. 그는 식민지배를 봉건사회를 타파할 수 있는 하나의 계기로 파악하여 환영하였던 것이다. 마르크스는 또한 해외시장이 자본주의의 경제위기를 지연시키고 완화시킨다는 점에 착안하였지만 대세에는 큰 영향을 미치지 않는다고 판단하였다.[3)]

위에서 살펴보았듯이 홉슨에게 있어서 제국주의는 반드시 자본주의의 결과는 아니었다. 그러나 힐퍼딩 이래 모든 마르크스주의 전통에 입각한 이론가들에게 있어서 자본주의와 제국주의는 뗄래야 뗄 수 없는 밀접한 관계를 형성한다. 힐퍼딩은 금융 자본주의가 자유방임 자본주의와는 정반대로 자유가 아니라 지배와 종속을, 경쟁이 아니라 조직을 필요로 하며, 그 결과 강력한 국가를 요구한다고 보았다. 이러한 강력한 국가들간의 경쟁은 필연적으로 전쟁을 야기할 것이었다. 그에게 있어 초미의 관심사인 제국주의가 자본주의에 미치는 영향에 대해 힐퍼딩은 제국주의적 팽창기에는 자본주의는 위기에 덜 노출된다고 진단하였다. 즉 제국주의가 더 빨리 팽창할수록 자본주의의 번영시기는 더 길어지고 위기는 짧아진다는 것이다. 게다가 힐퍼딩은 제국주의에게 마르크스가 상정한 것과 비슷한 재생의 역할을 부여하였다. 비록 점점 더 심각해지는 전쟁의 위협에 의해 세계는 더욱 위험해지기는 하지만.[4)]

이러한 힐퍼딩의 자본주의의 미래에 대한 낙관론적 해석에 크게 반발

---

3) M. Brown, "A Critique of Marxist Theories of Imperialism," in *Studies in the Theory of Imperialism*, eds., Owen and Sutcliffe (Longman, 1972), 45, 46; Tom Kemp, "The Marxist Theory of Imperialism," 같은 책, 46, 47.

4) Brown, "Critique of Marxist Theories," 47-49; W. Mommsen, *Theories of Imperialism* (Random House, 1981), 36-39.

한 것이 로자 룩셈부르그였다. 왜 마르크스가 예견한 자본주의의 종말이 오지 않는가라는 문제의식에서 출발한 룩셈부르그는 자본주의에 의해 아직 착취되지 않은 지역이 자본주의체제의 일시적 구제책이 되기 때문이라는 결론을 도출하였다. 그러나 힐퍼딩의 진단과 달리 룩셈부르그는 제국주의가 더 혹독할수록 자본주의적 축적기반은 더 빨리 소멸되며 이 과정에서 노동계급만이 아니라 중간계급도 소멸될 것으로 예측하였다. 그러나 이러한 진단에도 불구하고 룩셈부르그는 내심 자본주의가 꽤 오랫동안 번영할지도 모른다는 가정에 불안해 하였다. 그녀가 가진 또 다른 의구심은 反사회주의적 세력으로서의 민족주의에 대한 것이었다. 그녀는 착취되는 식민지 종속민들에게 사회주의적 계급의식 이전에 민족의식이 발달할 것을 두려워하였는데 그것은 사회주의 혁명의 승리에 있어 치명타일 것으로 예견되었다. 사회주의 혁명은 국제적이거나 아니면 아무것도 아니어야 하기 때문이었다.[5)]

제국주의를 자본주의의 필수 불가결한 단계로 분석한 다음의 이론가는 레닌이었다. 제1차 세계대전 도중에 집필된 『제국주의: 자본주의의 마지막 단계』에서 레닌은 제국주의를 가능한 모든 수단을 이용해 팽창하려는 욕구를 가진 독점 자본주의 단계라고 진단하였다. 이러한 독점 자본주의는 1) 생산수단과 자본의 집중, 2) 은행자본과 산업자본의 합병 및 금융자본의 창출, 3) 자본수출, 4) 자본가들의 독점동맹의 형성, 5) 마지막으로 자본주의 열강들에 의한 지구의 영토적 분할을 수반하게 된다. 레닌은 홉슨을 쫓아 국내에서 투자처를 발견할 수 없게 된 잉여자본이 제국주의의 중심 동인이며, 제국주의 국가의 기초는 기생주의가 된다고 보았다. 제국주의는 노동계급 상층부를 매수할 잉여이윤을 창출해 냄으로써 '노동귀족'이 혁명적 과업을 포기하도록 만들어 일시적으로 계급갈등을 완화시킨다는 것이다.[6)] 뿐만 아니라 국가는 제국주의에 대한 대

5) Brown, "Critique of Marxist Theories," 51, 52; Mommsen, *Theories*, 40-48.

6) V. 레닌, 박상철 옮김, 『제국주의: 자본주의의 최고단계로서』(돌베개,

중의 지지를 유지하기 위해 사회적 국수주의, 민족적 증오와 정복에 대한 욕망을 조장하게 된다. 마지막으로 독점 자본주의는 독점을 확고하게 하기 위해 시장통제와 천연자원의 공급을 찾게 되고 재분할을 위해 끊임없이 투쟁함으로써 궁극적으로 전쟁을 유발하게 마련이다. 당시 진행중이던 제1차 세계대전을 제국주의 전쟁으로 파악한 레닌은 이 전쟁이 혁명의 도화선이 되어 결국 자본주의의 멸망을 가져올 것이라고 기대하였다. 그러나 그의 기대는 그의 조국 러시아를 제외하고는 실현되지 않았다.

이상 설명한 제국주의에 대한 경제적 해석은 여러 면에서 비판받아 왔다. 우선 경제적 요인이 가장 중요한, 결정적 요인이라고 말하는 것은 옳지 않다는 지적이 있다. 제5장에서 분석되겠지만 많은 식민지들이 유럽 상품의 시장이나 투자시장으로서 별 가치가 없었으며 무역업자와 자본가들은 아시아/아프리카 식민지를 별로 좋아하지 않았다. 1880년 이후의 신제국주의 팽창에 있어서 경제적 동기가 아니라 국제관계의 변화가 오히려 더 중요한 요인이었으며 여러 개로 나누어진 유럽의 국가체제와 경쟁체제가 반드시 자본주의적 대립은 아니었다는 것이다.[7] 설사 경제적 정책이라 해도 그것이 반드시 경제적 동기에 의한 것은 아니었다는 주장도 제기되었다. 제국주의를 독점 자본주의나 금융 자본주의와 동일시해서는 러시아 제국주의와 같은 현상을 설명할 수 없다는 사실도 지적된다. 또한 극단적으로는 자본주의적 불균등 발전이 전부 제국주의적으로 간주됨으로써 제국주의 개념이 분석틀로서의 가치를 잃게 되는 문제점이 발생한다. 이 이론의 지속인 소위 신식민주의이론은 따라서 1980년대 이후 설득력을 잃고 있다.

1992), 114, 제8장.

7) Tony Smith, *The Pattern of Imperialism*(Cambridge University Press, 1981), 38, 39.

2) 정치적 · 사회적 해석

제국주의의 원인을 국제정치적으로 파악하는 주장은 1870년 이후 유럽 국가들의 변화된 위상을 중시한다. 1815년 이후 균형을 유지해 오던 국제관계가 독일과 이탈리아의 통일로 인해 붕괴되었으며 특히 비스마르크와 독일의 등장으로 이전의 제국주의적 장치가 수포로 돌아갔다는 것이다. 문제는 왜 이러한 변화된 상황이 유럽이 아니라 아시아/아프리카에서 반영되었는가이다. 이 해석은 중심부에서는 균형이 매우 잘 잡혀 있어서 변화가 불가능하였기 때문에 유럽의 정치적 투쟁이 주변부로 확장되었다고 본다. 특히 1870년대 이후의 제국주의에서 가장 중요한 요인은 비스마르크이다. 그는 보불전쟁에서 참패한 프랑스에 대한 유화작전으로 프랑스의 식민지 획득을 장려하였으며, 유럽에서의 독일에 대한 견제를 피하기 위해 주변부에서 식민지 경쟁을 조장하였다. 비스마르크의 천재성은 유럽 강대국들이 독일에 대항하는 동맹체제를 맺을 수도 있는 상황에서 오히려 독일을 축으로 하는 다각적 동맹관계를 결성하여 반독일적 정서의 확산을 막고, 나아가 유럽 국가들의 심화된 경쟁을 주변부로 돌려버린 데 있다. 아시아/아프리카는 실제로 유럽보다 더 큰 활동무대와, 더 큰 유연성과, 협상에 용이한 여러 쟁점들을 제공해 주었기 때문에 밖으로의 팽창과정은 결과적으로 유럽 내부의 안정을 촉진시켜 주었다는 것이다.

이처럼 전통적 국제정치적 해석은 민족주의의 고양과 국가 위신을 제국주의적 팽창의 큰 원인으로 지적한다. 실상 프랑스 제3공화국 및 1860년대가 되어서야 통일국가를 형성한 이탈리아 국민이 식민지 획득을 자신들이 국민국가에 도달한 증거로서 간주하였다는 사실은 위신과 민족주의가 제국주의적 팽창의 중요한 요인이었음을 밝혀 준다. 그러나 식민지 문제가 항상 민족주의적 감정을 자극한 것은 아니었다. 국제정치적 접근은 왜 하필이면 국가 위신을 높이려는 욕구가 이 시기 제국주의적으로 분출되었는가를 설명하지 못한다. 결국 위신이라는 요인은 그 자체

충분하지 못하며 다른 요인들이 작용해야 제국주의적 팽창으로까지 나아간다고 볼 수 있는 것이다.[8)]

또한 실제로 제국의 소유와 제국주의적 영향력이 어떤 의미에서 유럽 국가들의 세력균형에 무게를 가했는지가 구체적으로 밝혀지지 않았으며, 영국과 프랑스에게는 제국은 유럽의 세력균형을 넘어서는 중요성을 가지는 것이었다는 반론이 제기되기도 한다. 아프리카 분할쟁탈에서 보듯이 제국의 안전을 위해서는 유럽의 균형은 희생되어도 좋은 것으로 간주되었던 것이다. 마지막으로 주로 각국의 외교문서를 검토하는 국제정치적 해석의 방법론에도 비판이 가해진다. 이 방법에서 주로 사용되는 외교관 및 정치인들에 대한 중점적 연구는 원인을 매우 제한적이고 전문적인 엘리트에게로 국한시키는 오류를 범할 수 있는데 이 방법은 너무 제한적일 수 있다. 외교정책 결정자들 역시 사회적 산물이었고 그러한 맥락에 위치지어야 우리는 진정 한 국가의 정책결정 과정을 제대로 이해할 수 있는 것이다.

홉슨에서 레닌에 이르기까지 경제적 해석에 치중되어 오던 제국주의의 원인 분석에서 사회학적 분석을 처음 시도한 사람이 슘페터였다. 그는 홉슨 이래 전제되어 온 자본주의와 제국주의의 관련을 받아들이지 않았다. 제국주의란 역사적으로 기원전 3000년에도 있었기 때문이다. 슘페터는 『제국주의의 사회학』(1919)에서 경제적 원인보다는 인간행동의 특정형태를 강조하였는데, 그가 보기에 제국주의는 '국가가 주도하는 무제한적이고 강제적인, 팽창 그 자체를 위한 팽창'이며, 이러한 목적 없는 경쟁은 소수 자본가들의 작용이 아니라 절대왕정 시대의 정치구조가 그대로 남아 있기 때문에 발생하는 것이었다. 즉 전제적이고 군국주의적 가치에 휩쓸린 낡고 前자본주의적 사회집단이 정부와 사회에 계속 영향

8) Andrew Porter, *European Imperialism 1860-1914* (Macmillan, 1994), 19; Philip Darby, *Three Faces of Imperialism: British and American Approaches to Asia and Africa, 1870-1970* (Yale University Press, 1987), 15.

력을 행사하고 있다는 사실에서 제국주의의 원인을 찾았던 것이다. 산업 발달과 도시화, 그리고 민주주의의 발달로 지위가 흔들리게 된 이들은 제국의 변경에서 성취할 수 있는 군사적 영광과 정복을 통해 위안을 찾으려 하며, 여기 덧붙여 군인, 전쟁으로 이득을 보는 일부 부르주아도 제국주의를 부추긴다는 것이다. 그러나 슘페터는 자본주의는 세계주의적이고 평화지향적이며 본질상 반제국적이기 때문에 사회가 점차 자본주의화하면 제국주의는 사라질 것으로 예측하였다. 이처럼 사회 내 특정그룹, 특히 지배집단의 행동유형에 주의한 것은 슘페터 분석의 장점이지만 역사적으로는 정확하다고 할 수 없다. 그의 분석으로는 고도로 발달한 자본주의 사회이면서 제국주의 국가인 영국의 현황을 설명할 수 없기 때문이다.[9)]

독일 역사가 한스-울리히 벨러(Wehler)는 소위 사회제국주의라는 개념을 제국주의 연구에 도입하였다. 이 이론에서 제국주의는 국내적인 여러 문제에 봉착했을 때 국민을 통합하고 긴장을 완화시키며 변혁을 회피하려는 목적에서 지배 엘리트가 사회질서 유지용으로 사용한 전략으로 파악된다. 벨러는 랑케식의 국제정치론을 거부하고 국내정치에 주요 관심을 기울였는데, 특히 식민지에 관심이 없던 비스마르크가 갑자기 제국주의 지지자로 전환한 이유를 사회제국주의에서 찾고 있다. "나는 식민지를 소유하지 않을 것이다. 독일이 식민지를 가지는 것은 마치 셔츠가 필요한 가난에 찌든 폴란드 귀족이 셔츠가 아니라 실크 담비코트를 사는 것과 마찬가지"라는 것이 통일 직후 비스마르크의 입장이었다. 그러던 비스마르크가 1884년 이후 적극적 제국주의 정책을 추진하게 된 것은 국내적으로 카톨릭교도들 및 사회주의자들과의 갈등, 그리고 산업화가 야기한 여러 사회적 문제점 때문이었다는 것이다. 사회제국주의 개념은 제국주의 연구에서 간과되어 온 중요한 요소를 확립해 주었다. 외교정책이 국제적 압력이나 전통적 외교상의 이익을 옹호하기 위한 필요에서가 아

9) Michael Doyle, *Empires* (Cornell University Press, 1986), 155-159.

니라 국내적 난제들에 대한 반응이었다는 사실을 고려하게 만든 것은 중요한 기여이다. 그러나 국내정치와 대외정책, 정치적 요인과 경제적 요인 사이에 긴밀한 연관관계가 있다는 자명한 사실을 밝힌 것 외에 사회제국주의 개념이 더 이상 무엇을 설명할 수 있는지는 의심스럽다는 한계가 지적되었다.[10)]

이제까지 설명한 국제정치적 · 경제적 · 사회적 해석 모두가 가진 공통된 한계는 한 가지 원인만을 제시하고 있다는 점이다. 그러나 제국주의와 같은 복잡한 현상이 단 한 가지 원인에 의해 일어났다고는 생각할 수 없다. 결론적으로 제국주의는 여러 과정을 통해 추진되었다고 말할 수 있을 것이다. 즉, 강대국들의 정치적 경쟁, 자본주의적 팽창, 국내 여건의 변화, 마지막으로 다음에서 살펴볼 이들 세력에 대응하는 주변부 국가들의 능력 등에 의해 그 패턴이 결정되었던 것이다.

3) 주변부이론

영국의 역사학자인 로빈슨과 갤러거는 유럽중심적 전통적 시각에 대해 비판을 가하고 소위 주변부이론을 제시함으로써 제국주의 연구에 획기적 전기를 마련하였다. 이들의 연구는 비공식적 제국, 협력과 저항 등의 개념을 통해 제국주의적 통제의 행사와 변화를 해석하는 새로운 틀을 제시하였다. 그들의 연구는 주로 영국 제국주의 역사에 기반을 두고 있지만 그 영향력은 단순히 거기에 국한되지 않았다. 이들은 1880년 이후 아프리카 분할쟁탈의 원인을 유럽에서 찾으려 한 이론가들은 해답을 잘못된 곳에서 찾아 왔다고 비판하고, 분할쟁탈전으로의 "결정적인 변화는 아프리카 자체에서 발생했다"고 단정지었다.[11)] 유럽 국가들은 어떠한 거

10) Hans-Ulrich Wehler, "Bismarck's Imperialism 1862-1890" *Past and Present* no. 48 (1970); Bernard Porter, *The Lion's Share: a Short History of British Imperialism 1850-1970* (Longman, 1975), 37, 38, 76.

11) Ronald Robinson and John Gallagher, "The Partition of Africa," in *The New Cambridge Modern History* vol. xi. (Cambridge University Press, 1980), 594.

대한 계획도 가지고 있지 않았으며 분할쟁탈은 단지 방어적 합병이었을 뿐이라는 것이다.

주변부에서의 상황이 결정적 동인이었다면 주변부 상황에서도 가장 중요한 것은 현지인들의 협력이다. 제국주의의 동인으로 유럽의 경제적 팽창과 강대국들의 전략적 동인, 그리고 비유럽인의 저항과 협력이라는 세 가지 요인을 든 로빈슨은 이제까지의 연구가 이 세 번째 요인을 간과해 왔음을 지적하였다. 중요한 것은 유럽의 경제적 및 전략적 팽창이라는 성분들이 비유럽인들의 협력과 저항이라는 세 번째 성분을 만나 서로 엇갈린 의도를 가지고 작용하였다는 것이다. 따라서 새로운 이론은 제국주의가 많은 부분 그 희생자들의 "협력이나 비협력의 기능이라는 사실을 인정해야 한다"는 것이다.[12] 주변부이론의 핵심은 협력 개념이다. 협력이론은 이 책의 제6장에서 중점적으로 다루어지고 있으므로 여기서는 간략하게 설명하기로 한다. 현지 협력자 없이 유럽인들은 애초에 비유럽 제국을 점령하고 지배할 수 없었다. 처음부터 지배는 지속적으로 저항받았고 이에 대응하기 위해 현지의 중개가 필요하였기 때문이다. 또한 유럽 제국주의는 '싸게 가질 수 없다면 제국은 가치가 없다'는 원칙에 입각해 있었기 때문에 제국은 어느 정도는 현지 조직 위에 세워지고 그 지역의 자원으로 운영되어야 했다. 여기서도 제국주의의 중심 메커니즘은 비유럽 사회에 세워진 협력체제였음을 알 수 있으며 제국주의의 한 단계에서 다음 단계로의 이행은 붕괴되어 가는 협력체제를 유지하거나 재구성해야 할 필요성 때문에 일어난다는 것이다.

로빈슨, 갤러거와 더불어 대표적 주변부이론의 역사가인 필드하우스

12) Ronald Robinson, "Non-European Foundations of European Imperialism: Sketch for a Theory of Collaboration," in *Studies in the Theory of Imperialism*; Robinson, "The Excentric Idea of Imperialism, with or without Empire," in *Imperialism and After*, eds., W. Mommsen and Osterhammel (Allen and Unwin, 1986), 118. 로빈슨은 실상 자신의 이론을 주변부라기보다 '탈중심적'이라고 표현하는데 본장에서는 보다 많이 쓰이는 주변부라는 용어를 사용하기로 한다.

역시 제국주의를 유럽의 필요에 의한 의도적 행동으로 파악하는 중심부 이론을 비판한다. "유럽은 주변부의 자기력에 끌려 제국주의로 휩쓸려 들어갔다"[13]고 말하는 필드하우스는 주변부 제국주의를 첫째, 현장에 있는 유럽인들이 행한 하부 제국주의(sub-imperialism)와 둘째, 현지 엘리트와 유럽인 사이에 맺어진 다소 비공식적인 협력체제가 붕괴된 결과 나타나는 공식적 제국주의의 두 가지로 구분한다. 하부 제국주의는 비공식 제국에 있는 유럽인들이 자신들이 처한 상황에 만족하지 못하게 되어 공식적 지배를 본국에 요청하거나, 스스로 내륙으로 진출함으로써 제국을 팽창하는 과정을 일컫는다. 여기서 동기가 되는 것은 1) 실제거나 상상이거나 간에 국경과 백인 정착민의 안전에 대한 불안, 2) 정착민들의 토지욕심, 교역, 노동력 획득 등 경제적 욕구, 3) 마지막으로 관리, 군인, 선교사 등의 개인적 야망이나 이상 등이다. 본국의 정책 결정자들은 하부 제국주의자들이 이미 저질러 놓은 행동을 추인하는 정도에 그쳤다는 것이다. 이들 현장에 있던 하부 제국주의자들은 비교적 낮은 사회계층 출신으로서 야심 많고 출세지향적이었다. 여기에 강한 애국심이 결부됨으로써 이들은 무자비한 제국주의적 팽창의 주역이 될 수 있었던 것이다.

하부 제국주의의 개념은 제국주의에 연루되었던 다양한 집단에 대한 구체적 연구의 필요성을 지적하였다는 점에서 큰 기여를 하였다. 실상 많은 연구들이 영국 정부의 무관심과 영국의 정치인이나 외교관들이 거의 모두 주저하는 제국주의자들이었다는 사실을 밝혀 주었다. 모국에서 파견된 관리가 극소수였다는 사실과 모국 정부로부터의 재정지원의 한계 때문에 강력한 제국통치가 이루어지지 못하였고 따라서 하부 제국주의자들의 운신의 폭은 그만큼 클 수밖에 없었다. 필드하우스가 제국주의적 팽창에 있어서 하부 제국주의보다 더욱 중요한 요인으로 간주한 것은 비유럽인들의 반응이다. 필드하우스가 저항, 협력, 그리고 붕괴라는 세 가지 패턴으로 분류한 원주민들의 반응 가운데 저항이 물론 가장 자연스

13) D. K. Fieldhouse, *Economics and Empire 1830-1914* (Macmillan, 1984), 463.

러운 것이지만 특정한 이익을 얻어 내기 위해 유럽의 존재를 받아들이고 이용하려는 태도도 나타난다. 마지막 패턴은 소규모 비유럽 사회에서의 반란과 그것이 야기한 붕괴이다. 이것은 물론 비공식적 유럽의 침투가 낳은 무질서의 결과이다.

로빈슨, 갤러거 및 필드하우스의 연구 이후 '주변부의 위기', '협력', '저항', 그리고 '하부 제국주의' 등의 개념이 제국주의 연구에서 중심 위치를 차지하게 되었다. 그러나 곧 주변부이론에 대한 비판이 제기되기 시작하였다. 이 이론은 우선 중심부에 존재하던 강력한 지배욕과 팽창욕을 설명하지 못하며 중심국들이 거의 동시적으로 보여 준 관심의 증폭도 설명하지 못한다는 한계를 갖는다. 유럽과의 맥락을 제외한다면 왜 1870년 이후 그처럼 많은 '주변부의 위기'가 발생했는지 설명할 수 없기 때문이다. '소란스러운 변경'도 충분한 설명은 될 수 없다. 많은 소란스런 변경에서 합병이 일어나지 않았기 때문이다. 또한 근본적으로 주변부의 위기는 주변부 자체에서 발생한 것이 아니라 외부의 압력과 침입에 의해 발생하였기 때문에 주변부만으로는 주변부의 위기를 설명할 수 없다. 결국 다시 중심부이론으로 돌아가야만 하는 것이다. 권력과 협력 형태의 변화는 역사에서 항상 발견된다는 사실을 인정하면서 유럽의 팽창에 있어서 보다 구체적이고 특별하면서 독특한 현상에 충분한 주의를 기울이는 것이 낫지 않겠는가라는 판단이다.[14] 그러나 주변부이론은 그 때까지 간과되어 온 매우 중요한 역사적 현상과 그 동인을 이제는 빼놓을 수 없는 역사연구의 한 부문으로 확립시켜 놓았다는 점에서 큰 공헌을 하였다.

---

14) James Sturgis, "Britain and the New Imperialism," in *British Imperialism in the Nineteenth Century*, ed., C. Eldridge(Macmillan, 1984), 103; S. Kanya-Forstner, "A Final Comment on the Value of Robison & Gallergher," in *Imperialism: The Robinson and Gallagher Controversy*, ed., W. Roger Louis (New Viewpoints, N.Y., 1976).

2. 제국의 해체

1945년 이후 유럽 식민제국들은 급속한 속도로 해체되었다. 제국의 해체에 대한 이론은 중심부이론과 주변부이론으로 분류할 수 있는데 그 중 중심부이론은 유럽 국가의 제국에 대한 태도와 의지의 변화 및 결정을 중요시한다. 무엇보다도 중요한 판단기준은 식민지의 가치이다. 제국의 유지비용이 종주국에게 너무 짐이 되는 한편, 제국이 기대하였던 경제적 · 전략적 목표를 수행하지 못할 때 종주국은 제국의 포기를 결정하게 된다는 것이다. 제국주의 국가들의 결정에 있어서는 식민지의 압력에 대해 어떻게 반응하는가를 준비해 주는 과거 제국통치의 유산이 중요할 뿐 아니라, 각국의 국내 정치제도도 한 몫을 하는 것으로 파악된다. 예를 들어 영국이 프랑스보다 제국문제에 대해 보다 현명한 사태파악과 관용적 태도를 취할 수 있었던 것은 영국의 양당제가 프랑스의 다당제보다 더 식민지독립에 우호적인 '집합적 양심'을 대변할 수 있었기 때문이라는 것이다. 또한 1870년대 디즈레일리에 의해 '제국의 정당'으로 선언된 후 줄곧 그 입장을 고수해 온 보수당보다 노동당이 제국에 대해 냉정하고 객관적인 태도를 취할 수 있었다는 사실이 1945년 이후 탈식민화 과정에 영향을 미쳤음은 당연하다. 전후 보수당 정부가 수립되었다면 실제 노동당 정부가 했던 것처럼 신속하게 인도와 파키스탄을 독립시키지 않았을 것은 분명하다. 특히 영국이 인도의 독립을 허용한 것을 긍정적으로 평가하는 사람들은 영국 정책 결정자들의 자유주의적 태도와 장기적 안목을 높이 평가한다.

제국의 해체과정에서 국제정치의 변화 요인을 강조하는 이론은 1945년 이후의 미국과 소련이라는 두 개의 강대국이 지배하게 된 세계에서 유럽 제국주의 국가들이 세계체제를 유지하기에 너무 약했다는 사실을 중시한다. 제2차 세계대전 후 식민제국을 강력히 반대하는 미국과 소련의 출현으로 기존 제국들은 곤란에 빠지게 되었다. 전후 뚜렷해진 사실은 유럽의 미국에 대한 경제적 · 재정적, 그리고 군사적 의존이었다. 정치적 · 경제적 복구가 미국을 주축으로 해서 이루어지는 상황에서 미국이 이제 완전히 자신에게 의존하게 된 낡은 유럽국가들의 식민지 국경을 지켜줄리는 만무하였던 것이다. 전쟁중 제국을 해체하라는 미국의 압력에 대해 처칠은 "나는 영제국의 파산을 관장하기 위해 국왕의 재상이 되지 않았다"고 반발하였지만 결국 제국의 해체를 언약하지 않을 수 없었다.

국내적 · 국제적 동인 모두에 결정적 영향력을 미친 사건은 실상 제2차 세계대전이었다. 이 전쟁은 제국을 지배하려는 유럽인들의 의지와 능력을 약화시켰을 뿐만 아니라 식민주의가 도덕적으로 바람직하지 않다는 견해를 퍼뜨렸다. 또한 유럽제국은 전쟁을 수행하기 위해 착취의 정도를 높임으로써 식민지의 저항을 강화시켰으며, 전쟁 도중 일본이 동남아시아를 점령한 사실은 이제까지 군사적 힘을 그 지배 기반으로 삼아오던 유럽제국의 위신을 실추시켰다. 이러한 정세는 당연히 식민지 종속민들의 제국에 대한 태도를 변화시켰고 제2차 세계대전은 민족해방 운동이 증폭하는 계기를 마련해 주었던 것이다.

주변부이론은 식민지의 전통적 엘리트 및 새로운 엘리트의 태도 변화가 중심부에서 일어나는 사건 및 국제체제의 변화와 맞물려 제국 통치의 방법과 시간, 그리고 궁극적 결과를 결정한다고 본다. 로빈슨은 무엇보다도 소수 민족주의 지식인들의 대두를 주변부의 상황을 가장 크게 변화시킨 요인으로 본다. 이들 소수의 근대적 엘리트의 민족주의가 보다 광범위한 기반을 갖는 새로운 정통세력이 되면 이들은 기존의 식민제국과 협력자들의 협력체제를 혼란시키거나 자신들의 목표를 위해 협력체제를 사용함으로써 독립을 쟁취하게 된다는 것이다. 이처럼 새로운 반제국주의적 엘리트가 성장하는 것은 곧 민족주의가 강화된 결과인데 이들은 처음에는 대중의 지지를 얻지 못하지만 점차 위치를 강화시킨다. 다시 말해 민족주의의 대두는 불가피한 것이다. 서양으로부터 수입된 의사 종교

(cult)인 민족주의는 서양식 교육과 새로운 이념의 보급을 통해 성장하는데 제국주의 지배자들은 스스로 국민국가와 민족자결권을 믿기 때문에 식민지에서의 민족주의의 확산을 막을 수 없다는 역설적 입장에 처하게 된다.

그러나 제국의 해체가 협력자가 고갈된 결과라는 로빈슨의 논리는 많은 것을 설명해 주지 못한다. 무엇보다도 비판자들은 협력자의 고갈이 민족주의의 필연적 결과라는 것은 의심스러운 명제라고 지적한다. 민족주의는 일단 식민지에 전파되면 건잡을 수 없이 커지는 정신적 · 이데올로기적 메시지가 아니었기 때문에 그것이 모든 것을 해결해 주는 답이 될 수 없다는 것이다. 민족주의의 필연적 발전이라는 명제를 부정하는 학자들은 모든 민족해방 전쟁이 그 안에 내부적 갈등, 내전적 요소를 안고 있다는 사실을 지적한다. 민족주의 엘리트들은 한편으로는 제국세력과, 다른 한편으로는 자신을 대체하려고 엿보는 다른 민족주의 집단이라는 두 개의 전선에서 싸우게 된다. 그러므로 주도적 민족주의 지도자들은 제국정부와의 무력투쟁에 돌입하는 것을 피하려고 신중히 행동하지 않을 수 없다.[15)]

식민지 종속민 사이에는 물론 제국 지배에 대한 심각한 불만이 있었지만 도전과 무질서는 과격분자에게 이롭기 때문에 엘리트는 신중히 행동하지 않을 수 없었다. 또한 지역감정과 지도자들의 대립도 중요한 장애물인데, 특히 그것이 종교에 기반을 두고 있을 때 갈등은 더 심각해지기 마련이다. 독립되면 한 부족, 한 집단, 한 캐스트, 한 종교가 통제권을 장악하리라는 의혹이 강하기 때문이다. 이처럼 식민지 사회는 이해관계와 정체성의 차이 때문에 장기적이고 대규모의 저항운동을 벌이기 어렵다. 따라서 주도적 민족주의 지도자는 적당한 선에서 제국과 타협하게 되고 이 타협에 따라 독립은 다양한 모습으로 추진되게 된다. 제국주의자도 민족주의자도 완전한 승리를 원할 수 없었고, 원하지도 않았다는

15) Smith, *The Pattern of Imperialism*, 120.

것이다. 아타투르크, 엔크루마, 호치민, 간디 등 독립에 성공한 민족지도자들은 전통적 구조 및 근대적 구조 모두에 추종자들을 가지고 있고 매우 넓은 지지를 받고 있어서 분열을 극복할 수 있었던 것이다. 그러나 많은 경우 민족주의 지도자들은 다른 경쟁세력을 물리치기 위해서 제국의 후원을 받아야 했고 이를 토대로 로빈슨은 민족주의는 제국주의의 연장이라고까지 단언하였다.

이처럼 제국주의 세력과 그 반대자 및 협력자들의 관계는 매우 복잡한 것이었다. 따라서 제국주의 대 민족주의라는 이분법은 현실에 맞지 않는 지침으로 간주된다. 서구형의 국민국가를 건설하고 싶어한 많은 식민지인들은 그들의 최대의 적이 제국 지배가 아니라 봉건영주들, 부족의 우두머리들, 전통적 종교의 성직자들이라는 사실을 깨닫고 있었다. 전통적 엘리트를 제거하고 근대화를 이루기 위해 근대적 민족주의자들은 제국의 후원을 필요로 하였고 이들 가운데에는 제국 정부야말로 최대 동맹자라는 믿음도 있었다는 것이다.[16]

로빈슨이론의 또 하나의 문제점은 민족해방운동이 설사 필연적 과정이라 해도 왜 1945년이라는 시점에 이르러 대중의 지지를 얻는 데 그렇게 성공적이었는지, 왜 제국과의 관계에서 이익을 얻어 온 집단들이 이제 민족주의를 지지하게 되었는지를 설명하지 못한다는 것이다. 따라서 최근 연구는 민족주의운동의 중요성을 인정하지만 그것을 보다 넓은 맥락에서 위치지어 식민지인들로 하여금 협력을 꺼리게 만든 사회 · 경제 · 정치적 요인을 찾고자 한다. 결국 협력자들의 태도를 변화시킨 것은 단순한 레토릭이 아니라 구체적인 실리상의 변화였다는 사실을 기억해야 한다는 것이다. 독립으로 이르는 길에서 관건은 1945년 이후 교역, 원조, 전략적 보호 등 제국이 주던 이점이 흔들리게 됨으로써 제국정부가 더 이상 식민지 엘리트의 이기심에 호소할 수 없게 되었다는 사실에 있었다.

전후 식민지 사회가 기존의 긴장과 불만을 더 강화시키는 사회 · 경

16) John Darwin, *The End of the British Empire* (Basil Blackwell, 1991), 26, 101, 102.

제 · 정치적 변화를 경험하게 되었다는 사실도 기억해야 한다. 구체적으로 영국의 경우를 보면 제2차 세계대전 동안 심각한 경제적 어려움을 겪게 된 영국은 식민지 경제를 제국의 전쟁 목표에 맞추어 운영하였다. 물론 제1차 세계대전 때도 상황은 마찬가지였지만 국력이 그만큼 더 약해 있었기 때문에 제2차 세계대전 시기가 더 어려운 상황이었다. 1945년 이후에도 영국은 전후복구와 경제부흥을 위해 식민지에 경제적 압력을 가하게 되는데, 이러한 소위 '제2의 식민정복'은 비록 의도하지 않았지만 식민지 정치인들로 하여금 협력체제를 종결짓고 식민지 지배 자체를 몰아내기 위해 대중을 동원하고 조직할 수 있는 조건을 만들어 주었다. 한마디로 제국은 너무 많은 것을 요구하고 너무 적은 것을 제공하였으며 이제 민족주의에 의해서만 식민지 종속민들의 이익이 보호될 수 있다는 주장이 설득력 있게 받아들여졌던 것이다.

협력자의 고갈뿐만 아니라 식민지에서 제국이 누리던 정통성이 쇠퇴하고, 제국정부가 식민지 종속민들의 상승하는 요구를 진정시키는 일이 점점 어렵게 된 점 등 다른 요인들도 제국의 해체에 작용하였다.[17] 여기서도 결정적 요인은 제2차 세계대전이 가져온 변화였다. 정통성의 손상은 무엇보다도 제2차 세계대전의 결과였다. 싱가포르에서 1942년 2월 13만 명의 영국군대가 항복했을 때 특권에 의존하던 영제국은 산산조각이 났다. 제국주의적 지배는 근본적으로 힘의 지배였다는 사실을 상기할 때 제2차 세계대전 도중에 있었던 일본의 동남아시아 점령이 유럽제국의 군사적 권위라는 신화를 깨뜨려 버렸다는 사실은 쉽게 이해할 수 있는 일이다. 뿐만 아니라 일본은 점령 기간 동안 반제국주의적 활동을 조장함으로써 제국이 형성해 놓은 협력체제를 교란시켜 버렸던 것이다.

최근 연구들은 식민지 민중이 반제국주의적 민족주의에 의해 동원되는 과정에서 작용한 두 개의 힘을 더 지적한다. 첫째는 언어이다. 제국의 언어는 제국 내 여러 지역에 거주하는 사람들 간의 의사소통을 가능하게

---

17) D. A. Low, *Eclipse of Empire* (Cambridge University Press, 1993), 6.

함으로써 제국의 해체에 중요한 역할을 하였다. 즉 지배자의 언어가 저항의 언어가 되었던 것이다. 하지만 제국의 언어는 여전히 소수 엘리트에게만 국한되게 마련인데 점차 그 밑에서 몇몇 지방 방언들이 문자를 얻게 되고 문어체로 성장하게 된다. 이 언어들은 새로운 국내 교역과 이주, 대중교육의 보급을 통해 문어적 지방어가 되며 정치적 결속력을 형성하는 불가결한 요소가 된다는 것이다. 민족주의적 동원에 기여한 또 다른 힘은 식민지 지배가 만들어 낸 정치제도였다. 이것이 결국 주변부 지도자들에 의해 장악되어 제국세력에 불리하게 역이용된다는 것이다. 제국정부는 통치를 위해 여러 제도를 만들어 내고, 본국으로부터 파견된 관리나 재정적 지원의 한계 때문에 어쩔 수 없이 현지인들을 통치기구에 참여시키게 된다. 일단 정치적 자유와 참여를 허용하기 시작하면 정치제도는 현지인들에 의해 장악되게 마련이고 제국 지배자는 통제력을 완전히 잃게 되고 협력자는 결국 주인이 될 수밖에 없다. 제국의 발달은 협력을 만들어 내듯이 저항과 반란의 기초를 만들어 내기도 하였던 것이다. 결국 식민주의는 시간이 지남에 따라 점점 더 빠르게 그 자신의 무덤을 파는 일련의 단계가 된다는 것이다.[18]

실제로 제국체제가 붕괴되는 과정은 다양한 형태로 전개되었다. 인도처럼 비교적 순탄하게 독립을 쟁취한 곳도 있지만 알제리아나 베트남에서처럼 격렬한 민족해방 투쟁이 전개된 곳도 있다. 토니 스미스는 탈식민화의 여러 유형을 분석하여 지배적 민족주의 지도자의 성향과 사회에서 그가 차지하는 위치에 따라 다양한 형태의 독립과정이 전개된다고 밝히고 있다. 그의 분석에 의하면 자신들의 권력기반을 전통적 정통성이나 수출입 재정에 두고 있는 주변부 엘리트들은 민족해방운동에 대중을 동

18) Peter Burke, *The Art of Conversation* (Polity, 1993), 31; Darwin, *The End of the British Empire*, 90, 91, 103. 특히 언어와 민족주의 발달을 분석한 연구로는 Benedict Anderson, *Imagined Communities*(Verso, 1983)와 Ernest Gellner, *Nations and Nationalism* (Cornell University Press, 1983) 등이 있다.

원하기를 가장 꺼린다. 그렇다면 어떤 곳에서 제국정부에 대항해 격렬한 투쟁이 전개되는가? 스미스는 그런 지역들을 몇 가지 유형으로 분류하는데, 첫번째는 알제리아처럼 백인 정착민들의 수가 많고 세력이 강해 외세에 의존하는 현지 엘리트가 애초에 만들어지지 않은 곳이다. 두 번째는 협력 엘리트가 전에 만들어졌지만 파괴되어 버린 곳으로, 일본점령에 의해 협력자들이 기반을 잃어버린 인도차이나 같은 곳이 이 범주에 속한다.[19)]

일본이 점령하였던 버마와 인도네시아에서는 제국주의자들이 돌아오려 하자 맹렬한 저항운동이 일어났다. 그러나 프랑스와 네덜란드가 식민지에서 계속 머물러 싸우기로 결정한 데 반해, 영국은 신속하게 버마로부터 떠나기로 결정하였다는 사실은 결국 탈식민화의 마지막 열쇠는 중심부가 쥐고 있었음을 보여 주는 것이라고 생각된다. 설사 민족주의운동이라는 동인이 중요하다 해도 이 정도의 어려움이 제국으로 하여금 정말로 제국을 포기하게 만들었는가, 주변부 엘리트가 협력을 거부할 때 그들을 다시 한번 협력체제로 유인하는 것이 그렇게 어려웠는가의 문제는 계속 남는다. 몇몇 연구자들은 식민제국이 진정으로 원했다면 이전의 협력자들을 다시 협력체제로 끌어들일 수 있었을 것이라고 주장한다. 단지 그러기에는 비용이 너무 높았고 그것을 깨달은 영국은 일찍 탈식민화로 나아간 반면 다른 나라들은 어려운 과정을 거쳐서만 깨닫게 되었을 뿐이라는 것이다. 즉 중심부가 진정 원했다면 독립운동을 억압할 수 있었기 때문에 식민지 정치에 너무 초점을 맞추어서는 안 된다는 것이다. 제국정부는 누구와 협상할 것이지, 어떤 과정에 의해 권력이양을 제도화할 것인지 등을 결정함으로써 탈식민화 과정에서 마지막까지 결정적 영향력을 미쳤다.

결론적으로 제국의 정치적 발전은 협력과 저항의 역동적 균형인데 이 균형이 깨어질 때 독립이 가능해진다고 말할 수 있을 것이다. 민족주의

19) Smith, *The Pattern of Imperialism*, 123-132.

의 강화만이 아니라 국제정치적 · 사회경제적 요인들로 인해 제국 지배에 유리하게 균형 잡혀 있던 주변부에서의 정치적 협조가 제국 지배에 반대하는 파에게로 기울고, 중간계급이 동원되고 민족주의적 의식이 발달하여 협력이 더욱 어려워지고 중심부가 압도적 힘을 행사할 수 없을 때 독립을 허용하게 되는 것이다. 식민지 민족주의의 승리는 항상 지역적 · 국제정치적 사건의 전환을 잘 이용함으로써 가능하였다. 간디의 엘리트 정치와 농민들의 불만의 결합, 시민저항운동 등은 식민지 내부와 국제정세적 상황 변화를 잘 포착한 성공적 정책이었다. 여기서도 중심부와 주변부적 접근이 수렴되어야 할 필요성이 확인된다. 즉 식민지에서의 반항이 물론 제국 해체에 매우 중요한 요인이었다고는 해도 중심부와 국제정치상 영향력들이 힘을 발휘하지 않았다면 탈식민화는 가능하지 않았을 것이다. 마찬가지로 중심부나 국제정치적 변화들이 존재하였다 해도 궁극적 요인은 식민지 저항운동이었다. 결국 제국의 해체를 전체적으로 이해하기 위해서는 중심부와 주변부 상황에 대한 이해가 함께 필요한 것이다.

3. 식민주의 담론 분석과 탈식민이론

지난 80년대 중반 이래 문학이론에서 시작된 '식민주의 담론'과 '탈식민이론' 분석은 요즘 제국주의 연구에서 가장 열띤 논쟁 분야가 되고 있다. 역사가들은 일반적으로 이론을 수용하는 데 느리기 때문에 탈식민이론이 역사연구에서 거론되기 시작한 것은 극히 최근의 일이다. 이제껏 물질적 현상으로만 파악되던 제국주의를 문화적 현상으로 보는 식민주의 담론 연구는 제국주의 연구에 매우 참신하면서도 중요한 자극을 가하였다.

사이드의 『오리엔탈리즘』은 새로운 지평을 열어 준 탈식민이론의 기본 텍스트이다.. 지식은 언어로부터 파생된 담론일 뿐이라는 푸코의 주장을 받아들인 사이드는 제국주의 세력을 물질적 현상으로 간주하는 전통적 개념을 밀어내고 대신 인식론적 체제로 대체하였다. 사이드는 비유럽 세계의 많은 부분들이 유럽인들에 의해 구성되었음을 밝혀 주었다. 유럽인들은 비유럽인들에 관한 어떤 항목도 어떤 문화도 연구되고 다루어지지 않은 게 없을 정도로 철저하게 관찰하고 코드화하였다. 종속국은 한 권의 책, 하나의 문건으로 집약되고 축소되었으며, 모든 부족, 인종, 종교, 직업 등의 숫자가 파악되고 분류되고 계서화되고 위치지어졌다. 예를 들어 인도의 영국 관리들은 인도인들을 이해하는 데 있어 카스트와 종교가 사회학적 관건이라고 생각하여 그에 대한 완벽한 지식을 추구하였다. 영국인들은 또한 어떤 한 카스트나 종족이 불균형적으로 사회 각 분야에서 대표되고 있는지 등을 조사하였다. 인도의 정복은 곧 지식의 정복이었다. 인도라는 거대한 사회는 계서화되기 전에 분류되고, 범주화되고, 묶여져야 했던 것이다.[20)]

탈식민이론가인 호미 바바나 가야트리 스피박 등은 식민주의 담론에서는 "차이들이 인식되고 그리고 부인되어졌다"고 주장한다. 식민주의 담론에서는 본질적으로 차이가 최소화되거나 부인된다는 뜻이다. 그러나 그것은 동시에 차이뿐만 아니라 유사성도 부인한다고 말할 수 있다. 이러한 단순화 및 부인은 식민주의자들의 입장에서 보면 그렇지 않으면 이해할 수 없는 현지사회의 다양성을 다루어야 하는 필요성 때문에 야기되었다고 설명되기도 한다. 그러나 문제는 유럽인들이 직면한 사람들이나 상황이 반드시 이해 불가능하지는 않았다는 것이다. 주변부 사회의 일상생활의 많은 양상, 정치관계, 성(sexuality) 등은 이미 15~16세기부터 여행자나 식민주의자들에게 알려져 있던 것들이었다.

최근의 탈식민이론은 푸코와 사이드로부터 받은 영향에도 불구하고 이들을 초월하는 경향을 보이고 있다. 사이드의 책은 유럽인들끼리의 담론에 초점을 두기 때문에 그것이 비유럽인들에게 끼친 영향을 다루지는

---

20) Nicholas Thomas, *Colonalism's Culture: Anthropology, Travel and Government* (Princeton University Press, 1994), 37.

않았다. 따라서 비유럽 세계에서의 효과보다는 식민지 지배자의 의도를 밝히는 데 더 성공했다고 말할 수 있다. 여기서 문제가 되는 것은 식민주의 담론이 자동적으로 식민지 종속민에게도 명백해진다는 가정이다. 그러나 식민주의 담론의 많은 부분이 식민지 종속민이 아니라 지배국가 내의 여론을 상대로 행해진 언술이라면 그 담론이 식민지 종속민들의 의식에 전혀 영향을 끼치지 않았을 수도 있으며, 식민지 사회 현장에서는 기껏해야 간접적인 관계만을 가질 수도 있었다는 점을 인정해야 할 것이다.

또한 "권력과 담론이 전적으로 식민주의자들에 의해 점유되었다"고 보는 사이드의 과장된 식민주의 헤게모니는 오랫동안 비판의 표적이 되어 왔다. 그가 제시한 동서 이데올로기의 교착상태는 식민화 과정에서 종속민들을 보다 능동적인 행위자로 보려는 견해를 방해하였으며, 서양이 끊임없이 만들어 내는 동양에 대한 개념은 바뀌어질 수 없는 것이 되고 만다. 그러나 최근 연구들은 반란, 봉기, 폭동 같은 적극적 형태만이 아니라 사보타지나 협력의 중지 등의 소극적 형태를 포함하는 식민지 종속민들의 저항과 그 결과에 초점을 맞춘다. 요점은 '행위자'를 회복시키는 것이다. 제국주의하에서 수동적으로만 인식되어 온 희생자들을 목적을 가진 행위자로 회복시키고 토착 문화를 힘과 영감의 근원으로 파악하고자 하는 것이다.

우선 권력과 지식의 관계가 푸코의 지적처럼 명료하고도 일방적인 관계가 아니라는 인식은 양자의 애매모호한 기능을 지적하고 주체와 객체, 자기와 타자의 불안정하고 모순되고 상호의존적이고 상호 변형의 관계를 주목하는 이론으로 나아간다. 그 중 호미 바바는 지배적 이데올로기의 용어를 받아들여 형성되었지만, 동시에 식민주의의 일방적 구조 형태에 대한 반대와 그것에 대한 저항을 중재할 수 있는 담론체제가 토착민에게 광범위하게 분포되어 있었음을 지적한다. 비슷한 맥락에서 식민주의자와 식민지 종속민이 직접 만나는 '접촉 지대' 및 '한계 영역'과, 이들의 접촉을 '통문화 현상'으로 파악하는 견해들도 식민주의자와 식민지 종속민 사이의 '아이러니, 전복, 모방, 혼합'을 지지한다.[21] 이러한 영향으로 현재 제국주의의 모호함과 문화적 탈구가 점차 매력적이 되어 가면서 윤리적으로 장전되어 있던 식민주의자/식민지 종속민의 확고한 이분법이 약화되는 단계에 이르고 있다. 이 모든 논의로부터 식민주의는 통일된 기획이 아니라 분절된 것으로 나타나며, 모순으로 점철되어 있고, 식민지 종속민들의 저항만이 아니라 그 내부의 논쟁에 의해 지쳐 버린 모습으로 나타나는 것이다.

탈식민이론에서 현재 가장 주목받는 분야가 특히 인도 출신의 연구자들에 의해 주도되는 섭알턴(sub-altern) 그룹이다. '섭알턴'이란 그람시로부터 빌려 온 개념으로 한 사회 내에서 국가에 의해 배제되고, 지배당하고, 억압된 사람들, 민족이라는 거대 담론에 의해 그 존재가 인식되지 않은 사람들을 지칭하는 용어로서, 여성, 농민, 노동계급, 그외 종교적 · 사회적 소수집단을 포함한다. 섭알턴의 사회적 위치는 민족과 계급의 정체성을 거부했으며 그들의 반항의식, 종교성, 신화적 비전 등은 민족주의 엘리트에게 용납될 수 없는 것이었다. 따라서 섭알턴은 민족의 요구를 표현할 수 없는 것으로 간주되었다. 섭알턴 그룹의 대표자 구하(Guha)는 섭알턴 역사서술이 과거의 역사서술 양식이나 식민주의 및 민족주의 정치의 국가중심적 경향에 의해 주변적인 것으로 간주되어 온 영역들을 올바르게 인식하려는 노력이라고 설명한다. 섭알턴 그룹의 목표는 그람시가 말한 대로 이들의 '파편화된 우연적 역사'를 찾아 내어 역사에서 생략된 사람들의 정치를 쓰고자 하는 것이다. 주의할 점은 섭알턴이 반드시 밑으로부터의 역사와 동일하지 않다는 사실이다. 섭알턴 그룹은 타자인 섭알턴의 주체로의 단순 이동을 목표로 하지 않는다. 그렇게 하는 것은 주체/타자의 이원적 대립상을 본질로 하는 서구의 근대 인식론적 구조를

---

21) Colin Graham, "'Liminal Spaces': Post-Colonial Theories and Irish Culture," *Irish Review*, no. 16 (Autumn/Winter 1994), 33; Homi Bhabha, "Of Mimicry and Man: the Ambivalence of Colonial Discourse," in *The Location of Culture* (Routledge, 1994).

답습하는 것이기 때문이다. 섭알턴적 안목에서 볼 때 마르크스주의 역시 계몽주의의 한 분파이며 모든 역사가 접근 가능하다는 역사주의적 방법론에 빠져 있다는 것이다.

섭알턴의 주장 가운데 하나는 인도 민족주의가 '파생적 담론'에 불과했고 여전히 그렇다는 주장이다. 즉 그것이 반박하고자 하는 유럽적 사고의 권력 구조와 형태를 극복하는 데 실패했다는 것이다. 따라서 이들의 담론 연구에서는 민족국가 개념이 식민주의 권력 담론이 만들어 낸 카테고리로서 정밀 검사의 대상이 되고 있다. 민족은 더 이상 억압된 사람들의 피땀으로 성취된 영광스러운 업적이고 결실이 아니며, 탈식민적 민족주의는 오히려 억압적이고 총체화하는 이데올로기와 실천이었다는 것이다. 탈식민국가는 식민지 시대 구조의 모방과 반복일 뿐이다. 이를테면 독립 후의 인도 국가는 '영국 지배의 이데올로기적 산물'이며, '영국적이 아닌 통치'를 이야기하는 인도의 민족주의자들은 '영국인이 없는 영국의 지배'를 요구할 뿐이었다는 것이다. 민족주의는 오리엔탈리즘에 대한 답이 아니다. 탈식민시대에 있어서 민족주의는 오히려 오리엔탈리즘이 구체화한 것으로 민족주의는 식민주의의 역사적 계승자이며 그것이 대체하려고 하는 식민주의의 '전도된 이미지'에 다름 아니라는 것이다.[22)]

섭알턴은 따라서 反식민주의 투쟁의 정당하고 논리적인 귀결로서 민족의 실재를 찬양하는 서사의 한계를 넘어서려고 노력한다. 이들이 볼 때 민족주의자의 한계는 식민지 종속민들이 통일을 이루고 있다는 가정, 즉 그들은 식민주의자의 본질에 대항하는 민족적 본질을 이루었다는 가정에서 기인한다. 그러나 섭알턴 그룹이 지적하듯이 식민지 시대에 봉기

22) Gyan Prakash, "Introduction: After Colonialism," in *After Colonialism*, ed., Gyan Prakash, (Princeton University Press, 1995), 5, 6; Carol Breckenridge & Peter van der Veer, "Orientalism and the Postcolonial Predicament," in *Orientalism and the Postcolonial Predicament*, eds., Breckenridge & van der Veer(University of Pennsylvania Press, 1993), 12, 13.

를 기도한 농민들은 반드시 자신들을 인도인으로 생각하지 않을 수도 있었고, 스스로가 인도의 해방을 위해 싸우고 있다고 생각하지 않았을 수도 있다. 섭알턴 그룹은 따라서 엘리트 정치로부터 독립된 독자적인 정치의 장이 존재하였음을 인정하고 그 곳에서의 행위자에게 민족의식의 언어로는 명백해지지 않는 다양한 형태의 자기 이해, 사회적 실행, 투쟁을 회복시켜 주고자 한다. 이들은 영국 지배하의 인도 농민들의 반란이나 폭동을 분석하면서 농민들이 상정한 적이 반드시 식민지적 질서는 아니었으며 엘리트적 민족주의가 이들의 봉기에 침투한 것도 아니었다는 점을 밝히고 있다. 즉 식민지 지배하의 인도에는 '두 개의 서로 독립된 정치의 장'이 존재하였다는 것이다. 어쨌든 섭알턴들의 저항은 하나의 지배적 문화에 대해서가 아니라 여러 개의 문화, 즉 식민지적인 질서와 토착적이고 전통적인 계서제에 다같이 침투해 들어왔다는 것이다.[23] 문제는 민족주의 이데올로기가 제국주의적 구조의 되풀이라는 것을 인정하는 사람에게조차 민족은 여전히 기본적 실재로 남아 있다는 사실이다. 섭알턴적 시각을 어느 정도 수용하는 사람들조차 민족을 뛰어넘은 다음에 무엇이 올 것인가라는 개념적 도약에서 주저하는 것이다.

섭알턴이론은 아직 형성과정에 있고 연구 성과도 미미하지만 식민주의이론 연구에 매우 신선한 충격을 제공해 주었다. 그러나 우리는 탈식민이론이 주장하는 비유럽인들의 정신적 탈식민화의 중요성을 인정하면서도 그 한계를 지적하지 않을 수 없는데, 그것은 우선 그들의 작업이 담론 분야에 국한되어 있기 때문이다. 여기서 역사가로서 우리의 관심은 그들이 비유럽인들의 정신을 탈식민화할 수 있는지 여부가 아니라 이 이론이 식민주의 역사에 대한 이해를 더해 줄 수 있는가 여부에 있다. 이러한 맥락에서 탈식민이론과 역사의 관계를 짚어 볼 필요가 있다. 탈식민

23) Neil Lazarus, "National Consciousness and the Specificity of (post) Colonial Intellectualism," in *Colonial Discourse/Postcolonial Theory*, eds., F. Barker, P. Hulme and M. Iversen (Manchester University Press, 1994), 208.

주의 이론가들 가운데 특히 포스트 모던적 경향을 강하게 보이는 호미 바바 등에게 역사는 단지 텍스트이고, '거대 서사'에 불과하다. 역사를 타자를 지배하고자 하는 서양의 담론적 충동의 일환으로 바라보는 의구심이 탈식민이론에 중요한 한 요인으로 자리잡고 있는 한 이 이론은 식민주의의 본질에 대한 우리의 역사적 지식을 더해 주지 않는다. 물론 섭알턴 그룹 가운데 젊은층은 "유럽이 역사적 지식 그 자체에 대한 말없는 기표(referent)로 작용할 때" 역사를 서술하는 것이 가능한지에 대해 고민하면서 역사 연구에 관심을 기울이기도 하지만 극단적인 사람들은 역사적 이해에 대해 전체적으로 반발하는 입장이다.[24] 그 결과 제국주의라는 엄연한 역사적 사건과 상황을 분석하면서 역사를 제쳐 놓음으로써 이들은 엄청난 문제점을 노출하고 있는 것이다.

그리고 그러한 문제점은 서양이 동양을 본질화시켰듯이 이들의 담론적 실행 역시 서양을 본질화하고 왜곡시킨다는 사실에서도 나타난다. 사이드의 오리엔탈리즘에서와 마찬가지로 서양은 탈식민이론에서 아무런 제재와 간섭 없이 스스로의 기획을 전 세계에 부과하는 총체적이고 모든 곳에 존재하는 실재로서 나타난다. 그러나 실상은 이와 같이 단순하지 않았던 것이다. 유명한 동양학자 윌리엄 존스, 제임스 밀 등 18~19세기에 인도를 해석한 영국인들은 각기 다른 목표를 위해 각기 다른 해석을 구성해 내었다. 최근의 페미니즘 연구도 식민주의 세력의 구성은 탈식민이론가들이 상정하는 것보다 훨씬 복잡하고 서로 상반되는 과정을 통해 이루어졌다는 사실을 밝히고 있다. 예를 들어 식민지 사회에서 백인 여성이 당면한 입장, 즉 지배 인종의 일원이면서 종속적 성차별을 당하는 입장 등을 고려할 때 본질화된 서양은 존재하지 않는 허상이다. 역사적 맥락과 상황을 고려하지 않는 담론 분석은 이처럼 부정적 결과를 야기할 수밖에 없는 것이다. 따라서 탈식민이론이 식민지 경험의 보다 미묘하고 역사적인 이해로 나아가려면 타자를 구분되지 않는 범주로 추상화하는

24) Kennedy, "Imperial History and Post-Colonial Theory," 350, 351.

경향을 극복해야 한다는 비판이 제기되고 있다.

보다 근본적인 문제는 '타자에 대한 진정한 지식에 도달하는 것이 가능한가'이다. 타자에 대한 서구의 잘못된 표상을 해체하는 것이 진정한 표상으로의 길을 열어 줄 것인가라는 보다 근본적 문제에 대해 일부는 긍정적으로 대답한다. 사이드가 이 경향에 속하는데 동양에 대한 서양의 표상이 왜곡되어 있다고 하는 그의 비난은 왜곡되지 않은 표상이 가능하다는 주장으로 이어지는 것처럼 보이기 때문이다. 그렇지만 이것은 그의 탈구조주의적 주장 즉, 동양은 서양이 만들어 낸 담론적 환상에 불과하다는 주장과 상충하는 것이다. 탈식민이론가들 가운데 극단적인 일부는 진정한 표상에 도달하는 것은 불가능하다고 대답한다. 호미 바바는 우리에게 남겨진 최선의 길은 식민주의 담론의 가장자리에 식민지 종속민들의 흔적이 새겨지는 것을 쫓을 뿐이라고 말한다. 스피박 역시 종속된 자의 목소리, 특히 여성의 목소리는 결코 회복될 수 없다고 못박는다. 그 목소리는 식민주의적 · 남성 족장주의적 담론의 억압적인 공모에 의해 묻혀 버렸다는 것이다. 여러 면에서 표상은 현재 문제가 되고 있다. '타자를 대신해 이야기한다'는 아이디어가 단지 희망사항일 뿐이며 나아가 권위주의적이라는 인식은 엘리트와 대중의 문제를 제기하며, 이러한 데리다식 전환은 탈식민이론으로 하여금 종속된 자의 행위와 자율성을 거부해 버렸다는 비난에 노출되도록 만들었다.[25)]

진정한 표상에 대한 이러한 부정은 심각한 도전을 야기하였다. 스피박의 입장은 한마디로 식민주의의 효과가 너무나 엄청나서 식민지 종속민들은 도전의 말을 뱉을 기반조차 박탈당했다는 것인데 이런 식의 주장은 자신이 파놓은 구덩이에 빠져버리는 형상이 되고 만다는 비판이 제기된 것이다. 호미 바바가 제시한 식민주의적 모방의 경우에도 그것이 아무리 급진적이고 혁명적인 성격을 갖는다 해도 필연적으로 식민주의적 언술로부터 발생하는 것이기 때문에 그것에 의해 근본적으로 조건지어진다.

---

25) Lazarus, "National consciousness," 211-215.

그런데 이 입장은 섭알턴의 당초의 주장과 다른 것이다. 즉 앞에서 언급된 바와 같이 섭알턴 그룹의 입장은 엘리트 정치에서 기원하지도 않고 그 존재를 엘리트 정치에 의존하지도 않는 독자적 영역이 있었다는 주장이기 때문이다. 일부 학자들은 탈식민이론이 막다른 길에 도달했음을 인정한다.[26)]

탈식민이론에 대한 보다 일반적인 비판은 그것의 난해함과 학문적 오만함에 대해서이다. 사이드를 이은 탈식민이론가들은 알튀세르, 바크틴, 바르트, 데리다, 파농, 라캉 등의 이론을 끌어들여 가뜩이나 어려운 전문용어로 가득 찬 이론을 더욱 어려운 것으로 만들고 있다. 이들의 마지막 영감의 기원은 가타리와 들뢰즈이다. 흥미로우면서도 역설적인 사실은 여기서 마르크스가 배제되었다는 것과 이 가운데 파농 외에는 어느 누구도 서양 제국주의에 대해 관심이 없었다는 사실이다. 이들의 현학적이고 혼란스러운 글쓰기는 현재 심각한 비판의 표적이 되고 있는데, 특히 '언어와 해방' 사이의 관계에 대한 탈식민이론의 주장에 비쳐 볼 때 이 점은 심각한 문제로 대두한다. 즉 그들에 의하면 '의식을 탈식민화'하는 것이 무엇보다 중요하며 언어는 그러한 식민주의적 사고형태로부터의 해방에 있어 관건이다. 그들이 사용하는 전략은 식민주의자들의 언어를 비판적으로 분석하고, 대표적 텍스트를 해체하고, 표면의 서사 밑에 깔려 있는 담론적 기획을 밝혀 내는 것이며, 문화적으로 서구 중심적인 세계체제를 탈중심화시키는 것이다. 그런데 그 전략이 그들의 방법론에 의해 제약받고 있는 것이다.

이러한 명백한 한계에도 불구하고 식민주의 담론 연구는 역사 연구에 중대한 공헌을 하였다. 우선 그것은 제국주의 연구의 방향을 새롭게 정립해 주었는데, 담론 분석은 우리의 관점을 물질적 영역으로부터 문화적 영역으로 전환함으로써 비유럽 세계에 대한 유럽의 영향을 재구성하고 재평가하게 만들었다. 이들의 또 하나의 공헌은 지식과 권력의 관계를

---

26) Kennedy, "Imperial History and Post-Colonial Theory," 354, 355.

규명한 것이다. 서양의 제국주의 세력은 서양이 종속민들에게 부과한 인식론적 질서에 의해 유지되었다는 탈식민이론의 주제는 매우 강력한 호소력을 지니고 있다. 탈식민이론 덕분으로 우리는 식민지 사회에 대해 우리가 알고 있다고 믿는 것의 상당 부분이 실상 식민주의자들의 담론적 기획에 의해 왜곡된 것이라는 사실을 알게 되었다. 나아가 문화적 차이의 구성을 이분법적 과정으로 이해하는 일도 가능해졌다. 즉 서양은 동양으로부터, 중심부는 주변부로부터 분리되어서는 아무런 의미가 없다는 것이 밝혀졌고, 이로써 제국주의를 지배자의 일방적 작용이 아니라 상호작용으로 파악하는 것이 가능해졌던 것이다. 나아가 식민주의자와 식민지 종속민 모두에게 의미를 부여하는 정체성의 범주가 당연한 것으로 받아들여질 수 없다는 사실, 그것들은 권력의 맥락에서 문제화되고 제시되어야 한다는 것을 명백히 하였다.

탈식민이론은 계급, 인종, 젠더 등이 제국의 중심부와 주변부를 연결시키면서 놀랄 정도로 서로 혼합되어 복잡하게 작용하고 있었음을 밝혀주었다. 게다가 이 상호작용의 문화적 영역, 즉 자기와 타자 간의 상호표상의 영역을 환기시켜 준 점은 제국주의 연구가 간과해 온 가장 중요한 경험을 되살린 것이라 할 수 있다. 이러한 탈식민주의 담론 연구에 의해 제국주의 연구는 이제까지 간과되어 온 매우 흥미로운 여러 주제들에 접근하고 있고 이 점에서 이론과 역사연구의 접목은 긍정적이고 생산적인 결과를 낳을 수 있다는 사실이 입증되었다. 탈식민이론은 권력의 인식론적 구조와 저항의 문화적 기반, 중심부와 주변부 사이의 구멍 뚫린 관계, 집단적 정체성의 구성, 나아가 역사적 증거 자체의 본질과 사용, 그리고 역사서술에 대한 본질적인 문제점들을 제기함으로써 제국주의 연구에 지대한 영향력을 미치고 있는 것이다.

제4장

제국은 왜 팽창하는가

1840년대 도미니카 공화국이 영국, 프랑스, 스페인, 미국에게 스스로를 바치려고 했을 때 이들 서양 국가들은 모두 공식적 지배의 짐을 지기를 거절하였다. 독일은 1874년 토고의 합병을 거부했으며, 영국 식민성은 1876년 카메룬 대령이 아프리카 족장들과 맺은 조약에서 약속받은 콩고의 넓은 영역을 차지하려 하지 않았다. 이처럼 수백 년 동안 아프리카 대륙을 무시하던 영국과 다른 강대국들은 갑자기 1880년 이후 16년도 지나지 않아 그 대륙의 90%를 점유하였다. 1900년이 되면 영제국은 4억 인구와 1,200만 평방 마일의 영토로 팽창하였고, 1933년 절정에 이르렀을 때 5억 2천만의 인구와 1,220만 평방 마일 — 세계 지표의 23.85% — 의 영토를 가진 대제국이 되었다. 제국주의적 팽창에 있어서 1880년은 분수령을 이루었다. 영국만이 이러한 팽창을 경험한 것이 아니어서 서구 열강은 1914년 현재 본국을 포함하여 지구의 85%를 식민지, 보호령, 신탁통치령 등으로 소유하고 있었다.

1880년 이후의 제국주의는 그 크기와 성격에 있어서 이전 시기와 다르게 전개되었다. 이 때부터 제국주의적 팽창의 새로운 물결이 일기 시작하고 유럽이 저개발 지역에 대해 보다 체계적이고 의식적인 접근을 시작하였던 것이다. 영국 수상 솔즈베리 경은 이 때를 뒤돌아보며 "우리는 산과 강과 호수들을 우리들끼리 주고받았다. 그러면서 우리는 단지 한 가지 장애물에 직면했는데 그것은 그 산과 강과 호수들이 어디에 위치하고 있는지를 몰랐다는 사실이었다"고 회고하였다.[1] 왜 그처럼 제국주의적 팽창이 봇물 터지듯 터졌는가는 아직도 풀리지 않은 문제이고 이 문제에 대한 논란이 제국주의 연구에서 여전히 압도적인 중요성을 가지는 사실은 이해할 만하다.

무릇 모든 제국주의는 여러 개의 얼굴을 가졌다고 말할 수 있다. 제국적 팽창에는 여러 종류의 경제적 요인들, 정치적 · 외교적 · 전략적 동기들이 복잡하게 작동하고 있었고, 그외 사회 제국주의, 국수주의, 황색 언론, 선교사들의 열정, 인도주의, 사회개혁에의 욕구, 소위 문명화의 사명, 사회적 다윈주의들이 복잡하게 작용함으로써 제국적 팽창을 야기하였던 것이다. 그 중에서도 특히 권력정치의 행사, 경제적 이득을 얻기 위한 시도, 도덕적 의무감의 표현이 가장 중요한 요인이었다고 말할 수 있다. 물론 이들 동기들은 서로 복잡하게 얽혀 있었고 구분하기가 힘들며 시기적으로 어떤 한 동기가 다른 동기보다 더욱 중요하게 작용하기도 하였다. 그럼에도 불구하고 이 장에서는 분석의 편리상 제국주의적 팽창의 동기를 세 가지로 분리하여 살펴보기로 한다. 그럼으로써 제3장에서 살펴본 제국주의이론이 실제 제국의 팽창을 제대로 설명해 주는 지침이 될 수 있는지 판단해 보기로 한다.

1. 경제적 동기

18세기 프랑스의 사상가 볼테르는 잉글랜드를 강력하게 만든 것은 엘리자베스 시대부터 모든 정파, 모든 사람들이 상업을 중시해야 할 필요성에 동의한 것이라고 갈파하였다. 혁명 당시 왕을 처형한 영국 의회는 마치 아무 일도 없었던 것처럼 해외무역을 확보하는 데 바빴고, 찰스 1세의 피가 마르기도 전에 항해법(1650)을 통과시켰다는 것이

1) Philip Darby, *Three Faces of Imperialism* (Yale University Press, 1987), 17.

다.[2] 여러 중심부 국가들 가운데서도 영국은 특히 제국주의를 중요한 국가정책으로 삼았다. 왜냐하면 영국의 경제적 우위는 항상 원자재 및 해외 시장에 특히 의존하고 있었기 때문이다. 따라서 영국의 경우 상업적 동기는 제국적 팽창의 초기 단계부터 단연 두드러졌다. 최초의 식민지 건설의 시도는 월터 롤리가 처녀왕 엘리자베스 1세를 기려 건설한 버지니아(1585)였다. 그 곳으로 이주한 사람들은 금, 은을 발견하거나 대지주가 되어 큰 돈을 벌 것을 꿈꾸었지만 둘 다 가능한 일이 아니었다. 금, 은의 발견은 무척 어려운 일이었고 인디언들도 고분고분한 소작인이 될 것 같지 않았기 때문이다. 이처럼 초기 식민사업은 어려움에 봉착하여 거의 포기상태에 처할 정도였다. 그러다 서인도제도의 담배재배가 성공하기 시작하면서 붐이 일었다. 담배 경작은 상당한 수익을 가져다 주었는데 경작에 필요한 노동력은 잉글랜드나 아일랜드로부터 노역계약에 의해 공급되었다.

담배무역은 1650년대 절정에 이른 후 가격이 하락하며 쇠퇴하고 그 후 주업은 설탕재배로 바뀌었다. 설탕재배로 전환했을 때 서인도제도에는 25,000명의 잉글랜드인들이 거주하고 있었는데 1660년대에는 그 수가 무려 40,000명으로 급격히 증가하였다. 17세기 말이 되면 누구나 잉글랜드의 해외 영토 중에 가장 매력적인 것이 설탕재배지라고 인정하게 되었다. 설탕은 담배보다 경작이 어려웠고 추수가 단기간에 이루어져야 하기 때문에 더욱 많은 노동력을 필요로 하였다. 노동력 문제는 아프리카로부터의 노예수입으로 해결하였으므로, 1660년대가 되면 영국령 서인도제도에는 백인 정착민보다 흑인 노예들의 수가 더 많아졌다. 영국인들은 해운력을 바탕으로 전 세계 노예무역을 점점 더 지배하게 되었는데 18세기 중엽에 이르면 영국 정부는 노예무역을 정부가 보조해야 한다고까지 생각할 정도로 노예공급을 중시하게 되었다. 18세기에 영국이 벌인 몇몇 전쟁은 이 재산을 유지하려는 의도가 중요한 동기 가운데 하나로 작용하였던 것이다.

---

2) David Landes, *The Wealth and Poverty of Nations* (Littel Brown, 1998), 234.

17세기 중엽의 내전으로부터 명예혁명(1688)에 이르는 반세기 동안 정치적 · 사회적 대혼란을 겪은 영국은 명예혁명 이후 비교적 안정된 국내 정치제도를 이룩하고 강력한 해상력을 바탕으로 상업적 이윤을 추구하기 위해 해외로 관심을 돌렸다. 17세기에는 소위 상업혁명에 의해 영국 상인들의 무역에 대한 관심도 극적으로 변화하여 런던이 세계무역의 중심지가 되었으며 영국 금융과 운수업도 보다 복잡한 형태로 전문화되었다. 프로이센 주재 영국대사가 본국으로부터 받은 훈령은 "우리는 군인이기 전에 상인이어야 한다"는 점과 "영국의 진정한 원천인 부는 무역에 달려 있다는 점을 기억하라"는 것이었다. 17~18세기에는 국왕이 중상주의 원칙하에서 무역과 해운을 통해 식민지를 통제하였다. 항해법은 모든 식민지의 수출은 잉글랜드의 선박을 통해서, 그리고 모든 식민지로의 수입은 잉글랜드를 거칠 것을 못박았다. 핼리팩스 경은 "우리는 남자들에게 가장 아름다운 연인, 즉 무역을 위해 싸운다"는 말로서 잉글랜드의 정책을 표현하였다. 왕정복고 후 찰스 2세는 해군과 상업을 지원하기 위해 그리니치 천문대를 설립(1675)했으며, 윌리엄 3세는 고위 관리, 추밀원 위원들로 구성된 무역 및 식민성(1698)을 발족시켰다.

세계 최초로 산업혁명을 수행한 영국은 1860년이 되면 유럽 총생산의 1/5, 세계 철강생산의 1/2, 공업제품 무역의 40%를 차지하는 경제 대국이 되었다. 전 세계 인구의 2%밖에 안 되는 나라가 이룬 업적으로는 대단한 것이었다. 이러한 경제력에 힘입어 19세기 영국은 세계를 지배하여 팍스 브리타니아를 건설했던 것이다. 학계에는 얼마 전까지도 영국이 산업혁명을 수행함에 있어 식민지에서 획득한 이윤과 원자재가 결정적으로 중요했다는 주장이 퍼져 있었다. 그러나 이 책의 제5장에서 살펴보듯이 최근에는 산업혁명이 식민지에 크게 의존하지 않았다는 주장이 정설로 인정받고 있다. 게다가 산업화가 진행되던 19세기 전반기가 되면 자유무역의 이데올로기가 마치 國教인 양 영국을 휘어잡게 되면서 그 때까지의 중상주의적 경제적 통제가 소멸하기 시작하였다. 이제 영제국은 자유주의적 제국이 되었다. 제국의 경제적 가치가 매우 중요하긴 했지만 다른 제국들이 폐쇄된 중상주의적 블록을 지향한 데 반해, 영국 식민지들은 넓고 개방적인 세계무역체제의 일부분이 되었다. 이 말은 영국이 식민지에 대해 경제적 특혜를 요구하거나 강요하지 않았다는 뜻이다. 자유무역에 기초를 둔 팽창은 될 수 있는 한 직접적인 개입이나 통치를 피한 채 경제적 이익을 추구하는 형태였다. 물론 영국 정부는 무역 상대국으로부터 자유무역의 권리를 얻어 내기 위해 경우에 따라 무력을 사용하기도 하고 정치적 합병을 감행하기도 했지만 기본 입장은 비공식적 제국을 유지한다는 것이었다.

따라서 이 시기의 팽창을 소위 '자유무역 제국주의'라고 부른다. 영국은 자타가 공인하는 제국주의 종주국이었지만 영국의 정치가나 외교관들은 거의 모두 주저하는 제국주의자였다. 영국 정부는 인도에서는 예외적으로 강력한 경제적 통제를 실시하였지만 인도를 제외한 다른 곳에서의 태도는 달랐다. 즉 자유방임이 인도를 제외한 모든 영제국에서 '국교'였고, 기업을 대변하는 정부의 간섭은 '저주'로 간주되었던 것이다. 물론 매우 예외적인 경우에 상인들에게 도움을 준 적은 있지만 영국 재무성의 태도는 다음의 서신에 요약되어 있다: "일반 납세자들의 돈으로 외국과의 경쟁에 시달리고 있는 영국 기업을 돕는 것은 불건전한 상업정책이라고 믿는다."[3)]

자유무역 시대의 영국 정치인들의 양면적 태도는 파머스턴 경에게서 단적으로 드러난다. 1847년부터 1865년 사망할 때까지 외무장관과 수상을 역임하면서 소위 포함외교를 펼친 파머스턴 경의 대외정책을 얼핏 보면 모순된 것으로 보인다. 파머스턴은 "정부의 역할은 상인들을 위해 길을 열고 확보하는 것"이라고 믿었다. 그의 관심은 한마디로 전 세계에 자유무역을 실현하는 것이었고 이에 장애가 된다면 무력을 사용할 수도 있다는 것이었다. 그는 영국인이 해외에서 공격받거나 재산상의 피해를 당

3) Lance Davis & R. Huttenback, *Mammon and the Pursuit of Empire*(Cambridge University Press, 1988), 226, 227.

하면 지체 없이 힘을 사용하여 상인들로부터 칭송을 받았다. 그러나 그는 영국 투자가들이 돈을 잃었을 때는 전혀 관계하지 않았다. 투자가들은 이미 위험부담을 알고 투자를 했기 때문이라는 이유였다. 영토 확장이 크게 중요하지 않다고 생각한 파머스턴은 영토 확장에 따른 감정적 이유에 공감하지 않았다. "우리가 원하는 것은 무역일 뿐이다. 영토는 무역에 필요하지 않다. 다른 사람들에게 속해 있는 땅에서도 상업을 할 수 있다"고 주장하였던 것이다.[4] 즉 가능하면 비공식적으로, 그러나 불가피하다면 공식적으로 통제를 확장하는 것이 파머스턴 정부 시절의 영국의 정책이었다. 반면, 영국인 납세자의 부담 없이 영토가 확장된다면 마다하지 않았다. 따라서 파머스턴 정부는 영국의 방위비를 낮게 유지하였고 상업이 번성하게 함으로써 국가는 번영을 구가하였다.

파머스턴 이후의 영국 정치가들의 제국주의에 대한 견해는 두 가지였다. 글래드스턴이나 하코트 등의 자유주의자들은 강제적 병합은 도덕적이나 현실적 기반에서 정당화될 수 없다고 믿었다. 실상 대부분의 정치인과 관리들이 이 그룹에 속했다. 외무성은 물론 많은 상인들조차 금융업자들과 특허권 소유자들을 위해 아시아나 아프리카에 유니언 잭을 꽂는 것을 별로 달가워하지 않았다. 물론 보수주의자들은 디즈레일리가 제국을 보수당의 이념으로 정립한 후 제국에 대해 보다 열성적인 태도를 보였지만 19세기 말에 이르러서도 영국 정치인들의 생각은 대체로 파머스턴과 흡사하였다. 보수당 정부의 수상 솔즈베리 경도 "일반적 원칙상, 영국 정부는 개별 투자가들의 투자를 방어하기 위해 다른 국가의 영토에서 국가 권력을 사용하는 것에 반대한다"고 천명하였다.[5] 정치가들은 캐나다, 오스트레일리아 등 자치 식민지들을 보호하기 위해 약간의 비용을 지출하는 것에 반대하지는 않았다. 물론 식민지는 영국에게 중요한 존재였다. 그러나 영국이 식민지의 안전을 위해 할 수 있는 최선의 방법은 해

4) John Gallagher and Ronald Robinson, *Africa and the Victorians* (Doubleday, 1961), 5.

5) Davis and Huttenback, *Mammon*, 229.

군을 제공하는 것뿐이라고 굳게 믿고 있었다.

일부 학자들은 1870년대 보호관세의 성장을 제국주의 팽창의 한 원인으로 파악한다. 그러나 신제국주의 시대가 프랑스와 독일의 보호주의의 소생과 동시적이었음은 사실이지만 팽창의 가장 중요한 시기인 1880년대에 프랑스와 독일의 관세는 아직 상대적으로 낮았다. 독일은 강대국들 가운데서 가장 먼저 관세를 채택한 나라였다. 따라서 독일에서 제국주의와 관세의 상관관계가 어떠하였는지를 따져 볼 필요가 있는데, 어떤 독일인도 제국주의가 관세정책의 필연적 부수물이라거나 식민지가 시장으로서 중요하다고 말한 적이 없었다. 1906년 독일의 식민장관은 식민지의 상업적 가치는 거의 전적으로 원료와 농산물의 생산지로서의 가치일 뿐, 시장으로서의 가치는 거의 없다고 단정하였던 것이다.[6)]

그러나 19세기 말에 이르면 영국에서도 점차로 상업적 기반에서 합병을 정당화하는 사람들이 늘고 있음은 사실이었다. 1870년대 불경기가 제국에 대한 인식을 바꾸어 놓았다. 이 때가 되면 아시아, 아프리카를 무역대상지로 개방하고자 하는 욕구가 강해졌다. 1890년대부터 경제가 회복되자 이번에는 자본 투자에 대한 관심이 증대하였으며, 1890년대에 이르러서는 제국은 영국이 직면한 모든 문제들 — 쇠퇴하는 무역, 과잉 인구, 실업 등 — 을 해결할 수 있는 만병통치약으로 간주되었다. 다른 나라 정부의 활동이 영국을 아시아, 아프리카 시장에서 위협할 것이라는 우려도 제기되었다. 특히 1880~1890년대 유럽 국가들이 상업활동에 쏟아 붓는 정치적 지원, 중국에서 벌어진 자치령 식민지 오스트레일리아와의 경쟁, 동아프리카에서의 독일 이익의 확장은 영국 무역의 미래에 대한 중대한 위협으로 느껴졌고, 이에 기업인과 정치인들은 외무성에 상업적 이해관계를 철저하게 계산할 것을 요구하였다. 정치적 세력과 경제적 기회가 함께 간다는 사실을 챔벌린이나 커즌 등의 영리한 정치인들은 깨닫게 되었던 것이다.

---

6) D. K. Fieldhouse, *Economics and Empire 1830-1914* (Macmillan, 1984), 28-30.

1886년 수상 솔즈베리 경이 외국의 제국주의적 침투와 보호관세가 영국으로 하여금 무역의 교두보를 유지하기 위한 수단으로 해외 영토를 병합하게 만들지도 모른다고 말하였듯이 외무성과 식민성은 이 때쯤 되면 정치적 병합을 심각하게 고려하게 되었다. 솔즈베리는 또한 외무성의 반대에도 불구하고 "다른 나라들이 영국의 상업적 이해관계에 해롭다면 우리 상인들을 지지해도 좋다"면서 베이징 주재 영국 공사에게 불간섭주의를 철폐하도록 지시하였다. 영국에게 상당한 투자기회가 주어져 있던 서아프리카에서도 1883~1985년 유럽의 경제위기와 보호관세로 영국인들의 상업활동이 제약을 받게 되자 영사들이 행동을 요구하였다. 나이지리아 총독 루가드는 1892년 비슷한 논지로 우간다를 보호령으로 만드는 것을 정당화했으며, 그 4년 후 식민장관 챔벌린은 영국이 가만히 있는다면 영제국에 대해 시장을 폐쇄하는 경쟁자들에 의해 아프리카가 점령될지도 모른다고 경고하였다. 다른 유럽의 지도자들과 마찬가지로 국내적 불안정의 위험을 예리하게 느끼고 있던 챔벌린은 식민지와의 교역이 국내경제를 안정시키는 것과 동시에 정치체제를 견고하게 하는 이중적 안전장치임을 꿰뚫어 보고 있었다.

이처럼 19세기 말에 식민지는 점차 영국에게 경제적 자산으로 인식되었다. 그렇다면 과연 신제국주의 시대에 획득된 아시아, 아프리카는 영국 경제에 그처럼 중요하였던가? 이 문제는 제5장에서 자세히 논의되고 있지만 제국주의의 경제적 효과는 대체로 기대에 미치지 못하였다. 단 인도만은 예외였다. 20세기 초에 인도 수입의 60%가 영국으로부터의 수입으로, 특히 직물, 기계, 철강제품이 주종을 이루었다. 여기서 나오는 흑자로 영국은 유럽 대륙이나 미국과의 무역수지 적자의 1/3을 상쇄할 수 있었던 것이다. 인도가 영국 수출에서 차지하는 비중은 직접적인 수출·입만이 아니라 간접 무역에서도 중요하였다. 특히 19세기가 되면 영국인들의 식생활에서 차를 마시는 습관은 빼놓을 수 없는 것이 되었는데 차를 중국에서 수입하기 위해 영국은 인도에서 아편을 재배하여 중국에서 판매하였다. 일부 학자들은 이것이 영국의 정치적 통제 없이는 불가능했을 것이라고 주장한다. "자유무역의 깃발을 나부끼며, 랭커셔는 이전 중상주의 시대의 낡은 무기를 가지고 아시아의 새로운 시장에 침투해 들어갔다"는 것이다.[7)]

인도는 상품시장으로서만이 아니라 자본 투자와 그 외 영국인 통치계급에게 지불하는 봉급 등으로 영국에게 큰 수익을 제공하였다. 인도는 런던에 있는 인도청을 지탱하고 영국인들에게 연금을 지급하고, 점점 더 늘어나는 대영국 채무에 대한 이자 등을 지불하여야 했다. 1892년에 이르면 인도 식민지 정부 지출의 25%가 이렇게 영국으로 유출되는 비용에 충당되었고 이 부담금은 가난한 인도에게 큰 짐이 되었다. 그렇지만 세기 전환기에 이르러서도 대부분의 정치인들은 인도가 영국에 가져다 주는 보상 때문이 아니라 영국이 인도에게 베푸는 이익을 들어 인도 지배를 정당화하였다.[8)]

그러나 영국의 정치인이나 기업가들 대부분은 대체로 주변부에서의 시장과 자원에 대해서 현장에 있는 사람들만큼 낙관적이지 않았다. 챔벌린을 제외하고는 주변부의 경제적 잠재력을 확신한 정치인들이 거의 없었으며 체계적으로 이 문제를 다루려고 하지도 않았고, 주변부에 자본을 투자하려는 자본가들도 거의 찾아보기 힘든 실정이었다. 상무성 차관 말레트 경은 1869년 중국 무역이 상대적으로 소규모이고 덜 중요하며, 정치적 · 문화적 장애물이 덜한 '보다 문명화된' 국가들과의 무역에 훨씬 뒤진다고 보고하였는데 이 보고는 나중에까지 중국에 대한 가장 정확한 분석으로 인정받았다. 소설가 레너드 울프는 1920년에 아프리카 동부 해안에서 "제국주의자들이 주장하던 경제적 이익은 완전히 거짓임이 드러났다. 그 곳에 있는 영국 소유지는 영국 산업에 거의 소용이 없다"고 결

7) R. J. Moore, "India and the British Empire," in *British Imperialism in the Nineteenth Century*, ed., C. Eldridge (Macmillan, 1984), 75.

8) *Ibid.*, 80, 81; Stanley Wolpert, *A New History of India* (Oxford University Press, 1997), 267.

론지었다.[9] 물론 주변부에서 활동하는 영국 상인들은 더 많은 정부 지원과 자본을 유치하기 위해 로비활동을 벌였지만 결국 성공하지 못하였던 것이다.

이상에서 보듯이 영국은 식민지가 분명 영국에게 경제적으로 이익이 된다고 판단하였고 소위 자유무역 제국주의 시대에조차 공공연하게 그리고 지속적으로 제국을 추구하였던 것이다. 물론 극단적 자유무역 주창자인 콥덴주의자들은 힘의 사용이 무역의 성장을 저해한다는 이유로 반대하였다. 그러나 현실적인 정치인들은 두 요소가 함께 작용한다는 사실을 깨달았다. 19세기 중엽 자유방임이 국교처럼 권위를 누리던 때조차 영국인들은 反제국주의적이지 않았다. 상당수의 자유주의자들은 '최소한도론자'였다. 이들은 더 이상의 합병에 반대하고 육해군 예산을 삭감하려 했지만 제국의 해체 자체를 요구하지는 않았던 것이다. 게다가 국내 경제에서 국가 간섭을 포기하고 난 후에도 한참 동안 해외무역과 금융에서는 국가 간섭이 일반적 태도로 남아 있었다.

그렇지만 제국주의적 팽창이 해외시장에 대한 우려에서 촉진되었다는 가정은 역사적 사실과 명백한 상관관계를 갖는다고 결론지을 수 없을 것이다. 경제적 동기는 현실보다는 사람들의 상상력 속에서 존재하는 요소였던 것이다. 제국 자체는 영국의 경제에 필수적이 아니었고 수 · 출입과 자본투자 등 모든 면에서 식민지의 가치는 별로 중요하지 않았다. 물론 식민지는 그 곳에 경제적 이해관계를 가지고 있는 사람들에게는 무척 중요하였다. 그러나 대다수 영국인들에게 그것은 현실적으로 다가오지 않았던 것이다. 그러나 사실이야 어찌 되었든, 중요한 것은 1880년대 이후 사람들의 인식의 변화였다고 할 수 있다.

9) Darby, *Three Faces of Imperialism*, 64-71.

2. 전략적 · 정치적 동기

분명 1880년 이전의 제국의 팽창과 그 후의 팽창은 성격과 강도에 있어서 근본적인 차이가 있었다. 제국의 전략적 · 정치적 동기는 1880년 이후 갑자기 더욱 중요해졌던 것이다. 전통적으로 영국의 전략적 키포인트 가운데 가장 중요한 것은 아일랜드와 인도였다. 영국 정부의 관점에서 볼 때 아일랜드 문제는 근본적으로 전략적 문제였다. 대륙의 경쟁세력들이 언제고 아일랜드와 결탁하여 영국의 뒤통수를 칠 수 있는 상황에서 아일랜드가 적의 수중에 떨어지는 것을 막아야 했던 것이다. '영국의 안전을 위해 아일랜드를 유지해야 한다. 무엇이 기다리고 있을지라도'라는 것이 영국의 입장이었다.[10] 인도에서도 초기에는 상업적 이익의 추구가 목적이었지만 19세기에 들어서 영국의 팽창은 러시아를 견제하기 위한 전략적 팽창의 전형적인 예가 되었다.

1880년 이후 영제국의 가장 큰 규모의 팽창은 아프리카에서 일어났다. 이집트(1882)로부터 시작하여 수단(1899), 남아프리카(1902) 등지로 영국 세력은 뻗어 나갔다. 19세기 후반기까지 아프리카에서 영국의 관심은 해안지역에 한정되었고 내륙에서 영국인들의 활동은 매우 제한된 것이었다. 그런데 1890년대에 이르면 영국의 식민지적 관심은 무제한적이 되었을 뿐만 아니라 성격에 있어서도 변화가 있었다. 즉 이전까지의 '자유무역 제국주의'가 의식적이고 적극적인 제국주의로 변화해 갔던 것이다. 솔즈베리 경은 "내가 1880년 외무성을 떠났을 때 아무도 아프리카에 대해 생각하지 않았다. 그런데 1885년 외무성에 돌아왔을 때 아프리카의 구석구석을 쟁탈하고자 유럽 국가들은 싸울 지경이었다"고 회고하였다.[11]

---

10) Ronald Hyam, *Britain's Imperial Century 1815-1914* (Barnes & Noble, 1993), 166.

11) W. Roger Louis, ed., *Imperialism: The Robinson and Gallagher Controversy* (New

제3장에서 살펴보았듯이 홉슨이나 마르크스주의 전통의 학자들은 금융자본의 해외시장에 대한 요구를 신제국주의의 가장 중요한 원인으로 간주하였다. 그러나 경제적인 면에서 볼 때 자유무역 제국주의가 굳이 공식적 합병으로 전환될 필요는 없었다. 오히려 정치적 요인이 더 중요한 것으로 작용했던 것이다. 특히 1880년 이후 전략적 · 정치적 제국의 팽창이 눈에 띄게 증가하였다. 그러면서도 영국은 여전히 다른 나라들에 비해 상대적으로 소극적이었다. 1880년대 획득한 새로운 영역들은 거의 대부분 식민지가 아니라 보호령 혹은 영향권으로 불리워졌는데, 이처럼 식민 합병을 피하려는 의도는 영국의 의무를 최소화하기 위한 것이었다. 무엇보다도 영국 정부는 국민에게 과중한 납세 부담을 지우는 것을 싫어하였다. 따라서 제국적 이익을 위해 합병이 불가피한 때조차 싼 비용으로 지배하기 위해 영국은 특허회사들을 이용하였다. '로얄 나이제르 회사', '영국 남아프리카 회사' 등이 아프리카 전역에서 정복과 합병을 추진하여 '케이프에서 카이로까지'라는 영국 국민의 대중적 열망을 실현시켰던 것이다.

그럼에도 불구하고 세기 전환기 영국 정부는 사상 처음으로 제국주의적 목표와 수단을 일치시키려고 노력하게 되고, 비용을 부담하고 의무를 떠맡기 시작하였다. 영국과 프랑스의 제국주의적 야욕이 충돌한 파쇼다 사건(1898) 때 솔즈베리 경은 이집트와 몸바사에서 사막과 덤불을 거쳐 나일 강 상류과 빅토리아 호까지 철도를 개설하는 데 수백 만 파운드를 썼다. 그는 대규모 군대를 사막으로 보냈고 프랑스와 전쟁 직전까지 갔다. 나일 강 가의 부평초에 그러한 노력에 걸맞는 가치가 있었던가? 제국 팽창에 적극적이던 빅토리아 여왕조차 '그렇게 별 볼일 없는 목표'를 위한 전쟁에는 사적으로 반대하였다.[12)]

Viewpoints, N.Y., 1976), 27.

12) John Gallagher, *The Decline, Revival and Fall of the British Empire*(Cambridge University Press, 1982), 60.

문제는 왜 갑자기 그처럼 돌발적인 팽창이 벌어졌는가이다. 19세기 초 30년 간 영국은 해상력과 산업적 역량 덕분에, 그리고 별다른 경쟁자가 없었다는 사실 때문에 유럽 밖에서 큰 노력 없이 지배력을 행사할 수 있었으며, 열대 아프리카처럼 별로 경제적 가치가 없는 땅들을 구태여 전략적 안전을 위해 공식 제국에 포함시킬 필요가 없었다. 빅토리아 중기까지는 단순히 영향력과 다른 강대국들과의 협력만 가지고도 북아프리카의 전략적 지점들을 지킬 수 있었고, 남아프리카에서는 해안지방의 통제만으로 충분하였다. 빅토리아 후기 정치인들의 목표도 빅토리아 중기에 형성된 이러한 이집트와 남아프리카의 안보 체제를 유지하는 것이었다. 문제는 이 체제가 무너지고 있었다는 것이었다.

1880년 이후 나타난 새로운 요인으로서 다른 세력들과의 경쟁을 생각해 볼 수 있다. 이 시대의 특징은 주요 강대국들의 군국주의적 경향이 강해졌다는 사실이다. 효과적인 외교는 군사적 능력을 요구한다는 사실이 입증되었던 것이다. 즉 대규모 상비군을 구축하고 강제 징집제도를 도입하였으며, 독일만이 아니라 일본, 이탈리아, 미국 등도 모두 새로운 전함을 확보하고 해군을 증강하였다. 이러한 상황에서 유럽 경쟁국들은 아시아/아프리카를 새로운 차원에서 보게 되었던 것이다. 동아시아와 아프리카에서는 프랑스와 독일이 영국에 도전하는 상황에 처하게 되었고, 인도차이나는 이미 1862년에 프랑스에 의해 합병되었다. 영국은 말레이반도 전체로 세력을 확장하고(1874~1909) 버마를 완전히 합병(1885)함으로써 대응하였다. 한편 독일과 프랑스는 중국에서도 확장하면서 그 때까지 사업상, 외교상 중국에서 거의 독점적으로 누리고 있던 영국의 이해관계를 위협하였다. 1891년에 러시아가 시베리아 철도건설을 시작하였다. 그러한 상황에서 1900년이 되면 서아프리카와 더불어 동아프리카는 물론 사막지대인 중앙아프리카에까지 식민지들이 들어서게 되는 것이다.

제국주의적 팽창의 또 다른 요인은 유럽의 외교 스타일이 변화했다는 사실이다. 19세기 말에 나타난 새로운 외교의 시발점은 권력의 운영이 더 이상 유럽에만 국한되지 않는다는 믿음이었다. 1880년대 정치인들 사이에 주변부에 대해 이전과 다른 분위기가 대두하였다. 로즈베리가 1892년 "우리의 대외정책은 식민정책이 되었다"고 천명했듯이 1870~1914년간에 종종 제국은 영국의 최우선적 관심사였다. 즉 유럽에서의 외교가 제국적 이해관계를 추진하기 위해 수행되었던 것이다. 이것은 다음의 몇 가지 다른 개념을 내포하고 있었다. 첫째는 유럽 밖의 세상이 팽창의 기회를 제공해 준다는 것으로, 예를 들어 보불전쟁 후 비스마르크는 프랑스가 유럽에서 잃은 것을 아프리카에서 보상받도록 배려하였다. 둘째로 해외의 점유지, 소유지들이 유럽 국가들 간의 협상에서 이용될 수 있다는 인식이었다. 아프리카 분할이 한창일 때 "카이로가 아니라 베를린이 이집트 사건의 진정한 중심지"라고 갈파한 이블린 베어링 경의 말이 바로 이러한 사고의 전형이었다. 이 생각이야말로 토착민들에 대해서는 거의 아무 고려도 하지 않은 채 아시아, 아프리카를 단지 크기나 지리적 여건, 자원 및 전략적 가치에 있어 차이가 있는 '땅조각들'로 간주하는 발상이었다. 역설적으로 강대국들의 주변부 이해관계의 발전이 오히려 숨쉴 틈을 마련해 줌으로써 독일 통일 이후 그렇지 않았으면 상당히 시끄러웠을 유럽은 상대적으로 안정되었던 것이다. 한 가지 분명한 것은 1880~1900년간에 유럽 국가들이 처한 국내 정치적 · 경제적 투쟁 및 외교적 갈등에서 제국이 유용한 무기가 되었다는 것이다.

영국 역사학자 로빈슨과 갤러거는 일찍이 영국의 정책 결정자들에게 아시아나 아프리카의 가치는 그 자체로서의 가치보다 근본적으로 그 지역들이 제국의 위치를 강화하는 데 전략적으로 사용될 수 있다는 사실에 있었다는 점을 지적하였다. 다음과 같은 그들의 주장은 제국주의의 전략적 중요성을 잘 표현해 주고 있다.

> 영국의 정책결정자들이 남긴 기록들이 믿을 만하다면, 그들은 아프리카 제국을 건설하기 위해서가 아니라 인도에 있는 오래 된 제국을 보호하기 위해 아프리카에 침입하였다. 언제 어떻게 그들이 전진하였는가는 그들의 세계전략이라는 전통적 개념에 의해 결정되었다. 이 경험들이 하나의 교훈을 확인해 주는데, 즉 영국의 세력은 본국에 의존하는 것만큼이나 인도의 소유

와 동양에서의 우세에 의존하였다는 사실이다.[13)]

즉 아프리카는 지중해와 동양에서 더 나은 안정을 찾기 위한 노력의 부산물일 뿐이었다. 이 때 영국의 지배 엘리트를 움직인 것은 아프리카를 통치함으로써 얻는 경제적 이익이 아니라 피트 부자, 파머스턴, 디즈레일리를 통해 이어져 내려온 국가 안보를 위한 냉정한 규칙과 전 세계적 전망이었다는 것이다.

지구적으로 보면 인도가 영국 전략의 핵심이었다. 그리고 이러한 전략 때문에 인도로 가는 단거리 해상로 — 이집트, 중동, 홍해, 페르시아 만, 남아라비아 — 와 장거리 해상로 — 희망봉과 싱가포르 — 에 대한 통제를 획득할 필요가 있었을 뿐만 아니라, 아프리카 연안의 결정적인 부분들과 인도의 인접지역을 포함하는 인도양 전체를 통제할 필요가 있었다. 특히 1830년대에 인도에서 영제국의 역동적인 팽창이 이루어졌는데, 이 때 정치적 · 상업적 동기도 작용하였지만 보다 중요하게는 군사적 안전에 대한 관심이 지배적이었다. 1830~1880년대 본국 정부 관리와 인도 문관들의 견해는 인도가 영국의 해외 종속지들 가운데서 가장 중요한, 다른 어느 곳보다 훨씬 중요한 곳이며 그 안전이 필수적이라는 판단이었으며, 이 점에서는 본국 정부도 의견을 같이하였다. 그리고 그것은 러시아의 견제와 밀접하게 연관되어 있었다. 신드의 병합(1842~1843), 펀잡의 병합(1846~1849), 아프가니스탄을 병합하려는 시도(1839~1842, 1878년에 각각 시도되었지만 결국 실패였음) 등은 모두 러시아에 대항하는 전략이었다.

캘커타와 런던의 정책 결정자들에게 있어서 상업, 자본주의, 관세 같은 것은 일차적인 중요 요소가 아니었던 것이다. 그렇다고는 해도 경제와 제국의 전략은 서로 뒤엉켜 있었다. 영국은 오랫동안 자국의 세계적 상업과 해양의 이익에 결정적이라고 믿어졌던 지역 — 지브롤터와 몰타

13) Robinson and Gallagher, *Africa and the Victorians*, 464.

— 이나, 증기선의 등장과 더불어 석탄 보급기지로 기능할 수 있는 지역 — 버뮤다와 아덴 — 과 같이 대륙과 대양을 아우르는 다양한 지역으로의 접근을 통제할 수 있는 결정적인 장소에 식민지를 건설해 왔던 것이다.[14)]

이집트의 점령이나 보어전쟁은 모두 경제적 · 정치적 요인들이 복합적으로 작용한 대표적 사례였다. 영제국이 아프리카에서 확장함에 있어 물꼬를 튼 것이 이집트 점령이었다. 오토만 제국의 종속국이었던 이집트는 터키 세력이 약해진 틈을 타서 독자적으로 근대화를 추진하면서 수에즈 운하를 건설하였다. 그러나 무리한 지출이 재정 파탄을 야기하여 이집트가 채무를 지불하지 못하자 차관을 준 영국과 프랑스가 개입하게 되었고 이에 반대하는 이집트인들의 봉기와 폭력사태가 일어난 결과, 질서를 회복하고 안정된 정부를 만들어 내고자 한다는 구실하에 영국이 이집트를 군사점령하는 사태가 발생하였다(1882). 당시 영국 정부는 글래드스턴이 이끄는 자유당 정부였다. 그의 내각은 처음에는 분열되어 있었지만 곧 챔벌린 같은 극단적 사람들로부터 지지를 얻어 개입론자들이 우세하게 되었다. 이 때 개입 결정에 있어 핵심적 요인은 영국이 수에즈 운하회사의 대주주라는 사실보다는 인도로 가는 항로로서 운하가 가지는 전략적 가치였다. 글래드스턴 자신도 수에즈 운하 회사의 주식을 가지고 있었지만 그러한 개인적 이윤 동기가 정책결정에 작용한 것은 아니었다. 물론 서방측 돈이 이집트로 흘러 들어가지 않았다면 글래드스턴의 자유당정부는 군사정복을 결정할 필요가 없었을지도 모른다. 그러나 이집트 점령의 경우 경제적 동기와 전략적 동기가 함께 작용하였지만 제국을 운영하려는 전략적 동기가 보다 중요했다는 증거는 도처에서 볼 수 있는 것이다.

보어전쟁(1899~1902)의 예에서도 경제적 · 정치적 동기의 복잡한 작용을 찾아볼 수 있다. 아프리카 최남단에 있는 케이프 식민지는 17세기 중엽에 네덜란드인들이 그들의 식민지인 인도네시아로 가는 도중 식량

14) Eric Hobsbawm, *The Age of Empire* (Weidenfeld and Nicholson, 1987), 67.

을 보충하기 위한 기지로 개발되었는데 영국인들이 나폴레옹 전쟁 때 이곳을 점령하고 영국인들의 이주를 장려하였다. 1834년 영제국 전반에서 노예무역을 폐지하고 원주민을 보다 인간적으로 대우하는 정책을 펼치자 보어인(네덜란드인의 후예)들은 분노하였다. 흑인을 구약성서에 나오는 햄의 자손으로 보고 신이 이들을 노예로 정하셨다고 믿은 철저한 인종주의자인 보어인들은 영국의 간섭을 피해, 북쪽 지역(후에 오린지 자유국), 트랜스발(후에 남아프리카 공화국), 그리고 남동쪽 해안(네이털)에 새로운 정착지를 건설하였다. 영국인과 보어인만이 아니라 원주민 부족들도 끊임없이 충돌함으로써 이 지역은 갈등의 소지가 팽배해 있었다.

이 때 19세기 후반기 아프리카에서 일어난 경제적 변화 가운데 가장 중요한 사건이라고 할 수 있는 일이 발생하였다. 1867년 다이아몬드가 발견되고 그 20년 후에는 금이 발견된 것이다. 이 발견들은 이 지역의 경제적 · 정치적 역사는 물론 개인들의 삶도 전적으로 바꾸어 놓았다. 아프리카와 연관된 대표적 인물이 영국인 세슬 로즈(Cecil Rhodes, 1853~1902)였다. 17세의 어린 나이에 아프리카에 와서 다이아몬드 광산으로 재산을 모은 그는 잠시 본국에 돌아가 있는 동안 옥스퍼드에서 영국은 될 수 있는 한 전 세계에서 놀려지고 있는 모든 비옥한 땅을 붙잡아야 한다는 존 러스킨의 제국에 대한 설파를 들었다. 이에 자극받아 열렬한 제국주의적 팽창의 대변자가 된 로즈는 "여왕 폐하의 제국에 영토를 더하는 것이 나의 직업"이라고 천명하였다.[15] 1890년에 케이프 식민지의 수상(1890~1896)이 된 로즈는 '케이프로부터 카이로까지' 철도망을 구축하는 목표를 세웠다. 그러나 보어인들의 나라인 남아프리카 공화국의 크루거 대통령이 철도의 통과를 거부함으로써 철도부설은 어려움에 봉착하였다.

철도부설보다 더욱 중요한 문제는 정치적 사안이었다. 광산개발에 따

15) P. J. Marshall, "1870-1918: The Empire under Threat," in *The Cambridge Illustrated History of the British Empire*, ed., Marshall (Cambridge University Press, 1996), 65.

라 외국인들이 급증해 기존 백인 인구와 거의 맞먹는 숫자가 되었지만 남아프리카 공화국에서는 이들에게 선거권을 부여하지 않았던 것이다. 주로 영국으로부터 건너온 이주민들은 이러한 정치적 배제를 걱정하게 되었으며, 게다가 1884년 독일이 서남아프리카 연안에 식민지를 건설하자 보어인과 독일의 제휴 가능성에 대한 의구심이 생겨났다. 로즈는 그의 참모인 제임슨과 더불어 군사 쿠데타로 남아프리카 공화국을 전복시킬 음모를 꾸미고 1895년 12월 공화국을 급습하는 '제임슨 습격' 사건을 일으켰다. 그러나 쿠데타는 곧 진압되고 로즈는 사건의 책임을 지고 수상직을 물러나야 했다. 제임슨 기획을 몰래 지원하기도 한 식민장관 챔벌린은 1897년에 로즈 못지않은 제국주의자로 알려져 있는 알프레드 밀너 경을 케이프 식민지의 고등판무관으로 임명함으로써 보어인들 이외의 백인들에게도 선거권을 부여하도록 다시금 남아프리카 공화국에 압력을 가하였다. 그러나 공화국 대통령 크루거는 이에 굴복하려 하지 않았다. 영국 내각은 챔벌린과 밀너 같은 주전론자들에 밀려 전쟁으로 치닫게 되었고, 결국 1899년 10월, 영국과 두 공화국 — 남아프리카 공화국과 오린지 자유국 — 과의 전쟁이 발발하였다.

보어전쟁은 나폴레옹전쟁과 제1차 세계대전 사이에서 가장 규모가 크고 비용이 많이 든 전쟁이었다. 보어인들의 병력은 9만 명이 채 안 되었는 데 반해 영국측 병력은 총 55만에 이르렀다. 전쟁은 처음에는 보어측에 유리하게 전개되었지만 영국으로부터 병력이 보강되면서 영국에 이롭게 되었다. 마지막 단계에서 보어인들의 게릴라 전술에 맞선 키치너 장군의 무지막지한 전략으로 영국군은 농장들을 파괴하고 여자와 아이들을 강제 수용소에 수용하는 가혹행위를 저질렀다. 궁극적으로 116,000명이 수용소에 수감되었고 28,000명이 그 곳에서 죽었는데 희생자의 대부분은 아이들이었다. 이 사실이 영국에 알려지면서 여론이 나빠졌고 이제 대중이 전쟁에 실증을 내고 있다는 사실과 전쟁에 소용되는 경비에 경악한 영국 정부는 평화를 추구하기로 결정하게 되는 것이다. 여기서 우리는 보어전쟁 역시 정치와 경제가 밀접하게 연관되어 있었지만 보다 중요한 요인은 정치적인 요인이었다고 결론지을 수 있을 것이다. 물론 금이 없었다면 전쟁이 일어나지 않았겠지만 보어전쟁이 금 때문만이었다고 말할 수는 없는 것이다.

이처럼 1880년대까지 제한적이던 비유럽 세계의 정치적 합병이 그 후 무제한적이 되었다. 그 사이 일어난 가장 뚜렷한 상황의 변화란 유럽 강대국들끼리의 심화된 경쟁이었다. 강대국들은 해외 영토를 획득함으로써 해외 기지와 항구, 전략적 해협이나 항로를 획득할 뿐만 아니라, 19세기 후반부터 전략적으로 중요해진 통신망을 유지할 수 있었다. 게다가 해외 영토는 신비스러움과 더불어 국가의 위신을 세워 주었다. 1890년대의 문제는 결국 국가의 명예와 위신의 문제였다고 해석될 수 있다. 해외 소유지는 그 나라의 강대국으로서의 지위에 대한 기여라고 간주되었던 것이다. 신제국주의 시대에 일어난 많은 영토 약탈이 전략적이거나 선점적 — 네 것이 되기 전에 내 것으로 만들겠다는 — 인 성격을 나타냈는데 이것은 자본주의적 탐욕 이전에 원천적 인간의 욕심이었다. 유럽에서 경쟁하기에는 너무 약했던 이탈리아조차 북아프리카에서 고대 로마의 후계자로서 인상 깊은 지위를 누릴 수 있다고 판단하였던 것이다. 여기서 1880년대 이후의 신제국주의는 경제적 현상만이 아니라 정치적 현상이었음을 알 수 있다.

19세기 말의 제국주의는 정치인들의 제국주의에 국한된 것이 아니라 대중적 성격을 띠었다는 점에서 특징을 갖는다. 이 때 제국에 대한 대중의 관심이 급증하였는데, 이 현상은 무엇보다도 민족주의의 발흥, 인종에 대한 새로운 이론들에 의해 부추겨졌다. 영국의 경우 국내 정치가 1870년대 이후의 급속한 제국의 팽창에 기여하였다. 보수당 당수 디즈레일리는 1867년 제2차 선거법 개정 이후 수가 훨씬 늘어난 선거민에게 민족주의의 호소가 성공적인 선거전략일 수 있다고 믿게 되어 보수당을 제국의 당으로 천명하였다. "보수당은 아주 다양한 집단이다. 그러나 그것은 제국의 당"이라고 디즈레일리의 후임자 솔즈베리 경이 인정하였듯이 제국주의는 국내정치에 뚜렷한 근거를 두고 있었다. 게다가 1880년대 아일랜드 자치문제가 제국주의자들을 자극하였다는 사실도 중요하였다. 1884년의 제3차 선거법 개정으로 대중 민주주의가 도래한 후 정치인들은 여론의 압박을 견디기 어려웠다. 글래드스턴이 이집트의 무력점령을 결정했을 때 실상 그 결정은 무시할 수 없는 여론의 압력하에서 이루어진 것이었다.

당시 유럽의 경쟁적 분위기는 영국을 홀로 남겨 두지 않았다. 에드워드 그레이 경은 자유주의자로서 제국주의를 지지하게 된 이유를 19세기 말의 상황에서 다른 어떤 대안도 찾을 수 없기 때문이라고 실토하였다. 제국을 거부하는 것은 영국으로 하여금 다른 제국들에게 압도되는 결과를 낳을 것이었기 때문에 차라리 자유무역을 신봉하면서 '자비로운 제국주의'를 실시하는 것이 다른 유럽 경쟁국들의 보호무역과 전제적인 제국주의보다는 낫다는 판단이었던 것이다. 물론 대중적 제국주의를 너무 과대평가해서는 안 될 것이다. 제국주의적 열정은 주로 소수 지식인과 부르주아지에 근거하고 있었고 대중적 기반은 그리 굳건하지 않았다고 볼 수 있기 때문이다. 국가 전체의 이익보다 지배 엘리트의 이익이 제국주의의 본질이기 때문이다. 당시 앞으로 다가올 생존경쟁의 미래세계에 대비해 적극적으로 제국을 방어하고 운영할 계획을 세울 것을 주장한 사람들은 지식인들이었다. 이들은 제국주의를 본질적으로 국가의 생사 문제로 파악하고 이를 위해 영국 국내에서 진정한 변화가 필요하게 되었다고 믿는 사회개혁적 제국주의자가 되었으며, 그들의 개혁사상의 영향으로 학교교육이나 각종 단체들이 제국을 선전하는 일에 참여하였다.

그러나 사회개혁보다 더 강한 힘으로 대중을 움직인 것은 제국이 가져다 준 영광이었다. "기업가들은 때때로 속일 수 있고 정치가들은 상당히 자주 속일 수 있지만 투표자들은 거의 항상 속일 수 있다"는 말이 있듯이 제국주의는 선거용이었다. "만일 시민혁명을 피하고자 한다면 제국주의자가 될 수밖에 없다"는 세슬 로즈의 말에서도 제국주의의 이러한 성격이 잘 드러난다. 보다 적절하게 설명한다면 유권자들에게 돈이 많이 들어 가는 개혁보다는 영광을 주겠다는 그 익숙해진 관행이 19세기 말, 20

세기 초에 제국주의를 부추겼다고 볼 수 있는 것이다.[16)]

3. 문명화의 사명

> "당신들은 길 잃은 문명이오!"라고 인류학자가 인도의 추장에게 일갈했다. "우리는 길을 잃은 것에는 상관하지 않소. 우리가 두려워하는 것은 발견되는 것이오"라고 추장이 대꾸하였다.[17)]

제국주의가 정치적 · 경제적 · 사회적, 그 외 어떤 의미로 정당화되건 간에 항상 존재하던 것이 유럽인의 사명감과 의무감이었다. 제국주의는 단지 부를 생산하고 증가시키는 것보다 더 고상한 목표, 즉 가난하고, 무식하고, 뒤져 있는 주변부의 전통적인 야만적 가치들 — 예를 들어 인도의 미망인 화장습관 — 을 교화시키고 있다는 확신이었던 것이다. 식민주의적 팽창 시기에 유럽은 세 가지 영향력 있는 사상적 전통을 가지고 있었다. 즉 기독교, 자유주의, 마르크스주의가 그것인데 이 모든 조류들이 식민주의를 지지하였던 것이다.

16세기 아메리카를 침략한 스페인인들은 대체로 원주민들을 인간으로 보지 않고 갖은 잔혹한 방법으로 그들의 땅을 빼앗았다. 그러나 몇몇 사람들은 인디언들을 인간으로 간주하였다는 점에서 다른 사람들과 달랐다. 특히 라스 카사스(Las Casas)가 그 대표적 인물이었다. 라스 카사스는 인디언들이 인간인 한 그들은 기독교도가 되어야 한다고 믿었다. 가능하다면 설득에 의해, 필요하다면 강제로. 스페인의 식민화는 선교사업을 위해 필요한 전제조건이었기 때문에 그는 식민화에 반대하지는 않았다. 그러나 그것의 비인간적인 면과 과도함에는 반대하였던 것이다. 다른 스페인인들에게는 인디언은 인간이 아니었고 따라서 죽여도 되는

16) Landes, *The Wealth and Poverty*, 429.

17) *Ibid.*, 60.

동물이었다. 이에 반해 라스 카사스는 그들이 인간임을 받아들였고 그들의 육체를 요구하지는 않았지만 그들의 영혼을 주장하였다.[18)]

라스 카사스 후에도 스페인 사람들 가운데 인디언들 삶의 가치를 믿은 사람들이 있었고 그 가치에서 기독교적인 가치와의 동일한 기원을 찾으려는 노력을 하기도 하였다. 따라서 스페인 선교사들의 인디언에 대한 태도는 다양한 면모를 보였다고 할 수 있다. 일부는 그들이 인간임을 부정하였고, 다른 사람들은 이에 반대해 그들의 인간성과 존엄성을 인정하였지만 인디언들의 삶의 방법과 태도를 혐오하고 그것을 송두리째 붕괴시켜 버리려 하였으며, 또 다른 사람들은 인디언들 나름의 가치를 발견하였지만 그것을 기독교적인 것으로 해석하고 본래의 가치와 통일성을 붕괴시켜 버렸다.

이러한 유럽인들의 비유럽 사회에 대한 태도는 세계 다른 지역에서도 발견된다. 인도에서의 영국인 선교사들도 마찬가지였다. 그들은 영국 식민지 지배의 비기독교적인 과도함을 비난하면서도 식민주의의 문명화의 가치와 중요성은 전혀 의심하지 않았다. 1920년대 간디가 이끄는 반식민주의 운동이 시작된 후에야 영국인들 가운데 일부는 그것에 대해 동정심을 가지게 되는 것이다. 18~19세기 유럽에서 가장 중요한 사상적 조류였던 자유주의는 식민주의의 문명화의 사명을 인정하고 지지하였다는 점에서 기독교와 마찬가지였다. 많은 면에서 자유주의는 세속화된 기독교였고, 비유럽 세계와 식민주의에 대한 선교사들의 태도를 많이 답습하였다. 실제로 대부분의 자유주의자들은 기독교도였다. 몇몇 기독교도가 아닌 자유주의자들도 기독교의 신학적 교리는 반대했지만 그 도덕성과 중심되는 카테고리를 거부하지는 않았다. 예를 들어 벤담은 예수의 윤리를 깊이 존경하여 예수를 '최초의 공리주의자'라 칭하였고, 존 스튜어트

---

18) Bhikhu Parekh, "The West and Its Others," in *Cultural Readings of Imperialism: Edward Said and the Gravity of History*, eds., Keith Pearson, Benita Parry & Judith Squires (St. Martin's, 1997), 176.

밀도 예수의 가르침이 자신의 이타주의적 공리주의 원칙을 대표하는 것이라고 말하였다. '기독교와 문명을 전파하는 것'으로서의 식민주의라는 표현이 생긴 것도 이해할 만하다 하겠다.

식민주의의 정당성을 이론화한 최초의 자유주의자는 존 로크였다. 로크의 이론은 당시 잉글랜드가 아메리카 대륙에서 벌이고 있던 식민사업을 지지해 주는 이론적 근거가 되었다. 그는 신이 인간을 창조하고 그에게 몇 가지 기본적 능력을 부여하였는데 그 중 특히 이성을 중요한 것으로 보았다. 인간은 신으로부터 부여받은 능력에 의해 평등한 존엄성과 권리를 누리며 자신들의 이익을 보호할 동등한 권리를 갖는다. 신은 또한 인간이 생산적이고 번식하기를 원했기 때문에 인간은 이 세상의 자원을 개발하여 생활의 편리를 극대화시켜야 할 의무를 갖는다. 그런데 인디언들의 삶은 이러한 조건들을 충족시키지 못하는 것으로 판단된 것이다. 인디언들은 게으르고, 수동적이고, 기율을 가지지 못하고, 거칠고, 잔인하고, 예측 불가능하며, 사유재산 제도를 가지고 있지 않다. 인디언들에게는 사유재산이라는 개념이 전혀 없기 때문에 '그들의' 땅은 비어 있고 자유로우며 따라서 그들의 승인 없이 획득될 수 있는 땅이다. 그리고 그들의 사회는 국가로 조직되어 있지 않기 때문에 다른 사람들의 간섭으로부터 침해받지 않을 권리를 향유하지 못하며, 그렇기 때문에 잉글랜드인들은 아메리카의 남아도는 땅을 넘겨받을 권리와 자유가 있다는 것이다. 여기서 잉글랜드의 식민화는 원주민들이 문명으로 이전하는 데 필수 불가결하고 따라서 전적으로 정당화되는 것이다. 로크는 잉글랜드의 식민화와 스페인의 식민화를 구분하였다. 스페인은 '칼에 의한 정복'에 근거하고 원주민들에게 문명화된 삶을 제공하는 데 실패했지만 잉글랜드의 식민화는 반대로 인간적이라는 것이었다. 로크가 볼 때 잉글랜드의 식민화는 신과 인류, 그리고 인디언에게 봉사하는 도덕적 기적을 행하고 있는 것이었다.[19]

---

19) *Ibid.*, 180-183.

18~19세기에 유럽 식민주의는 새로운 국면에 돌입하게 되었다. 아메리카, 오스트레일리아 등의 '빈 공간들'이 이제 사라지고 이미 인구가 조밀한 아시아. 아프리카로 진출하게 된 것이다. 이 새로운 단계의 식민주의인 제국주의는 이전 시대와는 다른 철학적 정당화를 필요로 하였다. 여기서 몇몇 자유주의자들이 그 역할을 담당하였는데, 그 가운데 존 스튜어트 밀이 가장 영향력이 있었다. 로크와 마찬가지로 밀은 인간사회를 문명화된 사회와 후진사회의 둘로 분류하였다. 문명사회인 유럽에서 인간은 그들의 능력의 성숙함에 이미 도달한 상태이고, 자기 스스로의 확신이나 설득에 의해 자신의 향상에 도달할 능력이 있다. 반대로 후진사회에서는 사람들은 '유아기'에 놓여 있다는 것이다. 밀은 인도, 중국 등 동양이 시작은 잘했지만 수천 년 동안 정지상태에 있어 왔다고 판단하였다. 밀은 후진된 인간이 개인적으로는 그들의 권리와 이익을 보호할 평등한 도덕적 권리를 가지지만, 집합체로서는 자신들의 삶의 방법과 영토적 통일을 주장할 정치적 권리를 가지지 못하는 것으로 판단하였다.

이처럼 자유주의 사상가들은 근면하고 이성적이고 정력적이고 목적을 가진 삶만이 인간으로서 가치를 가진 삶으로 인정함으로써 제국주의를 정당화하였다. 자유주의 사상은 전반적으로 식민주의를 지지했지만, 벤담, 볼테르, 디드로 등 몇몇 자유주의자들은 그렇지 않았다. 그러나 문명화의 목표에 반대하였던 것은 아니다. 식민주의가 비용이 많이 들고 수익성이 없으며 자유무역의 원칙에 거슬리기 때문에 반대하였던 것이다.

마지막으로 식민주의에 대한 마르크스주의의 지지를 살펴보면 여기서도 문명화의 사명으로서의 식민지 지배의 정당화가 발견된다. 영국의 인도 지배에 대해 마르크스는 "잉글랜드의 죄악이 무엇이건 간에 그들은 아시아에 근본적인 혁명을 가져오는 데 역사의 무의식적인 도구가 되었다"고 진단하였고 이 태도가 그의 추종자들에게 그대로 전수되었다.[20] 물론 마르크스주의자들은 식민주의의 잔혹함과 착취적 성격을 간

20) *Ibid.*, 190.

과하지는 않았지만, 어찌되었든 문명화의 사명을 믿었다는 점에서는 시대적 틀을 벗어나지 못하였던 것이다.

이상 살펴보았듯이 식민주의를 정당화하는 이론에서 기독교와 자유주의의 기능이 특히 중요하였고, 여기서 영국인들이 가장 막강한 식민주의의 지지자였다. 영국인들은 또한 식민지 지배 이데올로기에서 가장 자기중심적 사고를 보여 주었다. 영제국의 역할에 대한 신비스러운 믿음을 가진 이들은 알프레드 대왕의 법률과 셰익스피어의 언어와 기독교를 전파해야 한다는 사명감에 불타 있었다. 제국의 건설은 단순히 의지의 문제가 아니라 충동이나 본능의 문제가 되었고, 더 위대한 힘에 대한 복종의 문제가 되었으며, 제국적 비전의 도래는 '성령의 하강하심'과 비슷한 것이 되었다.

남아프리카의 광산에서 번 돈으로 24세라는 나이에 벌써 백만장자가 된 세슬 로즈는 1877년에 유언장을 작성하였다. 유언장에서 로즈는 집행인들에게 전 세계에 영국의 지배를 확장하는 것을 목표로 하는 비밀협회를 만들 것을 지시하였다. 이 비밀단체는 아프리카 대륙 전체를 영국의 지배하에 두고, 남아메리카, 이스라엘의 성지, 중국과 일본해안, 말레이반도, 그리고 태평양의 섬들 가운데 이미 영국령이 아닌 모든 곳에 영국 정착민들의 식민화를 추진하도록 교시되었다. 마치 이것만으로는 부족한 듯 로즈는 덧붙여 미국을 다시 영제국으로 회복시킬 것, 제국을 전체로서 통합시킬 것, 그리고 '전쟁을 더 이상 불가능하게 만들고 인류의 최상의 이익을 증진시키는 위대한 세력'의 수립을 가져오기 위해 식민지가 영국 의회에 대표를 보낼 수 있도록 하는 체제를 마련하라는 지침을 내렸다.[21] 이러한 지침을 내림에 있어 로즈를 움직인 것은 '신으로부터 받은 영국인의 사명'이라는 명제였다.

---

21) Denis Judd, *Empire: the British Imperial Experience from 1765 to the Present* (Fontana, 1996), 117. 로즈의 꿈은 현재 전 세계 영어권 지역 학생들에게 지급되는 로즈 장학금의 형태로 남아 있다.

19세기 초까지는 인류에 대한 보편적 안목이 존재했지만 19세기를 통해 점차 변화하였다. 세기 중엽 이후 문화적 우위가 인종적 우월감과 연관되자 다른 도덕률이 나타났다. 물질적 발전의 속도가 빨라지고 그들과 비유럽 사회 사이의 갭을 인식하게 되면서 열등한 문화에 대한 비판과 멸시가 고조되었던 것이다. 특히 1870년대 이후 사회적 다윈주의는 우월한 인종이 열등한 인종을 지배하는 것을 자연의 법칙으로 주장하고 제국주의의 정당화에 기여하였다. 사회적 다윈주의의 주창자인 허버트 스펜서 자신은 철저한 개인주의자로서 제국주의에 반대하였지만, 다른 사람들에게는 제국은 새로운 국제질서의 청사진으로, 제국주의는 인류의 공통된 운명으로 가는 길을 대표하는 것으로 보였다. 영국 수상 솔즈베리는 1898년 세상의 국가들을 살아 있는 국가와 죽어 가는 국가로 구분하고 "약한 나라들은 점점 더 약해지고 강한 나라는 더욱 강해지고 있다"고 관찰하였다. 이제 '힘만이 다른 종족들이 이해할 수 있는 언어'라는 주장이 팽배하였고 '명백한 운명'을 강조하는 분위기가 지배적이었다. 인종에 대한 편견들은 도덕적 의무감과 영국과 아시아, 아프리카의 관계를 재구성하는 전조를 보였다. 그러면서 문명화의 사명이라는 개념을 발달시켰던 것이다.

특유의 선민의식을 가진 영국인들에게서 제국주의는 특히 도덕적 의무가 되었다. 선민의식은 영국인들이 가지고 있던 경제적 우월감, 영국 해군의 우세, 사회적 균형과 국내적 안정, 그리고 강력한 종교적 추진력과 사명감 등에 근거하고 있었다. 그 중에서도 영국인의 우월감은 무엇보다도 도덕적 우월감이었다. 1904년의 티베트 침략을 이끈 프란시스 영허즈번드 경의 다음과 같은 공언을 보자.

> 어떠한 유럽인도 비유럽인과 만났을 때 도덕적 우월감을 느끼지 않을 수 없다. 비유럽인의 지적 수준이 어떠한지를 떠나서 자신이 도덕적으로 그들보다 우월하다는 것을 즉각 느끼게 된다. 그리고 사실상 그렇다는 것이 입증된다. 우리가 인도를 지배하는 것은 우리가 그들보다 머리가 더 좋거나 더 크거나 해서가 아니다. 그것은 우리가 도덕적으로 그들보다 강하기 때문

이다.[22)]

인도 식민지 정부의 영국인 관리들은 원주민에게 '나는 너의 아버지이고 어머니'라고 갈파하였다. 1849년 편잡을 점령한 존 로렌스의 부관이던 존 크러스트는 자서전에서 인도에서 지낸 날들을 회상하여 "밤이고 낮이고 나는 인도 사람들을 위해 무엇을 할 수 있을까에 대해 숙고하였다"고 쓰고 있다.[23)]

이들 식민지 관리들은 주로 영국의 중간계급 출신들이었는데 중간계급은 18세기 말부터 복음주의라 불리는 종교적 경건함과 엄격함에 깊이 영향받기 시작하였다. 이들의 복음주의적 도덕관념이 영제국에게도 특이한 윤리관을 부여해 주었는데, 복음주의는 '거룩한 삶'에 대한 약속과 지도력에 대한 강조를 통해 제국주의에 엄격한 도덕적 규범을 부과하였다. 영국이 아시아, 아프리카에 도덕적 의무를 가지고 있다는 신념은 이미 19세기 초 노예무역의 폐지나 1830년대부터 시작된 인도의 잉글랜드화 정책 등으로 소급되는 역사를 가지고 있었다. 그러나 19세기 후반기에 이르러 문명화의 사명이라는 의무감이 성서적 의미로까지 확대되었다. 제국주의는 신이 주신 사명이 되었고 점점 규모가 커지고 있는 제국은 사회적 · 정신적 개혁을 기다리는 거대한 교구가 되었던 것이다. 제국의 비판자들이 가장 끊기 어려웠던 것도 실상 이 문명화의 사명이라는 연결고리였다. 존 브라이트와 리처드 콥덴 같은 급진주의자들은 영토 확장을 위한 힘의 사용을 반대하고 국가가 비용이 많이 드는 해외에서의 모험에 끼어드는 것을 반대하였지만, 이들조차 유색인 식민지에서는 가부장적 정책을 받아들였다. 문명화의 사명은 사후적 편법으로도 필요하였다. 일단 팽창하고 있는 제국에 대해 도덕적 목표를 설정할 필요가 있었던 것이다. 보기 흉한 제국주의적 약탈을 구제하는 것은 이념과 사상

---

22) Robert Huttenback, *Racism and Empire* (Cornell University Press, 1976), 14.

23) Jonathan Rutherford, *Forever England: Reflections on Masculinity and Empire* (Lawrence & Wishart, 1997), 13.

이었다.

어느 한 사람이 신제국주의 시대(1880~1914) 전 기간을 대변할 수는 없지만 가장 상징적인 제국주의자를 든다면 아마도 앞에서 언급된 세슬로즈와 더불어 조지 커즌 경일 것이다. 1895~1905년 간 인도 총독을 지낸 커즌의 심각하면서 고결하고, 근면하면서 거만하고, 동시에 낭만적이고 화려한 성격은 19세기 말 제국주의의 전통적인 정서를 반영한다. 스스로를 "확신에 찬, 아무도 건드릴 수 없는 제국주의자"라고 천명한 커즌은 "제국에서 우리는 영광과 부를 찾았을 뿐만 아니라 의무감과 인류에 대한 봉사의 수단을 발견하였다. 제국은 도덕적 기반을 가지고 있을 때에야 만족스럽게 성취될 수 있다"고 확신하였다.[24] 세속적 종교로서의 제국, 신이 주신 사명으로서의 제국은 커즌만이 아니라 남아프리카 고등판무관 알프레드 밀너, 시인 키플링도 확실하게 믿은 신념이었다.

문명화의 사명에 거의 모든 사람들이 동의하였다. '선교 제국주의자'라 부를 수 있는 리빙스턴은 부족사회의 기반이 상업과 백인들의 정착에 의해 무너질 때까지 아프리카인들이 기독교를 받아들일 수 없을 것이라고 판단하여 무자비한 식민주의자들의 전진을 '가공하지만 필요한 과정'이라고 인정하였고, 마르크스도 유럽 중심주의자로서 영국의 인도 지배에 불만이 없었다. 버너드 쇼나 페이비언 사회주의자들은 물론, 노동당의 일부 사람들도 제국의 가치를 인정하고 제국주의를 사회주의를 촉진하고 자원을 보다 효율적으로 유용하는 방법으로 생각하였다. 그러나 이러한 유럽 국가들의 우월감은 실은 당시 유럽 내에 일고 있던 세기말적 비관주의에 대한 반응이었을지도 모른다. 즉 1880년 이후 변화하고 있던 문화적 · 지적 조류는 이성과 과학에 근거한 19세기 유럽 문명의 절대적 위치에 위협을 가하고 있었고, 유럽인들이 유색인들에 대해 표시하던 우월감은 이들이 억압하고 있던 불안에 대한 반응이었다고 해석될 수

24) George Curzon, "The True Imperialism," *The Nineteenth Century* LXIII(Jan. 1908), 159.

도 있을 것이다.

물론 문명화의 사명이 이들이 말한 것처럼 순수하지는 않았다. 리빙스턴조차 "기독교, 상업, 그리고 문명은 함께 가야 한다"고 자주 언급하였으며, 사회개혁가들 역시 성경과 쟁기는 함께 가야 한다고 주장하였다. 의도하지 않았는지 모르지만 선교사업은 불가피하게 식민지 획득을 결과하였고, 깃발이 무역을 따랐다면 무역은 종종 십자가를 따랐다. 아프리카 토착민들 역시 제국주의와 기독교의 선교는 동전의 양면임을 잘 알고 있었다. '백인 한 사람이 너의 땅을 빼앗는 동안 다른 사람은 너로 하여금 무릎 꿇고 기도하도록 만든다'는 것을 그들은 잘 알고 있었던 것이다.[25] 아일랜드 출신의 극작가 버너드 쇼도 영국인의 위선을 다음과 같이 풍자하였다.

> 영국인은 자유와 국가 독립의 위대한 예찬자들로서, 전 세계의 반을 점령하고 그것을 식민화라고 불렀다. 맨체스터의 품질 나쁜 상품을 팔기 위해 새로운 시장이 필요하면 영국인은 선교사를 파견하여 원주민들에게 평화의 복음을 전파한다. 원주민들은 선교사를 죽인다. 영국인은 기독교를 방어하기 위해 무력을 사용해 점령한다. 그리고 시장을 획득한다. 그의 표어는 항상 의무이다.[26]

문명화의 사명을 완수하려는 유럽인들의 간섭에 대해 원주민들이 분노하는 것은 유럽인들에게 충격적이었다. 따라서 "어떤 외국인들도 우리의 보호를 예절바르게, 감사하면서 받아들이지 않는다는 것은 이상한 일"이라고 영국인들은 불만스러워하였다. 그들은 이집트를 실정으로부터 구제해 주었고 부패로 찌든 정부로부터 남아프리카 공화국을 구해 냈는데, 그런데도 "어김없이 찾아오는 불만에 놀라게 된다. 우리가 준 것이 우리가 얻은 것보다 훨신 많은데도 말이다."[27] 가장 좋은 땅을 차지하

---

25) Michael Doyle, *Empires* (Cornell University Press, 1986), 170.

26) Lance & Huttenback, *Mammon*, 6.

27) Leonard Alston, *The White Man's Work in Asia and Africa* (Longmans, Green, 1907),

고, 그 곳에서 정치적 · 사회적 특권을 누리며, 그리고 무엇보다도 피할 수 없는 오만함을 가지고 자신들을 대하는 백인들에 대한 원주민들의 감정을 영국인들은 이해할 수 없었던 것이다.

영제국은 이미 16세기부터 시작된 해외교역, 군사적 정복, 종교적 목표를 위한 식민화, 그리고 다른 유럽 국가들과의 조약에 의한 영토 획득 등의 결과 형성된 제국이었다. 이 모든 것에서 상업적 동기가 처음부터 중요했으며, 이것은 영국의 상업 자본주의, 산업 자본주의가 발달하면서 자연스럽게 더욱 중요해졌다. 그러나 1880년대 소위 신제국주의 시대의 동기는 보다 복잡한 요인들로 구성되어 있었다. 이 때는 경제적 동기보다는 정치적 동기가 더욱 중요하게 작용했던 것이다.

근대에 들어 제국은 유럽 강대국들의 산물이었고, 그 보상은 권력, 혹은 '권력을 가지고 있다는 느낌'이었다. 부를 생산하기 위해 의도적으로 식민지를 획득한 적은 거의 없었고 한번 획득된 식민지는 '채산성'에 관계 없이 유지되었다. 제국의 소유는 상당히 즐거운 일이었기 때문에 제국이 이윤도 가져올 것인가에 대해 아무도 크게 관심 두지 않았다. 따라서 제국의 종말이 반드시 경제적 손실을 의미하지는 않았다. 그러나 드러나지 않는다 해도 권력정치는 경제적 영역을 포괄하기 마련이고, 자원에의 접근과 통제는 자주 전략적 필요성에 따라 이루어졌다. 팽창하는 경제는 권력의 보호를 필요로 하고 그것은 또한 권력을 유지하는 무기의 하나라는 사실을 파머스턴 추종자들은 주장하였다. 디즈레일리도 "부를 얻는 가장 좋은 방법에 대해서는 의문이 있을 수 있지만 부를 유지하는 최선의 방법은 말할 것도 없이 권력"이라고 갈파하였던 것이다.[28]

상인이나 박애주의자들의 선동은 어떤 땅을 영유하거나 정복해야 하

125.

28) Robinson and Gallagher, *Africa and the Victorians*, 4.

고 또 언제 해야 하는지에 대한 결정권에까지 연결되지는 않았다. 정치적 지도자들은 경제적 이해관계에 놀아나는 장난감이 아니었다. 정치인들은 보통 상인들이나 박애주의자들의 간청이 자신들의 목표에 맞아떨어질 때에만 그들에게 귀를 기울였다. 그렇다고는 해도 제국주의의 경제적 분석, 혹은 당대인들이 믿은 제국의 경제적 가치를 도외시할 수는 없다. 19세기 말 국제수지 균형의 문제가 불거졌을 때 인도가 차지하는 비중이 이 때만큼 큰 적이 없었다. 전략과 무역과 상업의 보호는 함께 나아갔던 것이다.

영국의 경우, 대륙 국가들보다는 제국주의를 추진함에 있어 도덕적 의무감과 경제적 이해관계에 더 큰 무게를 실었다. 1880년 이전 혹은 이후를 막론하고 지속적으로 작용한 동기가 바로 문명화의 사명이었다. 그리고 영국인들의 상대적 특성이 가장 잘 나타나는 곳도 바로 이 문명화의 사명에서였다. 그러나 영국의 번영, 해외무역, 제국적 방어체제의 세 가지는 서로 밀접하게 연결되어 있었고 영국의 전략가들과 그 지지자들은 그들 사이의 상관관계를 잘 알고 있었다. 권력정치가 경제적 영역을 가지고 있었다면 동시에 권력이란 문화적이고 인종적 가정으로부터 떨어져서 생각할 수 없는 것이었다. 독일 황제 빌헬름 2세가 주장한 '황색 위험(yellow peril)'이나 러시아의 니콜라이 2세가 일본을 '원숭이'라고 부른 것 등은 다 그러한 맥락에서 해석될 수 있을 것이다.

결론적으로, 제국주의는 여러 형태의 과정으로 추진되었다고 말할 수 있을 것이다. 즉, 강대국들의 정치적 경쟁이라는 동력, 자본주의적 팽창, 국내적 여건의 변화, 마지막으로 이들 세력에 대응하는 주변부 국가들의 능력 등에 의해 그 패턴이 결정되었던 것이다. 국가들간의 다양한 차이는 각 나라의 크기, 자원, 국내정치, 시기와 기회 등에 달려 있었다. 관료와 정치인들의 태도도 달랐고, 그들과 상인과도 달랐으며, 그들과 일반 대중과도 차이가 있었다. 이 점은 주변부에서도 마찬가지였다. 제국주의는 정치적 프로그램이기 전에 믿음이고 감정이었고 정신상태이며 삶의 방법이었다. 중요한 점은 제국의 팽창에 있어 경제적 · 정치적 영역을 분리하는 것은 비현실적이라는 사실, 그리고 부의 신 매몬이나 정략의 괴수 리바이던과 더불어 문화의 영역이 제국주의를 이해하는 데 결정적이라는 사실을 기억하는 일일 것이다.

제5장

제국주의와 경제: 수탈인가 근대화인가

자유방임 경제학의 태두 아담 스미스는 제국은 낭비일 뿐이며 자원을 인위적으로 사용하여 불건전한 기득권층을 낳고 교역의 자연스러운 흐름을 왜곡시킨다고 비판하였다. 자유무역의 주창자 리처드 콥덴도 무역으로부터의 수익은 정치적 세력관계에 상관없이 얻을 수 있기 때문에 영국의 인도통치는 쓸데없는 비용의 지출일 뿐이라고 비난하였다. 그러나 19세기 말에 이르면 제국의 경제적 가치가 당연시되었다. 맨체스터 학파의 충실한 대변자로서 제국주의에 적대적이던 주간지 「이코노미스트(The Economist)」조차 제국의 경제적 가치를 인정하였던 것이다. 그러나 최근 경제사 연구들은 무역과 자본 투자, 그리고 제국운영에 소요된 비용 등을 조사한 결과 제국이 수지 맞는 사업이 아니었음을 밝히고 있다. 제국이 가져다 주는 상상 속의 이득과 실제로 실현된 이익 간에는 차이가 있었다는 것이다.

흔히 제국주의는 식민지의 자원을 고의적으로 분배하여 식민제국의 경제발전을 돕는 한편 식민지의 경제발전을 저지하거나 왜곡시킨 것으로 믿어져 왔다. 유럽제국들은 식민지 없이는 산업화를 이룰 수 없었으리라는 주장도 같은 맥락에서 제기된 것이다. 그러나 최근 연구들은 이 문제에 관해 기존 평가들이 정확하지 못했음을 밝히고 있다. 이 장에서는 우선 유럽의 경제발전에서 식민지가 행한 역할 및 제국주의가 식민지 경제발달에 미친 영향에 대해 논의한 후, 사례 연구로서 영제국이 경제적으로 이익이었는가에 대한 최근 학계의 연구 성과를 소개하기로 한다. 이 장에서는 제국과 식민지라는 개념에 대신해 유럽과 주변부, 혹은 선진국과 제3세계라는 개념을 사용하기로 한다. 식민지와 주변부는 물론 동일한 개념은 아니지만 모든 식민제국의 식민지들에 대한 총체적이면서 분석적인 연구는 아직 존재하지 않기 때문이다. 여기서 주변부는 저발전 학파가 사용하는 착취의 대상이라는 의미가 아니라 유럽을 제외한 지역이라는 의미로 사용되고 있다.

1. 유럽의 경제 성장과 식민지

한 동안 아시아, 아프리카, 라틴 아메리카 등지에서의 저발전과 상대적 후진성의 원인을 16~18세기 중상주의 시대에 형성된 국제무역의 불리한 조건에서 찾으려는 월러스틴이나 저발전 학파의 주장이 유행한 적이 있었다. 이들은 이 때 행해진 원자재로부터 2차 및 3차 산업으로의 자원의 재분배의 양태가 주변부 사회에서 자유시장의 발전을 가로막음으로써 근대적 경제로의 발달을 저해했다고 주장해 왔다. 저발전 학파의 가정은 다음과 같이 정리될 수 있다. 즉 1) 서유럽 일반, 특히 영국의 장기적 경제성장은 지구적 규모에서만 의미 있게 분석될 수 있다, 2) 이 국제경제의 팽창은 몇몇 중심부 국가의 자본가들 손에 막대한 이윤을 집중시켜 주었다, 3) 이들의 투자가 서유럽의 자본 축적에 중대한 기여를 했고, 18세기 말에 이르면 이 지역의 경제성장은 주변부 및 半주변부를 저발전의 상태에 남겨 놓았다는 것이다.[1] 이들의 주장대로 중상주의 시대에 국제무역에서 나온 수익금이 유럽과 주변부 사이에서 불공평하게 분배되었음은 사실이다. 문제는 시장 및 자원 공급이라는 맥락에서 서유럽

---

1) Patrick O'Brien, "European Economic Develpment: the Contribution of the Periphery," *Economic History Review* XXXV, No. 1 (Feb. 1982), 2.

이 주변부에 '얼마나' 의존하였는가인데, 여기서 저발전 학파의 주장과 최근의 보다 실증적 연구의 평가가 일치하지 않는 것이다.

우선 식민지가 어느 정도 제국주의 종주국의 경제발전에 기여했는지, 식민지가 없었다면 서유럽의 산업화가 불가능했는지, 혹은 지연되었는지의 문제부터 살펴보기로 한다. 월러스틴 류의 세계체제론이나 저발전론을 주장하는 제3세계 학자들은 원료의 공급지 및 제품의 시장으로서 식민지가 매우 중요했고, 식민지에서 창출된 이윤이 산업혁명의 처음 단계의 자본을 제공하는 데 결정적이었으며, 이 관계는 산업화 이전에 이미 성립되었다고 주장해 왔다. 이에 대해 최신 연구들은 그러한 주장이 단지 신화일 뿐이라고 반박한다. 대양을 연결하는 망은 16세기에 만들어졌지만 중상주의 시대의 국제적 상업을 진정한 의미의 세계경제로 구체화하는 것은 현재적 개념을 역사에 잘못 적용하는 것이라는 비판인 것이다. 교통, 통신상의 제한 때문에 유럽의 전통사회와 식민지의 경제관계는 매우 한정적이었다. 오히려 산업화로 인한 기술혁신이 있은 후에야 서유럽은 세계 여러 영역을 정복하고 지배할 수 있었다는 것이다.[2)]

유럽의 전통사회는 생활수준과 소비 정도에서 식민지와 큰 차이가 없었는데 산업혁명이 그것을 훨씬 더 확대시켰다. 영국의 일인당 차 소비는 1700년의 10g에서 1790년에는 520g, 1910년에는 2,350g으로, 산업혁명 이후 비약적으로 증가하였다. 러시아를 제외한 유럽에서의 설탕 소비는 1700년의 0.5kg에서 1910년에는 17.0kg이 되었다. 이것은 산업화의 결과 생활수준이 향상하여 소비가 늘 때가 되어서야 거대한 식민제국이 이익이 되었으며, 중심부와 주변부의 경제적 차이는 산업혁명에 의한 근본적 변화가 있은 후에야 부각되기 시작하였음을 반영하는 것이다.

---

2) Paul Bairoch, "Historical Roots of Economic Underdevelopment: Myths and Realities," in *Imperialism and After*, eds., W. Mommsen and J. Osterhammel(Allen & Unwin, 1986), 191, 196; Bairoch, *Economics and World History: Myths and Paradoxes* (Harvester, 1993), 85.

공업화의 수준 1750~1990(1900년 영국을 100으로)[3]

	전체		일인당	
	제3세계	선진국	제3세계	선진국
1750	93	34	7	8
1800	99	47	6	8
1830	112	73	6	11
1860	83	143	4	16
1900	60	481	2	35
1913	70	863	2	55
1953	200	2,870	5	135
1990	2,480	12,090	29	412

식민주의가 산업혁명을 촉진하는 데 얼마나 중요했는가의 문제는 특히 최초로 산업혁명을 수행하고 가장 방대한 식민제국을 소유하고 있던 영국과 관련하여 논의가 왕성하다. 결론적으로 그러한 가정은 유지되기 어렵다는 것이다. 우선 17~18세기에 이루어진 농업혁명으로 영국은 1730년대부터 곡물 수출국이 되었다. 또한 산업적 혁신의 대부분이 1750년 이후에 광범위해졌다고는 해도 그 이전에도 이미 존재하였다. 몇 가지 예를 들면 석탄을 사용한 선철 생산과정이 이미 1709년에 개발되었고, 루이스 폴의 방적기도 1737년에 특허를 받았으며, 토머스 뉴코먼의 증기기관은 1712년에 발명되었던 것이다.

그러나 이러한 기술혁신이 일어나고 있던 18세기 전반기에 영국의 식민제국은 매우 빈약하였다. 가장 중요한 것이 북아메리카 식민지였는데 1720년경 이 지역 인구는 50만에 불과하였고, 봄베이, 마드라스 등 전 세계에 퍼져 있는 나머지 식민지들의 총 인구도 30만을 넘지 않았다. 이 때 포르투갈과 스페인제국의 인구는 합해서 1천만이 넘었다. 1780년대 이후

3) Bairoch, *Economics and World History*, 91.

에야 식민지 인구가 영국 본국의 인구를 능가하기 시작했는데 주로 1780년대 인도에서의 확장 때문이었다. 게다가 1780년대 초까지 영국 식민지들은 스페인이나 포르투갈보다 훨씬 덜 '무역 지향적'이었다. 18세기에 스페인과 포르투갈의 식민지와의 교역은 영국이 자국 식민지와 행한 교역량의 5배 내지 7배에 이르렀다. 이러한 상황은 1913년이 되면 완전히 바뀌게 되었다. 그 해 영국과 식민지들 사이의 무역량은 나머지 식민제국들의 총 무역량의 72%에 육박하였는 데 반해 이 때 스페인, 포르투갈 제국의 무역량은 합해서 1%에 불과하였다. 이러한 사실은 확실히 식민제국의 경제적 유대의 확대가 산업발달의 결과이지 그 원인이 아니었음을 보여 주는 것이다.[4)]

월러스틴파의 주장과는 달리 산업화 이전에 해외무역은 유럽의 경제활동에서 단지 작은 부분만을 차지하고 있었다. 본격적인 산업화 이전인 1780~1790년 유럽 총생산의 4% 정도만이 국경선을 넘었고, 1% 미만만이 아시아, 아프리카, 라틴 아메리카 등지로 팔려 나갔다. 이들 지역으로부터의 수입도 수출보다 그리 높지 않았다. 영국, 네덜란드, 포르투갈 같은 해운국들의 경우에는 무역의 비중이 다소 높아 수출은 18세기 후반기에 국민 총생산의 약 10% 정도에 육박했지만 그 중 반 이하만이 주변부로 향했으며 주변부로부터의 수입도 10~15% 정도에 그쳤다. 물론 나중에 살펴보겠지만 영국의 경우는 그 중에서도 특히 높았다. 따라서 중상주의 시대의 주변부와의 교역은 서유럽의 장기적 발전에 커다란 중요성을 가지지 않았던 것으로 간주될 수 있다는 것이다.[5)]

보다 구체적으로 유럽이 산업화에 필요한 원료를 식민지로부터 구입했는지를 확인해 봄으로써 식민지가 유럽의 산업화에 결정적 요소였는지를 평가할 수 있을 것이다. 현재 서양이 제3세계로부터 동력의 상당부분을 구입하고 있는 것은 사실이다. 1973년 현재 서유럽은 동력자원의

---

4) *Ibid.*, 81, 82.

5) O'Brien, "The Contribution of the Periphery," 4.

61%를 제3세계로부터 구입하였다. 그러나 이것은 최근의 현상이고 1920년대까지 선진국들은 자신들이 소비한 것보다 더 많은 동력자원을 생산하였다고 경제사가 베이로크는 밝힌다. 석탄과 석유 모두에서 선진국들은 수출국이었다는 것이다. 역설적으로 20세기 전반기까지 경제적으로 가장 발달한 나라인 영국이 동력자원의 최대 수출국 가운데 하나였다. 영국은 후에 '제3세계'라고 불리게 되는 지역에까지 석탄을 수출했는데, 수출량은 1837년에 100만 톤, 1882년에는 2,000만 톤, 그리고 1913년에는 7,800만 톤에 이르렀다. 독일도 석탄 수출국이었다. 한마디로 서유럽에는 석탄이 남아돌았다는 것이다.

한편 상업적 석유의 생산은 1860년대에 시작되었다. 미국은 당시 최대 산유국으로 1870년대부터 수출을 시작하였다. 1913년 현재 선진국들은 석유에서 9%의 부족을 보였는데 주로 유럽에서 생산이 소비를 따라가지 못했기 때문이었다. 그러나 이 때 석유는 유럽이 소비하는 전체 상업 에너지의 1%에도 미치지 못하는 그다지 중요하지 않은 동력자원이었다. 석유가 차지하는 비중은 아마도 전체 에너지 소비의 0.5% 미만이었을 것으로 추정된다. 선진국들의 에너지 자급자족은 1939년까지 계속되었고, 제2차 세계대전 후 석유 의존도가 높아졌지만 대체 에너지가 개발되면서 상황에 따라 그 의존도는 들쭉날쭉하였다.

다음으로 금속자원을 살펴보면 1973년 현재 서유럽이 사용하는 금속의 50%가 제3세계로부터 구입되었다. 그러나 20세기 전반기 금속자원의 무역은 유럽 내에서 이루어졌다. 1914년 전쟁이 발발하기 직전, 선진국들이 사용한 금속자원의 90%가 다른 선진국들로부터 수입되었는데, 선진국들은 철, 구리, 납, 보크사이트, 주석, 망간 등 자신들이 소비하는 광물질의 98%를 생산하여 거의 자급자족 수준에 있었다. 19세기에는 아마 99% 이상이었을 것으로 추정된다.

이 모든 증거들은 식민지가 원료 공급지로서 크게 가치가 없었다는 말을 뒷받침해 준다는 것이다. 동력과 금속자원의 90% 이상이 선진국끼리의 무역에 의존하였던 것이다. 제3세계에 대한 의존은 1950년대에 이르러서야 뚜렷해지기 시작한다. 따라서 1955년 이전에 유럽이 산업의 원료를 제3세계에 의존했다는 주장은 신화이며 선진국들은 그 지역에서 생산된 원료와 그 지역의 노동력을 가지고 산업화의 높은 수준에 도달할 수 있었다는 것이다. 실상 원료에 접근하는 데 있어 정치적 통제는 크게 중요하지 않았던 것으로 보인다. 아시아, 아프리카에 있는 유럽제국의 식민지보다는 남 · 북아메리카와 오스트레일리아의 자치령들이 유럽 산업의 가장 큰 원료 공급지였기 때문이었다.

최근 연구들은 잉여 상품의 시장으로서의 식민지의 유용성 역시 오류라고 주장한다. 학자들은 다른 어떤 요소보다도 시장이야말로 경제발전에 가장 중요한 요소라는 데 대체로 동의한다. 근대적 산업발전을 위해서는 충분한 자본, 기술, 훈련받은 노동력 등이 필요하지만 이 요소들의 결여가 절대적 장애가 되지는 않는다는 것이다. 자본은 빌릴 수 있고, 기술은 고용하면 되고, 노동력은 훈련하면 되기 때문이다. 중요한 것은 적절한 시장의 존재 여부이다. 근대공업의 본질이 규모의 경제학이라 한다면 제한된 시장으로는 수지를 맞출 수가 없기 때문이다.[6] 그렇다면 식민지 시장이 서양의 산업화에 결정적이었는가? 여기에서도 답은 그렇지 않다는 것이다. 선진국 전체를 볼 때 1800~1938년간 전체 수출의 17%만이 제3세계로 향하였고 그 중에서 단지 반 정도가 식민지로 수출되었다. 따라서 유럽 총수출의 9%만이 식민제국으로 향했다는 결론이 도출된다. 이 기간 동안 선진국들의 총 수출은 국민 총생산의 8~9%를 차지했기 때문에 제3세계의 수출은 이들 국가들의 총생산의 1.3~1.7%에 불과했으며 식민지로의 수출은 단지 0.6~0.9%에 머물렀다는 계산이 나온다. 만약 선진국 전체가 아니라 미국을 제외한 유럽으로만 국한시킨다면 수치는 약간 높아진다.

물론 영국의 경우는 달랐다. 영국에서는 제3세계로의 수출이 전체 수

---

6) David Fieldhouse, "For Richer, for Poorer?," in *The Cambridge Illustrated History of the British Empire*, ed., P. J. Marshall (Cambridge University Press, 1996), 140.

출의 40%를 차지했는데, 아마도 이 사실이 신화가 생긴 원인 가운데 하나일 것으로 짐작된다. 국민 총생산에서 수출이 차지하는 몫도 영국에서는 다른 나라보다 컸다. 19/20세기 전환기, 직물공업에서는 생산품의 35%가 제3세계로 수출되었는데 특히 면직물의 경우는 67%에 이르렀다. 그러나 식민지 시장의 기여는 시기적으로 근대적 상업 발달이 진행된 지 50~60년 후에야 나타나기 시작하였던 것이다. 1914년 이전에 프랑스에서는 수출품의 10%만이 식민지로 향하였다. 식민지들은 인구가 너무 희박했고 시장 기능을 하기에는 너무 가난했던 것이다. 게다가 원료에서와 마찬가지로 상품수출에 있어 정치적 통제는 필수 요인이 아니었다. 영국령 인도는 진정 거대한 시장이었지만 영국만을 위한 시장이 아니었다. 독일인들은 독일 식민지를 모두 합친 것보다 더 많은 제품을 인도에서 팔았고, 프랑스는 알제리아에서보다 인도에서 더 많은 판매량을 보였다. 유럽의 산업국, 제국들은 주로 서로 간의 무역에 초점을 두었다. 독일 제품의 가장 큰 해외 구매자는 영국이었고 영국에게도 독일은 가장 큰 시장의 하나였으며, 프랑스도 영국과 독일의 중요한 무역 파트너였던 것이다.

따라서 산업혁명의 시작에 있어서 식민지 시장의 불가결한 역할이라는 가설은 영국에만 적용되는 가설이라고 결론지을 수 있는데, 여기서도 산업화는 식민지의 중요성보다 앞섰다고 말할 수 있다는 것이다. 1700~1750년에 영국 경제가 상당히 발달했을 때 영국 식민지는 총인구 100만 명 정도로 보잘것없었기 때문이다. 산업혁명 초기에 견인차 역할을 한 면직물 제품 생산의 성장률과 수출의 신장률은 1750~1829년간에는 그 상관관계가 특별히 중요하지 않은 것으로 나타난다. 수출이 영국 국민 총소득에서 차지하는 비율은 1801년 18%이었지만, 1841년에는 11%로 떨어졌고, 1851년에 다시 14%로 증가하였다. 한편 수출이 공업 생산에서 차지하는 비율은 1801년에는 76%로 매우 높은 비중을 보였지만 1841년에는 32%로 떨어졌다. 만약 수출이 산업화의 가장 중요한 요인이라는 가정이 성립되려면 산업화가 가장 진척된 나폴레옹전쟁이 끝난 이후(1815) 시기에 수출의 비중도 가장 높아져야 한다. 그러나 사실은 그렇지 않았다. 여기서 수출과 산업화의 상관관계의 한계가 드러나는 것이다. 1700년에 식민지는 영국 공산품 수출의 24% 정도를 담당하고 있었는데 1760년에는 35%로 증가하였다. 그러나 1815년 이후에는 30% 미만으로 오히려 그 비중이 감소하는 것이다.[7] 그렇지만 특정한 시기와 특정한 산업 부문에서는 제3세계의 중요성이 증가하였다. 1820~1830년을 기점으로 식민지 시장은 영국 제조업에 매우 중요해졌고 그 중요성은 수십 년 동안 계속되었던 것이다. 게다가 18세기를 통해 식민지는 산업 발달에 불가결한 요소는 아니었다 할지라도 전반적인 수요를 증가시킴으로써 영국 산업의 기술혁신을 촉진시켰다고 말할 수 있다. 즉 해외의 수요가 적어도 영국 산업의 기술혁신을 촉진시키는 데 기여했던 것이다.[8]

아마도 경제적 제국주의이론에서 상품의 수출보다 더욱 중요한 요인으로 평가받는 것이 잉여 자본의 수출일 것이다. 홉슨과 레닌 이래 자본 수출과 제국주의의 관계는 당연한 것으로 인정받아 왔다. 그러나 제3절에서 자세히 살펴보겠지만 여기서도 역사적 사실은 가설을 지지해 주지 않는다. 영국은 가장 큰 제국이면서 가장 큰 자본 투자국이었다. 그러나 영국 해외투자의 반 이상이 해외 독립국과 자치령으로 향했으며, 프랑스의 경우에도 1914년 이전에 투자액의 10% 미만이 식민지에 투자되었다. 프랑스는 주로 다른 유럽 국가에 투자했는데 특히 러시아에 대한 투자가 전체의 1/4 이상이었다. 독일의 투자는 무시할 만했다. 게다가 제국주의 국가들 가운데 일부 — 러시아, 이탈리아, 스페인, 포르투갈, 일본, 미국 — 는 투자국이 아니라 채무국이었다.[9]

---

7) Joel Mokyr, "Demand vs. Supply in the Industrial Revolution," in *The Economics of the Industrial Revolution*, ed., Mokyr (Rowman & Allanheld, 1985), 100, 101.

8) Jacob Price, "The Imperial Economy," in *The Oxford History of the British Empire*, vol. 2, *The Eighteenth Century*, ed., P. J. Marshall (Oxford University Press, 1998), 98, 99.

9) Rondo Cameron, *A Concise Economic History of the World* (Oxford University Press, 1993), 301.

산업화에서의 식민지의 중요성을 재평가하는 연구자들은 마지막으로 19세기를 통해 식민제국이 아닌 나라들이 오히려 더욱 빠른 경제성장을 경험했다는 사실을 지적한다. 즉 영국, 프랑스, 스페인제국보다 독일, 스웨덴, 미국 등의 경제성장이 더욱 빨랐던 것이다. 이것은 20세기에도 적용되는데 제2차 세계대전 후 네덜란드는 식민제국을 상실한 후 한층 빠른 경제발전을 경험하였다. 여기서도 제국의 채산성이 의문시된다는 것이다. 물론 식민지 소유가 특정 개인, 지역, 부문에 이득이 없었다는 말을 하는 것은 아니다. 위에서도 언급되었듯이 19세기 전반기 영국 면방직 공업은 식민지, 특히 인도로의 수출에서 큰 도움을 얻었다. 그러나 부문적 성공과 국가 전체를 혼동해서는 안 되며, 더군다나 영국의 면방직 공업은 1920년대 이후 가장 경기가 부진한 부문이 되었다. 여기서 유출되는 결론은 19세기 말 영국이 새로운 산업 부문에서 두각을 나타내지 못한 것은 식민지 시장에의 쉬운 접근이 중요한 원인이었다는 것이다. 손쉬운 시장이 기술혁신의 동기를 막았기 때문이다.

결론적으로 식민지 지배, 제국적 팽창 등은 분명 수익성 있는 사업이었지만 서유럽의 산업화와 뒤를 이은 남부, 동부 유럽의 경제발전에서 식민지들이 결정적 역할을 하였다는 주장은 받아들이기 어렵다는 것이다. 이롭기는커녕 오히려 거시적 관점에서 볼 때 식민주의는 가장 활발하게 제국적 팽창과 방위와 운영에 참가한 식민제국에게 보상해 주지 못하였다고 주장되고 있는 형편이다. 영국, 프랑스, 스페인, 벨기에 등 선진국의 자본가들은 국내에 투자함으로써 더 많은 이윤을 확보할 수 있었을 것이고, 그럼으로써 독일, 미국, 일본 등 보다 젊고 기술적으로 진보한 경쟁국들의 경제와 어깨를 나란히 할 수 있었을 것이라는 주장이다. 식민지 시장은 쉬운 시장이었기 때문에 기술혁신과 변화를 촉진하지 않음으로써 오히려 장애가 되었다는 것이다.[10)]

---

10) Patrick O'Brien, "Intercontinental Trade and the Development of the Third World Since the Industrial Revolution," *Journal of World History*, vol. 8, no.1(1997), 86; Bairoch,

마르크스주의 역사가인 홉스봄조차 19세기를 통해 수입과 수출 전체를 고려할 때 유럽 무역의 약 80%는 발전된 나라들끼리의 거래였으며 해외투자에서도 마찬가지였다는 사실을 인정한다.[11] 그러나 제국주의 시대는 영국이나 프랑스의 관점에서 보는 것과 니카라과 혹은 말레이반도에서 보는 것이 매우 달랐다. 이제 그것이 어떻게 달랐는지 살펴보기로 한다.

2. 식민지 경제발전과 제국주의

서양이 식민주의로부터 얻은 것이 별로 없었다는 말은 제3세계가 별로 잃은 것이 없었다는 말과 동일시되어서는 안 된다. 경제는 제로-섬 게임이 아니기 때문이다. 또한 양쪽 경제의 규모의 차이는 중심부와 주변부에 불균등한 효과를 가져오게 마련이었다. 따라서 한쪽에서 보는 그림은 다른 쪽에서 보면 매우 달라 보이는 것이다. 제3세계의 입장에서 보면 1차산업 생산품이 수출의 90% 이상을 차지했으며 그 수출의 거의 전부가 선진국으로 향하였다. 여기서 서양의 산업화를 마치 제3세계에서 생산되는 원료 덕분인 것으로 보는 신화가 탄생했다고 보여진다.

제국주의의 부정적 효과 가운데 무엇보다도 중요한 것은 제국주의하에서의 '탈산업화'이고 대표적으로 인도의 탈산업화에 대한 영국의 책임이 언급되어 왔다. 1813년부터 영국산 공업제품의 대량 유입이 인도의 대규모 탈산업화를 야기한 것은 사실이었다. 인도의 전통사회에서 직물은 전체 공업제품 생산의 65~75%를 차지할 정도로 중요한 분야였다. 19세기 이전에 유럽에서 매우 높게 평가되었던 인도산 캘리코 직물은 다른 직물제품과 함께 인도 수출의 60~70%를 책임지고 있었는데, 인도와

"Historical Roots," 210, 211.

11) Eric Hobsbawm, *The Age of Empire 1875-1914* (Weidenfeld and Nicholson, 1987), 74.

의 독점 무역권을 장악하고 있던 영국 동인도회사의 정책은 인도산 직물을 유럽이 소화할 만큼 많이 수출하는 것이었다. 따라서 회사가 인도와의 무역 독점권을 가지고 있는 한 영국산 모직물이나 면직물은 거의 인도에 유입되지 않았다.

그러나 1813년 동인도회사의 독점이 끝나자마자 인도로의 영국 직물의 수출이 크게 증가하였다. 1814년 약 100만 평방 야드이던 영국산 직물의 수출이 1820년에는 1,300만, 1870년에는 9억 9,500만 야드, 그리고 1890년에는 20억 5,000만 야드로 늘었다. 이러한 증가는 기술혁신에 의한 영국의 방적 및 방직산업의 발달 때문이었는데, 1830년에 이르면 근대적 장비를 갖춘 영국 방적공의 생산성은 인도 기능공보다 300~400배 높았다. 인도의 직물공업이 급격히 사라진 것도 무리가 아니었고 이제 수입품이 인도 전체 직물 소비의 55~75%를 차지하게 되었다. 그럼에도 불구하고 1870~1880년에 이르러서도 인도 국내 산업과 기술공들은 국내 직물 소비량의 25~45%를 공급할 수 있었다. 철강 산업에서도 1890~1900년간 인도는 국내 소비의 1~5%를 생산하였다. 이러한 수치를 놓고 예전에는 모든 산업이 완전한 사라져 버렸다고 진단했었지만 최근 연구는 인도에서 산업활동이 비교적 오래 지속된 점을 강조하고 탈산업화 과정이 오히려 늦게 진척된 사실을 강조하는 경향을 보이고 있다.[12)]

인도는 상품시장으로서만이 아니라 자본 투자와 그 외 영국인 통치계급에게 지불되는 봉급 등으로 영국에게 큰 수익이 되었다. 19세기 말 인도가 국채에 대한 이자로 영국에게 매년 1,000만 파운드를 지불하고 있을 때 인도의 영국 통치자들에게 돌아가는 봉급, 연금 등이 또 다른 1,000만 파운드에 이르렀다. 고급 관리는 영국인이 거의 독점하였는데, 1천 명의 인도 문관 가운데 인도인은 5% 미만이었다. 그러나 가장 큰 지출은 인도 육군이었다. 1914년 현재 160,000명 규모인 인도 육군은 1/3이 영국인, 나머지가 인도인들로 구성되어 있었고 중국, 아프리카 동부, 중동 지

12) Bairoch, *Economics and World History*, 89, 90.

역 등 영제국 전역에서 영국의 이익을 수호하는 도구로 사용되었다. 그러나 군대는 전적으로 인도인의 세금으로 유지되었기 때문에 영국에게는 전혀 부담이 되지 않았다. 수상 솔즈베리 경의 말대로 "인도는 돈 한 푼 내지 않고 필요하면 얼마든지 끌어다 쓸 수 있는 영국의 병영"이었다. 1892년에 이르면 인도 정부 지출의 25%가 영국인 관리들에게 지급되는 연금 등 인도로부터 영국으로 부를 빼앗아 가는 통치비용에 소용되었다. 가장 재정 형편이 좋을 때에도 이 부담금은 가난한 인도에게 큰 짐이 되었던 것이다.[13)]

이상에서 알 수 있듯이 영국의 식민지 지배는 분명히 인도에게 경제적으로 부담이 되었음이 사실이다. 인도가 산업화를 하지 못한 데 있어 영국이라는 외부적 요인이 작용하였음은 아무도 부정할 수 없다. 그러나 서양 학계는 요즘 산업화에서 외부적 요인보다는 내부적 요인을 더욱 중요시하는 경향을 보인다. 우선 인도의 노동 공급은 탄력적이었기 때문에 굳이 기술변화를 추구할 필요가 없었고, 둘째 산업화를 위해서는 도구, 장비, 기계 등 하드웨어가 필요한데 인도는 그 준비가 되어 있지 않았다는 것이다. 그것은 근본적으로는 인간의 노동을 기계로 대체하려는 의지가 없었기 때문이었다. 노동자나 고용주나 모두 노동자의 운명은 고된 노동이라고 믿었기 때문에 이 문제에 대해 무관심하였던 것이다. 그 밖에 과학기술에서의 진보도 수세기 동안 이루어지지 않았는데 그것 역시 인간의 노동을 줄이고 쉽게 만들어 생산력을 증대하려는 마음의 자세가 없었던 것에 기인하는 것으로 판단된다.[14)]

한 가지 분명한 것은 영국의 무역과 투자의 효과가 주변부 사회에서 다양하게 나타났다는 점이다. 영국의 영향력하에서 이집트 경제는 몰락

---

13) Stanley Wolpert, *A New History of India* (Oxford University Press, 1997), 267.

14) David Landes, *The Wealth and Poverty of Nations* (Little Brown, 1998), 224-230; K. N. Chaudhuri, "The Structure of the Indian Textile Industry in the Seventeenth and Eighteenth Centuries," in *Techinology and European Overseas Enterprise*, ed., Michael Adas (Variorum, 1996), 179.

했고 아르헨티나는 농업국이 되었으며 오스트레일리아는 비교적 빨리 산업화했던 것이다. 따라서 주변부에서의 지역적 발달은 런던의 행동에서 보이는 차이가 아니라 지역적 상황에 의해 더 잘 설명될 수 있을 것이라는 판단이다. 주변부의 내부적 힘이 보다 지배적인 요소로 인식되는 것이다. 주변부에는 석탄, 철, 석유 등 산업화에 필요한 자원이 부족하였고, 자본도 거의 없었으며, 시장도 거의 존재하지 않았다. 교통, 통신망도 매우 빈약했을 뿐만 아니라 인구도 소수였으며, 농업구조도 매우 엄격하였다. 한편 정치적 불안정은 어디에나 존재하였다. 이러한 상황에서는 오히려 국제체제 속에서 작동하는 것이 주변부에게는 더욱 큰 경제적 자극이 될 수 있었다는 것이다. 즉 최근 연구들은 제3세계 대부분의 지역에서 경제성장의 속도와 패턴이 그들 사회 자체의 기본적인 구조에 의해 제한되었고 그러한 구조적 한계가 유럽 제국주의보다 더욱 결정적으로 작용하였다고 판단하고 있는 것이다.[15)]

결론적으로 제국주의와 식민지 경제를 재평가하는 학자들은 식민주의가 유럽의 경제발달에 기여했다 해도 그 기여도는 매우 낮았으며 경제적 관계에 있어서 한 쪽의 이익이 반드시 다른 쪽의 손해일 필요는 없다고 지적한다. 19세기 말, 20세기 초의 제국주의적 팽창이 유럽 제국주의 국가들의 경제성장을 촉진시켰는지는 몰라도 자본주의 발달에 필요조건은 아니었다는 것이다. 다시 말해 서양은 경제성장을 위해 제3세계를 필요로 하지 않았다는 것이다. 이것은 제3세계에게도 좋은 소식일 것이다.

나아가 최근의 서양 경제사학계의 연구들은 제국이 직접적이거나 간접적으로 물질적 이익을 가져다 주기도 하였다는 점을 지적한다. 제국이라는 존재는 시장으로서, 투자가로서, 채권자로서 이롭게 작용하기도 하였다는 것이다. 식민지 지배자들은 전형적으로 도로, 철도, 항만시설, 건축, 상하수도 설비 등 사회 간접자원을 확충하였다. 물론 그러한 시설은

---

15) Tony Smith, *The Pattern of Imperialism*(Cambridge University Press, 1981), 50; O'Brien, "Intercontinental Trade and the Development," 97.

주로 지배자들의 안정과 상업적 목적을 위해 설치되었기 때문에 원주민들에게 돌아간 이익은 부수적인 것이었다. 그러나 동기보다는 결과가 중요할 수도 있다는 것이다. 이 모든 시설이 식민지가 독립국이었다면 가능하지 않았을 것으로 판단된다. 우선 주변부 사회에는 자원이 충분치 못했기 때문이다. 특히 영제국을 연구하는 경제사가들은 대부분의 영국 식민지들이 독립국이었거나 다른 유럽 국가의 식민지였을 때보다 영제국하에서 더 빠르게 발달한 것이 확실하다고 주장한다. 식민지 경제와 제국주의에 대한 연구들의 결론은 유럽제국들이 주변부 사회의 발전을 제한했음은 거의 확실하지만 그러한 결과는 원칙적으로 경제적 원인 때문이 아니라 능력과 에너지를 제국주의적 구속으로부터 자유롭기 위한 투쟁에 쓰게 만듦으로써, 그리고 교육에의 투자를 등한시함으로써 야기되었다고 경제사가 오브라이언 교수는 지적한다.[16)]

이상 살펴본 바와 같이 제국주의라는 현상이 제국과 식민지 경제에 미친 영향을 판단하기는 쉽지 않다. 경제적 측면만을 분리해서 고려해 본다면 아마도 식민지 사회는 제국주의적 통제로부터 이익을 얻은 바가 없지 않을 것이다. 그러나 제국주의는 경제적 현상에 국한된 것이 아니었다. 유럽 식민주의의 부정적 결과는 경제적 영역을 넘어서 종교와 언어를 포함한 중심부의 문명을 식민지 주민들에게 부과하려고 시도하고, 인종, 기원, 종교를 근거로 식민지 주민들을 차별하고 중심부 사람들을 선호하는 등으로 나타났다. 무엇보다 중요한 것은 국가적 독립의 상실과 개인적 자유의 제한이었다. 거의 모든 제국주의가 피지배자들에게 물질적·심리적 고통을 야기하였던 것이다.

다음 절에서는 19세기 최대 산업국이면서 동시에 최대 제국이던 영국의 경우, 제국이 경제적으로 어느 정도 수익성이 있었는지를 분석해 보기로 한다.

---

16) Landes, *The Wealth and Poverty of Nations*, 434, 435. O'Brien, "International Trade and the Development," 96.

3. 영제국의 경제적 수익성

1) 상품 및 자본시장으로서의 가치

19세기 말 이미 산업 자본주의 단계를 지나 금융 자본주의 단계에 도달해 있던 영국 경제에 있어 가장 큰 특징은 해외투자의 급증이었다. 따라서 제국주의의 경제적 가치에 대한 논의도 상품수출보다는 자본수출에 집중되어 있다. 그러나 우선 상품시장 및 원료공급지로서의 제국의 가치를 분석해 보자. 다른 유럽 국가에 비해 생필품의 해외 의존도가 높았던 영국은 1870년대에 이르면 생필품의 30%를 해외무역에 의존하였으며, 1913년에 이르면 농산물이나 천연자원을 거의 전적으로 수입에 의존하고 있었다. 그러나 대부분의 연구는 제국이 수출입의 대상지로서 크게 중요하지 않았다는 결론을 내리고 있다. 제국은 원료 공급지로서보다는 식량 공급지로서 더 중요한 기능을 하였으며, 상품시장으로서도 큰 역할을 하지 않았다는 것이다. 1860년에 영국 수입품의 1/5이 제국으로부터 수입되었고 그 비율은 제1차 세계대전 전에 1/4로 증가하였으며, 제국으로의 수출은 같은 기간 영국의 전체 수출액의 1/4~1/3을 차지하였을 뿐이다. 따라서 원료 공급지 및 수출시장으로서의 식민지의 중요성을 너무 강조해서는 안 된다는 결론이 나오게 된다. 물론 전체 수출입의 1/3 내지 1/4이라는 비율은 작은 것은 아니지만 식민지가 영국 경제에서 가장 결정적인 요인이었다는 주장은 설득력을 가질 수 없는 것이다.

다음으로 식민지가 이민을 위해서도 필요하였다는 주장이 19세기에 강력히 개진된 것을 감안한다면 식민지가 그러한 기대에 부응하였는지도 점검해 볼 필요가 있을 것이다. 그러나 밝혀진 바에 의하면 아시아나 아프리카로의 이민은 거의 없었다. 인구증가에 대한 해결책으로서 제국이 선전된 것은 사실과 다른 것이다.

그렇다면 자본시장으로서의 식민지의 가치는 어떠했는가? 소위 '자본의 제국주의'는 간단히 두 가지 테스트에 의해 점검될 수 있을 것이다. 우선 독점 자본주의 혹은 금융 자본주의의 발전이 실제로 식민지 팽창에 선행했거나 함께 일어났는가? 다음으로 자본수출과 식민지 지배의 팽창 간에 지리적 상관관계가 있는가? 이 두 문제점을 염두에 두고 영국 자본의 해외투자를 분석해 보기로 한다.

1875년에 10~12억 파운드이던 해외투자는 1914년에는 40억 파운드로 증가하여 영국은 전 세계 자본공급의 44%를 제공하고 있었다. 이것은 영국의 총 자산에서 해외 자산이 차지하는 비중이 1850년대의 7%에서 1870년대에는 17%, 그리고 1913년에는 33%로 증가하였음을 말한다. 이것을 국민소득에서 차지하는 비율로 표현하면 1850~1914년 사이 해외투자액은 영국 총 수출액의 1/4을 넘어서고 1914년 즈음해서는 반 정도에 이르렀으며, 해외투자로부터 발생하는 새로운 소득의 비율은 1855~1873년간 국내 총생산의 2.8%에서 제1차 세계대전 직전에는 9.2%로 증가하였던 것이다.[17] 역사상 어떤 나라도 자국의 국민소득과 저축을 이처럼 해외자본의 형성에 돌리지 않았다는 점에서 영국의 경험은 매우 독특한 현상이었다.

해외투자가 급증한 시기에 바로 제국주의적 팽창이 일어났기 때문에 양자 간의 관계에 대해 관심이 기울여지는 것은 당연하다. 홉슨에 의해 거론된 후 이 문제는 꾸준히 학자들, 특히 마르크스주의 학자들의 초미의 관심이 되어 왔다. 그러나 최근에는 제국주의와의 관계에서보다는 해외투자가 증가한 19세기 말에 영국의 경제성장이 하락하기 시작했다는 시각에서 둘 사이의 관계를 바라보는 경향이 주류를 이루고 있다. 즉 1870년대까지 국내투자와 해외투자는 같은 움직임을 보이다가 그 후에 서로 반대되는 경향을 보이는데 이 사실은 곧 해외투자가 국내투자를 희생해서 일어난 것이 확실하며 따라서 19세기 말 이후 진행되어 온 영국 경제의 쇠퇴의 주범은 해외투자라는 것이다. 이러한 맥락에서 최근 경제

17) Sidney Pollard, *Britain's Prime and Britain's Decline* (Edward Arnold, 1991), 61, 62.

사가들의 논의는 19세기 말 너무 많은 영국 자본이 수출되었는가? 해외투자가 영국 경제의 쇠퇴에 책임이 있는가? 만약 해외로 유출된 자본이 국내에 투자되었다면 경제 성장률을 높여 영국에게 더 큰 부와 번영을 가져다 주었을까? 등의 문제에 집중되고 있다. 그러나 여기서는 주로 제국과의 관계에서 해외투자 문제에 접근하기로 한다.

그처럼 엄청난 규모의 해외투자가 일어난 원인에 대해 연구자들 간에 합의된 의견은 없다. 크게 두 가지로 구분해 볼 수 있는데, 첫째, 국내투자로부터 오는 수익률이 너무 낮았기 때문에 자본수출이 발생했다는 견해이고(push 요인), 둘째, 국내 수익률도 괜찮았지만 해외투자가 제공하는 수익률이 국내에서보다 월등히 높았기 때문에 자본이 해외로 유출되었다는 주장(pull 요인)이 있다. 첫번째 원인을 중시한 홉슨은 국내 이윤율이 낮은 이유를 임금노동자에게 너무 적은 수입이 돌아가 저소비가 발생하고 국내 수요가 저하되었다는 사실에서 찾았다. 마르크스주의 학자들도 국내 자본의 이윤율 저하 경향이라는 이 학설을 따른다. 그러나 이와는 반대로 국내 수익률과 해외 수익률 간의 차이가 커지지 않았다는 연구결과도 나와 있다. 1870~1914년 사이에 제국 내 사기업에 대한 투자의 수익률은 외국에서의 수익률보다 낮았고 국내 수익률과는 비등하였다는 것이다. 이제까지 진행된 연구자들의 논의를 종합해 보면 아마도 1870~1913년간에 행해진 대규모 자본수출은 해외로부터 끌어당기는(pull) 요인과 국내의 밀치는(push) 요인 둘 다에 의해 진행되었지만 후자가 좀더 강했을 것이라는 것이다.[18)]

그렇다면 이러한 엄청난 규모의 자본 수출에서 제국에의 투자는 어느 정도였는가? 한마디로 말해 영국은 진정 전 세계의 금융 공급자였지만

18) M. Edelstein, "Foreign investment and empire 1860-1914," in *The Economic History of Britain*, vol. 2, eds., Rodrick Floud & D. McCloskey (Camebridge University Press, 1981); Patrick O'Brien, "The Costs and Benefits of British Imperialism 1846-1914," *Past and Present*, no. 120 (1988) 등을 볼 것.

제국은 그 주요 소비자가 아니었다는 것이다. 투자가들은 명백히 식민지보다는 해외 독립국가를 선호하였다. 1860~1914년간 전 기간을 놓고 볼 때 전체 투자액의 1/4만이 제국으로 흘러 들어갔으며, 해외 독립국에는 42%, 그리고 나머지 33%는 국내에 투자되었다. 제국 내에서도 백인 자치령이 71%를 차지하였는데 특히 철도건설이 붐을 이루던 캐나다가 거의 전부를 차지하였고 다음이 인도였다. 영국 자본은 새로운 정착지의 사회 간접자본에 집중적으로 투자되었으며 제국은 영국 자본에 대해 착취적인 이윤을 주지 않았음이 입증된다는 것이다.

그러나 1884년 이전에는 국내보다 제국이 더 높은 수익을 보였지만 1885년 이후에는 국내 수익률이 제국에서보다 더 높았다는 반론도 제기되었다. 전반적으로 수익률이 낮아지고 있는 가운데 제국, 외국, 국내의 순서로 수익률이 더 빨리 저하하고 있었다는 것이다.[19] 국내 수익률이 더 높은데도 불구하고 해외로 자금이 몰린 이유는 영국 사회의 법적 · 제도적 경직성 때문이었다고 설명된다. 즉 영국 내에서는 기업의 소규모적 성격 때문에 자체 자본만으로 재투자가 가능하여 굳이 외부자본이 유입될 필요가 없었을 뿐만 아니라, 독일이나 미국에서와 같은 대규모의 투자은행이 없어서 자본이 국내에서 사용처를 효과적으로 발견할 수 없었다는 것이다. 또한 영국의 투자가들은 수익성이·낮더라도 안전한 투자기회를 원하였는데 그런 면에서 해외사업이 국내기업보다 더 나았다는 점도 지적된다. 영국에서는 회사법이 잘 정비되어 있지 않아 채무불이행이나 파산에 대한 보호조치가 마련되어 있지 않았고 따라서 안전한 투자기회를 원하는 영국 투자가들이 꺼리기 마련이었다.

보다 근본적으로 영국의 금융 자본은 국내 산업에 관심이 없었다.

19) O'Brien, "Costs and Benefits," 179, 180; Lance Davis and R. Huttenback, "The Political Economy of British Imperialism," *Journal of Economic History*, vol. 42(1982), 124.; Davis and Huttenback, *Mammon and the Pursuit of Empire*(Cambridge University Press, 1988), 270.

1913년 런던 주식시장에서 거래된 액수의 43%가 국내 증권, 57%가 해외 증권이었으며 국내 증권 가운데 8%에도 미치지 못하는 액수가 광산업, 제조업, 국내운송 등과 관련된 업종이었다. 「이코노미스트」지는 1911년 런던 금융시장이 캠브리아 광산에서의 파업보다 캐나다에서 일어난 파업에 더 우려를 나타낸다고 지적하였다. 19세기 말 지방 은행들이 전국 은행으로 통합되면서 그나마 공업지대에서 존재하던 끈마저 단절되어 버렸던 것이다.[20] 결론적으로 영국의 자본투자와 이 당시 진행되던 식민지 획득과는 거의 관련이 없었다는 것이 대부분 연구자들의 견해이다.

무역과 투자에 있어서 제국의 역할이 제한적이었음을 살펴본 후 우리는 이제, 만일 제국이 없었다면 영국은 경제적으로 더 성장하였을까 아니면 덜 성장하였을까, 성장률이 둔화되었다면 어느 정도 둔화되었을까의 문제를 생각해 보고자 한다. 이 문제를 고려하기 전에 두 가지 사실이 우선 지적되어야 한다. 만약 제국이 존재하지 않고 식민지들이 독립국이었다면 식민지 경제는 실제로 이루어진 것만큼 국제 경제체제에 통합되지 못했을 것이다. 그러나 만약 식민지들이 정치적으로 독립해 있었다면 그들은 분명 보다 다양한 무역 상대자를 찾을 수 있었을 터이고 영국의 무역은 어느 정도 위축되었을 것이다. 식민제국은 식민지로부터 관세 혜택뿐만 아니라 식민지에서 행해지는 여러 사업의 시설자재를 규제함으로써 이익을 얻을 수 있다. 인도의 경우 대규모 사업인 철도부설에 필요한 자재를 거의 전부 영국에서 수입하였고 때로는 현지에서 조달 가능한 석탄조차 영국에서 수입해서 사용하였다. 만약 이들 지역이 독립국이었다면 분명 영국으로부터의 수입품에 관세를 부과하였을 것이고, 관세가 20%였다고 가정한다면 영국이 식민지의 무관세로부터 얻은 이익은 1913년 현재 국민 총생산의 2.6%에 해당할 것이라는 계산이 제시된다.[21]

---

20) O'Brien, "Costs and Benefits," 183; Pollard, *Britains' Prime*, 92-99.

21) Daniel Headrick, *Tools of Empire*(Oxford University Press, 1981), 188; Edelstein, "Foreign Investment," 92.

만약 식민지가 독립국이었고 실제로 가능했던 것보다 낮은 정도로 국제경제에 참여하였다면 영국과의 무역은 실제의 25%에 그쳤을 것이며, 제국에 대한 영국 자본의 투자는 70% 정도에 머물렀을 것이라고 추정된다. 따라서 무역과 투자를 합해 영국의 제국으로의 수출은 실제의 45% 수준이었을 것이라는 계산이 나온다. 그러므로 1870년 현재 국민 총생산의 3.6%, 1913년 현재 국민 총생산의 5.4%가 제국으로의 상품과 용역의 수출로부터 얻은 수익이었다는 추산이 제시되었다. 영국의 입장에서 볼 때 제국이 없었다면 제국에 관련되어 동원된 국내 노동과 자본은 경제활동에 참여하지 못했거나 혹은 덜 생산적인 다른 분야에 고용되었으리라는 가정이 가능하다. 후자의 경우 1913년 현재 영국의 국민 총생산은 1% 낮았을 것이고 전자의 경우에는 5%가 낮았을 것이라는 추산이 나온다.[22] 결론은 무역과 투자 모두에서 제국은 영국 경제에 이익이었으며 제국은 1870년보다 1914년에 더 중요해졌다는 것이다.

그러나 이러한 주장에 대해 이의가 제기되었다. 즉 영국은 식민지와의 교역에서도 자유무역 원칙을 고수하고 경쟁가를 지불했기 때문에 제국이 특별한 이익을 제공하지 않았으며, 식민지로부터의 수입품은 같은 가격으로 다른 곳에서도 구입이 가능하였을 뿐만 아니라 식민지로의 상품 수출이 이루어지지 않았다 해도 영국 상품은 다른 지역으로 수출되었으리라는 주장인 것이다. 이 점을 강조하는 오브라이언은 영국 식민지들이 식민지라는 위치에 상관없이 영국과 무역하였으며, 설사 이들과의 교역이 이루어지지 않았다 해도 영국 경제와 같은 성숙한 경제는 얼마든지 다른 해결책을 강구해 내었을 것이라고 믿는다. 폴 케네디는 인도의 경우 영제국이 없었다면 인도라는 정치적 개체조차 존재하지 않았으리라고 주장하여, 존재하지도 않았을 정치적 단위의 경제활동을 계산하는 일은 무의미하다는 입장을 취한다.[23] 18세기 무굴제국의 쇠퇴를 고려해 보

22) Edelstein, "Foreign investment," 90-93.

23) O'Brien, "Costs and Benefits," 167; Kennedy, "Debate: the Costs and Benefits of

면 케네디의 주장에도 일리는 있다 하겠다.

이제까지의 계산은 공식적 제국에 국한된 것이다. 그러나 비공식 제국주의로부터 발생한 수익 및 제국이 가져다 준 직접적 이익 외의 간접적 이익을 상정할 수 있다. 예를 들어 이윤이라는 형태로 돌아온 수익은 아니었지만 영국 자본이 1870년 이후 직접 혹은 간접으로 전 세계로 퍼져나가 식량과 원료를 개방하고, 생산비용을 절감하고, 유럽으로의 수송비용을 낮춤으로써 영국의 수입액은 크게 줄었고 무역수지에도 이롭게 작용했던 것이다. 반면 제국이 오히려 19세기 말에 일어난 영국 경제의 쇠퇴를 만회할 기회를 놓치게 만들었다는 주장도 제기되었다. 차라리 일찍 제국을 포기했다면 영국 경제는 더 빨리 도전에 응할 수 있었을 터인데 세계시장에서 어려움에 봉착하자 제국에 안주함으로써 손쉬운 해결책을 찾았다는 것이다. 19세기 말에 이르러 제국은 영국 경제에 보다 중요한 요소가 되었는데 영국은 이처럼 세계경제가 보다 경쟁적이 되어 갈 때 식민지와 저개발지역으로 탈출함으로써 가장 바람직한 시장인 유럽에서 경쟁국들에 대항할 기회를 놓쳤다는 것이다.[24)]

2) 방위비

현재까지의 연구성과를 종합해 볼 때 제국으로부터의 경제적 수입은 피상적으로 인정되어 온 것처럼 큰 액수는 아니었다 해도 분명 존재하였다고 결론지을 수 있다. 문제는 수입 총액보다 지출 총액이 더 많을 수 있다는 것이다. 즉 제국을 유지하는 데 드는 비용이 만만치 않았기 때문에 제국으로부터 들어온 총 수입에서 총 비용을 뺀다면 그 결산이 반드시 흑자가 아닐 수도 있다는 것이다. 제국으로부터의 이득을 계산하는 방법으로 가장 간단한 것은 총 수입에서 총 경비를 빼는 법이다. 여기서

British Imperialism 1846-1914," *Past and Present*, no. 125 (1989).

24) Pollard, *Britain's Prime*, 84, 91; Eric Hobsbawm, *Industry and Empire*(Pantheon, 1968), 191.

의 가정은 물론 영제국이 없었어도 영국의 식민지들은 같은 경제적 기회를 가졌을 것이라는 것인데, 앞에서도 언급되었듯이 실제로는 제국에 속하지 않았다면 식민지 경제의 동원과 발달 정도가 낮았을 것이 확실하기 때문에 이 가정은 제국이 없는 상황에서 식민지에서 가능하였을 경제발전을 과대평가하고 있다.

어쨌든, 제국의 수지계산에서 중요시되는 요인이 바로 방위비이다. 폴 케네디는 그의 저서 『강대국의 흥망』에서 일반적으로 한 국가의 경제적 세력과 군사적 세력 간에는 균형점이 있게 마련인데 일단 그 균형이 깨어져 군사적 지출이 더 커지면 강대국은 결국 쇠퇴의 길을 걷게 된다고 주장하였다. 역사상 모든 강대국들은 과잉팽창을 하게 되고 막대한 군사력을 키우는 경향을 보이는데, 스페인, 프랑스와 더불어 19세기의 영국은 대표적 예에 속한다는 것이다. 실제로 19세기 말이 되면 영국 국민 일인당 방위비는 어느 유럽국가들보다 훨씬 높고 세금도 높게 책정되었다. 일인당 방위비 절대액을 비교해 보면 같은 시기 영국 국민은 제국 내의 캐나다나 인도인보다 10~11배의 돈을 지출하였으며, 프랑스나 독일 국민의 2배를 지출하였다. 캐나다 등 자치정부를 가진 식민지는 제국의 방위비에 기여할 필요가 없다고 주장하였고 아시아/아프리카의 직할식민지들은 지출할 돈이 없다고 발뺌하였기 때문에 영국 국민이 그 부담을 지게 되었던 것이다. 아래 표에서 보는 바와 같이 1865~1912년 사이 자치령과 직할 식민지에서의 방위비는 정부예산의 4~6% 수준에 머물었고 인도만 30% 이상의 높은 수준을 유지하고 있었다. 그러나 데이비스

국방비가 예산에서 차지하는 비율, 1860~1914[25)]

영국	해외 독립국	자치령	직할식민지	인도
37%	32%	4%	6%	33%

25) O'Brien, "Costs and Benefits," 187.

와 후텐백은 인도 방위비의 대부분도 결국 영국 국민에게 전가되었다고 주장한다.

따라서 데이비스와 후텐백은 자치령과 식민지들이 만약 독립국가로서 부담했을 만큼의 방위비를 실제로 부담했다면 영국 국민의 세금은 10% 이상 감소했을 것이고, 만약 제국을 해체하고 영국 국민이 독일 및 프랑스가 지출했던 것과 같은 정도의 일인당 방위비만을 지출했다면 세금은 1/4 줄었을 것이며, 이 돈은 보다 생산적 활동에 사용될 수 있었을 것이라고 지적한다. 결국 제국은 화려하지만 실속 없는 장비에 불과하였다는 것이다.

그러나 방위비의 절대액을 단순 비교하는 것에는 문제가 따른다. 영국은 다른 나라들보다 훨씬 부유한 국가였고 일인당 국민소득도 다른 나라보다 월등 높았기 때문에 방위비의 절대액만을 비교하는 것은 올바른 방법이 아니다. 실상 영국이 세계 최대 부유국일 때 방위비는 국민소득의 1~2%에 불과했으며 제국에 대한 심각한 반대는 없었다. 그 때는 전혀 문제가 되지 않았던 것이다. 비용-이익에 대한 논쟁은 영국이 경제적 어려움을 경험하면서 제국을 유지하는 것이 버겁게 되었을 때 문제가 되기 시작하였던 것이다.

애브너 오퍼는 최근 연구에서 데이비스와 후텐백이 각국의 방위비 지출을 비교하면서 잘못을 저질렀다고 지적하였다.[26] 예를 들어 프랑스는 일반 방위예산 외에 특별히 책정된 예산을 가지고 있었는데 이를 간과함으로써 방위예산에 있어서 프랑스가 영국과 독일을 꾸준히 능가하고 있었다는 사실을 깨닫지 못하였다는 것이다. 보다 근본적인 비판은 각국의 방위비를 일괄적으로 단순 비교하는 방법에 초점이 맞추어져 있다. 즉 각국의 필요한 방위비가 그 나라의 국민 총생산이나 인구에 비례한다는 가정은 마치 이스라엘과 뉴질랜드의 인구가 비슷하므로 방위비 지출이 같아야 한다는 것만큼이나 단순논리라는 것이다.

---

26) 이하의 논의는 Avner Offer, "The British Empire, 1870-1914: A Waste of Money?," *Economic History Review*, xlvi, 2 (1993)에 근거한다.

나아가 오퍼의 연구는 식민지들이 영국에게 방위를 의존함으로써 이득을 얻었다는 논리를 정면으로 반박한다. 인도는 영국에게 짐이 아니었다. 인도 육군은 거의 전적으로 자족적이었고 자신들만이 아니라 영국인 주둔군의 비용도 부담하였으며, 나아가 인도 국경을 넘어서 해외 원정에 참여함으로써 영국에게 오히려 보조금을 지불한 셈이었다. 즉 인도는 영제국의 방위체제에서 이득을 얻은 것이 아니라 오히려 그 반대였다는 것이다. 오퍼는 나아가 인도만이 아니라 자치령들에 대해서도 같은 말을 할 수 있다고 지적한다. 즉 군사적 보조가 영국으로부터 제국으로 간 것이 아니라 그 반대 방향이었다는 것이다. 방위라는 관점에서 1912년이 아니라 1919년까지를 끊어 본다면 전혀 다른 결론이 도출된다는 것이다. 자치령들은 제1차 세계대전에서 아주 중요한 원료와 자원을 확보해 주었다. 1917년 영국이 식량부족으로 아사 직전에 있을 때 캐나다의 밀이 영국을 구원해 주었고, 또한 프랑스에서 영국군이 쏘아 댄 포탄의 1/4~1/3이 캐나다로부터 공급되었다. 게다가 캐나다, 오스트레일리아, 뉴질랜드는 120만 명의 병력을 공급했는데 이는 영국에서 모집된 병력의 1/5에 해당하는 숫자였으며, 인도가 그 위에 100만 명을 보충해 주었다. 전쟁 말에는 새로 충원되는 조종사의 1/3이 캐나다 출신이었다. 이러한 상황은 제2차 세계대전 때에도 마찬가지였다는 것이다. 영국이 자치령에게 보조금을 지급했다 하더라도 그것은 충분히 보상받았을 뿐만 아니라 오히려 영국은 자치령들로부터 두 배쯤 대가를 받았다는 것이다.

또한 영국의 높은 방위비는 제국의 존재 여부보다는 독일식의 징병제와 다른 영국의 지원병 제도에서 기인했을 것이라는 지적도 있다. 지원병 제도를 채택하고 있던 영국은 병사들에게 노동시장에서의 임금에 준하는 임금을 지급해야 했기 때문에 독일보다 훨씬 비용이 많이 들었다. 높은 방위비가 제국을 위한 방위비였는지, 본국만을 위한 방위비였는지를 명확하게 구별할 수 없다는 문제도 발생한다. 영국 경제의 세계적 지배를 유지하기 위해 그 정도의 방위비는 어찌 되었든 필요했을 것이라는 것이다.[27] 다시 말해 높은 방위비 지출을 결정한 요인은 제국이 아니라 세계경제의 지도자적 역할의 자임이었다. 즉 세계의 공장이 되는 것, 리카도와 콥덴의 가정을 받아들여 국제적 노동분업을 떠맡는 것, 제국이 아니라 바로 이것이 영국 방위의 핵심이었다는 것이다. 자유무역과 노동의 국제적 분업은 영국경제의 교역의 동맥을 노출시켰기 때문에 자유무역주의의 주창자인 콥덴조차 영국 해군력의 우세를 유지해야 한다고 믿었다. 19세기 말 다른 산업국들의 등장은 군사적 균형을 교란시켰고 영국은 어찌 되었든 캐나다와 오스트레일리아와의 무역을 보호해야 했다. 따라서 자치령들이 영국 해군력으로부터 이익을 얻었다면 그것은 영국의 이타심의 결과가 아니라 예기치 않은 횡재였을 뿐이라는 것이다.

마지막으로 제국을 유지하기 위해 쓰여진 비용이 누구의 부담이었고 제국으로부터의 이익은 누구에게로 돌아갔는가의 문제가 최근 제국주의 연구에서 크게 주목받고 있다. 이 문제는 홉슨과 슘페터가 이미 지적한 바 있지만 후속 연구가 없었는데 다시 쟁점화된 것이다. 제국에 대한 자본투자자를 사회계층별로 분석한 결과는 제조업자들이 제국에의 투자에 가장 관심이 없었던 반면, 지주 등의 엘리트층이 제국에 가장 열성적이었다는 사실을 밝혀 주었다.[28] 제국에의 투자가들은 전국에 퍼져 있던 엘리트층 일반과 런던 거주의 기업인들, 특히 상인을 포함하는데, 이들 '신사적 자본가들(gentlemanly capitalists)'이 제국주의의 가장 큰 수혜자였던 것이다.

신사적 자본가라는 개념은 영국의 역사학자인 케인과 홉킨스에 의해 개발된 것으로, 이들은 자본과 산업부문의 세력 관계에 주목하면서 영국의 산업 자본주의보다는 상업 및 금융 자본주의를 제국주의적 팽창에 있어 더욱 중요한 요인으로 파악한다.[29] 케인과 홉킨스는 영국의 해외팽창

---

27) O'Brien, "Costs and Benefits," 189.

28) Davis & Huttenback, *Mammon*, 174, 182.

29) Peter Cain & A. G. Hopkins, *British Imperialism*, vol. 1, *Innovation and Expansion 1688-1914*; vol. 2, *Crisis and Deconstruction 1914-1990* (Longman, 1993).

이 '긴 18세기'(1689~1815)에 시작되었다고 본다. 영국의 근대화는 산업 부문보다 우선적으로 금융과 서비스 부문에서의 혁명으로 야기되었다. 1688년의 명예혁명은 새로운 정치체제를 출발시켜 상업적 기업 취향을 가진 지주층 엘리트의 과두제를 성립시켰고, 1690년대에 일어난 소위 잉글랜드은행, 국채의 시작, 주식시장과 보험회사의 대두를 포함하는 소위 금융혁명을 통해 금융자본의 중심지인 런던 시(the city)와 잉글랜드 동남부 지역의 부유한 지주 및 투자가들이 결탁하여 18세기를 통해 영국 사회를 지배하게 되었다. 이들 신사적 자본가들은 지연과 사회적 관계로 인해 정치적 엘리트와도 밀접한 관계를 유지하고 있었는데, 이러한 '토지와 돈의 결합'이 18세기에 제국을 추구하고 획득하고 거기서 이윤을 얻었다는 것이다.

케인과 홉킨스의 입장에서 보면 1880년 이후의 신제국주의에 대한 해석도 달라질 수밖에 없다. 19세기 말이 되면 영국의 산업적 지위는 쇠퇴하기 시작하는 데 반해 금융자본의 수출은 오히려 더 활발해지기 때문이다. 신제국주의는 따라서 약해진 영국이 독일과 미국 등에 대하여 수세적으로 벌인 행동이라기보다 적극적인 제국주의적 확장이었으며, 영국의 성공이 결국 독일과의 적대감을 조장하게 되어 제1차 세계대전이 야기되었다는 결론이 도출되는 것이다.

비록 전체로서의 영국은 제국으로부터 이익을 얻지 못했지만 소수 투자가들은 이익을 얻은 한편, 부담은 국민 다수에게 이전되었다. 19세기 말, 20세기 초의 조세제도는 오히려 사회 하층계급에게 불리했는데, 1903~1906년 연수 1,000파운드 이상의 고소득자들은 국민 총소득의 40~45%를 차지하면서도 전체 세수입의 11%만 부담하였다. 이들은 다른 사회계층보다 더 많이 제국에 투자함으로써 제국으로부터 더 많은 수익을 챙긴 계층이었다. 결국 제국주의란 대다수 납세자로부터 제국에 투자한 소수에게 수입이 이전되는 과정이었다는 결론이 도출된다.[30] 투자

30) Davis and Huttenback, *Mammon*, 265-275.

가 개인은 높은 수익률을 제공하는 곳에 투자함으로써 이득을 보았겠지만 사회 전체에게는 손해가 되는 경우가 바로 19세기 말의 영국의 경우였던 것이다.

영국 제국주의의 비용–수익성에 대한 논의는 이제 막 시작되었을 뿐이며 앞으로도 계속될 것이다. 이 논의에서 우리가 얻은 게 있다면 제국의 경제적 유용성이 당연한 것으로 인정되어서는 안 된다는 사실일 것이다. 제국주의의 주된 목표는 자유시장에서의 가격으로 구할 수 있는 것보다 더 많은 부와 노동을 차출하는 것이다. 그러나 그 결과는 항상 기대에 부응하는 것이 아니었다. 위에서 언급되었듯이 국민 다수는 제국을 확장하고 운영하고 방위하는 부담을 떠맡았다. 반대로 상인들, 특허권 소유자, 관리, 엘리트 등 일부는 이득을 얻었다. 지배자와 피지배민 양편 모두에서 제국주의로 인해 이익을 본 일부와 손해를 본 다수가 있는 것이다.

제국의 경제적 측면에 대한 분석은 18세기 후반기 이후 진행된 유럽의 산업화와 식민지와의 관계에 대한 세계체제론이나 저발전 학파의 주장이 과장된 것임을 밝혀 주었다. 그러나 세계체제론이나 저발전 학파가 일시적이나마 제3세계에서 그처럼 막강한 영향력을 미칠 수 있었던 것은 그것이 제국주의의 부정적 효과에 대한 도덕적 비판이라는 측면을 포함하고 있기 때문이다. 제국주의는 단지 경제적 효과에 의해서만 평가될 수 없는 현상이다. 비록 식민지 사회가 사회 간접자본의 확충과 같은 어부지리를 얻었는지는 몰라도 다른 한편 피지배민이 겪은 결핍과 상실은 다른 무엇으로도 보상될 수 없는 고통스러운 경험이었다는 사실이 분명히 기억되어야 할 것이다.

제6장

협력, 협력자

협력이론은 소위 주변부이론을 제기한 존 갤러거와 로널드 로빈슨에 의해 처음으로 제시되었다. 제3장에서 살펴보았듯이 이들은 19세기 제국주의적 팽창을 설명함에 있어서 유럽 국가들의 의도나 목표보다 주변부의 상황을 더욱 중요한 동인으로 인정하는 '주변부이론'을 주장함으로써 제국주의 연구에 큰 자극을 주었다. 유럽 중심적인 전통적 시각에 대한 비판에서 시작한 이들의 연구는 '비공식적 제국', '협력과 저항' 등의 개념을 통해 제국주의적 통제가 어떻게 행사되고, 언제, 그리고 왜 그 통제의 성격이 변화하는가를 설명해 주는 새로운 관점을 제시하였다. 주변부이론의 핵심은 협력이론이다. '협력(collaboration)'은 식민제국과 식민지 사회의 집단이나 계급 간의 이해관계의 접근을 표현하는 용어로서 개인적 이익을 위해 공동체 전체의 희생을 감행하기도 하는 연관관계를 의미한다. 비교적 중용적 개념인 협동(co-operation)은 역사가들에게 별 문제점을 제기하지 않는 반면, '협력'은 잘 설명하거나 이해할 수 없는 비밀스런 요소를 포함하고 있기 때문에 사용에 있어 조심성을 요한다.

주변부이론은 주변부의 협력이 제국주의적 팽창에 필수적이었음을 지적한다. 이 이론에 따르면 우리는 제국주의를 이해하는 데 있어 몇 가지 신화에 주의를 기울여야 하는데, 첫번째는 유럽의 군사력에 대한 신화이다. 실상 유럽의 병력은 각지에 분산되어 있었기 때문에 현지 민중의 저항에 직면하게 되면 한계에 도달할 수밖에 없었다. 따라서 유럽은 현지 엘리트의 자발적 혹은 강제된 협력 없이는 비유럽 국가들을 정복하고 지배할 수 없었고, 제국주의의 중심되는 도구는 협력체제라는 주장이 성립되는 것이다. 1900년 현재, 인도 식민지 정부의 영국 출신 엘리트 관료들은 1,300명에 불과하였으며 그 후에도 그 수는 크게 증가하지 않았다. 천여 명의 관리들이 6만 명의 영국 군인과 9만 명의 민간인들의 도움으로 3억이라는 인도 인구를 지배하였던 것이다. 어떻게 그렇게 작은 수의 사람들이 그렇게 많은 사람들을 그렇게 오랫동안 통치할 수 있었는가? 인도인들이 수동적으로 혹은 능동적으로 영국의 통치를 수용해야만 권력이 유지될 수 있었다는 점은 명백하다는 것이다.

두 번째 신화는 식민지배의 실상에 관한 것이다. 영국의 아시아, 아프리카 진출을 보면 그것은 주로 정착민, 상인, 노예 상인, 선교사들에 의한 비공식적 제국의 확대였다. 취약한 행정체제라는 영국 국가 자체의 특성을 고려할 때 제국을 관장하는 본국 관리들은 극소수였고, 본국 정부로부터의 재정 지원은 최소한에 머문 채 식민지 정부는 만성적 재정 적자에 허덕였다. 이는 결국 강력한 제국 통치자의 이미지가 환상이라는 사실을 입증해 준다는 것이다. 본국 정부는 실상 식민지에 대해 무지와 무관심이라 할 만한 태도를 보였고, 엉겁결에 얻은 광대한 식민지에서 무엇을 할 것인지 알지 못하였으며 하려는 의지도 없었다. 이처럼 유럽의 식민지배가 생각보다 훨씬 약했기 때문에 가능한 모든 곳에서 보조적이고 간접적인 통치형태가 사용되었으며, 직접통치가 확립되고 나서도 현장에 있는 사람들은 협력자를 필요로 하였다는 것이다.[1)]

이 장에서는 우선 협력이론을 소개하고, 다음으로 협력자의 대표적 사례로서 인도 및 아프리카 식민지에서의 경험, 그리고 일제시대 조선인 친일파를 분석해 보기로 한다.

---

1) Ronald Robinson, "Non-European foundations of European Imperialism: Sketch for a Theory of Collaboration," in *Studies in the Theory of Imperialism*, eds., Roger Owen and B. Sutcliffe (Longman, 1972), 120.

1. 협력이론

로빈슨은 1880년대 이후 신제국주의가 확산된 계기는 주변부에서 벌어진 협력체제의 구조조정이었다고 단언한다. 1880년까지 잘 작동하고 있던 비공식적 제국주의가 갑자기 공식적 제국으로 전환된 이유는 바로 협력체제의 변화 때문이라는 것이다. 로빈슨은 '제국이 있는 제국주의'와 '제국 없는 제국주의'의 본질은 유럽의 충격이 닥쳐 온 시점에서 주변부의 협력체제라는 요인에 의해서 정의될 수 있다고 주장하였으며 몇 개의 협력단계를 상정하여 비공식 제국으로부터 공식적 제국으로의 전환을 설명하였다.[2)]

협력의 첫번째 단계는 유럽의 무역과 상업을 위해 비유럽 지역을 개방하는 데 필요한 협력체제를 구축하는 단계이다. 유럽은 주변부에 대해 무역독점의 폐지, 관세인하 등 자유무역을 채택하도록 압력을 가하는 동시에 정치적으로는 협력 엘리트를 포섭해서 협력체제를 형성하고자 한다. 협력자들은 유럽인들의 무역활동의 중개인 역할을 하거나 무역에 이로운 제반 정책을 마련해 주는 역할을 한다. 애초에 제국주의적 침입의 가능성 여부는 효과적인 현지 협력자들의 존재 여부와 현지 사회가 얼마나 유럽에 적응할 수 있는가에 달려 있다. 따라서 협력체제의 성격이 한 나라가 독립국으로 남아 있을 것인지, 아니면 유럽 강대국의 공식적 혹은 비공식적 제국으로 편입될 것인지 여부를 결정한다.

시간이 지남에 따라 이러한 형태의 제국주의는 불만족스럽다는 것이 밝혀지고 유럽은 직접적인 정치적 통제를 원하게 된다. 협력체제는 필연

---

2) 로빈슨은 "Non-European foundation," 그리고 "The Excentric idea of Imperialism, with or without Empire," in *Imperialism and After,* eds., Wolfgang Mommse and Osterhammel (Allen & Unwin, 1986)에서 중점적으로 협력 문제를 다루고 있다.

적으로 식민지 사회에서의 협력자들의 위치를 약화시키기 때문이다. 하나의 협력체제가 더 이상 작동하지 않게 되면 다른 체제로 대체해야 하는데, 제국주의의 한 단계에서 다음 단계로의 이행은 이처럼 붕괴되어 가는 협력체제를 유지하거나 재구성하려는 필요성에서 기인한다. 다른 무엇보다도 협력자의 선택이 식민지배의 조직과 성격을 결정하여 준다고 말할 수 있다. 제국에서 행해진 행정적 · 헌정적 정책 및 토지정책, 경제정책 등은 주로 제국주의를 떠받치고 있는 협력자들과 맺은 정치동맹을 제도화하는 것이었다.

많은 경우 현지 협력체제의 붕괴는 보다 강한 제국주의적 개입으로 나아가며 결국 공식적 제국주의 지배를 야기한다. 그렇지만 공식적 지배는 해결책이 아니라 궁극적으로는 제국주의 세력의 후퇴를 향한 첫걸음이다. 공식적 지배는 결국 현지인들의 저항을 불러일으키게 되고 협력체제는 도전받게 되기 때문이다. 협력체제에서의 연결은 두 개의 고리를 통해서 이루어진다. 즉 유럽인과 현지 중개자, 그리고 현지 중개자와 민중이라는 두 개의 서로 작용하는 연결망이 협력 메커니즘을 구성한다. 협력자들은 이러한 복잡한 정치적-경제적 등식을 풀어야 하는데, 일본의 사무라이처럼 이 복잡한 등식을 잘 풀면 진보를 이룰 수 있고 실패하면 중국이나 이집트에서처럼 재앙이 초래된다는 것이다.

제국적 통제의 구축이 협력체제에 의존하였다면 제국의 해체 역시 그 체제에 의해 좌우되었다. 협력 개념을 사용하면 제국의 해체는 무척 간단하게 설명될 수 있다. 즉 만약 제국주의적 지배가 협력자들에 의존해 있다면 그 공급이 끊길 때 제국은 해체될 수밖에 없다. 그리고 협력체제의 붕괴는 곧 민족주의의 성장의 반영이다. 공식적 지배가 식민지 민족주의를 강화시켜 독립운동이 강해지면 협력체제는 전복되게 마련이다. 식민지에서 작용하는 세력에는 제국, 협력자, 그리고 反제국주의자의 3자가 있는데, 반제국주의적 민족주의자들이 충분한 수의 협력자들을 식민지 정부로부터 떼어 내어 비협력의 연합전선을 구성하면 식민지 지배자는 떠나야 한다는 것이다. 따라서 협력으로부터 비협력으로의 전환이

주로 탈식민화의 시기를 결정한다고 말할 수 있다. 이처럼 비공식적 제국으로부터 탈식민화에 이르는 모든 단계에서 제국주의의 작용은 유럽인과 식민지 종속민들을 연결시켜 주는 토착 협력체제에 의해 결정된다.

이처럼 비공식적 제국으로부터 공식적 제국으로의 전환을 '협력체제의 구축과 재구성'이라는 차원에서 설명하는 로빈슨의 논리는 비상한 관심을 불러일으켰다. 협력이론은 제국 세력과 협력자의 관계, 협력체제의 메커니즘, 누가 협력자인가, 그리고 그들의 동기는 무엇인가 등을 통해 제국주의에 관한 새로운 분석의 고리를 제공해 주었다. 로빈슨의 지적대로 협력자의 존재 여부가 식민지 운영에 지대한 영향을 미쳤다는 것은 역사가 증명해 준다. 예를 들어 적절한 협력자의 존재 여부가 영국으로 하여금 아일랜드에게 자치를 허용할 것인가, 말 것인가를 결정하는 데 중요하게 작용하였다. 또한 1930년대 중반 인도에서는 1만 2천 명의 영국인이 3억 4천만의 인도 인구 위에 군림하고 있었다. 같은 시기 일본제국은 2천 2백만 명의 한국인들을 지배하기 위해 5만 2천 명의 일본인 관리를 고용하고 있었다. 인도에서의 비율은 1:28,000, 한국에서는 1:420인 셈이다. 다른 유럽 식민지에서도 사정은 영국과 비슷하였다. 이러한 차이는 한국의 경우 일본 국내경제의 필요에 부응하기 위해 짧은 기간 안에 식민지를 최대한 착취하려는 욕구가 작용한 결과이기도 하였다. 그러나 이것을 협력 개념에 의거해 해석해 본다면 식민지 사회에서 협력 집단을 찾지 않으려는 일본의 지배 스타일, 혹은 협력자들을 찾기 어려웠던 점이 일제의 군국주의적 통제의 원인이었다고 말할 수 있을 것이다.[3)]

제국주의적 통제가 형성되는 형태는 각각 다를지라도 제국 지배자들은 협력을 통해 자신들에게 유리한 균형을 만들어 내어 유지하고 싶어한다. 그러나 유리한 균형을 성취하는 것은 결코 쉬운 일이 아니다. 우선 제국은 궁극적으로는 칼에 근거하기 때문에 힘이 교섭에서 중요하게 되

---

3) Jürgen Osterhammel, *Colonialism* (Markus Wiener, 1997), 63.

고 협력체제는 근본적으로 불균등한 교섭에 기반을 두게 마련이다. 토착사회 엘리트들은 서로 경쟁하는 집단들로 구성되어 있기 때문에 한 그룹은 다른 그룹이 타협을 보기 전에 유럽의 침입자들과 타협할 수밖에 없는 것이다. 그러나 로빈슨은 그들의 교섭력이 겉보기만큼 절망적이지는 않다고 지적한다. 협력자가 충분한 카드를 쥐고 있지 않으면 그들이 민중에 대해 가지고 있는 권위가 약해지고 위기가 뒤따를 것이기 때문에 식민제국과 협력자는 적당한 선에서 타협하게 마련이라는 것이다. 동시에 협력은 위험한 게임이 될 수 있기 때문에 제국 세력과 협력자의 관계는 매우 미묘하고 불안하다. 식민지 지배자의 눈으로 볼 때 협력자들이 너무 강력해지거나 너무 불만에 차게 되면 이들에 대한 후원을 철회해 다른 집단으로 옮겨야 한다.

그렇다면 누가 협력자로 선택되는가? 여기서 서양 식민제국들은 대체로 동일한 패턴을 보인다. 즉 주변부에 이미 존재하는 분열체제를 그대로 이용하여 협력자를 선택하는 것이다. 실상 인도는 점령되었다기보다 전복되었다고 할 수 있다. 인도는 영국인들을 위해 싸운 인도 용병들에 의해 획득되었기 때문이다. 간디가 1930년대에 끊임없이 지적하였듯이 영국은 인도에 존재하는 종교적 · 종족적 · 사회적 분열을 이용하여 정교하게 균형 잡힌 지배의 망을 구축하였다. 즉 영국은 몇몇 혜택받는 경제적 집단, 전통적 권력자들(토착 통치자들), 군사집단(펀잡의 시크교도들), 그리고 무슬림교도 등의 지지를 얻어서 인도를 지배할 수 있었던 것이다. 이처럼 협력체제라는 동전의 다른 면은 '분할해서 지배한다'는 책략이었다.

이 책략에서는 영국이 특히 뛰어났지만, 영국만이 '분할해서 지배한다'는 방법을 사용한 것은 아니라 네덜란드, 프랑스 등도 모두 같은 전략을 사용하였다. 제국주의자들의 '마음에 드는 사람들'이 제국 세력과 공통의 이해관계를 추구하였던 것이다. 토착사회가 다민족 사회인 경우 소수 민족들이 자주 선호되었다. 예를 들어 베트남, 말라야, 인도네시아에서는 중국인들이 이용되었는데, 그 중 베트남의 경우 민중 차원의 협력자로서는 개종한 지 얼마 안 된 카톨릭교도들이 이용되기도 하였다.[4] 정복의 단계에서는 특정 종족의 병사들인 '전사적 인종'이 중요한 협력자로 부각되기도 한다. 물론 제국주의 세력이 기존의 분열상을 활용하여 새로운 분열을 만들어 냄으로써 식민지 사회에는 이전보다 더욱 큰 구분이 생기게 된다.

제국주의 지배를 위해서는 식민지 종속민에 대한 정보가 필수적인데 인도의 경우, 영국은 지배 초기에 정보수집에 관해서는 동인도회사에 고용되었던 인도인들과 무굴제국에 봉직하던 무슬림 관료들에게 크게 의존하였다. 영국인들은 18세기를 통해 '존경할 만한 마호메트들'에게 정보와 자문을 의존하였고 거의 그들만을 경찰과 관리직에 임용하였다. 물론 이들 무슬림 지식인들의 다수가 협력자들이었다는 뜻은 아니다. 영국인들이 들어오기 전에 이미 무굴제국에는 행정기술을 소유하고 있던 국가관리들이 있었고, 영국의 지배는 이들이 만들어 놓은 정보를 수집하고 처리하는 제도를 크게 강화, 확장하였을 뿐이었다. 어찌 되었든 영국에게 정보를 제공한 사람들의 대부분이 상층 혹은 귀족 출신이었고 이 사실은 동인도회사에 큰 도움이 되었다. 반대로 영국인들에 강력히 저항한 사람들은 상대적으로 신분이 낮은 사람들이었다. 이들은 잃을 것이 거의 없었고 전통적으로 더 애국적인 층이었다.[5] 이처럼 지역 엘리트, 부족적 · 종교적 특정 집단들의 협력이나 적어도 묵인 없이는, 그리고 다양한 카스트와 식민지 사회의 세분화 없이는 서양은 지구상의 그렇게 넓은 영역을 정복하는 일을 해낼 수 없었던 것이다.

그러나 '정복의 정치' 다음 단계인 '지배의 정치'에서는 특히 3개의 계층, 즉 지주, 도시 상인들, 그리고 서구식 교육을 받은 계층이 협력자

---

4) Tony Smith, *The Pattern of Imperialism*(Cambridge University Press, 1981), 52; Osterhammel, *Colonialism*, 66.

5) C. A. Bayly, *Empire and Information*(Cambridge University Press, 1996), 87, 88, 178, 324, 325.

로 부각된다. 영국은 지역의 지주 및 상업 지도자들과의 연대, 그리고 영국 행정부의 하급 관리를 구성하는 서구식 교육을 받은 인도인들에 의존하여 영향력을 발휘하였다. 그들이 영국의 지배와 지방과 촌 단위의 식민지 종속민들 사이에서 매개 역할을 하며 영국의 희망사항을 관철하게 하고 세금을 걷고 정보를 수집하였던 것이다. 1833년 벵골 통제위원회 위원장으로 임명된 토머스 매콜리는 협력자의 가치를 일찍이 간파하였다. 그는 "우리가 지배하는 수백만 명과 우리 사이를 잇는 통역자 노릇을 할 계급을 키우기 위해 최선을 다해야 한다"는 목표를 세운 후 영어 교육을 강화하는 등 인도의 잉글랜드화를 적극적으로 추진하였다. "피와 피부 색깔에서는 인도인이지만 취향, 견해, 도덕률, 그리고 지식에 있어 잉글랜드인"인 사람이 필요하다는 것이었다.[6)]

제국주의 세력의 가장 중요한 협력자는 보편적으로는 지주 등 전통적인 지배계층이었다. 그러나 제국주의 세력은 여기서 더 나아가 부르주아지 가운데 서구식 교육을 받은 소수의 협력도 구하게 되는데 이런 유형의 협력자에는 주로 식민지 정부를 위해 일한 사람들, 근대 서구식 교육을 받아 일정 단계에 도달한 사람들, 수 · 출입에 종사하는 엘리트 등이 포함된다. 그러나 제국주의 세력과 부르주아지의 협력은 전통적 지배층과의 협력보다 훨씬 어렵게 추진되는 경향을 보인다. 제국주의 지배자는 부르주아지의 협력보다는 전통적인 지배계층의 협력을 선호하게 마련이다. 식민지 부르주아지나 지식인들의 동원은 지속적 지배를 위험하게 만든다고 판단되었던 것이다. 또한 중심부의 부르주아지도 경쟁자가 될 수 있는 식민지 부르주아지의 대두를 반기지 않았다. 그렇지만 식민지 통치를 위해서는 어쩔 수 없이 이들의 도움이 필요하였던 것이다.

토착 부르주아지는 그들대로 전형적으로 '주저하는 협력자'들이다. 서구식 교육을 받은 이들은 이념과 취향에서 서구를 따르는 경향을 보인다. 그러면서도 이들은 민족주의 혁명집단을 형성할 수 있다. 따라서 제

---

6) David Reynolds, *Britannia Overruled* (Longman, 1996), 123.

국에 대한 가장 큰 위험은 그 목표에 있어 너무 과격하거나 그 수에 있어 너무 많아 제국적 협력체계에 다 수용될 수 없는 민족주의적 부르주아의 존재였다. 이들 중간계급이 대규모로 동원되어 제국 세력과 지주층에 대항한다면 이들은 강력한 정치적 균형을 유지할 수 있었을 것이다. 그러나 역사에서는 그러한 현상이 거의 일어나지 않았다. 왜냐하면 식민지 정치 현장에서는 도시 노동계급과 농민층이 중간계급과 거의 동시적으로 동원되는 경향을 보이는데, 부르주아지는 민중의 동원을 꺼리기 마련이기 때문이다. 또한 부르주아지의 두 개의 날개인 지식인과 상인/산업자본가가 어느 정도 통일을 이루고 있는가도 관건이다. 중심부가 가장 우려하는 것은 협력체제 엘리트로부터 떨어져 나온 사람들이 반제국주의적 엘리트와 공동전선을 형성하는 경우인데, 그러한 상황에서 제국 지배는 협력체제를 포기한 채 오로지 힘에만 의존할 수밖에 없다.[7)]

중요한 사실은 제국주의 지배자와 협력자의 관계가 항상 순조롭거나 고정적이 아니라는 것이다. 때때로 협력 엘리트의 전향이나 교체가 일어나기도 한다. 제국주의자의 입장에서 볼 때 협력자의 가치가 고갈되면 그를 대체해야 한다. 특히 제국과 민중을 연결해 주는 하위 관리들이 여기서 중요하다. 이를테면 토착 관리들의 권력 남용이 유럽의 지배하에서 지속되면 그들이 민중에 대해 가지고 있던 남아 있는 정통성은 위기에 처하게 되고 그것과 더불어 토착 관리가 식민지 체제에서 가지고 있던 유용성도 함께 위험해지는 것이다. 그렇게 되면 협력자는 교체되어야 한다. 여기에 모든 협력관계의 근본적 모순이 존재한다. 제국주의 지배자들의 요구를 충족시킬 수 있는 토착 지도자나 촌락 원로들의 능력이 그들의 존경받는 위치에 달려 있다고 한다면, 그 위치는 바로 지배자들의 요구에 의해 무너지게 되는 것이다. 완전히 신뢰를 잃은 협력자는 가치가 없다. 그는 그의 역할을 다한 것이다.[8)] 또한 협력 엘리트의 전향이 일

---

7) Michael Doyle, *Empires*(Cornell University Press, 1986), 364-368.

8) Osterhammel, *Colonialism*, 67.

어나기도 한다. 제국주의 세력은 아마도 변화를 바라는 대중에게 호소력을 가질 수 있는 급격한 제국적 발전의 전략을 택할 수도 있다. 이것은 기존 협력자들의 요구를 제한하기 위한 전략이기도 한데 그렇게 함으로써 기존 협력자들이 반제국주의적 엘리트에게로 전향하게 되는 위험이 수반되기도 하는 것이다.

이상 살펴보았듯이 협력이론은 식민지 지배가 결국 그 사회 엘리트들의 협력 의지에 궁극적으로 달려 있으며, 제국정책도 단순히 본국의 의지를 표현하는 것이 아니라 식민지 사회에서의 분열을 이용하여 믿을 만한 동맹자들을 찾으려는 것에 초점을 맞추게 된다고 주장한다. 협력이론은 제국주의 연구에서 이제까지 간과되어 왔던 중요한 단면을 환기시켜 줌으로써 큰 업적을 남겼다. 그러나 이에 대한 비판도 만만치 않다. 우선 많은 제국주의 연구자들은 로빈슨/갤러거가 비유럽인의 민족주의 혹은 민족 저항운동을 근본적으로 잘못 해석하였다고 공격하였다.[9] 물론 협력의 요소를 부정할 수 없지만 식민지 사회의 주류는 협력이 아니라 저항이었다는 것이다. 지배와 협력의 역동성이 가지는 또 다른 면은 저항과 독립의 과정이었다. 실제로 제국의 발달은 협력을 만들어 내는 것만큼이나 저항과 반란의 기반을 만들어 내었다. 제국적 지배는 기술적 · 조직적 기술을 퍼뜨리고, 보다 넓은 민족적 정치 단위를 만들어 내며, 새로운 계층을 정치적 참여로 끌어들여 정치적 지평을 넓혀 준다. 따라서 제국의 정치적 발달은 협력과 저항의 역동적 균형이었던 것이다.

제국주의 지배의 기반을 협력자에게만 돌리는 것도 문제가 된다. 소수의 협력자와의 끈도 중요하지만 제국 통치는 그 지지 기반을 민중에게도 두어야 하기 때문이다. 즉 상층 협력자만큼이나 하층민을 진정시키는 일도 중요하였다. 따라서 한 학자는 제국주의 지배가 협력체제와 더불어 힘, 정통성, 식민지 대중의 요구의 수용과 불만의 완화에 기반을 두고 있

9) W. Roger Louis, ed., *Imperialism: The Robinson and Gallagher Controversy*(New Viewpoints, N.Y., 1976), 34.

었다고 해석한다.[10] 협력이론은 협력자의 영향력을 너무 과장하고 있다는 비판을 받고 있는 것이다. 더욱 중요한 것은 아무리 주변부의 협력체제가 중요하였다 해도, 제국주의적 팽창의 궁극적인 요인은 중심부의 의지이다. 주변부이론은 유럽에서 거의 동시적으로 일어난 강력한 지배욕과 팽창욕을 설명해 주지 못하는 것이다. 중심부의 의지를 도외시하고는 제국주의를 제대로 이해할 수 없다는 사실을 기억해야 할 것이다.

2. 협력자의 사례 I: 인도 및 아프리카

그렇다면 협력자들의 동기는 무엇인가? 우선 이기적인 동기를 들 수 있을 것이다. 어떤 사람들은 제국 지배하에서 자신에게 이익이 돌아올 것을 기대하였는데 특히 재산과 특권을 지닌 토착 지배자들과 대지주들이 이 범주에 속한다고 볼 수 있다. 그러나 모든 협력자들이 다 이기적 동기에서 제국주의 세력에 협력한 것은 아니었다. 많은 경우 협력 엘리트는 근대화를 추구한 사람들로서 유럽의 요구를 수락하면서 동시에 조국의 근대화를 위해 유럽으로부터 자원을 획득하려는 세력이었다. 이들 가운데 대부분은 조국을 이민족에게 팔려고 의도하거나 어떤 종류든지 영토적 분할을 도우려 하지는 않았을 것이다. 이들은 처음에는 자신들이 원하는 것 — 교육, 자본, 정치적 동맹 등 — 을 선택하고 나머지는 거부함으로써 서양의 충격을 통제할 수 있으리라고 생각하였던 것이다.

마지막 집단은 단순히 기회주의자로 불릴 수 있는 사람들이다. 이 유형의 협력자들은 제국주의 지배에 대해 뚜렷한 입장을 가진 것이 아니라 단순히 승리자 편에 서고 싶은 사람들이었다. 예를 들어 아프리카 동부에 있는 영국 식민지에서는 주로 인도 출신의 모험적 상인들이 협력자의 역할을 하였다. 이들은 다른 아시아계 사람들에 의해 '잉글랜드인보다

10) D. A. Low, *Eclipse of Empire* (Cambridge University Press, 1993), 2-4.

더 잉글랜드적'이라고 묘사될 정도로 유럽을 받아들이는 데 무척 빨랐으며, '검은 유럽인'이라고 조롱조로 불리기도 하였다. 20세기 들어 아프리카인들의 민족운동이 강해지면서 이들은 영국의 지배를 지속시키기 위해 노력할 것인가, 아니면 아프리카인들의 권력 장악을 도울 것인가의 갈림길에 서게 되는데, 결국 인도 출신 상인들은 어느 한편을 배타적으로 지지하지 않고 영국과 원주민 양쪽을 다 지원하는 양태를 보인다. 그들은 승리자 편에 서고 싶었던 것이다.[11)]

이러한 세 가지 유형의 협력자 가운데 우리의 관심을 끄는 유형은 근대화를 추구한 협력자 집단이다. 구체적으로 영국 지배하의 인도의 경우를 살펴보면, 그 곳에는 토착 지배자들이나 자민다리 등 영국인들과 쉽게 손잡은 협력자들이 존재하였다. 그러나 새로운 전문직 계층 및 서구식 교육을 받은 중간계급과 지식인은 이들과는 대조적으로 '주저하는 협력자'들이었다. 이들 가운데 많은 수는 온건한 민족주의자들이었다. 그들은 영국의 지배를 이민족의 지배라는 시각에서가 아니라 그 성과에 의해 평가하여 영국의 지배는 축복이라는 신념을 가지고 있었다. 인도인으로서는 최초로 인도 문관시험에 합격한 몇 명 안 되는 엘리트 관리 가운데 하나인 더트(R. C. Dutt)는 영국의 통치가 인도에서 가능한 어떤 통치보다도 월등 나았기 때문에 인도인들은 영국의 지배에 복종하였다고 진단하였다. 어떤 누구도 할 수 없었을 때 영국인들은 평화를 가져다 주었다는 것이다. 그는 만약 인도인들의 승인을 받지 않았다면 동인도회사는 그처럼 제한된 자원을 가지고 그처럼 넓은 영역을 정복할 수 없었을 것이라고 단언하면서 영국에 대한 인도인들의 자발적 충성을 확인하였다. 1800년대 초 근대 인도의 선구적 개혁가로 간주되는 로이(Raja Ram Mohun Roy) 역시 무굴정부로부터 영국정부로의 이행을 "보다 온화하고 보다 계몽되고 보다 자유주의적 정부로의 이행"이라고 찬양한 바 있

11) Robert Gregory, "Co-operation and Collaboration in Colonial East Africa: the Asians' Political Role, 1890-1964," in *African Affairs*, 80 (1981).

다.[12)]

인도인 가운데 특히 벵골 지역의 초기 정치사상가들은 영국의 지배를 칭송하였다. 이들은 인도에게 황금시대가 있었다면 그것은 먼 옛날 얘기이고, 영국이 정복하기 직전의 인도는 무정부적이고 빈곤에 찌들어 있었으며 도덕적으로 혼란 상태에 놓여 있었다고 진단하였다. 이처럼 쇠락해 가는 인도에 비해 영국은 '진보의 화신'이었다. 영국은 놀라울 정도로 번영을 구가하고, 군사적으로 강력하며, 정치적으로 통일되어 있고, 과학적 · 기술적으로 진보해 있으며, 도덕적으로도 복음주의와 공리주의에 의한 개혁정신으로 충만한 것으로 보였다. 어떤 사람들은 영국의 지배가 신의 섭리라고까지 칭송하였으며, 19세기 중반까지 인도인들은 서양의 진단을 쫓아 그들 고유의 문화에 대해 날카로운 비판을 가하였다.

이들의 출신 배경이 이러한 안목을 형성하는 데 중요한 역할을 하였는데 이들 가운데 많은 수가 이미 18세기 중엽부터 영국에게 경제적 중개인으로 봉사한 신중간계급 출신이었다. 이 계급은 처음에는 동인도회사의 무역 중개인으로 활약하다가 영국이 정치적 통제권까지 얻게 되자 협력자층을 구성하게 되었으며 19세기 중반에 이르면 법률가, 의사, 교사, 언론인, 관리 등으로 상당한 사회적 상승을 경험하게 된다. 이들은 대개 서양식 교육을 받음으로써 새로운 지배자들의 문화적 특징을 받아들였다. 이처럼 중간계급은 재정적으로, 심리적으로 영국에게 속박되었으며, 그들이 누리는 특권은 그들로 하여금 제국주의 지배자와 이념적으로 결속되게 만들었던 것이다. 벵골의 중간계급이 영국에 대해 가지고 있던 충성심은 세포이 반란(1857) 때 특히 잘 드러났다. 한 영자 신문에 실린 "충성스러운 벵골인"의 편지는 "젊은 벵골인들은 영국 정부에 적대적이 아니다. 어떻게 그럴 수 있는가?"라고 자문하며 영국 정부가 전복된다면 젊은 벵골인들은 "그 잔재에 묻혀 버릴 것"이라는 점을 강조하였다. 물론 영국의 지배라는 현상에 만족하지는 않지만, 비교적 온건한 영국 지배를

12) T. O. Lloyd, *The British Empire 1558-1983* (Oxford University Press, 1991), 148.

토착 지배자나 러시아의 전제정과 바꾸고 싶지 않다는 것이었다.[13)]

이처럼 식민제국과 토착민과의 협력관계는 제국주의 세력과 협력자가 각각 무엇을 얻고자 하는가에 따라 변화하게 마련이었다. 1914년 이전에 인도 문관 시험에 합격한 극소수 인도인 가운데 한 명인 베네르지(Surendranath Benerjea, 1848～1926)는 근대화론자로서의 협력자의 전형이었다. 베네르지는 엘리트 관료직인 문관 시험에 합격하였지만 인종적이고 기술적인 문제로 자격이 박탈되었다. 결국 언론인이 된 그는 1885년에는 새로 구성된 민족주의 조직인 인도 국민회의 회장에 추대되었다. 그의 인식론적 지평은 서양식 교육에서 얻은 원칙에 의해 형성되었으며 그는 일생 동안 서양에 매료된 중간계급 출신의 온건한 민족주의자로 남아 있었다. 따라서 그는 영국으로부터의 완전독립이 아니라 영국인이 그들의 이상을 기억하여 인도에서 보다 나은 통치를 할 것을 요구하였다. 그는 1883년 인도인 문관들로 하여금 유럽인들을 재판할 수 있도록 허용하려 한 일버트 법안 사건 때 영국인 지배자에 대항함으로써 국민적 영웅이 되기도 하였지만, 20년 후에는 보다 급진적 민족주의자들에 의해 소외되었다.[14)] 그러나 그는 끝까지 평화적이고 합법적 투쟁을 지지하였고 다른 온건주의자들과 함께 영제국에 대한 충성파이면서 동시에 애국주의자로서의 위치를 지켰다. 19세기 후반까지는 민족주의와 제국주의를 양립 가능한 것으로 보는 것이 가능하였다. 즉 베네르지는 영국의 지배가 인도의 도덕적 · 물질적 부흥에 불가피하다고 믿음으로써 인도의 국가적 발전과 영국의 제국주의적 운영이 함께 진행될 수 있다고 보았던 것이다. 물론 나중에는 영국 정책이 오락가락 하는 것에 참을성을 잃게 되었지만 온건파들은 끝까지 제국주의 지배자들을 지지하였다.[15)]

---

13) Ram Parkash Sikka, *The Civil Service in India, 1858-1947* (Atma Ram & Sons, Delhi, 1989), 213.

14) 일버트 법안 사건에 관해서는 제7장 제3절을 참조할 것.

15) Scott Cook, *Colonial Encounters in the Age of High Imperialism*(Harper Collins, 1996),

그러나 보다 극단적인 젊은 세대는 전 세대보다 더욱 좁으면서 동시에 더욱 넓은 전망을 가지고 있었다. 식민주의적 삶의 형태는 필연적으로 인도인들의 사상과 사회생활의 기존 패턴을 교란시켰다. 특히 서구화된 중간계급에게 있어 이 점은 사실로 나타났다. 영국의 지배는 이들의 관념적 지평을 확대시켜 주었지만 나중에는 심리적 · 지적 위기를 겪게 만들었고, 1870년 이후에 이들은 反제국주의적 의식을 가지게 되어 영국의 지배양식과 그 정통성에 도전하게 되는 것이다. 인도가 영국의 군사적 · 행정적 · 경제적 헤게모니로부터 이익을 얻을 수 있으리라는 초기의 기대는 1900년경이 되면 군사적 정복, 정치적 지배, 경제적 조작 등이 야기하는 해로운 결과에 대한 우려로 바뀌었다. 이 때쯤 되면 교육받은 중간계급 인도인들은 서양에 대해 새로운 안목을 가지고 이를 재평가했으며 그에 따라 인도에 대해서도 새로운 시각을 가지게 되는 것이다.

젊은 세대의 목표는 스와라지-자치였다. 극단주의자들도 서양의 지식, 규범, 제도 등을 거부한 것은 결코 아니었다. 그들은 그저 힌두적 전통을 다른 것보다 우월하게 평가하여 인도 고유의 관념과 실행을 더 자주 활용하였던 것이다. 물론 그 과정에서 인도 중간계급은 강력한 민족주의 이념을 가지게 되었지만, 이들 민족주의자들 역시 식민지적 상황의 산물이자 서구의 영향하에서 형성된 사람들로서 식민지 지배자들이 만들어 놓은 틀 위에서 그들과 싸웠던 것이다. 그리고 제국의 공식적 몰락 후에도 한참 동안 제국주의의 심리적-지적 유산은 제국주의자들의 정치적 후예들인 신생국의 지배 엘리트의 전망과 실천에 그대로 남아 있었던 것이다.

베네르지와 비슷한 유형의 협력자들이 아프리카에서도 발견된다. 영국령 및 프랑스령 아프리카 서부 해안지역의 토착민들에게서 특히 근대화를 지향한 협력자들을 발견할 수 있다. 아프리카는 기후 때문에 백인들의 정착지가 될 수 없었지만 해안지방은 수백 년 동안 유럽인들의 무

135, 136.

역에 노출되어 있었다. 영국이나 프랑스의 아프리카 식민지들은 실상 유럽 제국의 팽창 욕심에 의해 만들어진 것이기 때문에 자신들끼리의 공통된 문화적 근거를 가지지 못했으며 해안과 내륙 사이에는 날카로운 차이가 존재하고 있었다. 아프리카의 협력자들 가운데 약간은 영국, 프랑스, 혹은 아메리카에서 교육받았지만 대부분은 선교사들이 세운 서구식 학교에서 교육받은 사람들이었다. 영어와 프랑스어를 말할 수 있는 이들 아프리카인들은 아프리카와 유럽의 세계 경제체제를 잇는 무역망에서 큰 역할을 하였는데, 이들 가운데는 돈독한 기독교 신자도 있었고, 그 지역 정치에 관여한 사람들도 출현하게 되었다.

이러한 근대화론자 가운데 대표적 인물로 영국 식민지 시에라리온 출신으로 그 곳 총독(1844~1846)이 된 윌리엄 퍼거슨을 들 수 있다. 영제국 전체를 통해 총독 직위에 오른 유일한 아프리카인인 퍼거슨은 에딘버러 대학에서 의학을 공부한 의사였다. 또 한 명의 탁월한 아프리카인인 제임스 아프리카누스 호튼(1835~1883) 역시 시에라리온 출신으로, 퍼거슨과 마찬가지로 에딘버러에서 의학을 공부하였고 다양한 직위에서 영제국을 위해 복무하였다. 이들은 영국의 문명화의 사명과 '토착 인종의 미래'에 대한 불굴의 신념을 공유하고 있었는데, 호튼은 "영국의 통치가 라고스와 요루바 부족들에게 주어진 가장 큰 은혜"라고 공언하는 데 주저하지 않았다. 그는 영국의 지배하에서 발전을 이룬 원주민들이 장차 자치를 허용받게 될 것을 기대하였고, 미래에 건설될 자치국에서 공용어는 영어이어야 한다고 믿었다. 그리고 그 나라는 인민의 투표로 선출된 왕정의 형태를 갖출 것이며, 주변 지역들은 선거를 통해 자발적으로 그 나라에 병합될 것이었다. 퍼거슨이나 호튼은 아프리카 상인, 교육자, 성직자, 관리 등 엘리트층으로서 영제국으로부터 보호와 상업과 고용의 확대, 그리고 궁극적으로는 정치적 자치를 기대한 협력자들을 대표하는 인물이었다.[16)]

---

16) L. H. Gann & Peter Duignan, *The Rulers of British Africa* (Croom Helm, 1978), 254-256.

이들은 협력자의 역할에 적합하였다. 서구의 기술을 찬양하여 자본주의적 상업과 생산의 기꺼운 대리인이 되었고, 아프리카에 대한 영국과 프랑스의 이데올로기적 태도를 받아들였으며, 기독교와 서구 문명에 의해 변모될 미래를 희구하였다. 그러나 밀접하게 유지되던 제국주의 세력과 토착 엘리트와의 관계는 19세기 중반부터 변모하기 시작하였다. 1830년경 말라리아 약이 개발되어 백인들이 인도와 아프리카에 진출할 수 있게 되자 원주민들이 식민지 정부의 관리로, 교회 관계자로, 장교로 복무할 기회가 줄어들었다. 그에 따라 유럽 제국주의자들은 이들의 협력자로서의 가치를 무시하게 되었는데 이는 큰 실수였다. 세기말이 되면 인도에 있는 영국인들은 교육받은 인도인에 대해 적대감을 가지게 되었다. '바부'라는 칭호는 원래 특권을 가진 인도인을 칭하는 말이었지만 영국인들은 이를 신뢰할 수 없는 간교하면서 소심한 인도인이라는 의미로 사용하였다. 그리고 영국인 지배자들은 스스로를 바부의 전횡으로부터 인도의 농민 대중을 지키는 수호자로 생각하였다. 예를 들어 소설가 H. G. 웰즈는 "영국이 인도를 떠나면 6개월 안에 남부 벵골 지방에는 동전 한 푼, 처녀 한 명 남아 나지 않을 것"이라는 혹평을 하였던 것이다.[17)]

영국인들의 인종적 거만함은 누구에게나 감지되었다. 영국인들은 자신들이 부리는 인도인들이 부나 영향력에서 자신들과 경쟁하는 것을 원하지 않았다. 영국인들은 동인도회사가 처음 인도에 침투하였을 때 자신들을 도와 준 문시 — 동인도회사 소속의 인도인과 무굴제국의 관료층 — 에게 의존할 수밖에 없었지만 그들이 자신들과 부와 권위에 있어 경쟁자가 되는 것을 원치 않았다. 영국이 원한 문시의 이상형은 명예롭지만 몰락한 집안 출신으로, 영국인 주인을 아무 이기심 없이 섬기고 은퇴 후에는 소액의 연금으로 만족하는 그런 사람이었다. 영국인들은 바부에 대해서도 비슷한 태도를 보였다. 인도를 방문한 많은 관찰자들은 "영국인들이 그들을 함부로 다루고 멸시하는 것은 보기 괴로울 정도"라고 토

---

17) Lloyd, *The British Empire*, 234.

로하였다. 바부는 제국의 심부름꾼이며 제국의 언어와 이데올로기를 원주민들에게 통역해 주는 인물들이었는데 그들에게조차 영국인들은 오만한 지배자로 군림하였던 것이다.[18] 결국 영제국은 매콜리가 원한 대로 '피부 색깔은 인도인이지만 취향과 도덕률에 있어 잉글랜드인'들을 생산해 내었지만 그들을 소외시킴으로써 그들이 체제 비판자로 전향하게 하는 결과를 야기하였던 것이다. 그 결과 영국은 19세기 말에 이르면 식민지 행정, 그리고 식민주의 자체에 대한 급격한 비판과 공격에 직면하게 되었다. 그럼에도 불구하고 인도나 아프리카에는 1947년까지는 충분한 수의 협력자들이 있었다.

바부보다는 훨씬 엘리트 계층인 인도 문관제에 속해 있던 인도인들도 협력자의 한 유형으로 분석될 수 있을 것이다. 인도에서는 다른 식민지와는 달리 1853년부터 엄격한 경쟁시험에 의해 엘리트 관리를 채용하였는데 이렇게 임용된 문관들은 일종의 특권층이었다. 그렇지만 시험제도는 영국인들에게만 유리한 제도였다. 런던에서만 시험이 실시되었을 뿐만 아니라 시험과목도 영국인들에게 유리하게 책정되었던 것이다. 1860년대부터 극소수의 인도 젊은이들이 문관시험에 합격하여 영국인들과 함께 자국민을 통치하기 시작하였다. 물론 그 수는 극도로 제한되어 있었기 때문에 관료제의 인도화가 초기 민족운동의 쟁점이 되었다. 바네르지, 나오로지 등 많은 민족주의 지도자들은 관료제가 인도인들의 것이 되면 인도가 겪고 있는 많은 고통이 해결될 것으로 생각하였다. 그러나 영국인들의 독점체제에 대한 비난은 식민지 행정체제 자체에 대한 부정은 아니었다.

인도 문관제에 진출한 인도인들은 최고의 능력을 가진 사람들이었다. 유능한 영국 젊은이들에게는 다른 분야로 진출할 수 있는 기회가 많이 있었지만 다른 경력을 가질 기회가 거의 없었던 인도인에게 인도 문관제

---

18) Deidre David, *Rule Britannia: Women, Empire and Victorian Writing*(Cornell University Press, 1996), 39, 40.

는 최고의 명예와 최상의 기회였다. 왜 이들은 인도 문관직에 진출하였는가? 그들 스스로의 회고를 종합해 보면 특별히 정치적인 동기보다는 주로 개인적인 이유로 고급 관리의 길을 택한 것으로 보인다. 관직의 안정성, 고위 관직에 수반되는 특권과 영광에 매료되기도 하였고 약간은 봉사하기 위해서 이 길을 택하기도 하였다.[19] 영국에 대한 이들의 감정은 어떠하였을까? 서구식 교육을 받은 인도 젊은이들은 점점 영국인들의 독점에 반감을 가지면서도 동시에 영국 지배에 의존해야 하는 모순에 직면하게 되었는데, 문관직을 역임한 사람들의 회고담 역시 문관제에 대한 충성심과 자부심, 동시에 영국인들에게서 어쩔 수 없이 느끼게 되는 이질감이 교차하는 모습을 잘 보여 준다. 이들은 필연적으로 이민족 지배의 근간을 이루는 '지배 인종의 우월'이 여러 면에서 표출되었음을 기억하였다. 인도 문관제에서는 영국인 관리와 인도인 관리들 간에 '정신적 차단'이라고 할 만한 것이 존재하였던 것이다. 영국 지배자들은 인도인 문관이 서구식 교육과 훈련에 의해 일반 대중과 다르다는 점을 인정하였지만 그들을 자신들과 무조건적으로 동등하게 받아들인 것은 아니었다. 영국인 문관과 인도인 문관은 일에서는 동료였지만 그 외의 생활에서는 거의 어울리지 않았다. 이들은 사회적으로 섞이지 않았던 것이다.

그럼에도 불구하고 인도인 문관들은 분열된 충성심으로 크게 괴로워한 것 같지는 않다. 그들이 봉사하는 이민족의 지배와 조국에 대한 기본적이고 자연스러운 충성심은 확실히 인도인 문관에게 이분법적 딜레마를 제공하였지만, 한 인도인 문관의 판단에 따르면 이 이분법은 그 "두 개가 적대적이고 타협할 수 없는 관계에 놓일 때"에만 갈등의 요소를 얻게 된다. 가장 민족주의 운동에 공감한 사람조차 "대중에 대한 내 의무감과 국왕에 대한 의무감이 충돌하는 상황에 처한 적이 없기 때문"에 자신은 정신 분열증으로 고생하지 않았다고 말하고 있다. 그는 1942년 민

19) Rajk Nigam, *Memoirs of Old Mandarins of India* (Documentation Centre for Corporate & Business Policy Research, New Delhi, 1985), 292.

족주의 운동이 매우 활발할 때 한 영국인 고급 경찰관리의 행동 때문에 사직할 것을 고려하였을 뿐만 아니라 자신의 결혼식 피로연 하객들을 태운 열차를 국민회의 깃발로 치장할 정도로 민족주의 운동에 공감하고 있었지만 영국의 지배에 대한 신뢰를 버리지 않았던 것이다.[20]

물론 민족주의 운동이 강해지고 탄압이 심해질수록 갈등이 예리해지긴 하였지만 이들의 식민지 정부에 대한 평가는 대체로 긍정적이었다. 이들의 눈으로 볼 때 영국은 손꼽을 정도로 적은 수의 군인과 행정가들과 상인들을 가지고 인도인들의 '기꺼운 지지와 묵인'하에 그 거대한 나라를 통치하고 있었던 것이다. 또한 이들은 근본적으로 정치로부터 한걸음 물러서서 '관료는 중립'이라는 신념을 가지고 있었다. 경쟁시험에 합격한 후 옥스퍼드와 케임브리지에서 받은 훈련도 이들의 "세상사를 바라보는 눈을 넓혀 주었으며", 지방정치에서 한 발자국 떨어져서 항상 "공정하고 편파적이지 않는 태도"를 취하도록 가르쳤다.[21] 이들은 대체로 1920년대부터 심화되기 시작한 민족투쟁에 있어서 어느 편도 들지 않고 단지 상부의 명령에 복종하려는 태도를 취하였다. 1935년 시험에 합격한 한 문관은 대부분의 신참자들이 당시 널리 퍼져 있던 민족적 선동에 영향받지 않은 것은 아니었지만 정치적 상황에도 불구하고 그것에 따르는 특권 때문에 문관직은 여전히 가장 선망받는 경력으로 남아 있었다고 회고하였다.[22] 그러나 인도 문관들의 절대적 충성심은 1942년 이후에는 신뢰할 수 없게 되어 버렸다. 물론 정식 문관이 아닌 중간 직위에 있는 인도인들의 회고는 영국 지배에 대한 보다 강한 비판과 저항의식을 보여 준다.

협력이론에 의하면 식민지 행정이 보다 치밀하고 복잡하고 침투적으로 변할수록 제국주의 지배자들은 현지 협력자들에게 더욱 의존할 수밖에 없었지만, 이들은 궁극적으로는 그 체제를 떠맡는 데 관심이 있었으

20) *Ibid.*, 303.

21) *Ibid.*, 61, 140, 303.

22) *Ibid.*, 145, 303.

며 결국 민족주의 운동의 선두에 서게 된다. 협력이론은 제국의 유지와 재생산을 위해 제국에 의해 만들어져 '문화적 통역자'로 훈련된 계층이 식민지 지배자들을 물러나게 하는 데 일정 역할을 하였다고 보는 것이다. 인도 문관의 경우, 협력자로부터 변절자로의 전환을 경험하였을까? 이 장에서 살펴본 제한된 예를 바탕으로 판단할 수는 없지만 적어도 이들이 민족주의 운동의 선두에 서지 않았음은 분명하며, 반드시 협력이론이 제시하는 정형에 맞아떨어지는 것 같지는 않다. 인도 문관제에 진출한 인도인들의 상당수도 역시 조국의 근대화를 염원한 젊은이들이었을 것이고 근대화라는 목표를 위해서는 영국의 지배가 토착 지배보다 바람직한 것으로 간주하였던 것이다. 이들의 자부심, 그리고 '신사적 태도', '공정한 게임 플레이'라는 영국적 가치의 내면화는 이들로 하여금 '탈민족화'의 길로 나아가게 하였고 이들은 스스로를 베버식의 합리적 관료로서 인식하는 데 만족하였던 것이다.

여기에는 우리는 영국에 대한 인도인들의 긍정적인 태도의 배경에는 인도가 역사상 한 번도 통일국가나 민족을 이루지 못하였다는 사실, 그리고 영국은 역사상 인도에 침입한 여러 이민족 지배자 가운데 하나일 뿐이었고, 따라서 일본에 대한 한국인들의 반감과 저항의식과 같은 강한 민족적 정서를 인도인들에게서 발견할 수 없다는 사실을 기억해야 할 것이다. 또한 영국의 통치는 일본의 강압적인 동화정책과는 다른 성격을 띠고 있었다는 점에서도 다음에 살펴볼 한국과 큰 차이를 보이고 있다.

3. 협력자의 사례 II: 일제하 친일파

우리는 흔히 일본에 동조한 세력들을 '매국노'라고 부르는데 이 표현에서 나타나듯이 이들은 개인적 영욕을 위해 나라를 팔아 버린 사람들로 치부된다. 물론 이들이 친일을 하게 된 데에는 개인적 탐욕이 작용하였겠지만 그들 가운데는 위에서 살펴보았듯이 근대화론자로 분류될 수 있는 사람들도 있었을 것이다. 따라서 근대화의 추구와 일제에의 협력이 어떻게 맞물려 있는지를 분석해야만 그들에 대한 보다 객관적인 평가에 도달할 수 있을 것이다.

합방 이전 시기의 친일파에는 대강 왕족들과 대한제국 정부의 관료층, 그리고 개화파의 문명개화운동에 참여했던 사람들이 속하는 것으로 분류된다. 이들 가운데 처음 두 집단은 개인적 탐욕으로 친일을 하게 되었지만, 개화파가 친일의 길을 가게 된 데에는 그들이 가지고 있던 문명의 개념과 계몽운동의 논리가 일제가 주장하던 문명개화론과 일치하였다는 사실도 작용하였다. 친일파가 하나의 사회적 세력으로 조직되고 영향을 미치기 시작한 것은 청일전쟁과 러일전쟁을 거치면서였다. 특히 러일전쟁에서 일본이 거둔 승리는 일본문명의 우수성을 증명하는 것으로 보이면서 이들의 논리적 배경을 마련해 주었다.[23)]

19세기 말 조선의 지식인들은 서양의 사조와 학문을 받아들이게 되는데 특히 당시 서양에서 맹위를 떨치던 사회적 진화론과 문명화의 필연성이 이들에게 깊은 영향을 미쳤다. 당시 사회를 사회진화론에 입각하여 인식하게 된 지식인들은 결국 약자인 조선은 당연히 강자인 열강의 지배를 받아야 할 것으로 판단하였으며 약자가 제국주의의 침략을 받는 것을 오히려 근대화·문명화의 과정으로 이해하였다. 윤치호가 쓴 것으로 추정되는 다음의 글에서 보듯이 근대적 개혁세력은 약소국의 식민지화를 당연한 것으로 받아들였다.

> 북아메리카는 땅이 비옥하고 각색 천조물의 부요함과 강산의 웅장하고 수려함이 세계에 둘째 아니 가거늘 인디언이라 하는 토종들이 몇 천 년을 맡아 가지고 있어서 이 좋은 강산을 쓸모없는 땅으로 만들고 야만의 풍속을 끝내 고치지 않더니 마침내 영국 인종의 땅이 된 후 세계에 제일 부강한 나라가 되니 인디언의 포진천물하던 죄악을 하늘이 벌주신 일을 깨닫지 못하

---

23) 김도형, 「한말 친일파의 등장과 문명개화론」, 『역사비평』 3호(1993 겨울), 127, 128.

는 사람들은 과연 어리석도다.

이들은 또한 인도가 같은 인종끼리 서로 시기하고 싸움으로써 그 풍요로운 세계를 빈약하게 만들어 마침내 영국의 속국이 된 것은 당연한 운명이라고 주장하였다.[24] 우승열패, 생존경쟁을 사회진화의 철칙으로 받아들이면 그 경쟁 사회에서 살아 남을 수 있는 유일한 길은 스스로의 실력을 갖추는 것, 즉 자강운동밖에 없다는 결론이 나오게 된다. 이 결론에 도달한 개화파 지식인들은 교육 진흥, 식산 흥업 등 실력 양성을 통한 국권 회복을 주장하였으며, 그 운동을 지속적으로 추진해 나가기 위한 애국심의 고취 등을 강조하였다. 그들은 애국 계몽운동, 독립협회, 대한자강회 등 각기 다른 운동을 전개하였지만 '선 실력 양성, 후 독립'이 그들의 공통된 주장이었던 것이다.

개화파 지식인들은 일본과의 제휴를 통해 나라의 독립을 보전할 수 있다고 믿었다. 개화파들은 청의 굴레로부터 벗어나기를 원하게 되었고 일본에서 그 지지 세력을 발견하였던 것이다. 마침 청일전쟁 후에 맺은 시모노세키 조약에서 일본은 '조선의 독립'을 명백하게 보장하였다. 그러나 이것은 일본이 조선에 대한 청의 종주권을 억제하려는 의도였을 뿐 일본의 궁극적 목표는 침략이었지만 그 점은 별로 문제시되지 않았다. 특히 러일전쟁에서 일본이 승리하고 난 후에 일본에 대한 신뢰는 더욱 확고해졌다. 보호령이 된 후 부임한 초대 통감 이토 히로부미는 조선이 자립할 능력이 있으면 일본은 조선에서 물러갈 것이라고 공언하였는데, 당시 지식인들은 여기에 현혹되어 있었다. 그 결과 개화파 지식인들은 국권 회복을 외치면서도 다른 한편 일본의 '보호정치'에 기대를 표시하는 모순된 자세를 보였던 것이다.

따라서 1905년 보호조약이 체결되었을 때 문명개화를 주장한 사람들은 이를 주권의 포기로 여기지 않았다. 부강을 이루게 되면 언제든지 외교권을 찾을 수 있다고 생각하였던 것이다. 문명개화론자들은 일본이 한

24) 권태억 외 편, 「몰라요씨의 의견」, 『근현대 한국탐사』(역사비평, 1995), 89.

국을 병합할 수 있는데도 그렇게 하지 않고 한국의 독립을 지키려고 노력하고 있는 점을 상기시키면서 "안심하고 일본과 제휴하여 한국 독립의 실력을 양성하도록 노력하자"고 주장하였던 것이다.[25] 통감정치 초기부터 내정개혁을 위해서는 보호국도 감수해야 한다는 주장이 나타났으며, 영국이 이집트에서 행한 보호가 그 나라의 개명 진보를 이루고 백성들에게도 많은 이익이 되었다는 사실을 거론하면서 보호국을 통해 보호자와 피보호민이 함께 이익을 얻을 수 있다는 주장도 제기되었다.

일본은 근대화의 모범으로 간주되었다. 당시 문명개화론자들은 근대화 지상주의적인 태도를 견지하고 있었는데, 이러한 태도는 조선의 독립이 불가능하다고 판단되면 강자에 의존해서라도 근대화하는 길만이 민족의 장래를 위하는 것이라는 결론에 도달하였던 것이다. 대표적인 예로 윤치호를 보자. 독립협회 지도자였던 윤치호는 내부의 자주적 개혁이 실현될 가능성이 없는 상황에서는 문명국 지배하에서라도 개혁을 추진해야 한다고 생각하였다. 그는 영국이 거문도를 점령한 후에는 청의 속국보다는 영국이나 러시아의 속국이 되는 것이 개화를 위해 낫다고 생각하였고, 청일전쟁 후에는 청의 야만적인 지배보다는 일본의 근대적인 지배하에 개혁을 도모하는 것이 바람직하다고 여겼다. 러일전쟁을 전후한 시기에 그는 외세의 간섭에 대해서 일정하게 비판적인 입장을 견지하였지만 러일전쟁에서 이긴 나라가 한반도를 지배할 것이라는 현실인식하에서 백인종인 러시아보다는 황인종인 일본의 지배가 나을 것이라는 결론에 도달하였다. 이러한 윤치호의 생각은 대한협회 부회장 오세창에게서도 비슷하게 발견된다. 일본은 문명의 선도자로서 서양 세력을 막아 주고 꿈 속을 헤매는 이웃에게 문명을 전파한다는 것이었다.[26]

이들은 당시 국제정세에서는 일본에 의존하는 길만이 근대화를 기할

25) 김도형, 「日帝侵略 初期(1905-1919) 親日勢力의 政治論 研究」, 『계명사학』 제3집(1992년 11월), 133.

26) 위 논문, 15-17.

수 있는 길이라고 믿었다. 문명개화론자들은 대개 일본에 유학하거나 신학문을 수학한 사람들이었다. 그러나 황성신문 계열의 장지연, 박은식, 남궁억 등은 전통적인 주자학의 소양을 가지고 있으면서 신사상을 수용한 개명한 유학자들로, 유학을 철저하게 부정하는 것은 거부하는 입장에 있었다. 그러나 이들 역시 우선 실력양성이 필요하다는 문명개화론에 동조하였고, 우승열패는 자연의 법칙이고 당시는 생존경쟁의 시대라는 인식을 가지고 있었던 것이다. 장지연, 박은식 등은 한국의 보호국화가 동양 삼국이 각각 독립을 유지하면서 대등한 위치에서 연대하는 동양 연대론에 배치된다고 생각하여 반대하였다. 그러나 국권 침탈의 원인을 제국주의의 침략성보다 우리 자신의 실력이 부족한 데에서 찾고, 보호국이라는 현실에서 벗어날 수 있는 유일한 길은 실력양성밖에 없다고 생각한 점에서는 다른 문명개화론자들과 마찬가지였다. 이들은 다만 동서고금을 참작하여 절충적인 방향에서 문명개화를 할 것을 제안하였던 것이다.[27)]

이처럼 실력양성 우선론이 압도적인 분위기에서 유일하게 대한매일신보 계열의 양기탁과 신채호는 실력만 양성하면 국권이 회복된다는 논리에 반대하고 실력양성 외에 '정신의 분발'을 강조하는 정신우선론을 내세웠다. 이들은 민족주의에 입각하여 '아민족의 국은 아민족이 주장한다'는 확고한 입장을 견지하고 있었고 따라서 '근대화 지상주의'가 본래의 목적인 국권 회복의 과제를 망각하였다는 사실을 신랄하게 비판하였다. 문명개화와 실력양성이 무엇보다도 '애국정신'에 기초해서 이루어져야 한다는 입장에서 본다면 '실력양성이 이루어진 후에야 독립이 가능하다'는 논리는 성립할 수 없었다. 신채호는 동양 연대론 등의 기만성을 지적하면서, 독립이란 실력양성만을 외쳐서 되는 것이 아니고 오히려 독립이 부강의 전제조건임을 주장하였다. 양기탁, 신채호 등은 일본의 보호정치를 문명개화의 지도가 아니라 '정복자의 수탈을 위한 정치'로서 인

---

27) 박찬승, 『한국 근대 정치사상사 연구』(역사비평, 1992), 57, 368, 383.

식하였던 것이다.[28)]

이처럼 19세기 말/20세기 초 한국에서는 거의 모든 지식인들이 문명개화의 필연성과 그 우선 순위를 믿었으며 단지 소수만이 실력 양성보다 더욱 중요한 것은 민족의 독립이라는 논리를 가지고 있었다. 일본의 보호와 지도하에 문명화를 이루어야 한다는 문명개화론은 일본 침략이 점차 가중되면서 아예 일본의 직접적인 지배하에서 이를 추구하자는 합방론으로 변질되었다. 극단적으로 흐를 경우 일진회의 예에서 보듯이 철저하게 외세의존적 성격을 띠게 되고 나아가 일본과의 일체화를 지향하게 되는 것이다. 일진회는 "일한 양국의 혼인으로 相締結하야 一切人民의 情誼를 친밀케 하자"는 주장에 이르게 되었던 것이다.[29)]

1910년대 민족자결주의의 열풍에 자극받은 독립 쟁취의 노력이 있은 후 1920년대에는 다시 선 실력양성, 후 독립론이 대세를 차지하였다. 당분간 독립은 절망적이므로 교육과 산업의 진흥 등 실력을 기르면서 기회를 기다리자는 것이었다. 비슷한 경향은 '정치적 측면에서의 실력양성 운동'으로서 자치운동론으로도 나타났다. '선 실력양성, 후 독립'을 주장한 사람들은 결국 1930년대에 이르면 일제의 대륙침략 전쟁과 더불어 비록 추상적이나마 그 동안 포기하지 않았던 독립이라는 목표를 완전히 포기하고 일제의 내선일체 정책에 동조하게 된다.

그렇다면 한말 이래 문명개화를 주장한 사람들을 협력자라고 정의할 수 있을까, 그리고 만일 그렇다면 그들은 어떤 유형의 협력자인가? 앞절에서 우리는 협력자에는 세 가지 유형이 있음을 살펴보았다. 기득권의 유지와 개인적 영달을 위해 제국주의 세력에 협력하는 자와, 중간계급이나 지식인 같은 '주저하는 협력자' 혹은 '반항하는 협력자', 그리고 단순

---

28) 위의 책, 83, 93, 368, 369; 한영우 · 권태억 외, 『시민을 위한 한국역사』(창작과비평, 1997), 323.

29) 김경택, 「韓末 東學敎門의 政治改革思想 硏究」(연세대학교 석사논문, 1990), 85, 86.

한 기회주의자가 그것이다. 친일파의 경우에도 이 유형들이 나타난다고 생각된다. 박찬승의 구분을 따른다면 1910년대 친일 지식인들이 내세우던 산업진흥론은 일본인과 같은 수준이 되기 위한 '동화주의적 실력양성론'인 반면, 국내외, 특히 일본에서 신교육을 받은 신지식층의 실력양성론은 비록 먼 훗날의 것이나마 '독립'을 전제로 하고 있는 것이었다. 독립이냐 동화냐 하는 궁극적인 지향점에서 이들 간에는 차이가 있었다는 것이다.[30] 여기서 전자는 적극적 협력자, 후자는 주저하는 협력자였다는 구분을 할 수 있을 것이다.

한말의 개화파와 그 후의 문명개화론자, 자치운동가들은 인도의 온건한 민족주의자와 비슷한 성향을 보이고 있다. 우리는 인도의 경우, 많은 사람들이 영국의 문명화의 사명에 공감하였다는 사실을 살펴보았다. 그러나 영국의 지배로부터 인도가 이득을 얻으리라는 기대는 1900년경이 되면 실망으로 변하게 된다. 한국의 경우 한국이 일본 지배로부터 이익을 얻을 수 있으리라는 기대는 언제까지 가능하였는가? 주목할 사실은 인도 지식인들이 1900년 이후 영국의 지배에 대해 회의적이 되었다면, 한국의 지식인들은 30년대에 오히려 보다 적극적으로 제국주의 세력에 협력하는 양상을 보인다는 것이다. 그것은 문명개화론자들이 일본 제국주의의 대륙 팽창과 대동아 공영권이라는 이념에서 오히려 더 많은 가능성을 보았기 때문인 것으로 추측된다.

인도 지식인들이 영국을 인정한 이유는 영국의 통치를 긍정적으로 판단하였기 때문이었다. 한국의 경우는 어떠하였는가? 우리의 경우에도 많은 사람들이 일본통치에 대해 긍정적 시각을 가지고 있었다. 일본 통치가 시작되면서 빠른 속도로 법제도가 정비되고, 관리층의 부패가 감소되는 등 사람들이 느끼기에 충분할 정도의 개선이 있었던 것이다. 이는 특히 일제가 시정개선이라는 명목으로 강조한 부분이기도 하였다. 그 결과 「是日也放聲大哭」을 써서 일본의 보호체제에 반대하던 장지연조차

30) 박찬승, 『한국 근대 정치사상사 연구』, 372.

1915년경이 되면 일본의 통치를 긍정적으로 평가하였던 것이다. 그러나 일본의 통치는 효율적이고 긍정적인 면이 있는 반면에 숨막히는 강압적 형태로 나타났다. 그것은 일본이 식민지를 더욱 빨리 자신의 경제블럭에 통합시키려는 의도에서 보다 강압적이고 통제적인 지배를 택한 결과였다. 소위 문화정책을 추구했다는 1920년대에도 일제는 치안유지법을 제정해 조선인들을 옥죄였고 1930년대 중반 이후에는 동화정책과 내선일체 전략을 적극적으로 추진하였다. 영국의 통치가 시간이 지날수록 자유주의화하는 방향으로 나아갔다면 일본의 통치는 그 반대 경향을 보였고 종속민들이 느끼는 압박감은 더욱 심해졌던 것이다.

여기서 간과해서는 안 될 점은 협력이 개인적이고 비밀스러운 면을 내포하고 있다는 사실이다. 물론 앞 절에서 살펴본 베네르지의 경우, 문관시험에 응시했지만 인종적 문제로 합격이 취소되고 언론인으로 활동하였다. 다시 말해 그는 영국 지배체제로부터 개인적인 명예나 욕구를 충족시키지 못하였다. 그러나 그는 끝까지 영국의 지배에 대한 신뢰를 버리지 않았다. 문명개화론자들의 경우는 어떠하였는가? 한 예로 대한협회의 지도부는 협회의 운동 방향을 기본적으로 정권 장악에 두고 있었고 많은 회원들이 개별적으로 관직에 나아갔는데, 그러지 못한 회원들은 이를 몹시 부러워하는 분위기였다고 한다.[31] 이처럼 개인적 탐욕과 권력지향에 의해 협력자가 된 사람들이 분명히 있었다. 그러나 어느 정도가 개인적 탐욕이었고 어느 정도가 조국의 근대화에 대한 희구였는가? 이 문제는 각각의 경우에 대한 보다 치밀한 연구가 행해진 후에야 판단할 수 있는 문제로 생각된다.

가장 큰 문제점은 앞 절에서도 언급되었듯이 저항하지 않으면 다 협력자라는 판단의 잣대이다. 친일파에 대한 한 연구는 3 · 1 운동 후 진행된 민립대학 설립운동, 물산장려운동 등 개량적 민족운동을 통해 민족의 실력양성이라는 목표를 달성하고자 했던 윤치호, 최남선, 이광수, 김성수

31) 위의 책, 52.

등을 '변절한 친일파'로 분류하고 있다.[32] 민립대학 설립운동이나 물산장려 운동은 암묵적으로 제국주의 지배를 수용한 것이기 때문에 협력행위라는 판단인데, 이러한 논리에서 우리는 저항 아니면 협력이라는 양분론을 발견하게 된다. 적극적으로 식민주의 지배세력을 도운 행위는 물론 협력행위였다. 그런 의미에서 1930년대 일제의 전시체제를 위해 선전활동을 벌인 사람들은 명백히 협력자들이다. 그러나 20년대까지 식민지 체제를 암묵적으로 수용하면서도 문명개화를 통해 국권을 회복하고 독립한다는 궁극적 목표를 포기하지 않은 사람들까지 협력자로 보는 것은 지나친 판단이 아닌가 싶다.

이광수의 경우를 보자. 이광수의 사상적 궤적은 앞으로 보다 치밀하고 신중한 연구가 필요한 분야이다. 어찌 되었든 1910년대 전반 이광수는 오산학교 교사생활, 상해, 만주, 시베리아 유랑을 거치면서 독립운동가들의 무력함을 절실히 느끼고 독립에 대한 가능성을 사실상 포기하게 된다. 1924년 발표된 이광수의 「민족적 경륜」은 정치, 산업, 교육의 3대 결사를 설립한다는 명목하에 일제와의 타협으로의 전환을 공론화한 글이었다. '우리는 조선 내에서 허하는 범위 내에서' 일대 정치적 결사를 조직하여야 한다는 것이 그의 주장이었다.[33] 사회주의자와 비타협적 민족주의자들이 이광수를 격렬히 비난한 것은 이해할 만하다. 그러나 이 글을 쓴 그의 행동이 협력자의 행동이었는지는 쉽게 판단할 문제가 아니다. 물론 그의 1930년대의 행적은 별개의 문제이다. 1930년대 만주사변 이후, 특히 1937년 황민화 정책이 본격화되면서 일제의 전쟁수행을 돕고 창씨개명을 주도한 사람들은 분명한 협력자들이다. 다시 말해 민족주의자로서 지켜 오던 사상과 신념을 포기하고 내선일체 운동에 적극 참여한 박인덕, 장덕수, 윤치영, 김활란, 주요한 등의 행동은 분명 협력행위였지

32) 이명화, 「日帝의 轉向工作과 民族主義者들의 變節」, 『한국독립운동사연구』 제10집(1996).

33) 권태억 외 편, 『근현대 한국탐사』, 173-176.

만 30년대에 협력자가 되었다고 해서 그 이전의 행동까지도 전부 협력행위로 볼 수는 없는 것이다. 여기서 우리는 한국의 경험이 영국 지배에 대해 긍정적이다가 점차 비판적이 된 온건한 인도 민족주의자들의 경험과 대조되는 양상을 보였다는 사실을 지적할 수 있을 것이다.

협력자의 개념은 역사상 실제로 작용하였던 제국주의 지배의 한 단면을 설명해 준다는 점에서 매우 유용한 것이다. 그러나 이는 몇 가지 문제점을 내포하고 있는데, 우선 협력자의 정의를 들 수 있다. 친일파에 대한 논의에서도 드러나듯이 어디까지를 협력행위로 볼 것인지는 간단한 문제가 아니다. 적극적으로 제국주의 세력에 반대하지 않은 사람들이 다 포함될 수도 있으며, 스스로 협력자라고 생각지 않았던 사람들, 혹은 제국주의자들이 그렇게 생각하지 않았던 사람들도 포함시키기가 쉽기 때문이다. 그러나 식민지 사회의 다수는 저항도, 협력도 하지 않은 사람들이었다. 또한 적극적 협력과 주저하는 협력에도 차이가 있었음을 기억해야 할 것이다. 여기서 우리는 식민지 경험을 설명하는 모델로서 '저항과 협력'이라는 이분법적 틀이 유효한가를 다시 한번 생각해 볼 필요가 있을 것이다.

협력은 일방적인 것도 아니었다. 협력체제는 반드시 식민지 지배자들이 원하는 대로 작동하지는 않았다. 협력자들은 아무 생각 없는 제국주의의 도구가 아니었고 자신의 이익을 알지 못한 사람도 아니었다. 제국은 무력이 아니라 강제와 설득 사이의 미묘한 균형 맞추기에 의존하였으며, 협력자들은 지배의 방향과 결과에 어느 정도 영향을 미치거나 비공식적으로 영향력을 행사할 수도 있었다. 어찌 보면 식민제국들은 결코 제국을 소유하지 못하였다고 말할 수 있을 것이다. 단지 협력자들에게 크게 의존하면서 그 자원을 이용하였던 것이다.

본장에서 살펴본 협력과 협력자의 문제는 식민지 시대를 경험한 우리에게 특히 민감하면서도 중요한 이슈라고 생각된다. 협력이론은 역사적으로 분명히 존재하였던 현상을 적절히 설명해 주는 장점을 지니고 있음에 틀림없다. 그렇지만 이 이론은 해결안을 제시하기보다 더 많은 문제점을 노출시켰다는 평을 받는다. 우선 협력자들에 대한 사후적 판단이 문제시된다. 어떤 지배체제에도 협력자는 있게 마련이고, 많은 경우 협력은 주변부 엘리트에게 가능했던 유일한 선택이었을 수도 있기 때문에 협력자들을 너무 사후적 관점에서 판단하는 것은 옳지 못하다는 것이다. 그렇다고 협력자들에 대한 모든 가치판단을 유보하라는 것은 아니다. 다만 그들이 처했던 역사적 상황에 대한 고려가 필요하다는 것이다.

제국주의 국가들은 많은 경우 소수의 협력과 다수의 비효율적 저항 및 묵인을 통해 제국적 통제를 성취하였다. 제국주의적 지배의 효과는 식민지 종속민에게 균일하게 적용되는 것이 아니다. 대부분의 경우 제국주의는 원주민 사회에서 이득을 얻는 소수 집단을 만들어 내기 마련이었다. 그러나 이들이 반드시 개인의 영달만을 위해 제국주의 세력에 협력하였다고 볼 수는 없다. 이들의 상당수는 제국주의 세력의 힘을 빌어서라도 조국의 근대화를 추구하고자 한 근대화론자들이었고 스스로를 조국의 근대화를 염원하는 애국자들이라고 생각하였다. 식민지 지배자들과 어떤 형태로든 협조하는 것을 다 협력으로 간주하는 것도 옳지 않다. '협력과 저항'이라는 이분법적 시각에 의하면 식민지 종속민은 반란이거나 협력, 둘 중 하나를 택했어야 했다. 그러나 대부분의 식민지 종속민들은 협력도, 저항도 하지 않은 사람들이었던 것이다. 제국주의는 본질적으로 혼란스러운 현상이기 때문에 깔끔한 역사적 패턴을 끌어 내기가 어렵다. 따라서 협력 개념은 자의적으로 사용될 위험소지가 있으며 많은 문제점을 제기하였다는 의미에서 '판도라의 상자'와 마찬가지라는 평을 받아왔다.[34)]

'분할해서 지배한다'는 영국의 식민지 지배정책은 결국 자기모순임이

---

34) Gregory, "Co-operation and Collaboration," 259; Atmore, "The Extra-European Foundations of British Imperialism," in *British Imperialism in the Nineteenth Century*, ed., C. C. Eldridge (Macmillan, 1984), 107, 125.

밝혀졌다. 영국인들은 분할을 활용하지 않고는 인도 아대륙을 지배할 수 없었지만 동시에 인도를 통일하지 않고는 지배할 수 없었기 때문에 그 지배는 또한 인도의 통일과 민족적 각성의 과정이기도 하였다. 그리고 인도가 통일되자 영국은 그 곳에 남을 수 있는 기반을 상실해 버린 것이다. 그것을 깨달은 영국은 인도를 다시 분할하고자 하였지만 이미 통일된 저항의 힘을 갖춘 인도는 그에 대처할 수 있었다. 영국인들은 과거에는 존재하지 않던 인도를 만들어 내었고 그럼으로써 통일된 하나의 인도가 부상할 조건을 만들어 주었다. 그리고 이는 또한 인도인들의 민족적 자의식과 자치에 대한 요구의 출발점이 되었던 것이다. 이 점에서 제국주의가 공헌한 바를 찾을 수 있다는 사실은 일종의 역사의 아이러니라고 말할 수 있을 것이다. 우리의 경우 일본인들은 통일된 조선을 만들어 낼 필요가 없었고 오히려 통일된 민족이 이미 존재했기 때문에 일본 제국주의의 실현은 도전받을 수밖에 없었다. 그러나 일제하에서 모든 한국인들이 일본의 지배에 저항했다는 이미지는 사실이 아니다. 지배와 피지배의 관계에는 저항과 협력 외에 제3의 길이 존재하였던 것이다.

제7장

남성, 여성, 제국

제국주의는 경제적 약탈이나 정치적 종속인 것과 마찬가지로 문화적 현상이었다. 제국주의 담론은 19세기 제국에 대한 이미지와 제국주의적 심성을 키우는 데 크게 기여하였지만 그 중요성이 인식된 것은 1970년대 이후이다. 잘 알려져 있다시피 담론의 중요성에 대한 인식은 푸코와 사이드에게서 비롯하였는데, 특히 제국주의 담론은 사이드에게서 지대한 영향을 받았다. 사이드는 『오리엔탈리즘』에서 담론으로서의 오리엔탈리즘을 검토하지 않고는 유럽 문화가 계몽시대 이후 동양을 "정치적으로, 사회적으로, 군사적으로, 이데올로기적으로, 과학적으로, 그리고 상상 속에서 복종시키고 만들어 내기조차 한 거대한 체계적 길들이기를 이해할 수 없을 것"이라고 지적하였다. 사이드 이후 담론 분석은 식민주의 연구에서 빼놓을 수 없는 분야로 자리잡았다. 식민주의 담론 분석의 저변에는 비유럽 세계의 많은 지역들이 식민지 시대에 만들어진 유럽인들의 담론을 통해 만들어졌다는 가정이 깔려 있다. 여기서 서양의 저자들이 동양을 타자로서 구성하고, 그러면서 식민지가 된 나라 주민들을 객관적 위치에 고정시킨 채 강력한 주체로서의 위치를 서양인들에게 남겨 둠으로써 식민지 종속민들을 억압하고 나약하게 만들려고 시도했다고 주장한 사이드의 영향을 볼 수 있는 것이다.[1)]

1) Sara Mills, *Discourses of Difference: An Analysis of Women's Travel Writing and*

최근 연구들은 제국주의 담론 중에서도 특히 젠더(gender)를 둘러싼 담론에 관심을 기울인다. 제국주의적 개입과 관계가 인종이나 계급은 물론 젠더와도 밀접한 연관을 맺고 있다는 사실을 인정하는 것이다.[2] 일반적으로 식민주의에 관한 이론은 그것의 남성적인 본질을 강조해 왔다. 이제까지의 식민주의 연구는 지배, 통제, 불균등한 권력 구조 등의 본질적 요소들을 중심으로 정치적 · 경제적 세력과 지배라는 식민주의 경험에 초점을 맞추었다. 따라서 이러한 연구 경향은 여성을 배제하기 마련이고, 식민지는 백인 여성을 위한 장소가 아니라는 제국주의자들 간에 퍼져 있던 믿음을 사실로서 확인하는 경향을 보여 왔다. 사이드도 오리엔탈리즘을 '특이하게 남성적인 세계관'으로 규정하였다. 그것은 배타적으로 남성의 영역이었으며, 유럽인들은 성차별적인 눈가리개를 한 채 자신과 대상을 바라보았다는 것이다.

그러나 이들은 여성이 식민주의에 상당히 많이, 그리고 적극적으로 개입했었다는 사실을 간과하는 오류를 범하였다. 후속 연구들은 이 사실을 인정하지만 유럽 여성들의 인종주의적 태도나 화려한 생활방식을 강조하는 정도에 그칠 뿐, 식민지 역사에서 그들이 행한 역할의 복잡한 면모를 분석하지는 않았다. 식민주의 담론의 한가운데에는 주로 정형화된 두 가지 형태의 여성의 모습, 즉 잠재적인 성적 위협으로부터 보호를 필요로 하는 영국인 여성(멤사히브 memsahib)과 반대로 성적으로 이용될 수 있는 피지배 여성의 모습만이 나타나는 것이다.[3] 식민지 사회에서 여성과 남성, 백인과 비백인의 구분과 관계는 복합적으로 작용하였다. 그것은 단순히 성의 구분도, 인종의 구분도 아니었다. 그 곳에는 성적 차이가 인종적인 차별로 바뀌고, 인종이 성 차별로 바뀌는 복잡한 관계가 연출

Colonialism(Routledge, 1993), 48.

2) Clare Midgley, "Gender and Imperialism: mapping the connection," in *Gender and Imperialism*, ed., Clare Midgley(Manchester University Press, 1998), 6.

3) Nupur Chaudhuri & Margaret Strobel eds., *Western Women and Imperialism*(Indiana University Press, 1992), 3; Mills, *Discourses of Difference*, 57-59.

되었다. 제국주의의 남성적 담론을 잘 분석해 보면 우리는 백인 남성과 백인 여성, 식민지 남성과 식민지 여성의 4각 관계에서 백인 남성이 나머지 세 집단을 타자로서 상정하면서 자신의 통제력을 유지해 나가는 전략을 활용하였음을 알게 된다.

이 장에서는 남성성(masculinity)과 여성성(femininity)을 둘러싼 제국주의 담론을 분석해 보기로 한다. 영국의 경우 제국이 남성적 영역으로 제시되면서 제국으로부터 여성을 배제하는 담론이 형성되었고, 나아가 식민지 종속민을 여성적으로 정의하면서 국내외적으로 백인 남성의 지배권을 확립하고 유지하는 데 제국주의 담론이 이용되었던 것이다.

1. 남성성과 제국의 담론

이미 18세기부터 제국주의와 남성성에 대한 담론이 영국에서 활발해지고 있었다. 특히 18세기 후반 이후 영국 제국주의 담론에서 제국이 남성적인 것과 결합되었다. 이 때 만들어진 제국에 관한 담론은 국민적 통합을 만들어 내는 데 기여한 것이 사실이지만 통일만큼이나 많은 모순과 이중성, 그리고 수용과 거부를 동시에 내포하고 있었다. 제국주의적 기획에 의해 정체성을 부여받고 정복된 '타자'는 잉글랜드인에 대비되는 식민지인과 같이 외부의 존재이면서 동시에 내부에도 있고, 국내에 있으면서 외국에도 있고, 밖에 있으면서 안에도 있는 존재였다.[4] 이 때 제국을 자신들의 정치적 목적을 위해 이용한 중간계급은 타자를 설정하면서 자신은 남성적 잉글랜드의 대표로 간주한 반면, 그 외의 계급이나 인종, 그리고 젠더는 여성적인 것으로 차치하여 배제시켰다.

정치적 권리를 희구하던 중간계급은 7년전쟁(1757~1763) 동안에 부진한 전적을 핑계로 지배 엘리트에 도전하면서 제국을 이용하였다. 그들

4) Kathleen Wilson, *The Sense of the People*(Cambridge University Press, 1995), 24.

은 귀족이 '여자다움', 외국지향적인 성향, 부패 등으로 인해 국가적 · 제국적 이익을 추구할 수 없는 쇠약한 계급이라고 비난하였으며, 확신에 차고 강인하고 기율을 갖춘 신민을 남성성과 결부시키고 그들이야말로 공적 영역에서 지배자가 되어야 한다고 주장함으로써 자신들의 정치적 권리를 요구하였던 것이다. 따라서 이 때 수행된 선전에서 제국은 부와 힘과 독립과 미덕을 증진시키는 중간계급의 천국으로 표현되었다. '여성적인 것'을 귀족의 부패나 허약함과 일치시키는 이러한 담론은 중간계급의 정치적 지위에 대한 주장에 특권을 부여하는 동시에 다른 나약한 타자들을 배제하는 결과를 야기하였다. 즉 귀족, 프랑스인, 식민지의 非백인 신민들, 비이성적이고 독립적이지 못하며 소심한 사람들과 더불어 여성이 특권으로부터 제외되었던 것이다. 식민지의 정복이 남성적 직업으로 묘사되고 찬양됨에 따라 여성의 참여는 후방으로 국한되었다. 따라서 제국주의적 기획은 적정선을 벗어난 여성성을 주변화하고, 종속시키고, 혹은 웃음거리로 만들면서 남성성을 미화하였고, 애국주의와 국민성을 구성하는 데 있어 여성적인 것의 가치를 떨어뜨렸던 것이다.[5)]

이처럼 잉글랜드적인 덕목에서 남성성이 강조되고 그것이 제국과 결합되는 현상은 19세기 들어 더욱 심화되고 체계화되었다. 사립학교가 이러한 새로운 남자다움이라는 이념의 배양지가 되었으며, 특히 스포츠, 용기, 자기 의존, 그리고 종교 등을 강조하는 교육을 통해 영제국의 건설에서 큰 역할을 할 남성적 인물들을 배출해 내는 중심지로 떠올랐다. 그러나 19세기 말이 되면 사립학교의 가치들이 중간계급을 넘어서 노동계급 상층에 침투하고, 사립학교의 언어가 전국적인 문화의 언어, 제국의 언어로 부상하게 된다. 그 때까지 노동계급은 제국에 대해 막연한 자부심은 가지고 있었지만 그것에 대해 자세히 알지는 못하였는데 이제 제국을 구성하는 한 요소로서 인정받게 되었다. 이처럼 '잉글랜드적 남성성'은 처음에는 중간계급에게 국한된 정체성이었지만, 19세기 말에 이르러

5) *Ibid.*, 202, 203.

'잉글랜드 노동계급의 남성성'이 인정받으면서 영국의 민족적 문화로 영입되었던 것이다. 그러나 켈트 변두리 사람들은 여전히 배제된 상태였다.[6] 그들은 제국의 곳곳에서 제국의 정복과 운영을 위해 활약하고 있었음에도 불구하고 온전한 영국 민족으로 간주되지 않았던 것이다. 켈트 변두리인보다도 더욱 심하게 영국 민족의 문화로부터 배제된 것은 여성이었다. 여성이 남성과 구분되는 그들 나름의 문화를 가지고 있다는 주장은 곧 그들의 위치를 알라는 요구나 마찬가지였다.

남성성 자체는 그것이 포함한 것만큼이나 그것이 배제한 것 때문에도 흥미롭다. 사립학교들은 계급만이 아니라 젠더에 대해서도 선택적이었다. 여성의 전적인 배제로 남성성을 구성하였기 때문이다. 그러나 사립학교가 원래부터 남성적인 것을 강조하지는 않았다. 럭비 학교 교장인 토머스 아놀드 박사가 "우리가 추구하는 것은 첫째 종교적이고 도덕적인 원칙, 둘째 신사적 행동, 마지막으로 지적 능력"이라고 말했을 때 도덕적 남성성은 감정과 관심이라는 '여성적' 특징을 배제하는 것이 아니었다. 실제로 빅토리아 초기에 중간계급을 사로잡았던 복음주의는 여러 면에서 反남성적이고 동성적 내지는 無性的이었다. 그러나 1860년대에 이르러 복음주의가 추구하던 도덕적 진실성과 개인적 경건함은 육체적 강건함과 집단정신에 대한 숭배로 변하고 있었다. 제국주의의 대중적 인기, 사회적 다윈주의의 영향 등으로 남성적인 것은 더 이상 정신적인 추구가 아니라 육체적 강건함과 국가적 이상에 대한 열정에 근거하게 되었던 것이다. 그리고 사립학교가 세운 남성적인 것의 이상이 국가적 이상이 되자 남성적인 것은 여성과 여성적인 것을 제외함으로써 정의되었다.[7]

사립학교 교육의 목적은 제국의 통치를 위한 인재를 양성하는 것이라

---

6) Philip Dodd, "Englishness and the National Culture," in *Englishness, Politics and Culture 1880-1920*, eds., R. Colls & P. Dodd(Croom Helm, 1987), 9-12.

7) Jonathan Rutherford, *Forever England: Reflections on Masculinity and Empire* (Lawrence & Wishart, 1997), 13, 14.

고 믿어졌다. 제8장에서 살펴보겠지만 사립학교 교사들은 제국주의의 열렬한 선전자였다. 슈르스베리 학교 교장은 하나님이 영국인에게 그의 의지를 전 세계에 퍼뜨리라는 임무를 주셨으므로 세계 인민을 지배하여 문명화시키는 것이 그들의 임무라고 확신하였다. 동시에 그는 군국주의자였다. 군사문제에 대한 영국의 미숙한 태도를 비판한 그는 1902년 보어전쟁이 끝난 후 영국의 지위를 유지하기 위해서는 군사력의 강화가 필수적이라며 학도 군사 훈련단을 창설하였다. 군국주의적 훈련과 더불어 그가 강조한 것은 자기 희생이었다. 다른 사립학교에서도 마찬가지로 십자군정신과 희생정신이 가장 중요한 가치로 인정되었다.

남성다움은 각종 연설이나 교장의 훈시에서 자주 주제가 되었다. '여자 같고 허약한 책벌레들'의 국가는 국민의 자유를 가장 효과적으로 지탱해 주지 못한다고 교시되었고, 그에 반해 '활기차고, 남자답고, 잉글랜드적'인 가치가 일반적으로 고양되었다. 그러나 남성성은 얼핏 보기에 모순되는 양면을 가지고 있었다. 이기심이 이타주의와 쉽지 않게 공존하고 있었던 것이다. 그것은 성공과 공격과 무자비함을 추구하면서도 규칙 안에서의 승리를 목표로 하는 것, 승리하면서도 정중함과 패배자에 대한 동정을 잃지 않는 것 등 서로 반대되는 가치를 함유하고 있었다. 서로 상충되는 가치는 남성성의 상징인 운동경기에서도 나타났다. 운동경기는 팀 워크와 자기의존이라는 상충된 개념을 내포하고 있었으며, 이에 대한 찬양에서도 복종과 진취력이라는 상충되는 가치가 아무 문제 없이 양립 가능한 것으로 고무되었던 것이다. 여기서 남성성은 기능주의만이 아니라 중세의 기사도 이야기에서와 같은 낭만주의적 본질도 포함하고 있었음을 알 수 있다.[8)]

문학에서조차 남성적 스타일을 강조하는 경향이 나타났다. 잉글랜드인과 그의 언어의 가장 두드러진 특징은 '순수한 남성다움과 단순함'이

8) Stefan Collini, *Public Moralists: Political Thought and Intellectual Life in Britain 1850-1930*(Clarendon, 1993), 116, 117.

라는 것이었다. 19세기 말 유행하게 된 대중소설도 남성성을 고취하는 도구로 작용하였다. 1880~1920년 사이 발간된 엄청난 양의 소설들은 남성적 이데올로기라는 맥락에서 이해되어야 한다. 특히 당시 대중소설에서 인기 있는 종목은 탐험가들의 세계를 상세히 서술한 탐험소설이었다. 주로 아프리카 등 미지의 세계를 배경으로 한 이들 소설에서 탐험가들은 반드시 야만인들을 발견하고 정복해 노예로 만들도록 설정되었다. 이와 같이 힘이 남성성과 동일시되고, 투쟁과 탐험이 식민화의 고정틀로 인식되었던 것이다.

소설들은 또한 남녀관계를 설정함에 있어서 남성을 여성보다 우월한 것으로 강조하고, 성인 남자가 가정을 중시하는 것은 남자답지 못함을 드러내는 것이라고 암시하였다. 당시 인기 있는 소설의 주인공은 남성다움의 전형으로 그려졌다. 그는 회색이지만 때때로 푸른색으로 보이기도 하는 '차갑고 흔들리지 않는 눈'과 '가늘고 똑바른 코, 단단한 턱'을 가진 인물이었다. 항상 빈틈없고 흠잡을 데 없는 흰색 복장을 하고 있는 것으로 묘사되는 주인공은 여성과는 아무 관계도 가지지 않는 것으로 설정되었다. 남성성은 '강인하고 미혼이며, 정갈하고 복종심을 자아내는' 인물로 그려졌던 것이다. 성인 문학만이 아니라 소년들을 대상으로 하는 잡지들도 처음에는 사무엘 스마일즈의 自助의 윤리를 지지하였지만 곧바로 남성적 애국심으로 방향을 틀었다. 제1차 세계대전 당시 병사들이 전선에서 보낸 편지에서 드러나는 것처럼 방어해야 할 잉글랜드의 이미지가 의지할 데 없는 여성의 이미지로 나타나고 병사들은 스스로를 그러한 잉글랜드를 구원해 낼 왕자님으로 상상하게 된 것은 이러한 분위기가 반영된 당연한 결과였다.[9)]

변경을 주제로 한 시들은 공통적으로 제국의 변경에 와서 고통을 당하고 자신의 남성성을 발견하게 되는 남자들의 이야기를 그리고 있다. 여

9) Robert MacDonald, *The Language of Empire: Myths and Metaphors of Popular Imperialism 1880-1918*(Manchester University Press, 1994), 224.

기서 변경의 남자들은 새로운 행동의 인간으로 칭송받게 되는데, 7년전쟁 당시 인도에서 프랑스군을 내몬 클라이브나 아프리카의 선교사이며 탐험가인 리빙스턴, 그리고 남아프리카의 백만장자 광산주 로즈 등이 그러한 인물이었다. 이러한 공간에 여성이 개입할 여지는 전혀 없었다. 세기말이 되면 제국주의에서 군국주의적 요소가 두드러지게 인식되었다. 그에 따라 영웅주의의 이상형도 변화를 겪어, 제국적 영웅은 이제 전형적으로 군인이거나 탐험가로 간주되었다. 편지나 전보가 닿을 수 없는 곳에 버림받아 백인이라고는 그림자도 볼 수 없는 고립된 상황에 처해 있으면서도 분열되지 않는 남성, 혹은 스포츠 용어로 표현해서 '자기 편의 위신을 떨어뜨리지 않는' 남성, 그러한 남성이 영웅이었다. 특히 후기 빅토리아 시대를 풍미한 사회적 다윈주의가 이러한 남성적 윤리에 이론적 근거를 마련해 주었다. 이제 이 세상은 가장 강한 야만인만이 살아남는 정글로 상정되었다. 여기서 제국은 자연이자 변경의 장소였고, 자연은 그 자체 도전이며 퇴폐를 말소하는 해독제라고 주장되었으며, 제국주의는 아무런 거리낌없이 '이 세상을 집어삼키는 야만적 행동'에 의해 촉진되는 것으로 이해되었다. 이러한 대중 제국주의에서는 매우 단순한 도덕률, 즉 '힘이 곧 정의'라는 믿음이 판을 쳤다.

이처럼 19세기 말 '굳게 다문 입술'과 스포츠의 경기 윤리로 단련된 강건한 육체는 빅토리아 초기의 보다 同性的이고 감성적인 남성다움과는 큰 거리가 있는 것이었다. 그것은 엘리트 병사와 행정관리를 만들어 내야 하는 제국주의 국가를 위한 남성다움이었다. 그러나 남성성의 역사적 변화는 단순히 제국의 요구에 의해서만 결정되지는 않았다. 이 변화는 실상 제국주의가 중간계급에게 중요한 이데올로기가 되기 전에 이미 시작되었다고 볼 수 있다. 즉, 남성성을 가정으로부터 분리시키고 가정 내에서의 성 차별을 만들어 낸 빅토리아 시대 가족문화에 그 책임이 있었던 것이다. 제국적 남성성은 빅토리아 시대의 '남성 족장주의'가 부활한 것으로 볼 수 있다. 남성 족장주의에서 여성의 역할은 아이들을 양육하고 남편에게 돈과 사업의 험한 세상으로부터의 안식처를 제공해 주는

'집안의 천사'의 역할이었다.

빅토리아 중기 가장 인기 있는 대중작가였던 앤소니 트롤로프(Trollope)는 식민주의가 대표하는 남성성의 즐거움과 위험을 표현한 대표적 문필가였다. 트롤로프는 제국에 대해 거의 쓰지 않고 있는 것처럼 보일 때에도 실상은 제국을 대단히 강조하고 있었다는 점에서 제국주의 담론 형성에 크게 기여한 작가였다. 하층 중간계급 출신으로 우체국 직원 등으로 근무한 그는 아일랜드에 거주하는 동안 그 곳 사람들과의 차이를 통해서 자신의 '잉글랜드성'을 발견하였을 뿐만 아니라 런던에서는 자각할 수 없었던 남성으로서의 감각도 가지게 되었다. 트롤로프는 식민지에, 그 중에서도 특히 앵글로-색슨인의 정착 식민지인 캐나다, 오스트레일리아 등에 큰 매력을 느꼈다. 하지만 영국인들이 제국에 대해 잘 알지 못한다고 생각한 그는 제국에 대한 지식을 퍼뜨리기 위해 여행기를 쓰게 되었다. 트롤로프에게 제국은 잉글랜드적인 것의 중심이었고 앵글로-색슨 인종에게서만 발견되는 특별한 무엇이었다.[10] 그도 처음에는 영국은 제국을 확장하기보다는 이미 가지고 있는 것을 잘 통치할 생각을 해야 한다고 주장했지만 다음 단계에서는 보다 호전적이고 보수적인 제국주의에 가까워졌다.

그는 제국의 지도를 그릴 때 항상 '우리'와 '그들' 사이의 차이에 대해 생각하였다. 다시 말해 그가 그린 제국의 지도는 자연 풍광이 아닌 사람들의 지도였다. 그는 각각의 사람들은 진보의 수준에서 서로 다양한 편차를 보인다고 파악했다. 제국의 지도는 또한 인종의 지도였다. 위에서도 언급되었듯이 트롤로프가 최초로 겪은 차이의 경험은 피부색은 하얗지만 자신과 너무도 다른 아일랜드인과의 만남이었다. 그는 아일랜드만이 아니라 남아프리카, 뉴질랜드, 서인도제도 정착민들에게서 피부색은 하얗지만 자신과 다른 사람들을 발견하였다. 그러나 그는 식민지의 독립

10) Catherine Hall, "Going a-Trolloping: imperial man travels the Empire," in *Gender and Imperialism*, 181-184.

은 불가피할 뿐만 아니라 바람직하다는 인식을 가지고 있었다. 나아가 식민지의 분리는 제국관계의 종말이 아니라 그것을 강화시키는 길이라고 생각하였다. 영국 이민들이 정착한 식민지들은 언젠가 성장할 자식과 마찬가지이기 때문이었다. 물론 그가 말하는 자식/식민지에서 인도와 아일랜드는 제외되었다. 성인이 되기를 기다리는 자식/식민지는 캐나다, 남아프리카, 뉴사우스웨일스 등 앵글로-색슨인들의 정착지에 국한된 것이었다.

트롤로프는 인종주의자였다. 그는 칼라일과 마찬가지로 노예제를 폐지해서는 안 되며 노예들은 경작하고 백인들은 거두고 즐기도록, 그리고 흑인은 하인이고 백인은 주인이 되도록 운명지어져 있다고 확신하였다. 트롤로프의 백인과 흑인에 대한 담론은 남성과 여성의 관계에도 비슷하게 적용되었다. 그는 여성은 부드럽고 상냥하고 덕을 갖추어야 하는 데 반해 남성은 무엇보다도 남성다워야 한다고 믿었다. 트롤로프는 유난히도 남성적인 것을 독특한 앵글로-색슨적 덕목으로 찬양하였다. 여기서 남성다움은 독립을 의미하였는데 이는 당시 중간계급과 상층 노동계급이 가지고 있던 상식이었다. 트롤로프가 식민지에 대해 가지고 있던 희망도 남성적인 덕목 및 독립과 밀접하게 연결되어 있었다. 식민지야말로 이러한 남성성에 새로운 활력을 불러일으킬 수 있는 장소이기 때문이었다. 남성성은 식민지에서 새롭고 활동적인 추진력을 제공받아서 이번에는 노쇠한 모국을 부활시킬 수 있다는 것이었다. 냉정히 분석해 볼 때 그가 찬양한 남성적 미덕은 여성과 원주민들의 열등함에 관한 가정에 기초하여 권력과 특권을 누리고 있는 백인 남성들간의 우애였다. 그리고 그것은 트롤로프를 읽은 빅토리아 시대 독자들의 일상생활의 일부이기도 하였다.[11]

그러나 제국적 남성성의 허상은 제국주의를 누구보다도 찬양하고 실천한 사람들이 사생활에서 여성과의 관계가 순탄치 못했고 동성애적 성

---

11) *Ibid.*, 195-197.

향을 보였다는 사실에서 그 본질이 드러난다. 역설적으로 이들이 찬양한 남성성은 결국 여성과의 정상적인 관계를 이루지 못한다는 불안감에서 기원한 것으로 해석될 수 있는 것이다. 제국은 동성애적 이미지를 함의하고 있었다. 사립학교에서는 그리스 고전교육 등을 통해 남성들간의 밀접한 관계가 칭송되었고, 진정한 사랑은 남자와 남자 사이의 사랑이라고 암시되었다. 이러한 교육을 받은 잉글랜드 남자들에게 제국적 사명은 전쟁과 마찬가지로 그들의 동성애적 욕망을 대신할 수 있는 기회를 제공해 주었던 것이다.

많은 제국의 영웅들이 여성과의 관계에서 정상적이지 못한 경향을 보였다. 고든, 키치너, 세슬 로즈는 끝까지 미혼으로 남았고 루가드는 42세에, 밀너는 70세가 다 되어서 결혼하였다. 이들의 삶에서 가장 중요한 여성은 종종 아내나 연인이 아니라 어머니였다. 당시에는 비밀로 부쳐졌지만 『피터 팬』의 작가인 J. M. 배리, 중국과 수단전쟁의 영웅인 고든 장군, 남아프리카의 고등 판무관 알프레드 밀너, 보이 스카우트의 창시자 바덴-파월, 보어전쟁의 영웅 키치너 장군 등이 모두 동성애적 성향을 가진 인물이었다.[12] 바덴-파월은 상당히 능력 있고 용기 있는 군인이었지만 성격적으로는 불안하고 근본적으로 미성숙한 사람이었으며, 잔인한 구석을 가지고 있었다. 여성과의 관계에서 어려움을 겪은 그는 여성의 성을 남자에 대한 적극적인 위협으로 간주하여 스카우트들에게 성적인 감정은 '남자답지 못하다'고 가르쳤다. 바덴-파월은 55세가 될 때까지 정상적인 여성과의 관계를 가지지 못하다가 마침내 결혼하여 두 아이를 두었지만 아내와의 정상적인 부부관계는 곧 끝나 버렸다.[13] 인도에서 태어나 어렸을 때 어머니로부터 떨어져 본국에 보내진 키플링은 악명 높을 정도

12) W. J. Reader, *At Duty's Call: A Study in Obsolete Patriotism*(Manchester University Press, 1988), 50.

13) Denis Judd, *Empire: the British Imperial Experience from 1765 to the Present*(Fontana, 1996), 205.

로 여성과의 관계에서 어려움을 겪었다. 그의 시들 가운데 몇몇은 전형적으로 여성혐오적인데, 신여성이나 여성 참정권자들에 대한 혐오감을 반영하고 있다는 점에서 당시 분위기에도 어울린다.

동시에 제국은 성인의 세계로부터의 도피였다. 이 시기 이상적인 영국의 영웅은 항상 "황소와 같이 일하고, 굽히지 않고, 실패하지 않으며, 기계와 같은 정확성으로 그의 의무를 다하는 사람"으로 묘사되었는데, 그런 점에서 그는 단지 '다 자란 사립학교 소년'일 뿐이었다. 따라서 영원히 어른이 되지 않는, 여성의 사랑을 오직 모성에서만 찾는 '피터 팬'이 20세기 초 영국에서 대중적 사랑을 받게 된 것은 이상한 일이 아니었다. 모성 안에서 아들은 영원히 어른이 되지 못하며 아내는 그를 또다시 아들로 만들었다. 빅토리아 말기의 남성성이 자기 도취, 정서적 미성숙, 자기 희생으로 점철되게 만든 것은 바로 이러한 어머니와 아들의 관계의 이미지였던 것이다.[14)]

2. 여성성과 제국

잉글랜드적인 것이 남성성을 중심 개념으로 해서 구성되고 재정의되는 동안에 잉글랜드 여성의 이미지는 모호하였다. 남성성은 위에서 살펴본 대로 지도력, 용기, 정의, 명예 등의 자질로 정의되었지만 '완벽한 잉글랜드 여성'의 자질에 대한 논의는 이루어지지 않았고, 설사 논의가 있었다 해도 그러한 자질이 특별히 잉글랜드적인 것이라고 간주되지도 않았다. 그러나 제국주의가 심화되면서 여성에게도 적절한 지위를 부여하는 것이 필요해졌다. 키플링은 '어머니 잉글랜드(Mother England)'와 그녀의 방황하는 아들들의 상징을 표현한 시를 썼는데, 물론 이 상징은 키

14) Allen Greenberger, *The British Image of India: A Study in the Literature of Imperialism 1880-1960* (Oxford University Press, 1969), 12; Rutherford, *Forever England*, 19, 26.

플링 자신이 만들어 낸 것은 아니었지만 그에 의해 새롭게 부각되었다. 여성성의 찬양, '브리타니아', '어머니 잉글랜드', 빅토리아 여왕의 존재 등은 남성적인 제국주의적 세계에서 부재하는 여성에 대한 보상물로 작용하게 되었다.[15] 특히 보어전쟁의 경험과 지원병 모집에서 드러난 영국 국민의 체력 저하가 사회적 문제로 대두되면서 여성의 역할에 대한 논의에서 민족주의적이고 제국주의적인 요소가 강화되기 시작하였다. 즉 잉글랜드인과 그들의 가치를 보존하기 위한 제국의 중요성과 그 안에서의 여성의 역할이 강조되었던 것이다. 여성은 제국의 어머니로서 어린아이들의 머리에 영국적 원칙들을 새겨 넣음으로써 제국에 봉사할 좋은 기회를 가지고 있다고 판단되었다.

중요한 점은 국가와 국민성에 대한 활발한 논의에서 여성이 국민(nation)보다는 인종(race)과 연관되었다는 것이다. 이는 여성에게 시민권을 주는 것을 거부하는 동시에 여성을 제국적 목표를 위해 동원하려는 의도였다. 여성의 역할은 인종을 유지하고 영존시키고 강화하는 데 있다고 해석됨에 따라 여성은 수백만 년을 거쳐 그녀에게 전달된 생명력을 전하는 힘을 가지고 있는 생명의 단지로 일컬어졌다. 이것은 실상 19세기 부르주아 사회가 정착시켜 온 남성과 여성의 '분리된 영역'이라는 개념의 일환이었으며 여성의 시민권을 거부하는 정책을 정당화해 주었다.[16] 여성이 인종의 보호자로서 중심적 역할을 한다는 개념은 말할 것도 없이 당시 자연과학과 사회과학에 의해 더욱 촉진되었다. 이처럼 의식적으로, 혹은 무의식적으로 식민주의의 남성적인 면을 받아들이면 여성은 제외되거나 주변화될 수밖에 없으며 여성은 식민주의에서 적극적인 행위자가 아니라 수동적 희생물로 표현되는 것이다.

그러나 실제로 여성들은 제국의 팽창과 운영에 적극적으로 참여하였

---

15) MacDonald, *The Language of Empire*, 156.

16) Jane Mackay & Pat Thane, "The Englishwoman," in *Englishness, Politics and Culture*, 191, 192, 201.

다. 여성의 참여는 주로 식민지 관리의 아내로서, 그리고 그보다 더 중요하게는 선교사로서였다. 교통의 발달 이전에는 여성들이 식민지로 여행하는 일이 드물었지만 19세기에 들어 이것이 가능해졌던 것이다. 선교사업은 처음에는 순전히 남성의 일이라고 생각되었지만 1899년에 이르면 외지에서 활동하는 여성의 수가 남성의 수를 1천 명 이상 능가할 정도에 이르렀다. 이러한 현상은 특히 19세기 마지막 30년간 독신 여성들을 많이 모집하였기 때문인데 독신 여성을 동양에 보내는 것은 언뜻 생각하는 것만큼 큰 충격이나 반대를 불러일으키지는 않았다. 여성은 이미 선교사의 부인으로서의 경험을 가지고 있었고 영국 내에서도 노예제 폐지운동 등을 위시한 박애운동에 활발히 참여한 경험 등으로 부분적으로는 이미 기초가 마련되어 있었기 때문이었다.

그렇다면 식민주의에 대한 여성의 태도는 남성의 그것과 달랐을까? 대체로 지금까지의 연구들은 남성들은 제국을 칭송한 반면 여성들은 유감으로 생각했다는 주장을 펴 왔다. 군대 장교들, 식민지 관료들, 변호사 등 인도에 거주한 영국 남성들은 식민주의 관행을 인정했지만 그들의 아내, 여동생, 딸들은 영국 지배가 정의롭지 못하다는 사실에 안타까워했다는 것이다. 그러나 그러한 피상적 그림은 사실이 아니었다. 남성과 여성 모두 비록 그 표현이 적고 꺼리는 것이기는 해도 제국에 대한 불편한 마음을 제국의 영광과 함께 나타냈던 것이다.[17)]

뿐만 아니라 19세기 영국 페미니스트들은 대체로 제국주의적 심성에 편승하였다. 이데올로기로서 페미니즘과 제국주의는 서로 양립할 수 있고 촉진할 수 있는 가정들을 내포하고 있었다. 첫째, 페미니즘과 제국주의는 둘 다 우월감에 근거하고 있었다. 빅토리아 시대의 성적 이데올로기가 여성을 '약한 성'으로 간주하자 페미니즘은 그것을 받아들임과 동시에 여성에게 도덕적 우월성을 부여하였고, 페미니스트들은 이 논리를

17) Deirdre David, *Rule Britannia: Women, Empire and Victorian Writing*(Cornell University Press, 1995), 27, 28.

이용해 사회개혁을 위해서는 여성이 나서야 한다고 주장하였다. 둘째, 제국주의나 페미니즘은 둘 다 인종의 보존, 인종적 순수함, 모성 등에 집착하였다. 대부분의 페미니스트들은 앵글로-색슨 인종의 우월함을 믿었고 제국의 소유가 그 우월함의 증거임을 의심치 않았다. 페미니스트들은 여성이 '인종의 어머니'라는 제국주의 담론을 받아들여 여성이 남성과 마찬가지로 국가에 대한 인종적 의무를 가지고 있다는 점을 인정함으로써 제국주의와 동일한 레토릭을 구사하였다. 여기서 여성이 집 밖으로 나선다면 잉글랜드의 아이들의 양육이 무시되고 제국은 내부로부터 붕괴될 것이라는 논리가 정립되는 것이다. 하지만 페미니스트들은 한걸음 더 나아가 이러한 인종적 의무를 가지고 있는 여성에게 책임감 있고 중요한 '제국의 시민'으로서의 권리를 부여할 것을 요구하였던 것이다. 마지막으로 페미니즘은 제국주의와 마찬가지로 도덕적 의무라는 개념을 중심으로 하였다. 사회적 진보와 문명의 대행자는 바로 여성이라는 주장이었다. 당시 아동소설은 반란의 지도자인 소년들이 덕망 있는 젊은 여성에 의해 극단적인 행동으로부터 구제되는 이야기를 주요 주제로 다루었는데, 이것은 사립학교에서 유행하던 중세 기사도적 이념의 부활에서 영향을 받은 것이기도 하였다.[18)]

이처럼 페미니스트 역시 남성성의 담론을 받아들였다는 사실은 이들이 남성이 쳐 놓은 함정에 빠져 들었다는 사실을 보여 준다. 당시 중간계급 페미니스트 담론에서는 비유럽 여성을 '타자'로 상정하여 자신들의 자유와 안정을 측정하는 인식이 발견된다. 즉 이들은 인도나 이집트 여성과 비교하여 스스로를 매우 강력하고 자유롭다고 생각함으로써 본국에서의 자신들의 무력함과 속박을 평가절하하고자 했던 것이다. 특히 영국 여성들은 인도 여성을 제국적 '짐'으로 거론하였다. 인도는 1860년대 메리 카펜터의 인도 방문과 인도 여성 교육운동의 추진과 더불어 여성운

18) Callaway & Helly, "Crusader for Empire: Flora Shaw/Lady Lugard," in *Western Women and Imperialism*, 82, 83.

동가들의 관심의 대상이 되었다. 흥미로운 사실은 19세기 후반, 20세기 초의 인도 여성들이 자력으로 페미니즘과 사회개혁 운동을 시작하여 여기에 적극적으로 참여하고 있었음에도 불구하고 많은 영국 페미니스트들은 그들을 수동적인 식민지 신민으로 만들어 내고자 하였다는 것이다.

물론 영국의 페미니스트들은 인도 여성들의 상황이 나아지기를 진정으로 바랐고 인도 여성들의 개혁운동에 관심을 가지고 있었지만, 이들 가운데 많은 수는 동양 여성들을 동등하게 보지 않았다. 인도 여성은 영국의 '자매들'에 의해 구제되어야 할 불행한 사람들로 인식되었다. 영국 여성들은 인도 여성들을 힘없는 식민지 신민으로 상상하고 인도 여성에 대한 '자매로서의 사명감'을 강조하였는데, 자매관계의 사명감은 '부자유한' 인도 여성과 '자유로운' 영국 여성 사이의 비교로 바뀌어 버렸다. 여기에서는 특히 조화롭고 동반자적인 영국의 결혼과 인도의 극도로 제한적인 결혼생활 사이의 비교가 자주 활용되었다. 최근 페미니스트 담론에 대한 한 연구는 영국 여성 선교사의 활동이 인도 여성을 해방하는 수단이 아니라 그들 스스로를 해방하는 수단이었다는 점을 밝히고 있다. 인도 여성을 제나나 — 인도 가정에서 여자들의 거주 공간 — 의 희생물로서 이미지화하는 것이나 '멤사히브'와 '인도 자매' 사이의 차이를 구분하는 것은 결국 영국인 여성 선교사들 스스로가 독립적이고 미혼임에도 불구하고 전통적인 선한 여성의 자질을 유지하고 있는 전문 직업인이라는 사실을 본국인들에게 보여 주려고 만들어 낸 장치였다는 것이다.[19)]

여러 면에서 인도에서 활동한 영국 여성들은 '자비로운 모성적 제국주의'를 구현하였다. 인도에서 영국의 정치적 제국주의는 가부장적 전제정이었다. 영국의 지배는 어린아이 같은 인도인들에게 자치를 준비시키는 것으로 정당화되었고 영국인 통치자들은 마밥(ma-bap, 어머니-아버지)으로 불렸다. 영국 여성들 역시 자주 어머니로 불렸고 스스로도 자신

---

19) Jane Haggis, "White Women and Colonialism: Towards a Non-recuperative History," in *Gender and Imperialism*, 65-68.

들이 인도인들을 양육한다고 보았다. 그러나 어머니-딸의 관계는 근본적으로 불평등한 관계였으며, 인도인들의 민족적 각성이 일어나면서 이에 대한 비판이 제기된 것은 당연하였다.[20]

역설적인 사실은 인도에 있는 영국 여성들은 본국에서보다 더욱 심한 제한 속에서 살았다는 것이다. 흔히 19세기에 백인 여성이 인도에 도착하기 시작한 이래 그들의 존재 때문에 인도에서의 인종관계가 더 악화되었다고 주장되어 왔다. 그러나 영국 여성에게 기존의 백인들의 특권을 유지해야 하는 의무를 숙지시킨 것은 영국 남성들이었다. "여성들은 그 중요성을 이해하지 못할지도 모른다"는 것이었다. 그러나 식민지라는 맥락에서 백인 여성의 의식은 피상적으로 이야기되는 것보다 훨씬 복잡하였다. 백인 여성은 남성보다 열등한 여성이자 동시에 비백인보다 우월한 백인으로서의 자신의 지위가 내포하는 문제점, 그리고 여성성의 담론과 제국주의 담론의 상충하는 요구들 속에서 갈등할 수밖에 없었기 때문이다. 따라서 희생자로서의 여성과, 그들 자신의 공간, 문화, 삶을 만들어 낸 행위자로서의 여성 사이에 고정된 구분선을 긋지 말고 양쪽을 균형 있게 바라보는 시각이 특히 식민주의 연구에서는 필요한 것이다.[21]

제국주의 담론에서 특히 우리의 흥미를 끄는 부분은 상당수의 여성들이 제국의 곳곳에서 활동하고 있었음에도 불구하고 식민주의 담론이라는 맥락에서 영국 여성은 적극적 참여자이기는커녕 단지 '가정(domesticity)과 순수함의 상징'으로서만 나타났다는 것이다. 이것은 제국주의가 국민성 그 자체를 형성하는 것만큼이나 남성적 영국의 정체성을 구성하는 개념화로 생각되었기 때문이었다. 제국주의라는 개념은 영국 국민의 정체성 자체를 구성하기보다는 영국 국민의 '남성적 정체성'을

20) Barbara Ramusack, "Cultural Missionaries, Material Imperialists, Feminist Allies: British Women Activists in India, 1865-1945," in *Western Women and Imperialism*, 133.

21) Chaudhuri & Strobel eds., *Western Women and Imperialism*, 4.

구성하는 데 사용되었던 것이다. 그런 의미에서 영국 여성의 성(sexuality)은 영국적인 것을 구성하는 데 본질적 부분이었다. 그러나 그것은 적극적 의미에서의 본질적 부분이 아니라 소극적 내지는 부정적 의미에서 그러하였다. 식민지 맥락에서 남성들이 영국적인 것을 구성함에 있어 여성은 타자로서의 역할을 하였던 것이다.[22)]

영국 페미니스트들의 역설은 제국이 여성의 영역 밖에 있기는커녕 바로 그것의 중심이었다는 사실을 반영해 준다. 페미니스트들은 부분적으로는 자신들이 참여하도록 허락받기를 갈구하는 제국적 국가라는 맥락 안에서 그들 자신의 페미니즘 목표를 상상하거나 구현하고자 하였다. 즉 여성 참정권론자들은 영국 국민이라는 '정치적 국민'의 일부분이 되고자 했을 뿐만 아니라 영제국이라는 '정치적 제국'에의 참여도 요구하였던 것이다. 이들은 명백한 이중성을 지니고 있었다. 1908년 터키에서 일어난 혁명의 결과 터키 여성들이 새로운 국가 개혁위원회에 포함되었다는 사실에 경악한 영국 여성 참정권운동의 지도자 크리스타블 팽크허스트는 '서양의 자매들이 아직 근본적 권리를 거부당하고 있을 때' 동양 여성들이 정치적 평등을 먼저 획득해서는 안 된다고 주장하였다. 영국인들이야말로 성적인 평등이라는 개념을 제일 먼저 창조해 내었기 때문에 영국 여성의 해방이 먼저 와야 한다는 주장이었다.[23)]

여기서 영국 페미니스트들이 가지고 있었던 제국주의적 가정과 자부심이 그대로 드러난다. 페미니스트들은 잉글랜드의 인종적 우월을 믿었고 제국이라는 맥락에서 그들의 이상을 실현하고자 하였다. 제국이 번성하려면 여성들의 역할이 반드시 필요하다는 그들의 주장에서 제국과의 동질감을 발견할 수 있다. 여성 참정권 찬성론자나 반대론자나 모두 인종적으로 사회적 진화론에 묶여 있었고 백인 문명의 우월성을 의심하지

---

22) Mills, *Discourses of Difference*, 3.

23) Antoinette Burton, "The White Woman's Burden: British Feminists and the Indian Woman, 1865-1915," in *Western Women and Imperialism*, 149.

않았던 것이다.

3. 남성적 지배자, 여성적 종속민

영국인의 남성성에 대한 담론은 영국 여성뿐만 아니라 식민지 종속민들을 대상으로 해서 형성되었다. 식민주의자들은 식민지 종속민을 타자로서 구성하면서 스스로를 남성으로, 그리고 타자를 여성으로 구성하였는데, 이러한 성적 메타포의 문학적 표현을 가장 잘 표현한 시인이 바로 키플링이었다. 그는 인도 아대륙의 대도시들을 읊으면서 당시의 식민주의 메타포들을 사용하여 정복된 사람들을 여성화하고 지배자들에 대한 그들의 복종을 일종의 묵인된 강간으로 그리고 있다. '노래(The Song)'에서 키플링은 제국주의적 정복을 놀랍게도 성적 관계(sexuality)로 표현한다. 이 시에서 클라이브에 의해 정복된 도시 마드라스는 오히려 "클라이브가 나의 입술과 눈과 이마에 입맞춘다. 아 황홀한 키스여"라고 고백하고 있는 것이다. 키플링의 다른 시에서도 동양은 고전적으로 복종적인 여인이자 애욕의 대상으로 묘사된다.[24)]

여성적 인도의 이미지는 문학적 표현으로 그친 것이 아니었다. 같은 이미지가 정치적 목표를 위해서도 활용되었다. 영국인의 남성성에 대비되는 개념은 '여자 같고 어린아이 같은' 속성이었다. 인도인들은 어린아이같이 이성이 아니라 감정에 의해 좌우되기 때문에 신뢰할 수 없다고 판단되었으며, "이 아시아 사람들은 어느 때고 강자에게로 돌아서서 변절자가 될 수 있다"고 결론내려졌다. 인도인 가운데서도 이슬람 교도들은 어린아이이지만 남성성을 가지고 있는 반면 힌두교도는 여자 같고 어린아이 같은 요소를 다 가지고 있는 것으로 파악되었다. 그리고 이러한 영국인과 인도인의 차이는 영국인의 우월에 대한 또 다른 증거로 사용되

24) MacDonald, *The Language of Empire*, 157.

었다. 영국인들이 즐겨 활용한 메타포는 힌두교도들, 특히 벵골인의 비겁함과 통치 능력의 결여, 의무를 다하지 못하는 점 등이었는데, 이러한 속성들은 非남성적, 아니 거의 여성적인 것이었고, 영국인들이 그처럼 중요시한 남성성의 개념에 비추어 볼 때 여성적인 것은 전부 나쁜 것이었다.

정치의 場에서 남성적 지배자와 여성적 식민지 종속민의 이미지가 어떻게 이용되었는지는 1880년대 인도에서 일어난 몇몇 사건에서 잘 드러난다. 1886년 인도 식민지 정부는 공직위원회(Public Service Commission)를 임명한다고 공표하였다. 이는 인도인들을 관료제에 보다 많이 등용하겠다는 의지를 공식적으로 표명한 것이었다. 그러나 1887년 12월 위원회의 보고서가 완성되고 다음 해 1월에 발표되었을 때 보고서 자체도 고위 관리직을 원주민들에게 개방하는 것에 인색했거니와 그 후의 정책 실행에서는 이것이 더욱 축소되었다. 그 과정에서 '남성적' 영국인과 '여성적' 인도인의 대비가 원주민 관리 등용을 저지하는 데 이용되었고, 따라서 이 위원회는 오히려 인도인의 배제를 위한 더욱 엄격한 기반이 마련되는 계기가 되었던 것이다.[25]

영국 지배자들의 정서는 한마디로 서구식 교육을 받은 인도인들이 영국인들의 독점을 침범하는 것에 대한 공포였다. 물론 그전에도 비슷한 정서가 존재했지만 이 때 나타난 '벵골 공포증'은 원주민들 사이에 존재하는 카스트, 종교, 지역에 따른 다양한 집단들의 특성에 대한 상세한 정보를 집대성하고 분류하는 새로운 양상을 나타냈던 것이다. 그리고 이러한 다양한 정체성의 분류는 식민지 주민들을 길들이고 식민지 지배를 정당화하는 데 사용되었다. '수동적' 힌두, '무법'의 무슬림, 혹은 '남성적' 편잡인과 '나약한' 벵골인 등의 고색창연한 식민주의적 정형화는 보다 공식적인 인종 조사, 센서스 보고서, 학문적 논문 등에서도 마찬가지

25) 이하의 논의는 Mrinalini Sinha, *Colonial Masculinity*(Manchester University Press, 1995)를 참조하였음.

로 나타났다. 이 모든 논의에서 유출된 결론은 '인도, 인도 민족, 혹은 인도 국가라고 불릴 수 있는 것은 없다. 단지 다양하고 상호간에 적대적인 원주민 집단들의 혼합체만이 있을 뿐'이라는 것이었고, 영국 제국주의자들은 인도인들을 영원히 민족이 될 수 없는 사람들로 판단하여 인도의 민족주의 운동을 우려할 필요가 없다고 결론짓는 오만함을 드러냈던 것이다.

공직위원회는 보다 구체적으로 영국인 관리들의 남성성을 토착 관리들의 '여성적 성격'에 대조시키는 작업을 행하였다. 이는 실상 영제국의 통치자 계층 자체의 정체성에 대한 우려에서 기인한 것이었다. 영국의 식민지 행정에서 남성성의 모델은 '신사적 행정가'였다. 그러나 1858년 인도문관 경쟁시험제가 도입되고 나서 '신사적' 가치에 대한 의문이 일기 시작하였다. 경쟁시험이 도입된 후 대학교육을 받지 않은 사람들이나 스코틀랜드와 아일랜드 대학 출신들이 증가함에 따라 '신사적 기관'인 전통 있는 잉글랜드의 사립학교와 옥스브리지와는 거리가 먼 사람들이 합격하게 되었기 때문이었다. 이 경향은 '남성적이면서 신사적'인 영국 통치자의 이미지를 손상시키는 것으로 판단되었고, 인도인 관리의 여성적 이미지는 그것을 통해 '남성적이고 신사적인' 영국인 통치자의 이미지를 부각시키려는 도구로 이용되었다. 이미 위원회가 임명되기 전부터 인도 주재 영국인 관리들의 '남성다움'에 대한 회의가 일고 있었다. 한 조사에 의하면 영국인 관리들의 정신적 · 육체적 상태는 놀라울 정도였다. 1876~1886년 사이 봄베이 주재 37명의 영국인 문관들 가운데 5명이 정신이상자였고, 7명이 건강상의 이유로 조기 은퇴했으며, 13명은 건강 상태가 몹시 나빴다. 런던의 「타임즈」지는 "극도의 이상함, 참을 수 없는 매너, 남자답지 못함, 무능력" 등이 "한때 영광을 누린 인도 문관제에서 매일 맞닥뜨리는 일"이라고 한탄하였다. 벵골인의 특성, 혹은 힌두교적 특성을 특별히 '남자답지 못함'이라고 규정하는 담론의 초점은 원주민들의 남성성을 분쇄하려는 분파적 정치의 일환일 뿐 아니라 영국인과 인도인의 남성성의 비교를 차단하려는 의도였던 것이다.

남성성이 통치자의 이미지로 부각되었다는 점에서 인도 출신의 문관 후보자들에 대한 편견은 영국인 후보자들에 대한 것과 비슷하였다. 즉 "책벌레 인도 출신 후보자들은 육체적 · 지적 자질을 발휘하지 못한다"는 것이었다. 나아가 원주민 관리들은 원주민 신민들에게서 존경받지 못한다는 주장도 덧붙여졌다. 다른 한편 여기에는 '영리한 벵골인' — 1886년 런던에서 치러진 인도 문관시험에서 합격한 15명의 인도인들 가운데 9명이 벵골 출신이었음 — 에 대한 보다 날카로운 인종적 공격도 포함되었다. "무릎이 약하고, 여자 같고, 쇠약한 벵골인은 지적으로, 육체적으로 성인의 능력을 발휘하지 못한다"는 주장하에 문관시험을 런던에서만 치르도록 고집하였던 것이다. 결과적으로 인도의 엘리트 행정가 그룹인 문관들 가운데 인도 출신은 공직위원회 활동이 시작된 1886년 현재 총 900명 가운데 12명에 불과하였다. 하위 관직에서도 66%가 유럽인과 유럽-아시아 혼혈인이었고, 나머지 34%만이 인도인들이었다.

젠더와 인종 문제가 교차하면서 특히 흥미를 끄는 사건이 바로 인도 출신 관리들로 하여금 유럽인을 재판할 수 있게 허용하고자 했던 일버트 법을 둘러싼 갈등이었다. 영국과 인도 양쪽에서 비상한 관심과 토론의 주제가 된 이 사건은 당시 영국인들의 인종, 제국, 젠더에 대한 담론을 분석할 수 있는 최적의 자료를 제공해 준다. 일버트 법안은 1883년 인도 식민지 정부의 입법위원인 C. P. 일버트(Illbert)가 제출한 법안으로 지방 행정구역에서 원주민 관리들로 하여금 유럽 출신 영국인들의 형사 재판을 관장하도록 허용하는 내용을 담고 있었다. 위에서 살펴본 공직위원회나 일버트 법안은 모두 인종에 의거한 불평등한 지배관계가 인종의 평등이라는 영국이 자랑하는 자유주의적 원칙에 어긋나고 있음을 인식하였기 때문이었다. 그러나 논란의 결과 법안은 크게 수정되어 영국인들은 반 이상이 영국인이나 미국인들로 구성된 배심원에 의한 재판을 요구할 수 있는 특권을 획득하였다.

이 논란의 과정에서 '남성적 잉글랜드인'과 '여성적 벵골인 바부(babu, 영어를 쓸 수 있는 인도 관리를 칭함)'라는 정형화가 나타났다. 영국인들은 전통적으로 '여성적'이라는 개념으로 인도의 쇠퇴와 전락에 대한 그들의 생각을 표현하였다. 중요한 점은 이것이 단지 영국인들만의 생각을 반영한 것이 아니었다는 사실이다. 그것은 인도 엘리트에게도 침투하여 그들도 영국적 가치인 육체적 강건함, 스포츠 등을 중시하게 되었던 것이다. 쇠퇴와 '여성성'을 동일시하는 개념은 영국인들에 의해 유럽 여성과 인도 남성을 동시에 견제하는 도구로 사용되었다. 즉 유럽 여성과 인도 남성의 유사점을 제시하면서 동시에 그들의 차이를 간파하는 담론이 만들어진 것이다. 이 담론은 영국 여성과 인도 남성은 둘 다 '여성적' 특징을 가지고 있기 때문에 정치에서 적극적 역할을 행할 자격이 없다고 주장했다. 인도 출신 관리들은 '남성적 체격'과 '남성적 성격'을 가지고 있지 못하기 때문에 '보다 남성적인' 사람들 위에 군림하는 자리에 있어서는 안 된다는 것이었다. "그 인종이 본질적으로 겁이 많다는 사실"은 벵골인으로 하여금 엘리트 관리의 의무를 다할 수 없게 만든다는 것이었다. 그러나 다같이 여성적이면서도 유럽 여성과 인도 남성에게는 차이가 존재하였다. 유럽 여성에게 여성적 특징은 자연스러운 것이고 그들을 '삶의 장신구'로 만드는 데 반해, 인도 남성의 여성적 성격은 부자연스러운 것이고 그들을 조롱의 대상으로 만들기 때문이었다. 이러한 시각에서 볼 때 '여자 같은' 인도인들의 요구의 '부자연스러움'은 영국 여성 참정권론자들의 '부자연스러움'과 맞먹는 것이었다. 여기서 인종적 정치가 남성과 여성간의 성차별로 대체되는 것을 볼 수 있다.

여기서 강조점은 물론 '여성의 부적절함'이 아니라 '인도인들의 무자격'에 있었다. 실상 일버트 법하에서 재판권을 허용받을 인도인 관리는 영국에서 치러지는 엄격한 자격시험에서 영국인들과 동등하게 선출된 관리들에게 국한되도록 정해져 있었다. 법안이 상정된 1883년 현재 문관시험 합격자 가운데 인도인은 11명에 불과했고, 그 중에서도 사법권을 가진 문관은 두 명 — 봄베이의 타고르와 벵골의 더트 — 뿐이었다. 그리고 이들은 모두 런던에서 치러진 경쟁시험의 합격자들이었다. 그러나 반대자들은 이처럼 영국인 후보자들을 염두에 두고 준비된 엄격한 시험에서 성공한 예외적인 인도인조차 고위 관리에게 기대되는 높은 수준의 객관성을 발휘할 수는 없을 것이라고 주장하였던 것이다.

일버트 법안 논쟁은 백인 여성에 대한 백인 남성의 통제를 원주민 남성과 여성에 대한 백인 남성의 통제와 연결시킴으로써 식민지 지배에서 백인 여성이 차지하는 위치의 한 단면을 잘 드러내 준다. 영국인들이 일버트 법안에 대해 그처럼 강력하게 반발한 것은 원주민들이 백인 여성을 합당한 존경심을 가지고 대하지 않을 것이라는 우려 때문이었다. 즉 이들은 남성적 용기를 가지지 못한 인도 남자들이 영국의 지배에 대한 불만을 결백한 백인 여성에게 발휘할지도 모른다는 것, 다시 말해서 인도 판사들이 그들의 권력을 백인 여성들에게 악용할지도 모른다고 걱정했던 것이다. 백인 여성이 일버트 법하에서 노출될 수 있는 위험에 대한 소문은 영국과 인도의 영국인 사회에서 대중적인 충격을 자아냈고, 법안을 제안한 일버트나 법 제정을 추진한 총독 리폰 경은 나약한 기사도 정신을 가진 위인들로 간주되어 조소의 대상이 되었다. 영국 남성성을 진정으로 시험하는 것은 백인 여성을 원주민 남성으로부터 보호하는 기사도적 보호에 있는데, '여자 같은' 인도인 바부들과 화해하기 위해 자신의 동포인 영국 여성에 대한 의무를 저버렸다는 것이었다.

나아가 인도 남성을 거부하는 담론에서는 인도 여성도 기준으로 작용하였다. 일버트 법에 대한 반대가 영국인들 사이에서 그처럼 인기를 얻은 것은 적어도 부분적으로는 인도에 있는 '백인 여성과 인도 여성, 둘 다의 자비로운 보호자'로서의 영국 남성성이라는 이미지와도 관계가 있다. 인도 남성은 여성을 다루는 데 있어 다른 누구보다도 가혹하고 비겁하기 때문에 남성성을 결여하고 있는데, 이처럼 같은 인종의 여성들을 위해 아무것도 하지 않으며 아직도 문명과는 동떨어진 사회적 사고를 갖고 있는 인도 남성들의 사법권하에 문명화된 여성들을 종속시키는 것에 분노해야 마땅하다는 주장이 설득력을 얻었던 것이다. 인도 여성이 무지한 상태로 남아 있으며 함부로 취급된다는 사실이 이를 정당화해 준다는 논리였다. 여기서 영국 남성은 영국 여성의 보호자로서만이 아니라 인도 여성의 보호자로서 부각되었다. 이 논쟁에서 영국 남성성의 정의는 '갈색 남성으로부터 갈색 여성을 구원해 주는 백인 남성'으로 규정되었던 것이다.

여기서 지적할 것은 제국주의의 영향이 인종주의의 유산을 넘어선다는 사실이다. 제국주의의 인종주의적 정치는 19세기 말, 20세기 초 영국에서 기존의 사회적 질서에 대한 페미니스트들의 도전에 직면한 보수주의자들에게 만회할 기회를 제공해 주었다. 19세기 인도에 대한 텍스트는 매우 낭만적인 인도의 이미지를 제공하였는데, 그러한 견해는 많은 부분 인도는 여성적인 나라라는 개념에 근거하였다. 인도는 진정한 여성성의 본원지라는 것이었다. 특히 인도 여성의 아내로서, 어머니로서, 그리고 여성으로서의 헌신에 감동받은 영국 남성은 그것을 무기로 영국 여성들의 사라져 가는 여성성을 공격하였다.[26] 영국 여성들에게 정치적 권리를 거부한 채 그들을 사적이고 차별적인 영역에 남겨 두는 것은 수백만 명의 원주민들을 적절한 식민지 종속민의 위치에 묶어 두는 것과 불가분의 관계를 가지고 있었던 것이다. 동시에 인도 남성도 영국 남성과 마찬가지로 여성에게 공적 역할을 부여하는 것에 적대감을 가졌다. 결국 이 논쟁의 의미는 전통적인 인종적 · 성차별적 계서제가 제국주의적 이익을 보존하기 위해 새로운 모습으로 재확인되었다는 사실에 있다고 말할 수 있을 것이다.

여기서 중요하게 부각되는 사실은 여성이 '여성 문제'에 관한 식민주의 담론에서 주체도, 객체도 되지 못하였다는 것이다. 여성은 단지 식민지의 남성 엘리트와 토착 남성 엘리트 사이에서 일어난 이데올로기적 투쟁의 기반일 뿐이었다. 만약 여성이 식민주의 담론에서 주체로 작용하였다면 영국의 식민주의는 다른 형태로 실현되었을 것이라고 추측할 수 있다. '여성'과 '어린아이'로서의 식민지 종속민의 이미지는 주로 남성 지배자들에 의해 구성된 것이었다. 이에 반해 보다 민감한 여성 관찰자들

26) Greenberger, *The British Image of India*, 55.

은 식민지 종속민들에 대해 전혀 다른 이미지를 구축해 내기도 하였다. 한 예로 1830년대 인도를 방문한 한 남성과 한 여성의 언어를 통해 제국에 대한 태도가 정치적 연대와 젠더에 의해 얼마나 다를 수 있는가를 비교해 볼 수 있다.

휘그 정치가 토머스 배빙튼 매콜리는 벵골 최고위원회 위원장으로 1833년에 인도에 부임하였다. 매콜리는 그 때까지의 동인도회사의 정책을 180도 전환하여 인도의 철저한 영국화를 추진하였는데, 그는 한마디로 영국 제국주의의 위대함은 이 세상의 어두운 피부색깔을 가진 사람들을 정복하고 통치하는 것이 아니라 그들을 문명화시키는 것이라는 신념을 가지고 있었다. 그러한 승리는 "야만에 대한 이성의 평화로운 승리"이고, 그 제국은 "문화와 도덕과 문학과 법에 의한 영원히 멸망하지 않을 제국"이라고 그는 확신하였다. 매콜리의 글과 연설에서 발견되는 제국과 영국인의 사명에 대한 확신은 제임스 밀이나 존 스튜어트 밀에게서도 발견된다. 그의 아버지와 마찬가지로 존 스튜어트 밀도 자유와 민주주의는 인도의 맥락에서 어떤 의미도 가지지 않는다고 생각하였다. 혹은 그것들이 비백인 사회에 적용되어야 한다고도 믿지 않았다. 빅토리아 시대 잉글랜드 사람들은 세상의 꼭대기에 있었고, 이는 단지 그가 잉글랜드인이라는 이유 때문이었다. 그리고 모든 빅토리아인들은 그 사실을 설명이 필요없는 것으로 받아들였던 것이다. 킹즐리는 여성 청중을 대상으로 한 연설에서 잉글랜드 여성의 가장 고귀한 의무는 잉글랜드 인종의 수를 늘리는 것이라고 주장하였다. 그러면 나머지는 다 알아서 잘 될 것이었다.[27)]

그러나 우리는 매콜리와 같은 시기에 인도를 방문한 인도 총독의 여동생 에밀리 이든의 편지에서 이러한 확신과는 전혀 다른 논조를 발견하게 된다. 그녀는 미래에 주인과 노예가 뒤바뀌는 상황을 상정하면서 놀랍게

27) Patrick Brantlinger, *Rule of Darkness: British Literature and Imperialism 1830-1914* (Cornell University Press, 1990), 30, 44, 45.

도 200년 후의 런던 사람들이 "쌀과 커리를 먹을지도 모른다"고 말하고 있다. 그녀는 제국주의를 '의무'가 아니라 '권력'으로 이해했던 것이다. 이든은 군사적 정복과 도덕적 변화에 대한 매콜리의 레토릭을 해체하고 인종의 차이와 우월감에 대한 19세기 영국인들의 확신을 불안한 것으로 만들어 버린다. 영국에 있는 여동생에게 보낸 편지에서 에밀리 이든은 영국인들이 피서지에서 벌인 한 만찬회 풍경을 묘사하고 있는데, 3,000명의 원주민들이 105명의 유럽인들의 만찬을 구경하는 장면을 설명하면서 그녀는 미개한 사람들에 대해서 매콜리의 해설과는 다른 어떤 것을 포함시키고 있다. 만약 매콜리가 참석하였다면 그에게는 영국의 영광과 식민지 종속민들의 절대적 순종의 장면으로만 보였을 광경이 이든에 의해 전혀 다른 그림으로 그려지고 있는 것이다.

> 우리가 만찬회를 가지고 있을 때 적어도 3,000명의 원주민들이 고산지대 담요를 두른 채 우리를 바라보고 있었다. 그들은 유럽인이 가까이 가면 머리가 땅에 닿을 정도로 절을 하였다. 나는 때로 저 사람들이 우리들의 머리를 다 잘라 버리고 아무 말도 하지 않을 수도 있다고 생각하였다.[28)]

매콜리는 인도인을 영국을 돕기에 충분할 정도로 재주 있는 사람으로 간주한 반면, 에밀리 이든은 그들이 영국인의 목을 자를 정도로 반란적일 수 있다고 보았던 것이다. 빅토리아 초기부터 20세기에 이르기까지 키플링, 테니슨, 칼라일 등 모든 문필가들의 글에서 발견되는 제국주의적 의무감은 모두 남성의 목소리이며 남성의 텍스트였다. 여성의 관찰은 남성적 제국주의 담론의 허구성을 예리하게 지적하고 있는 것이다.

식민지 시대 인도에서 영국인들이 정립한 '여자 같음'이라는 개념을 역사적으로 분석해 보면 오리엔탈리즘 담론이 동질적이거나 단일한 것이 아니라 그 구성에 있어 훨씬 더 복잡하고 다원적이라는 사실을 알게

---

28) David, *Rule Britannia*, 40, 41.

된다. 일버트 법안 사건은 백인 남성과 백인 여성, 인도 남성과 인도 여성의 4각 관계에서 어떻게 백인 남성이 나머지 세 집단을 타자로서 상정하면서 자신의 통제력을 유지하였는지를 보여 주는 매우 흥미로운 사건이었다. 이 논란은 1880년대 영국에서 일고 있던 '신여성'에 대한 논란과 '여자 같은' 인도 관리에 대한 논란을 교묘하게 교합시키고 있다는 점에서 중요하였다. 또한 백인 여성은 백인 남성이 인도 남성을 거부하는 데 사용한 기준이었으며, 동시에 인도 여성은 백인 남성이 백인 여성을 거부하는 데 사용된 기준이었다. 그러면서 인도 여성은 빅토리아 시대의 제국주의적 페미니즘이 그 자신의 이미지를 정의하는 데에도 기준으로 사용되었다.

남성으로서의 제국 지배자의 이미지는 국내적으로는 여성의 권리 주장에 대한 방어책으로, 그리고 식민지에서는 식민지 종속민에게 복종을 요구하는 수단으로 사용되었다. 한편 영국 여성의 경우에는 식민지 남성과 여성에 대한 자신의 우월감을 이용하여 본국에서 자신들의 권리를 주장하였지만 그들의 주장은 받아들여지지 않았다. 여성이 제국주의 담론에서 본질적 요소였던 것은 확실하지만 그것은 적극적 행위자로서, 의미 창출자로서가 아니라 수동적 기표로서였다. 그들의 존재는 결국 남성적 담론에서 기표로서의 역할밖에 인정받지 못하였다. 여기서 인종, 제국, 젠더를 둘러싼 식민주의 담론은 결국 백인 남성의 지배권을 확인하고 유지시켜 주는 도구였다는 사실이 드러나는 것이다.

제8장

제국의 선전과 전파

1880년 이후의 제국주의는 다분히 대중적 성격을 띠게 되었다는 점에서 이전 시기와 구분된다. 그 때까지의 영제국은 의도적 노력이 아니라 실리 교수의 표현대로 '방심한 상태'에서 획득된 것이었다. 그러나 그 후 영국 제국주의는 공격적 성격을 띠게 되었고 팽창을 정당화하기 위한 여러 전략이 함께 진행되었다. 이 시기는 또한 대중 민주주의와 대중 소비문화의 시대였는데, 이 두 요인이 제국주의에 대중적 요소를 불어넣었던 것이다. 대중 민주주의 시대의 정책결정은 더 이상 소수 정치인이나 고위 관리의 고유 권리가 아니라 여론의 압력이 중요한 변수가 되었다. 그러나 여론 자체는 자생적이기보다 조작되고 영향받은 것이라는 점에서 대중의 제국주의적 열광은 제국주의자들의 치밀한 선전이 거둔 효과로 볼 수 있다.

19세기 중엽은 자유방임이 절대적 가치로서 군림한 시기였다. 자유무역, 최소한의 정부 지출, 그리고 국제 평화를 최고의 가치로 상정한 자유방임론자에게 있어 식민지와 팽창된 군사 기구는 '귀족 생활의 값비싼 부속물'일 뿐이었다. 그러나 자유주의를 전 세계에 전파한다는 명목하에 무력 행사도 서슴지 않는 공격적 진로를 취한 파머스턴의 자유주의적 제국주의(Liberal Imperialism)는 영국 국민으로부터 환호를 받았다. 19세기 중엽은 통상 생각되는 대로 '맨체스터 학파의 시대'가 아니라 '파머스턴의 시대'였던 것이다. 이처럼 제국에 대한 의식과 자부심은 이미 신제국주의 시대 이전에 존재하고 있었다. 1860년대부터 영국의 지적 분위기에서 제국은 중요한 주제로 나타나기 시작하였다. 자유당 정치인 찰스 딜크의 저서 『대 영국』(1868), 케임브리지 대학 역사학 교수 실리의 『잉글랜드의 팽창』(1883), 문필가 프라우드의 『오세아나, 잉글랜드와 식민지들』(1886) 등이 모두 제국의 주제를 다루고 있으며 민족주의적 자부심을 제국에 대한 자부심과 연결시켰다. 1870년 이후 제국은 영국의 공적 생활에서 필수 불가결한 요소가 되었으며 제2차 세계대전 발발 때까지 문화, 대중매체, 사회에 대한 논의에서 제국주의는 빠질 수 없는 것이었다.

제국주의는 어떤 강령이나 원칙이 아니라 마음의 태도이고 정신적 성향이다. 제국주의적 정서가 깨어나기 시작한 1890년대에 비아트리스 웹은 "제국주의가 어디에나 있다. 모든 계급들이 히스테리적인 충성심에 취해 있다"고 기록하였으며, 다이시도 "제국주의는 무엇보다도 열정적 감정의 형태이다. 그것은 정치적 종교"라고 갈파하였다.[1] 보어전쟁 때 영국민이 보인 맹목적 애국주의가 이를 입증해 준다. 1900년 5월, 지난 7개월간 점령되었던 마페킹이 회복되자 열광한 군중은 反제국주의자들과 친보어주의자들로 알려진 사람들의 집을 공격하는 등 국수주의적 행동을 자행하였다. 19세기 말, 20세기 초는 확실히 제국의 시대였던 것이다.

1. 교육 및 사회단체를 통한 선전

제국주의의 선전에는 무엇보다도 사회단체들이 중추 역할을 하였다. 1880~1914년간 '활기차고, 근면하고, 용맹스러운 제국적 인종'을 배양하기 위한 단체들이 줄줄이 결성되었는데, 그 중에서도 1884년 디즈레일

---

1) Allen Warren, "Citizens of the Empire: Baden-Powell, Scouts and Guides and an Imperial Ideal, 1900-1940," in *Imperialism and Popular Culture*, ed., John Mackenzie (Manchester University Press, 1986), 232.

리를 기념하기 위해 만들어진 프림로즈 동맹은 제국에 대한 이념을 전파하는 데 가장 큰 역할을 한 대중단체로서 노동계급이 참여하였다는 점에서도 중요하였다. 설립 초기에는 별 성과를 보지 못했지만 영제국의 확산이라는 공통의 신념을 통해 계급 간의 화해에 성공하면서 점차 그 세력을 넓혀 가기 시작한 프림로즈 동맹은 1901년에 이르면 150만 명의 회원을 가진 대규모의 대중단체로 성장하였는데, 이 가운데 140만 명이 노동계급이었다. 동맹은 제국과 관련된 일이 있을 때마다 강연, 전시회, 팜플릿 발행 등을 통해 그것을 기념하였다.

1890년대에는 '제국연방연맹', '영제국연맹', '빅토리아연맹' 등의 조직이 잇따라 결성되었다. 제국연방동맹은 대중을 상대로 한 것이 아니라 정치가 및 영 본국, 백인 자치령, 식민지의 엘리트를 상대로 한 조직이었고, 1909년에 결성된 '라운드 테이블' 역시 식민지에서 경험을 가진 당대의 영향력 있는 작가, 정치인, 관리들로 구성된 엘리트 단체였다. 하나의 유기적인 통일체로서의 영제국을 이상으로 삼은 이들은 그 이상이 본국과 식민지 간에 평등한 관계가 성립되어야 가능하다고 생각하였는데, 유기적 총일체라는 이상은 궁극적으로는 나머지 세계에 대한 '앵글로-색슨 형제애'라는 인종적인 우월감과 결합된 개념이었다. 남자들만이 아니라 여성단체들도 제국주의적 선전에 동원되었다. 자녀를 양육하고 가정을 지키면서 동시에 제국의 선전자로서의 역할을 할 수 있는 여성의 역할이 새롭게 인식되면서 '여성제국동맹', '소녀우애협회', '어머니연맹' 등이 조직되었다. 소녀우애협회의 첫사랑은 제국이라고 선언되었다. 자녀들에게 자기 통제와 복종과 애국심의 중요성을 가르쳐야 하는 어머니의 역할이 강조되었으며 제국주의 레토릭은 어머니에게 우생학적으로 보다 양질의 '복종적이고 애국심이 투철한 제국주의적 전사'를 키워 내는 중요한 역할을 부여하였다.[2)]

제국적 인종에 대한 이러한 강조는 인구문제에 대한 당시 인식과도 밀

---

2) John Mackenzie, *Propaganda and Empire* (Manchester University Press, 1988), 159, 160.

접하게 관련되어 있었다. 맬서스 이래 과잉인구에 대한 우려가 영국 사회의 지속적인 경향이었으나 19세기 중엽이 되면 인구문제에 대해 다른 견해가 제시되었다. 즉 문필가 킹즐리는 1858년 "인류 역사상 가장 거대한 제국을 가진 나라에서 과잉인구란 불가능한 것"이라며 인구 문제에 관한 전통적 견해에 이의를 제기하였다. 1880년대 실리 교수의 제국관에서 영감을 얻은 제국주의자들은 제국의 위대함을 위해 인구가 필수적이라는 사실을 깨닫게 됨과 동시에 당시 인구조사가 확인해 준 출산율 감소 추세에 경악하게 되었다. 게다가 1899년 보어전쟁 발발 당시에는 지원병들 1,000명 가운데 330명이 거부되었을 정도로 영국 노동대중이 열악한 건강상태에 처해 있다는 사실이 밝혀졌다. 이대로 가다가는 본국과 자치령 식민지에서의 인구감소로 다른 인종들이 영국계 사람들을 압도하게 될 것이라는 우려가 제기되었고 1900년대 의사들과 의료담당 관리들에게 유아의 생명을 유지시키는 것은 '제국적 중요성의 문제'가 되기에 이르렀다.

이러한 분위기 속에서 정부의 공식적 활동뿐만 아니라 공중 건강과 가정 내 위생을 증진하기 위한 자발적 사회단체들이 봇물 터지듯 생겨났다. '위생교육협회'(1908), '모성을 위한 여성봉사연맹'(1910) 등의 단체들은 어린아이의 출생과 양육에 대한 지대한 관심을 다음 세대의 병사와 노동자들에 대한 관심 및 '제국적 인종'에 대한 우려와 결합시켰다. 이러한 상황에서 모성은 새롭게 존엄성을 부여받았다. 모성은 '인종의 어머니'인 여성의 의무와 운명이면서 동시에 위대한 보상이라고 선언되었다. 어머니의 '무지'가 아이들의 양육에 결정적 해를 끼치는 요인으로 간주되었기 때문에 제국적 인종의 양육이라는 레토릭은 일종의 도덕적 공갈, 협박이었다고도 말할 수 있다.[3)]

3) Anna Davin, "Imperialism and Motherhood," in *Tensions of Empire: Colonial Cultures in a Bourgeois World*, eds., Frederic Cooper & Ann Stoler(University of California Press, 1997), 91.

1880년대 새로운 과학으로 자리잡은 우생학 역시 인종의 유지라는 문제에 톤을 더해 주었다. 우생학의 대부인 프랜시스 결톤은 제자들에게 자신의 원리를 "새로운 종교처럼 대중의 머리에 주입시키라"고 지시하였다. 인종을 개선하기 위해 우생학을 전파해야 한다는 것이었다. 도시 하층민의 범람을 막지 못하면 "우리 문명도 고대 로마처럼 파괴될 것"이라는 주장도 나왔고, 여성은 "미래를 위해 자연이 사용하는 탁월한 도구"이며 "미래의 정치학은 가정에 있다"는 주장이 제시되었다. 사회주의자들조차 우생학의 레토릭과 전제에 말려들었다. 후에 노동당 당수가 된 램지 맥도널드는 보어전쟁 때 페이비언협회의 전쟁 지지에 반대하여 협회로부터 탈회한 사람이었다. 그런 그조차 우생학이 "국가적 관심의 문제"임을 인정하였다. 물론 맥도널드는 "제국은 바로 가정에 뿌리를 두기" 때문에 노동자에게 적정 임금, 교육, 위생시설 등을 보장할 것을 주장하였지만, 제국주의적 사명에 대한 주장은 우생학의 인종주의적 이데올로기에 넘어가기 쉬운 희생물이었다.[4)]

사회단체의 활동과 더불어 제국주의 이데올로기와 가치들을 촉진하는 데 명백한 수단이 된 것은 학교제도였다. 19세기 말에 이르면 정규적 학교 교육에서도 제국주의가 암암리에 혹은 드러내 놓고 조장되었다. 초기의 선전은 사립학교 학생들에게 제국을 위한 희생을 강조하는 교육으로부터 시작되었다. 사립학교가 잉글랜드의 문화적 삶의 안내인으로서의 역할을 하도록 인정받았는데, 특히 학교 교육은 남성적인 것, 군국주의, 충성심과 애국심 등을 제국주의에 결합시키는 데 가장 중요한 역할을 하였다. 젊은이들의 훈련되어 있지 않은 상태가 사회적으로나 제국의 유지에 심각한 위협이 된다는 판단 아래 어떠한 시련도 견딜 수 있는 씩씩함과 용기를 젊은이들에게 주입시키려는 것이었다. 사립학교에서 가르친 정신적 가치들은 곧바로 공립학교에서도 교육되었고 20세기 초에 이르면 광범위한 사회적 호응을 얻어 여러 단체와 조직에 도입되었다.

---

4) *Ibid.*, 96, 99, 108.

사립학교 교과과정은 중세 기사도와 영웅 숭배를 강조하고 애국심, 의무감, 기율, 자기부정 등을 부각시키도록 짜여졌다. 1870년대 이후 역사 과목이 중등교육에서 필수과목이 되었는데 역사교육에서는 제국이 처음 건설되기 시작한 튜더 시대가 위대한 시기로 찬양되었으며 제국의 경제적 이익이 특히 강조되었다. 이 시기 일어난 변화의 하나는 역사 교과서 집필진이 상층 중간계급 출신의 아마튜어로부터 교사들에게로, 그리고 마지막으로는 학자들에게로 옮겨 갔다는 사실이다. 교과목으로서의 역사는 어쩔 수 없이 역사를 단순화시킬 수밖에 없었기 때문에, 이제 '영제국의 완성'이라는 주제를 정해 놓고 이에 맞춰 역사를 서술하는 경향이 나타났다. 여기서 당시 대표적 역사가인 실리의 영향을 발견할 수 있다. 실리는 이 책 여러 곳에서 언급되었듯이 국민의 도덕성을 의도적으로 고양시키고, 노력을 자극하고, 사기를 진작시키는 데 역사를 이용해야 한다고 믿었다. 그에게 있어 영국의 제국주의적 팽창은 사회적 갈등과 정치적 분열로 얼룩진 19세기 후반기의 불안감으로부터 탈출하여 밝은 미래로 나아갈 수 있는 열쇠와 같은 것이었다.

이 같은 실리의 도덕성과 애국심을 강조하는 역사 외에 칼라일의 傳記的 역사 역시 주목할 만하다. 실리에게 있어 역사가 개인이라기보다 국가의 전기였다면 칼라일에게는 역사는 개인의 전기였다. 칼라일의 영향으로 영웅의 역사가 강조되면서 자연스레 전쟁 역시 역사의 새로운 서술 경향으로 등장하였다. 영국의 역사는 일련의 불가피한 전쟁의 역사로 해석되었고 학생들은 이를 통해 애국심, 건전한 시민 의식, 그리고 도덕적인 교훈까지 얻을 수 있었다. 당연히 교과서에는 인종주의적 편견이 짙게 배어 있었다. 키플링이 플레처와 함께 쓴 『교재용 잉글랜드 역사』를 통해 학생들은 1833년 노예제 폐지 이후 서인도제도의 번영이 슬프게도 쇠락했다고 배웠다. 흑인 주민들은 게으르고 사악하며 어떤 식으로도 개선되지 못할 사람들로서 강제가 아니면 일을 하지 않는다는 것이었다. 그러나 이처럼 교과서에서 제국주의가 드러내 놓고 선전되었다는 것과 교과서가 가르치고자 한 것이 학생들에게 그대로 수용되었는가는 별개의 문제이다. 많은 어린이들이 교실에서 배우는 가르침에 적극적으로 혹은 소극적으로 저항하는 경향은 예나 지금이나 마찬가지일 것이기 때문이다. 따라서 교과서의 영향력을 너무 과대평가해서는 안 될 것이다.

제국주의의 선전이라는 관점에서 볼 때 교과서보다는 교사가 더욱 중요했다는 주장이 제기되기도 한다. 실상 사립학교 교사진은 제국주의의 가장 열성적이고 끈질긴 선전자였다. 보어전쟁 후 슈르스베리 학교는 학도 군사 훈련단을 설립한 최초의 학교 가운데 하나인데 그것은 교장의 '애국심과 잉글랜드를 위한 의무에 대한 이상'의 결과였다. 사립학교 교사들은 국왕과 국가를 지키기 위한 훈련, 제국을 보호하기 위한 훈련을 확신하였고, 나약함과 악이라는 두 개의 사악함으로부터 제국을 방어하려는 강철 같은 의지로 똘똘 뭉쳐 있었다. 유명한 사립학교 해로우의 교장은「교육의 제국적 측면」이라는 연설에서(1895) 교육이 제국의 통치와 연결되어야 한다고 주장하였다. 사립학교의 목표는 고전학자나 수학자들의 산출이 아니라 총독, 장군, 박애주의자, 그리고 정치인들을 만들어 내는 것이다. "오늘의 소년들은 내일의 정치인이고 행정관리들이다. 그들의 손에 영제국의 미래가 달려 있다"는 것이었다. 또 다른 명문 사립 이튼이나 인도관리 양성학교인 헤일리베리의 잡지에는 제국에 대한 의식이 "영예를 얻고 의무를 다하는 것"으로 나타났다. 사립학교 학생의 가장 중요한 이미지는 전사/애국자의 이미지라는 정의가 내려지고, 그의 목표는 해외에서 잉글랜드의 영광을 위해 싸우고 죽는 고귀한 희생이라고 주장되었다. 사립학교에서 교육받은 젊은이는 '남성적 기독교', '공정한 게임', '점잖은 행동'의 원칙을 수행하는 데 가장 적합하다고 간주되었으며, 원주민들은 감사와 존경심을 가지고 이들 '감미롭고, 정의롭고, 소년 같은 주인들'에게 복종할 것으로 믿어졌던 것이다.[5)]

5) J. A. Mangan, "The Grit of our Forefathers: invented traditions, propaganda and Imperialism," in *Imperialism and Popular Culture*, 119-122; Denis Judd, *Empire: the British Imperial Experience from 1765 to the Present*(Fontana, 1996), 143.

19세기 말, 20세기 초 영국 사회의 독특한 양상은 군국주의와 제국이 결합되고 그것이 국수주의의 기반이 되었다는 사실이다. 이러한 분위기 아래 개인을 단체에 종속시키는 단체정신, 명령 준수와 군국주의적 경쟁심 등이 지배적 가치로 등장하였다. 교육에서의 군국주의의 조장은 실상 기독교 구세군운동에서 영향 받은 것이었다. 1878년, 당시 진행중인 러시아-터키전쟁의 대중적 인기를 이용해 고안된 구세군은 광범위한 추종자를 얻어 새로운 대중적 표현으로 자리잡았다. 곧 사립학교에서의 군국주의가 뒤따랐다. 운동경기, 전쟁에 대한 준비, 장교를 교육하기 위한 교련 교육이 시작되었고, 공립학교가 곧 이를 모방하였다. 군사적 상상력과 조직은 각종 소년단체에도 유행하였다. '교회 청소년연대', '해군연맹', '아더 왕의 기사들', 그리고 무엇보다도 '구세군' 등의 단체명에서 군국주의의 영향을 볼 수 있다. 스포츠의 발달도 군국주의적 경향에 기여하였는데, 19세기 말 대중의 여흥으로 자리잡은 축구와 크리켓은 군국주의를 조장하는 데 크게 작용하여 1890년대에는 스포츠와 전투의 용어가 동일하게 되었다.

남성성은 운동경기에서 가장 명백하게 나타나는 것으로 인정되었다. 군국주의와 제국이 부각되면서 단체로 하는 운동경기를 통한 훈련이 중시되었는데, 그 중에서도 개인을 단체에 종속시키고 명령에 복종하는 단체정신이 특히 중요한 가치로 인정받았다. 럭비 경기에 대한 설명에서 우리는 후기 빅토리아 시대의 전형적인 강박관념을 발견할 수 있다. 즉 럭비는 많은 사람들의 "통일된 노력에 그 성공이 달려 있고, 용기와 인내를 조장하는 운동"이라는 것이었다. 그리고 그런 운동경기들이 사립학교의 활력의 근원이라고 주장되었다. 단체가 아니라 개인을 중시하는 경기들은 애교심을 해칠 요소를 지니고 있으며, 사립학교의 주요 목표인 영국 국가를 위해 봉사할 위대한 남성들을 산출해 낸다는 목표를 저해하는 것으로서 거부되었다.[6)]

---

6) Stefan Collini, *Public Moralists: Political Thought and Intellectual Life in Britain 1850-*

제국주의를 직접, 간접으로 고양한 또 하나의 세력은 보이 스카우트 등의 각종 청소년운동이었다. 바덴-파월이 1908년에 조직한 보이 스카우트 운동은 제국 전역에 조직을 만들고 단체정신, 집단행동, 협동정신 등을 주입시킴으로써 제국을 고양하는 데 크게 기여하였다. 보이 스카우트나 그 자매 단체인 '걸 가이드(Girl Guide)'는 왕족으로부터 정치가들을 거쳐 하층 중간계급의 평범한 사람들에 이르기까지 모든 사회계층으로부터 지지를 받은 진정한 대중운동이었다. 스카우트 운동의 창시자 로버트 바덴-파월 대령은 직업 군인으로 보어전쟁 당시 마페킹 탈환의 영웅이었다. 전쟁이 끝나고 남아프리카로부터 돌아온 그는 1908년에 『소년단 활동(Scouting for Boys)』을 출간하였는데 이 책은 발간된 첫해에 네 차례 인쇄될 정도로 큰 인기를 끌었으며 해외에서도 수십 개 국의 언어로 번역되었다. 바덴-파월의 글에서 발견되는 그의 사상을 요약해 보면 독일에 대한 공포심과, "우리는 모두 벽을 구성하는 벽돌들"이라는 표현에서 드러나는 집단의식, 그리고 퇴폐와 불건전한 삶에 대한 경고 및 사회적 · 개인적 건강과 야외활동에 대한 열정을 들 수 있다. 마지막으로 바덴-파월은 사회적 · 인종적 조화를 가르치고 계급과 피부색깔에 의한 차별을 비난하였다. 그는 어린이들에게 단순히 주변 사람들만이 아니라 전 세계 어린이들과 친구가 되라고 충고하고 친구들끼리는 싸우지 않는다는 점을 강조하였다.

그러나 실상 바덴-파월은 흑인에 대한 편견을 가진 인종주의자였다. 보어전쟁 중 마페킹이 포위되었을 때 그는 유럽인들에게 제일 좋은 배급품을 지급했을 뿐만 아니라, 흑인은 "형제이지만 인간은 아니다"라는 등의 폭언을 서슴지 않았다.[7] 그는 또한 매우 복잡한 제국주의자였다. 인류애를 강조하는 레토릭에도 불구하고 보이 스카우트 운동은 근본적으로 제국주의적 정서를 키웠음이 틀림없다. "보이 스카우트는 총쏘는 법

1930 (Clarendon, 1993), 115.

7) Judd, *Empire*, 210-11; Warren, "'Citizens of the Empire'," 236-239.

과 극기훈련과 제국을 방어하기 위해 자기 몸을 다할 것을 배운다"는 모토에서도 제국주의적 내용은 풍성하였고, 나아가 보이 스카우트의 정신은 애국심과 복종을 조장하면서 제국주의적 가치를 부추겼다. 스카우트의 법칙 가운데 제2항은 "스카우트는 국왕과 장교와 부모와 국가와 고용주에게 충성한다. 무슨 일이 있든지 그들에게 충성하고 그들의 적에게 대항한다"는 내용을 담고 있었다.

1966년의 한 조사에 의하면 1901~1920년 사이에 태어난 사람들 가운데 34%가 보이 스카우트에 속하였다.[8] 그리고 그것을 통해 제국주의적 이상은 소년들에게 알게 모르게 침투하였던 것이다. 그렇지만 아동소설 같은 경쟁물들을 제치고 『소년단 활동』이 베스트 셀러가 되고 보이 스카우트 운동이 그처럼 대중적 인기를 끈 이유는 반드시 제국주의에 대한 호응만은 아니었다. 바덴-파월의 책이 그처럼 많이 팔린 이유는 우선 값이 쌌기 때문이었다. 4펜스짜리 팜플릿에 불과했기 때문에 부담이 거의 없었다. 바덴-파월이 전국을 돌면서 50회에 걸쳐 벌인 대중 강연도 중요하였다. 마지막으로 여흥의 기회가 거의 없었던 에드워드 시대 대다수 어린이들에게 자연과 어울리는 소년단 활동은 큰 매력이 될 수밖에 없었다.

보이 스카우트 운동이 성공한 이유를 보다 넓은 사회적 맥락에서 찾아보면, 그것이 20세기 초 영국이 당면한 여러 가지 문제점에 대한 해답을 제시하는 것으로 보였기 때문일 것이다. 당시 영국은 내부적으로는 호전적 노동조합운동, 신여성과 페미니즘의 대두, 사회주의와 무정부주의의 성장, 유대인들의 이민, 아일랜드 민족주의의 부흥, 경제적 · 산업적 쇠퇴, 빈곤과 질병, 만성적인 국가적 비효율성 등의 문제점에 당면해 있었고, 외부적으로는 독일 해군의 증강, 미국과 독일로부터의 산업상의 도전, 식민지에서의 저항, 러시아의 팽창과 인도 국경의 불안 등의 위협에 처해 있었다. 스카우트 운동은 이러한 구질서와 사회적 안정에 대한 위협에 대항할 방어책이었던 것이다. 충성심, 애국심, 복종을 강조함으로

---

8) Judd, *Empire*, 201-203.

써 스카우트 운동은 사회주의, 페미니즘 등의 교활한 요구를 억제할 수 있을 것으로 기대되었다. 바덴-파월이 1920～1930년대 무솔리니의 파시즘이나 히틀러의 청소년운동에 경도된 것은 충분히 예상가능한 일이었다.

마지막으로 대중적 제국주의의 고양에 결정적 역할을 한 것이 왕실과 국가였다. 1870년대 중반까지도 왕실은 국민으로부터 존경받지 못한 채 영국에는 공화주의의 지류마저 흐르고 있었는데 1876년 디즈레일리가 빅토리아 여왕을 인도 여황제로 만들면서 상황이 바뀌었다. 여왕은 전 세계 6개 대륙에 퍼져 있는 영제국을 이어 주는 중심점이 되었다. 빅토리아는 영국만이 아니라 모든 식민지의 여왕이었고, 반드시 사랑은 아니더라도 모든 사람의 존경과 충성의 대상이었다. 빅토리아는 영국 역사상 가장 재위기간이 긴 군주였는데 그런 오랜 재위기간도 도움을 주었다. 1887년 여왕의 즉위 50주년 기념행사는 "사회주의 운동이 쌓아 온 수십 년의 역사를 하루에 무너뜨렸다"고 평가되었으며, 10년 후의 더욱 성대해진 즉위 60주년 행사에는 제국 곳곳으로부터 온 하얗고 까만 피부의 여왕의 신민들이 참여하였다. 이제 왕국, 군국주의, 제국의 집합이 애국심의 언어로 연결되었고, '제국 없는 영국'이라는 개념은 거의 모순된 것처럼 보였다. 그리고 이러한 정서는 1945년까지 계속되었던 것이다.

그러나 이처럼 왕실과 제국을 경축하는 기념행사를 치르면서 영국인들은 자신들이 그처럼 열광적으로 축하하고 있는 제국에 대해 놀랄 정도로 무지하다는 사실을 깨닫게 되었다. 게다가 제국에 대한 대중의 지지도 여전히 미흡한 것으로 생각되었다. 지도적인 정치적 저술가들은 잉글랜드의 새로운 운명을 완전히 인식하고 있지만 일반 대중은 아직도 의식이 깨이지 못한 채 잉글랜드를 고립된 '섬나라'로 생각한다는 것이었다.[9] 그에 따라 영제국의 역사, 영토 범위, 국력, 자원, 상업, 무역 등 제국에 관한 모든 지식을 젊은이들에게 알리는 것이 매우 중요하다고 판단

9) J. H. Muirhead, "What Imperialism Means," *Fortnightly Review* CCCCIV(August 1, 1900), 178.

되었으며 그러한 목적을 위해 여러 활동이 전개되기 시작하였다. 그 중에서 가장 영향력 있는 것이 1903년부터 시작된 '제국의 날' 경축행사였다. 빅토리아 여왕의 탄신일인 5월 24일로 지정된 제국의 날은 프랑스의 '바스티유의 날'이나 독일의 '세당의 날'에 상응하는 전통을 영국에서도 만들어 내려는 시도였다. 제국의 날은 공식 경축일은 아니었지만 성공적으로 확산되어 1905년에는 6,000여 개의 학교가 경축 의식에 참여했고 1922년에는 80,000여 개에 이르는 학교가 참여할 정도로 비약적으로 발전하였다.

제국의 날 행사도 당시 영국 사회가 겪고 있던 개인주의로부터 집단주의로의 전환, 의무감과 자기희생 정신의 전파를 여실히 보여 주는 것이었다. 이 운동의 창시자 미쓰 백작은 일본의 무사도에서 영감을 얻어 충성심, 애국심, 복종의 미덕을 고양하고자 하였으며, 나아가 본국과 해외에 있는 영국의 자녀들의 유대감을 강조하고자 하였다. 행사에서는 특히 영국 국기인 유니언 잭에 대한 충성의 맹세가 행해졌는데, 유니언 잭은 영제국의 모든 신민들, 계급에 상관없이 모든 사람들의 태어날 때부터의 권리를 상징하는 것으로 간주되었다. 깃발이 휘날리는 곳에서는 어디든지 그것은 '자유, 정의, 기독교'를 대신한다고 생각되었다. 다른 제국들은 '폭정'에 의해 유지되지만 영제국은 '사랑'에 의해 결합되었다는 사실도 지적되었고, 소년들은 '제국과 저 국기의 명예를 위해 싸울 것'이라고 맹세하였다. 그리고 그러한 제국의 메시지는 아이들에게만이 아니라 그 부모들에게도 전달되었던 것이다.[10)]

1920년대에 제국의 날에 대한 대중의 관심이 고조되었는데 아마도 라디오가 큰 역할을 하였을 것으로 추측된다. 1928년에는 500만 명의 학생들이 제국의 날을 기념했다고 한 신문은 밝히고 있다. 물론 제국의 날에 대한 저항도 있었다. 1909년 더비 교육위원회는 그것을 "군국주의의 얄

10) Ann Bloomfield, "Drill and Dance as Symbols of Imperialism," in *Making Imperial Mentalities*, ed., J. A. Mangan(Manchester University Press, 1990), 74-79.

팍한 수단"으로 비판하였다. 또한 국가도 전반적으로 제국의 날 행사에 비교적 소극적 태도를 유지하였다. 정부는 이 날을 공식 국경일로 지정하지 않았고 BBC 같은 독점 방송망을 가지고 있으면서도 그 선전에 이용하지 않았다. 제국의 날은 1958년 연방의 날로 개칭되어 유지되었지만 더 이상 예전의 영광을 회복하기는 어려웠다.[11)]

2. 대중 소비문화와 제국주의

어찌 보면 19세기 말의 제국주의적 세계관은 19세기 후반 이후 영국에서 일어난 상업적 · 산업적 · 사회적 혁명의 불가결한 요소였다고 할 수 있다. 대중 소비 시대의 도래가 제국주의의 전파를 더욱 효과적으로 만들었던 것이다. 1870~1914년간 영국의 인구는 거의 두 배로 늘었고 실질 소득도 비슷한 증가 추세를 보였으며 문자 해독률은 극히 높은 수준에 도달하였다. 또한 새로운 물자 공급원이 생겨나고, 새로운 기호가 창출되었으며, 새로운 보존 및 판매 수단이 발견되면서 소비 유형에 극적인 변화가 일어나 여가와 여흥 산업이 비길 데 없는 호황을 맞았으며 골동품 수집 등으로 대표되는 수집붐이 일었다. 특히 이 시기에 발명되고 발달된 새로운 커뮤니케이션 기술이 그 시대의 지배적 이데올로기인 애국심, 군국주의, 그리고 제국주의의 하수인 역할을 하였다.

처음으로 제국을 선전에 이용한 당시 가장 적극적이고 혁신적인 광고주들은 제국의 경제적 망에 의존하던 회사들, 즉 차, 초콜릿, 비누, 담배, 조선, 고무 분야의 기업들이었다. 그러나 그것은 제국주의적 확신의 표현이었다기보다 제국을 이용한 돈벌이 사업의 부수물일 뿐이었다. 그 밖에 그림엽서, 소설과 잡지 등 제국을 주제로 한 상품들이 봇물처럼 쏟

11) John Springhall, "Up Guards and At them!: British Imperialism and Popular Art, 1880-1914," in *Imperialism and Popular Culture*, 168, 169.

아져 나왔다. 여기에는 당시 종이생산과 인쇄술에서 일어난 기술 발달이 큰 역할을 하였다. 인쇄물에서 유행한 주제는 여행과 탐험 이야기, 선교사들의 글과 전기, 고든 장군을 비롯한 영웅들의 이야기, 왕실에 대한 이야기 등이었다. 인쇄술과 더불어 사진술도 발달하였지만 초기에는 높은 비용 때문에 책이나 다른 매체들에 널리 이용되지 못하였다. 19세기 말 대중매체의 가장 중요한 수단 가운데 하나가 된 시와 소설에서 제국은 중요한 주제로 나타났다. 대중소설과 소년소설 분야에서는 특히 탐험가들의 세계가 상세히 서술되면서 제국에 대한 환상을 부추겼다. 주로 탐험 장소는 아프리카였는데 야만인들이 사는 아프리카의 이미지는 평화롭고 풍요로운 초원으로서의 잉글랜드의 이미지를 부각시켰다. 『영제국의 소년들』, 『국가의 소년들』, 『유니언 잭』 등의 책 제목에서 드러나듯이 이들 소설은 영국 국기를 숭배하고 국민으로서의 의무감을 강조하였으며, 계급이 아닌 국가를 우선시함으로써 국가가 충성심의 대상이 되도록 유도하였다.

가장 중요한 문학적 영향은 '제국의 계관시인', '대 영국의 음악가'로 칭송된 키플링(Rudyard Kipling, 1865~1936)이었다. 인도에서 활동한 교육자의 아들로 봄베이에서 태어나 그 곳에서 언론인으로 경력을 시작한 키플링은 '백인의 짐'이라는 문구를 창조해 냄으로써 제국주의를 영국 국민의 소명으로 선전하는 데 지대한 공헌을 하였다.

> 백인의 짐을 지어라
> 너희가 낳은 가장 뛰어난 자식들을 보내라
> 너희의 자식에게 유랑의 설움을 맛보게 하라
> 너희가 정복한 사람들의 요구에 봉사하기 위해

제국의 신화 창조자로서의 키플링의 중요성은 아무리 강조해도 지나침이 없을 정도이다. 그는 '제국의 찬송가'를 쓴 사람으로서 1890년대 제국주의적 팽창의 분위기를 노래하였고 그것을 만드는 데 기여하였다. 그의 작품 가운데 가장 중요하게 간주되는 변경을 노래한 시들은 대중적 제국주의 담론에서 중요한 요소가 되었다. 1890년 키플링이 인도를 떠나 런던에 도착했을 때 그는 새로운 자료와 스타일을 활용한 덕분에 문학적인 대성공을 거두었다. 1890년대 중반이 되면 그는 대중적으로 크게 성공했을 뿐만 아니라 대중의 마음에 깊숙이 각인되었다. 그는 제국의 새로운 양심으로 부상하였고 그의 문장은 유행어가 되었으며, 많은 사람들이 그를 흉내내었다. 저 바다 건너에 있는 또 다른 잉글랜드를 노래한 그는 새로운 시대의 목소리였다. H. G. 웰즈의 소설 『새로운 마키아벨리(*The New Machiavelli*)』의 주인공은 1890년대를 회고하면서 "내가 대학에 다닐 때 지배적 세력은 사회주의가 아니라 키플링주의였다. 우리는 모두 명백한 제국주의자들이었다"고 토로하고 있다. 키플링은 "우리 시대 사회주의가 표현하지 못한 기율과 헌신과 조직된 노력에 대한 욕망을 표현해 주었다"는 것이었다.[12)]

키플링에 대해서는 물론 다양한 해석이 가능하겠지만 거의 모든 사람들이 동의하는 한 가지는 그가 '분투, 우애, 그리고 전쟁의 시인'이었으며 사람들의 삶의 영역을 더 넓은 세상으로 확대시키고 그것에 새로운 의미를 부여하였다는 것이다. 그가 엘리트가 아닌 평범한 병사, 철도 건설 노동자, 기계공 등 제국의 낮은 직위에 종사하면서 주목받지 못한 사람들을 찬양하였다는 사실에서 키플링을 마르크스만큼이나 기존 체제에 대한 예리한 비판자였다고 해석하는 경향도 존재한다.[13)] 동시에 키플링은 제국주의가 정말로 무엇을 의미하는지를 보여 주었다. 하층계급에 대해 점점 더 민감해지는 중간계급에게 그는 노동계급이 비록 거칠기는 해도 충성심을 가지고 있다는 사실, 결코 혁명 같은 것은 시작하지 않을 것이라는 확신을 가지게 해주었던 것이다. 그러나 키플링은 실상 정서적으로 매우 복잡한 인간이었다. 6살도 채 되기 전에 어머니에게서 떨어져서

---

12) Robert MacDonald, *The Language of Empire: Myths and Metaphors of Popular Imperialism 1880-1918*(Manchester University Press, 1994), 145-147.

13) D. H. Gann and Peter Duignan, *The Rulers of British Africa*(Croom Helm, 1978), 205.

영국으로 보내져, 후에 그 자신이 '황폐한 집'으로 이름 붙인 집에서 양육된 기억은 평생 그의 정서를 불안하게 만들었다. '케이프에서 카이로까지'라는 표어로 역사에 남게 된 남아프리카의 식민주의자 세슬 로즈의 친구였던 키플링은 보어전쟁 발발의 한 원인이 된 제임슨 습격사건을 지지하였고, 보어전쟁을 국수주의적 시와 노래로 지원하였다. 그는 또한 전쟁 후에는 영국이 전쟁에서는 승리하였지만 소수 자유주의자들이 밀너와 제임슨 같은 '위대한 제국주의자들'을 배신하고 저버림으로써 실망스러운 결과를 야기하였다며 자유주의자들을 비난하였다.[14)]

19세기 말에 무엇보다도 맹목적 애국주의와 제국주의를 퍼뜨리는 데 가장 중요한 역할을 한 것이 대중으로부터 폭발적 인기를 끈 뮤직 홀이었다. 원래 뮤직 홀에서는 음악 외에도 산업화 이전 시대의 여흥이던 곡예, 동물 쇼, 코미디 극 등이 상연되었는데 뮤직 홀 공연이 점차 상업화하고 다듬어지면서 19세기 후반에는 노래와 단막극을 중심으로 한 구성으로 자리잡았다. 최초의 대중적 여흥으로서 뮤직 홀이 차지한 위치는 참으로 절대적이었다. 1890년대 가장 큰 뮤직 홀 35개의 하룻밤 청중은 45,000명에 달했고 한해 총 관람객 수는 2,500만 명에 이르렀다. 무엇보다도 뮤직 홀은 중간계급, 노동계급 할 것 없이 다같이 즐긴 대중 여흥이었기 때문에 그 사회적 영향력이 더욱 지대하였다. 제국주의에 대해 처음으로 예리한 분석을 가한 J. A. 홉슨은 뮤직 홀을 맹렬한 국수주의의 본거지로 보았고, 이 시각은 역사가들에 의해 그대로 전수되어 왔다. 홉슨이 보기에 뮤직 홀은 당시 유일한 대중 예술로서 교회, 학교, 정치 집회, 심지어 언론보다도 더욱 강력한 교육기관이었으며 제국주의자들은 그것을 통해 대중적 정서를 조작하였다는 것이다. 사회주의자 하인드먼도 비슷한 견해를 표명하였으며, 후에 외무장관이 된 에드워드 그레이 경은 스스로를 자유주의적 제국주의자라 인정하였지만 1898년 수단전쟁이 진

14) Rudyard Kipling, *Something of Myself and Other Autobiographical Writings*, ed., Thomas Pinney(Cambridge University Press, 1991), introduction.

행될 때에는 국수주의에 대한 반대 감정이 치솟아 "뮤직 홀의 간판들을 모두 때려부수고 싶다"고 토로하였다.[15] 그레이가 보기에도 뮤직 홀은 국수주의의 산실이었던 것이다.

뮤직 홀에서 공연된 애국주의적 장면과 시사적이고 국수주의적 노래, 왕실에 대한 열정, 애국적인 대화 등에는 당대의 지배적인 제국적 정서가 가장 잘 반영되고 있다. 특히 1870년대 이후 인종에 대한 자부심, 인도에서의 영국 지배의 정당성, 정착 식민지와의 형제애, 대륙의 공격적인 경쟁자들로부터 제국을 보호해야 할 필요성 등이 뮤직 홀을 통해 영국 국민에게로 전파되었다. 또한 식민지를 빈곤으로부터의 구제로, 그리고 바다 건너 있는 유토피아로 그리는 노래들은 이민을 부추겼다. 1870년대 말부터 뮤직 홀에서 선풍적 인기를 끌었던 노래는 '정말로(By Jingo)'라는 노래였다.

> 우리는 싸우기를 원치 않네
> 그러나 정말로 싸워야 한다면
> 우리는 배를 가졌네
> 우리는 병사들을 가졌네
> 그리고 우리에게는 돈도 있네

경쟁국들에 대한 국수주의적 조롱을 담고 있는 이 노래들은 영국 국민의 우월감의 확인이었다. 20세기가 되면 '바다의 아들들', '여왕 폐하의 병사들' 등 개인보다는 영국의 세력을 팽창시키는 데 공헌한 집단적 행동을 찬양하는 노래들이 유행하였다.

뮤직 홀에서만이 아니라 극장 공연에서도 역사적 사건, 영웅, 제국을 주제로 하는 연극들이 상연되었다. 1888년 극 「아마다」가 실제 전함을 무대에 올리면서 공연되어 인기를 끌었고, 크리미아전쟁도 매우 인기 있는 군사물의 주제였다. 뿐만 아니라 「인도 반란」, 「줄루랜드의 전쟁」 등도 성공적인 공연이었다. 그러나 보어전쟁이 발발할 무렵이 되면 무대에

15) Mackenzie, *Propaganda and Empire*, 63.

서의 군사적 눈요기에 대한 취향이 쇠퇴하기 시작하고 중국, 그리고 무엇보다도 일본을 소재로 하는 극들이 인기를 누리기 시작하였다. 이러한 극들은 인종적 · 제국주의적 요소들을 포함하고 있었다. 찰스 고든 장군의 희생을 주제로 한 「카르툼」이 1885년 상연되어 선풍적 인기를 끌었는데 그의 일생은 극적인 요소를 많이 포함하고 있어 고든은 극의 주인공이 되기에 안성맞춤의 인물이었다. 명예를 잃어버린 후 다시 회복하기 위해 혼자서 이집트로 건너가서 제국을 위해 싸우고 죽은 그의 모습에는 제국주의적 소재가 모두 포함되어 있었던 것이다. 전반적으로 당시 유행한 극에는 착한 원주민과 악한 원주민들, 실추된 명예를 회복하려는 장교, 떠돌아다니는 유럽 출신의 악한, 그리고 위대한 영웅 등이 등장하였다.[16] 물론 19세기 말, 20세기 초의 제국을 소재로 한 극에서는 풍자도 발견되지만 충성심과 권위에 대한 존경심이 훨씬 강하게 엿보이며, 무엇보다도 반흑인적이고, 반유대적이며, 반보어적인 정서, 그리고 인종적인 정형화와 인종주의가 강하게 감지되었다.

뮤직 홀의 뒤를 이어 영화가 제국주의적 선전에 이용되었다. 군대와 전쟁은 처음부터 영화를 사로잡았는데 이런 경향은 제2차 세계대전까지 계속되었다. 보어전쟁은 최초로 영화에서 묘사된 전쟁이었으며 그 밖에 중국의 의화단 봉기, 러일전쟁 등이 모두 영화의 주제가 되었다. 영화는 이 시기에 군국주의를 강화하는 데 기여함으로써 제1차 세계대전이 발발했을 때 노동계급이 대량으로 군에 지원하게 되는 길을 닦았다. 영화의 검열은 제1차 세계대전중에 시작되었는데, 규제 내용은 일견 도덕적인 문제로 보이지만 실상은 정치적인 성격을 띠고 있었다. "원주민들이 둘러싼 가운데 백인 남성들이 굴욕을 당하는 장면"이나, "백인 여성과 다른 인종의 남성 간의 애매한 상황의 묘사" 따위에 대한 금지에서 알 수 있듯이 검열은 제국주의적인 세계관에 내포되어 있는 정치적 · 인종적 차원을 표현하는 것이었다. 1920년대 말이 되면 영화가 특히 대중에 대한

---

16) *Ibid.*, 50.

강력한 선전 매체라는 생각이 확고하게 자리잡았다. 당시 영화를 통한 제국의 선전에서 가장 열성적인 집단은 제1차 세계대전 후에 결성된 '제국 판매 위원회'였다. 제국의 경제적 자급자족을 달성하려는 노력에 주력을 기울인 이 단체는 선전활동이 제국의 생존에 꼭 필요하며 영화는 그러한 선전에서 핵심적인 도구임을 간파하여, 제국을 영국의 위대함의 원천으로 묘사하도록 다큐멘터리 영화 제작자들을 부추겼다. 제2차 세계대전은 이러한 제국주의적 전통에 더욱 박차를 가했으며 대전 후에도 제국의 서사시는 계속 대중을 끌어들였다.

3. 제국의 영웅

무엇보다도 제국은 영웅을 필요로 하였다. 근대 이후의 영국의 영웅은 대체로 세 그룹으로 분류될 수 있다. 첫째는 외국의 포학한 행위로부터 국가를 지킨 사람들로서, 넬슨 제독이 가장 대표적 예이다. 두 번째는 바이런같이 외국인들의 투쟁에 스스로를 바친 사람들이다. 마지막으로 제국의 영웅들이 있는데, 이들은 다른 문화권으로 여행하고 야만족을 굴복시킴으로써 영국의 도덕적 질서와 기독교와 자유무역과 법체제를 전파한 사람들이다. 세 번째 그룹에 속하는 영웅의 대표적 존재는 '리빙스턴'이나 '아라비아의 로렌스' 등이다.[17] 영웅들 가운데서도 가장 강력한 영향력을 발휘하는 영웅은 죽은 영웅, 특히 순교자이다. 순교자는 그의 목표를 달성하기 위해 이 세상에서 사라짐으로써 영웅으로서의 위치를 가장 쉽게 확대시키고, 해석되게 하고, 조작될 수 있게 만들기 때문이다. 영웅의 죽음은 제국을 위한 죽음으로서 칭송되었고, 영웅적 삶의 그림은 영웅적 죽음으로 완전해져야 했다. 영국에서는 영웅적 행위들이 1856년

17) John Mackenzie, "Heroic myths of empire," in *Popular Imperialism and the Military 1850-1950,* ed., Mackenzie(Manchester University Press, 1992), 113, 114.

에 새로 만들어진 빅토리아 십자훈장으로 포상되었는데 특히 다음 해 일어난 인도반란은 많은 포상자들을 배출해 내는 계기가 되었다. 반란 진압에서 전사한 군인들, 헨리 로렌스와 그 동생인 '펀잡의 구원자' 존 로렌스, '델리의 영웅' 존 니콜슨 등이 제국의 영웅으로 추앙되었다.

소위 '선교 제국주의자' 가운데 가장 유명한 인물은 데이비드 리빙스턴(David Livingstone, 1813~1873)이었다. 가난하고, 신앙심이 무척 깊은 전형적인 스코틀랜드 공장 노동자의 아들로 태어난 리빙스턴은 10살에 이미 면방직 공장에서 일을 해야 했으나 독학으로 라틴어를 공부하였다. 1834년 영국과 미국의 선교단이 중국으로 파견할 의사 선교사(medical missionary)들을 모집할 때 이에 뜻을 두게 된 리빙스턴은 공장 일을 계속하면서 그리스어, 신학, 의학 등을 공부하였다. 그러나 아편전쟁으로 인해 중국행이 무산되자 아프리카로 목표를 돌리게 된 그는 1840년 선교사로 임명되어 그 해 말 아프리카를 향해 출발하였다. 흥미로운 사실은 리빙스턴의 일차 목표는 선교였지만 그는 선교보다는 아프리카 탐험에서 보다 혁혁한 업적을 남겼다는 것이다. 첫번째 선교활동에서 이미 현지 탐험에 성공한 그는 1849년 영국 왕립 지리학회의 금메달을 받았다.

리빙스턴은 3단계의 명성을 거쳤는데 첫번째는 1856년 중앙아프리카 내륙지방으로부터 돌아와 탐험가, 작가, 선전자로서 누린 것이었다. 그의 책 『선교여행』(1857)은 출간된 지 처음 몇 달 동안 7만 부가 팔려 리빙스턴을 부자로, 그리고 유명인으로 만들었다. 그 책에는 사자와의 격투 등 독자를 흥분시키는 이야기도 포함되어 있었다. 리빙스턴은 영국 전국을 돌며 강연회를 가졌는데 케임브리지 대학에서의 그의 연설은 젊은 학생들의 열정에 불을 지펴 '중앙아프리카 대학 선교단'이 결성되기도 하였다. 그의 명성의 두 번째 단계는 1858~1863년의 잠베지 탐험의 실패로 인한 환멸이었으며, 마지막 단계에서 리빙스턴은 나일 강의 기원을 찾는 탐험으로 다시 영웅의 위치로 복구하였다. 마지막 탐험 도중 그가 실종되었다고 믿은 언론이 미국 신문기자 스탠리를 파견하여 그를 발견했을 때(1871) 리빙스턴은 최고의 대중적 인기를 누렸다. 이미 1850년대 말에 국민적 영웅이 된 그는 마지막 아프리카 여행중에는 국가적 '聖者'가 되었던 것이다. 리빙스턴에 대한 숭배는 스탠리가 『나는 어떻게 리빙스턴을 발견하였는가』라는 베스트 셀러를 출판하면서 절정에 이르렀다. 스탠리의 다른 책들, 『가장 어두운 아프리카에서』는 영어판만 15만부가 팔렸고 많은 다른 언어로 번역되었다. 그 외의 베스트 셀러들 가운데에도 『중앙아프리카의 호수 지대』(1860), 『나일 강의 기원의 발견』(1864), 『중앙아프리카 호수로의 왕복여행』(1881) 등이 있다. 위대한 탐험가들의 이야기들은 논픽션이면서 동시에 소설로서 사람들의 상상력을 뒤흔들었던 것이다.

리빙스턴에 대한 신화는 다른 신화들과 마찬가지로 자생적인 것은 아니었다. 신화가 되기 위해서는 왕립 지리학회라던가 스탠리 등의 중개인이 필요하였다. 리빙스턴이 영국의 신화가 된 또 다른 이유는 '신교도의 성자'로 추앙된 그가 실은 스코틀랜드 출신의 주변적 인물이었다는 사실이다. 그런 그가 잉글랜드 선교단과 외무성과 왕립 지리학회를 위해 일한 진정한 영국인으로 인정되었고, 왕실과 엘리트와 대중은 그를 찬양하는 데 한마음이었다. 리빙스턴 역시 1855년에 발견한 잠베지의 거대한 폭포와 호수를 각각 '빅토리아 폭포'와 '빅토리아 호'로 명명함으로써 여왕에 대한 자신의 충성심과 애국심을 드러냈다. 리빙스턴은 특히 20세기 들어 '무적의 스코틀랜드인'으로 불리면서 스코틀랜드 국민성의 신화가 되었고 나아가서 '아프리카 민족주의의 선구자'로서 숭배되기에 이르렀다. 리빙스턴은 '선교 제국주의'와 기독교 군국주의의 대표적 인물이었다.[18] 영국의 선교사업은 전반적으로 평가할 때 그리 성공적이지 못하였다. 일부 선교사들은 전도에는 거의 신경을 쓰지 않았다. 리빙스턴도 선교사로서보다 왕립 지리학회의 대리인으로 더욱 효과적이었고 아프리카 사람들의 정신적 구원자로서가 아니라 제국 팽창의 대리인으로 더 가치

18) *Ibid.*, 121-123.

있는 인물이었던 것이다.[19)]

20세기 가장 위대한 영제국의 영웅은 '아라비아의 로렌스'로 세상에 알려진 토머스 에드워드 로렌스(Thomas Edward Lawrence, 1888~1935)였다.[20)] 1962년에 만들어진 데이비드 린 감독의 영화가 그의 이름을 전세계에 알리기 전에 로렌스는 이미 영국이 낳은 가장 유명한 영웅이었다. 작은 키의 이상하게 생긴 이 남자는 '아라비아의 로렌스'라는 황금 신화의 한가운데를 차지하였는데 당대인들은 그를 영국 역사에서 가장 위대한 제국적 영웅, 아니 영국 최후의 위대한 영웅으로 칭송하였다.

로렌스의 아버지의 이름은 원래 토머스 채프먼으로 아일랜드에 사는 잉글랜드계 지주였다. 채프먼은 광신적으로 종교에 빠져 있던 여인과 결혼하여 네 딸을 두었지만 불행하였다. 결국 그는 딸들의 가정교사인 세이러와 도피하여 영국으로 건너왔고, 다섯 아들 가운데 둘째인 토머스 에드워드는 1888년에 웨일즈에서 태어났다. 어머니 세이러는 그녀 자신 사생아였는데 '로렌스'라는 성은 세이러의 생부의 성이었다. 이들은 정식 부부로 행세하였지만 행복하지는 않았다. 두 사람은 항상 자신들의 죄를 짊어지고 살았던 것이다. 로렌스가 자신의 출생의 비밀, 즉 자신이 사생아라는 사실을 알게 되었을 때 그것은 빅토리아/에드워드 시대의 부르주아 도덕률로 봐서 대단한 충격이었다. 로렌스 스스로는 자신이 1857년 인도반란 때의 영웅 로렌스 형제와 인척관계라고 말하기도 했지만 그의 진짜 성이 로렌스가 아니라는 것은 그 자신이 너무도 잘 알고 있었다. 로렌스의 어머니는 자신의 죄를 속죄하기 위해 남편과 아들들에게 대단히 종교적이고 엄격한 생활을 요구한 지배적 성격의 여인이었고 그런 어머니로 인해 로렌스는 여성 기피증과 동성애적 성향을 가지게 되었다. 어머니로부터, 가족으로부터의 도피는 그에게 제국에 대한 갈망으로 나

---

19) Judd, *Empire*, 88.

20) 그는 후에 친구인 극작가 버너드 쇼의 이름을 따서 개명하여 T. E. Shaw가 되었다.

아가게 했던 것이다.

일찍부터 동양에 대해 관심이 깊었던 로렌스는 옥스퍼드 대학 시절 유프라테스 강 유역의 유적 답사에 참여하였고 팔레스타인 탐험에도 가담하였다. 그 때 이미 그는 영국 정부를 위한 지도작성이라는 비밀 사업에 관여하고 있었던 것으로 추측된다. 그가 막상 대활약을 하게 된 것은 제1차 세계대전 때였다. 독일의 동맹국인 오토만 터키의 지배를 받고 있던 아랍인들이 터키에 대한 반란을 선언했을 때 로렌스는 이들을 돕는 정치적 연락장교로 활약하게 된 것이다. 이 때의 경험을 토대로 로렌스는 아랍인들의 오토만 제국에 대한 저항을 묘사한 『지혜의 일곱 기둥(*Seven Pillars of Wisdom*)』을 1926년에 출간하였다.

로렌스의 신화를 만드는 데 결정적 역할을 한 사람은 미국의 전쟁 통신원 로웰 토머스였다. 영국의 신문왕인 비버브룩 경이 1917년 미국을 전쟁에 끌어들일 속셈으로 미국 언론인들을 유럽으로 초대하였는데 그 때 프린스턴 대학 영문학 교수이던 로웰 토머스가 서부전선에 도착하였다. 영웅적 전투라고는 찾아볼 수 없는 진흙투성이 참호전에 실망한 토머스는 중동지역에서 벌어지는 전투를 추적하기로 하였고 거기서 한 베두인 사람을 발견하고 강한 흥미를 느꼈다. 토머스는 뉴스거리가 무엇인지, 대중이 원하는 것이 무엇인지를 간파할 수 있는 본능을 가진 사람이었다. 토머스가 발견한 이 젊은이는 이미 "수천 명 마호멧교도들의 사령관이고 실질적인 통치자"였다. 토머스는 중동지역에서 진행중인 전쟁을 온통 이 신비스러운 인물에 초점을 맞추고 재구성하는 작업을 하기 시작하였다. 로렌스는 토머스에 의해 '근대의 사자심왕', '새로운 리처드 사자심왕'으로 대중 앞에 나타났는데, 이 표현은 로렌스 신화에 종교적·정치적 이상주의가 잘 교합되어 있음을 보여 주는 것이다. 전후 코벤트 가든에서 「아라비아의 로렌스와 함께」라는 대중 강연으로 센세이션을 일으킨 토머스는 잉글랜드만이 아니라 영제국 전체를 돌며 순회 연설을 하여 로렌스의 이름을 세상에 떨쳤다. 토머스는 강연으로 백만 달러의 수입을 올렸으며, 강연을 편집한 책 『아라비아의 로렌스와 함께』가 1925

년 출판되었을 때 첫해에 20만 부가 팔리는 대성공을 보였다.[21)]

아라비아에서 로렌스의 사명은 원래 전적으로 전략적인 것이었다. 영국은 터키인들에 대한 아랍의 반란을 지원함으로써 독일측의 패전을 야기할 뿐만 아니라 전후 아랍지역에 대한 동맹국들의 통제를 확실히 하고자 하였다. 그러한 전략적 관점에서 볼 때 잠재적이지만 폭발적일 수 있는 아랍 민족주의는 중동지역에서의 영국의 제국주의적 팽창에 있어 관건으로 인식되었고, 따라서 영국은 아랍의 반란을 지원하는 정책을 취하게 되었던 것이다. 그러나 로렌스의 야심은 거기서 끝나지 않았다. 로렌스는 아랍인들이 부족상태를 벗어나 파이잘 왕 밑에서 통일되기를 원하였다. 그러나 그것은 영제국에 속한 아랍이었다. 통일된 아랍을 영제국의 일부로 편입하는 것이 자신의 사명이라는 자기도취적 확신에 빠져 있던 로렌스는 아랍인들이 영국의 '첫번째 황색 자치령'이 될 날을 꿈꾸었던 것이다.

로렌스는 영연방의 이념을 전파하기 위해 조직된 '라운드 테이블'이라는 단체의 회원이었다. 그의 구상은 변화하는 동양에서의 제국의 미래, 즉 영국의 지배와 아랍인들의 민족주의적 열망 사이의 균형을 맞추는 것이었으며, '자유로운 국민들의 연방제'라는 그의 구상은 실상 분석해 보면 영제국에서 '갈색 자치령 식민지'를 보고자 하는 욕심에서 나온 것이었다. 다시 말해 메소포타미아 지역이 캐나다나 남아프리카와 같은 영국의 자치 식민지가 될 것을 바랐던 것이다. 아랍인들은 그 안에서 영제국에 충성을 바칠 것이었다. 로렌스는 따라서 시리아를 오토만 제국으로부터 해방시켜 아랍인들의 자치령으로 만들어 영제국에 포함시키려 했다. 그가 2년 여의 게릴라전 끝에 1918년 10월, 시리아의 정신적 중심지인 다마스커스를 탈환했을 때 그를 그처럼 서둘게 만든 것은 연합군이 입성하기 전에 그 곳을 차지하려는 초조감이었다. 그래야만 그 곳에서 프랑스

21) Jonathan Rutherford, *Forever England: Reflections on Masculinity and Empire* (Lawrence &Wilshart, 1997), 70-72.

의 제국주의적 야심을 제거할 수 있다고 판단하였던 것이다. 그러나 영국 정부의 전 세계적 전략은 결국 시리아를 프랑스에게 넘겨 주는 결정을 내리게 되고, 로렌스는 자신의 꿈을 포기할 수밖에 없었다.

19세기의 다른 영웅들처럼 로렌스도 서로 모순되는 양면을 가지고 있었고, 그의 명성 또한 시대에 따라 부침을 거듭하였다. 1960년대 들어 점차 그의 성격의 복합적인 면이 관심을 끌게 되었다. 1969년에 전기 『비밀의 삶』이 발간된 후 그의 성적인 성향도 세상에 밝혀졌고, 그가 거짓말쟁이이며 그의 책 『지혜의 일곱 기둥』도 일어난 사실의 정확한 기록이 아니라 일종의 창작물임이 지적되었으며, 로렌스는 이제 영국 제국주의의 대리인으로 해석되었다. 그러다가 1970년대 말이 되면 로렌스는 다시 무원칙의 정치가들, 군인들 사이에서 근본적으로 매력적인 이상주의자로 부각되었던 것이다.[22)]

그는 명성을 추구하면서 그로부터 도망쳤고, 성적 욕구를 거부하면서 그것에 집착한 청교도였으며, 사기와 거짓말을 남발하면서 고고학적 지식을 추구한 학자로 자신을 부각시켰고, 전쟁의 잔임함에 공포를 느끼면서 동시에 그것에 몰입해 버린 사람이었다. 로렌스는 어렸을 적부터 영웅이 되기를 갈구하였다. 그는 며칠 동안이나 빵 한 조각 먹지 않고 냉방에서 글을 쓰는 등 마치 중세 수도사와 같은 극도의 극기를 보여 주었다. 그러나 동시에 로렌스는 아랍 소년들에 대해 동성애적 사랑을 느껴 그들에게 새디스트적 체벌을 가하기도 하고 스스로는 메조키스트적 행위를 즐기기도 하였다. 물론 이 모든 사실은 그의 생존 당시에는 전혀 세상에 알려지지 않았다. "내가 아라비아를 그렇게 좋아하는 이유 가운데 하나는 아마도 그 땅이 아직 남자들이 지배하는 유일한 땅이기 때문"이라던가, "아랍운동에는 여성적인 것은 전혀 없다. 낙타 외에는"이라는 발언에서 그의 여성에 대한 혐오감을 엿볼 수 있다.[23)]

22) Lawrence James, *The Golden Warrior: the Life and Legend of Lawrence of Arabia* (Abacus, 1995), 454, 455.

23) Rutherford, *Forever England*, 87, 88.

영국적인 것으로부터 도피하려고 하였던 로렌스가 영제국 최후의 영웅으로 추앙받게 된 것은 일종의 아이러니라고 할 수 있다. 로렌스는 그 영혼이 거대한 無로 둘러싸여 있는 이미지로서 아랍인의 존재를 표현하고 그들을 신화화하였다. 그는 '반쯤 유럽화된 아랍인'들을 참을 수가 없으며 '때묻지 않은 아랍인'이 천 배는 더 낫다고 주장하면서 아랍 옷을 입고, 아랍인으로 행세하며 그들의 정신적인 토대를 본따려 하였다. 그러나 그것은 결국 모방에 불과하였다. 로렌스는 하나를 떨쳐 버렸지만 다른 하나를 취하지는 못하였다. 그는 더 이상 잉글랜드인이 아니지만 그렇다고 아랍인도 아닌 중간상태에서 정체성을 상실해 버렸던 것이다. 그의 제국적 사명도 결국 실패로 끝난 후, 그의 삶은 공허뿐이었다. 보다 높은 목표에 대한 복종과 기율이라는 정서만이 그의 삶에 정당성을 부여해 주었던 것이다. 생의 마지막에 그는 "마치 나무에서 떨어진 잎들이 죽을 때까지 느끼는 것이 지금 내가 느끼는 감정과 마찬가지일 것"이라고 토로하였다.[24)]

왜 19세기 말에 그처럼 제국에 대한 숭배가 기세를 떨치게 되었는가는 아마도 빅토리아 중기의 개인주의적 자유주의의 지배가 너무 강했었던 사실로 설명될 수 있을 것이다. 그에 대한 반작용으로 집단주의와 협동작업이라는 가치가 그만큼 강조되었던 것이다. 거기에 독일의 통일에 자극받아 나타난 국가 지상주의가 첨가되어 개인이나 계급의 이해관계 위에 존재하는 최상의 조직으로서의 국가가 강조되었던 것이다. 대중적 제국주의는 보통 국민적 자기 확신과 연관되어 있다고 말해진다. 그러나 1880년대의 영국에서 제국주의는 오히려 자신에 대한 의심과 연관되어 있었다. 이 때 나타난 제국주의 옹호론에서 중요한 것은 그 속에 관통하

---

24) David Spurr, *The Rhetoric of Empire: Colonial Discourse in Journalism, Travel Writing and Imperial Administration*(Duke University Press, 1993), 130, 148; Rutherford, *Forever England*, 98, 99.

고 있는 비관주의의 맥락이었다. 즉 살아남기 위해 팽창하여야 한다는 주장이 그것인데, 존 러스킨이 1870년에 행한 발언, 즉 "될 수 있는 한 빨리 그리고 멀리 식민지를 찾아 내던가, 아니면 멸망하던가"는 당시 영국인들이 느끼고 있던 위급함을 표현해 주는 말이었다. 초기 빅토리아인들은 자신들을 제국주의자로 부르거나 영토의 확장을 위해 북을 울릴 필요가 없었다. 그들은 상업과 자유무역과 기독교의 옹호자로서, 그리고 영국인으로서의 혜택을 누리면서 전 세계를 누빌 수 있었다. 제국주의가 의식적인 이데올로기가 된 것은 자신감에 대한 의혹이 증대한 후의 일이었다. 칼라일이 이미 설파했듯이 의식적으로 계산되어야 하는 것은 반드시 문제가 있는 것, 이미 죽은 것, 혹은 죽어 가는 것이기 때문이다.[25)]

19세기 중반기의 번영 후에 찾아 온 자신감의 상실은 변화하는 영국의 위상을 일깨워 주었고 무엇보다도 공포가 영국인들을 제국주의자로 만들었다. 19세기 말의 영국 산업은 쇠퇴의 기미가 뚜렷하였다. 수출의 부진과 수입의 급증으로 무역수지는 적자로 돌아섰다. 그러나 막대한 해외금융투자로 국제수지는 흑자였는데 몇몇 사람들에게 이것 자체가 근심거리가 되었다. 이러한 경제는 기생적이고 불건전할 수박에 없기 때문이었다. 해외로부터의 이윤은 극소수에게는 이익을 가져다 주었지만 일반국민에게 취업의 기회를 가져다주지는 않았으며, 반면 국내 산업에의 투자는 고갈되는 사태가 야기되었다. 1905년에 저자 미상으로 발표된 책자인 『영제국의 쇠퇴와 멸망』은 커다란 센세이션을 불러일으켰다. 2005년에 일본에서 출판되었다는 가상하에 쓰여진 이 책은 20세기 영제국의 쇠퇴를 반추하면서 그 원인을 과다한 사치, 취향의 저질화, 국민 건강과 체력의 쇠퇴 등 8가지로 분석하였다. 조지프 챔벌린은 1904년 '제국의 날'이 도래했다고 선언했었다. 그러나 1914년에 소설가 H. G. 웰즈가 행한 연설의 제목이 「제국은 살아남을 것인가?」였다는 사실은 챔벌린의 낙관

---

25) Patrick Brantlinger, *Rule of Darkness: British Literature and Imperialism 1830-1914* (Cornell University Press, 1990), 44, 45.

론이 얼마나 빨리 비관론으로 변하였는가를 보여 준다.[26)]

사회계급 가운데 어느 계급이 국수주의와 제국주의에 가장 열정적이었는가를 밝히려는 작업은 무의미하다고 할 수 있을 것이다. 제국주의는 사회전반에 걸친 현상이었기 때문이다. 또한 애국주의, 제국주의, 국수주의 사이를 엄격하게 구분하는 것도 어려운 작업이다.[27)] 영국 대중은 제국으로부터 많은 이익을 얻지 못하였다. 그러나 이익의 유무에 상관없이 제국주의적 정복은 불만을 품은 대중으로 하여금 자신들이 '위대하고 영광스러운 제국'의 일원임을 확인시켜 주는 분명한 심리적 효과를 가지고 있었다. 이러한 심리는 곧 애국심으로 발전하고 그들이 살고 있는 사회의 모순과 불합리성을 감지하고 분석하는 능력을 둔화시켰다. 이러한 경향은 영국만이 아니라 19세기 말, 20세기 초 모든 제국주의 국가들에서 발견되는 현상이었다. 그 정도는 국가와 사회계급에 따라 달랐지만, 전체적으로 제국주의가 계급갈등을 완화시키는 '사회적 접착제'의 기능을 가지고 있었던 것은 부인하기 어렵다. 그러나 그 접착제의 효능은 제1차 세계대전이라는 재앙을 겪으면서 약해질 수밖에 없었다. 그 후에도 제국주의에 대한 선전은 계속되었지만 이제 제국주의를 비판하고 거부하고 조롱하는 사람들의 수가 점차 많아지면서 제국에 대한 맹목적 믿음도 약해졌던 것이다.

---

26) Judd, *Empire*, 207.

27) Mackenzie, *Propaganda and Empire*, 63.

제9장

제국을 어떻게 통치할 것인가

일반적으로 유럽 식민제국은 유럽인 관리들에 의해 '직접' 통치되거나, 그들의 감독하에서 토착 세력에 의해 '간접' 통치되거나 하였다. 우리는 보통 프랑스는 직접통치를 실시하였고 영제국은 이와는 대조적으로 간접통치를 실시한 것으로 이해하고 있다. 그러나 이것은 피상적인 일반화이고, 영제국은 실상 자치 식민지와 직접통치 지역, 그리고 식민지 사회의 엘리트를 이용하여 간접통치를 실시한 지역, 이 세 부분으로 구성되어 있었다. 이 중에서 간접통치가 영제국에서 가장 많이 쓰인 방법이었지만 그것도 일관된 형태는 아니었다. 프랑스의 직접통치 역시 그 표현대로 유럽인들에 의한 직접통치의 형태를 취하지 못하였다. 어디에서나 한정된 수의 유럽인 통치자와 그들을 돕는 현지인들로 구성된 통치체제를 발견할 수 있는 것이다.

유럽제국들은 우선 원칙이나 이데올로기에 의해 통치방식을 결정하였다. 그러나 그러한 원칙과 이데올로기는 자주 현실적 상황을 고려하여 변질되게 마련이었다. 즉 각국의 식민지 통치방식은 상황이 빚어 낸 결과라고 보는 것이 보다 옳은 표현일 것이다. 특히 영국은 세계 최대 규모의 방대한 제국을 직접 통치할 수 있는 능력과 자원을 가지고 있지 못하였기 때문에 간접통치라는 방법을 택할 수밖에 없었다. 통치를 위해서는 무엇보다도 피지배 사회에 대한 정보와, 원거리 통제를 가능하게 하는 통신망이 필요하였다. 진정한 제국의 운영은 이러한 조건들이 완비된 19

세기 말에 가서야 시작되었다고 말할 수 있다. 이 때 이르러서야 제국은 중심부에서 확실히 통제되는 하나의 통일체를 이루게 되었던 것이다.

이 장에서는 우선 유럽 식민제국들의 통치방법을 직접통치와 간접통치의 개념으로 구분해 보고, 다음에 간접통치의 배경이 된 제반 상황을 고찰해 보기로 한다. 마지막으로 19세기 중반 이후 급속도로 진행된 과학기술의 발전이 제국의 통제를 어떻게 변화시켰는지를 살펴보기로 한다.

1. 직접통치와 간접통치

유럽의 식민지 통치방식은 공식적으로는 직접통치, 혹은 간접통치로 분류되어 왔다. 스페인, 포르투갈, 프랑스가 직접통치 방법을 선택하였다면, 영국, 네덜란드, 독일, 벨기에는 간접통치에 의존하였다고 간주된다. 그러나 실상은 그렇게 간단치 않았다. 인도에서만도 극단적인 직접통치로부터 간접통치까지 모든 유형이 발견되는 것이다. 직접통치와 간접통치 두 방법 사이에는 실상 유사점이 많았다. 어떤 유럽 식민제국도 원주민들 혹은 토착 지배구조 없이 지배할 수 없었기 때문에 아시아, 아프리카의 모든 유럽 통치자들은 전국적 차원에서건 지역적 차원에서건 다소간 토착사회 엘리트에게 의지할 수밖에 없었다.

유럽 식민제국들이 어떠한 통치방법을 택할 것인가를 결정하는 데에는 세 가지 요인이 작용하였다. 첫번째 요인은 제국주의 세력이 각각 제국을 통해 실행하려고 한 국가 정책이다. 두 번째는 식민지에 파견되는 관리들의 성향인데 이들의 성향은 항상 본국 정부의 성향과 같지는 않았으며 혹은 그들 내부에서도 서로 일치하지 않았다. 마지막 요인은 한쪽의 토착 지배자 및 토착 관리들과 대중, 그리고 다른 쪽의 제국 세력과 행정관들 사이에 존재하는 관계이다. 이 세 가지 요인들이 서로 상충하거나 상호작용하면서 실제 식민지 지배에서 큰 차이를 가져왔다.

물론 전반적으로 보았을 때에는 국가에 따른 유형이 존재하였다. 스페인과 포르투갈인들은 식민지 토착 지배자에 대한 존경심이 거의 없었다. 따라서 이들은 아메리카, 아시아, 아프리카의 토착 지배자의 주권을 부정하고 직접통치에 의해 제국을 운영하게 되었다. 반면 영국은 아프리카 족장들의 의식, 궁정, 계보 등을 존중했기 때문에 간접통치를 선호한 것이라는 해석도 있다. 프랑스의 경우에는 1789년 혁명 이후 직접통치를 견지하였는데, 혁명 이후 이들은 공화주의적 성향을 갖게 되어 세습적 토착 지배자들을 적대감을 가지고 대하게 되었다. 프랑스인들은 식민지들이 경제적으로 군사적으로 프랑스를 지원할 것을 기대하였으며, 종속민들은 이 과정에서 '스스로도 이익을 보아 불가피하게 문명화가 될 것'이라고 주장하였다.[1)]

이처럼 국가에 따라 전반적인 경향이 있었던 점은 사실이지만 각국의 식민지 지배 형태는 정책 결정과정의 복잡한 구성에 의해 얼마든지 다양하게 변화하는 모습을 보였다. 예를 들어 19세기 초 영국에서 의회, 내각, 수상, 국왕은 모두 식민지에 대해 각기 서로 다른 견해를 가지고 있었다. 여기에 여러 압력단체들이 작용하였으며, 인도의 경우 인도 통치의 책임을 지고 있던 동인도회사 자체도 직접 통치에 관여하는 이사회와 그렇지 않은 주주들로 구분되어 있었다. 이러한 상황에서 일관된 정책결정을 내리는 것은 쉽지 않았다. 무엇보다도 본국 정부의 정책이 식민지에 파견된 관리들에 의해 그대로 실천되리라는 보장이 없었다. 그 결과 영국은 국가정책상으로는 인도에서 더 이상의 팽창을 반대하였지만, 현지 관리들에 의해 영국령 인도는 계속 팽창하고 있었다. 또한 영국은 정책적으로 간접통치를 표방했지만 궁극적으로는 인도의 대부분, 동남아시아, 그리고 아프리카의 상당 부분을 직접통치하에 두게 되었던 것이다.

영국이 인도에서 초기에 사용한 통치방식은 유럽 식민지 역사에서 간접통치의 전형이 되었다. 그 곳에서 사용된 '자문관(resident)' 제도는 영

---

1) Michael Fisher, *Indirect Rule in India: Residents and the Residency System 1764-1858* (Oxford University Press, Delhi, 1991), 18, 19.

국만이 아니라 다른 식민제국들에게도 모범이 되었으며, 그 용어가 쓰이는 모든 곳에서 그 역할과 지위에 대한 공통된 개념이 존재하게 되었던 것이다. 네덜란드인들도 자바에서 간접통치를 개발하였다. 네덜란드 동인도회사는 처음에는 잉글랜드 동인도회사와 마찬가지로 해운력에 기반을 둔 이윤추구 정책을 추구하면서 정치적 · 행정적 간섭을 기피하였다. 그러나 17세기 말 지역 국가들간의 갈등과 무질서를 염려하게 되면서 정치적 간섭을 시작하였고, 18세기에는 영국과 마찬가지로 본국으로부터 관리들을 파견해서 토착 지배자들을 감독하기에 이르렀다. 이 체제하에서 토착 지배자들은 실질적으로 조공을 바치는 것과 마찬가지라 할 정도로 싼 값으로 노동력과 원자재를 네덜란드에 제공해야 했다. 그러나 자바에서 네덜란드인들이 만든 체계는 인도에서 실현된 것과 같이 형식적으로 주권을 가진 국가들이 유럽인 자문관에 의해 간접적으로 통제되는 안정된 통치체제에 이르지 못하였다.

독일과 벨기에도 간접통치를 표방하였지만 영국만큼 단일하고 일관된 체제를 오랫동안 유지하지 못하였다. 비스마르크는 처음에는 아프리카에 독일제국을 건설하는 것에 반대하였지만 후에 마음을 바꿔 제국을 건설하기로 작정하였다. 그가 상정한 제국의 통치원칙은 간접통치였다. 간접통치는 비용에 비해서 효과가 큰 것으로 판단했기 때문이었다. 그를 위해 비스마르크는 정부가 아니라 개인 기업들이 멀리 떨어져 있는 식민지들을 통치할 것을 원하였다. 그러나 결국 독일 정부는 식민지에서 비스마르크가 원했던 것보다 더 많은 역할을 할 수밖에 없었다. 독일은 카메룬 북부에서 영국인들이 나이지리아에서 한 것과 비슷하게 'Residentur'라는 관리를 둔 간접통치 체제를 수립하는 데 성공하였다. 한국에서도 을사조약 이후 보호령 체제에서 초대 통감으로 이토 히로부미가 부임하였는데, 이토의 직위인 '통감'의 영어 번역어가 'Resident-General'이었다.[2)]

2) *Ibid.*, 25, 26.

앞에서 언급되었듯이 영국은 인도에서 처음으로 간접통치의 전통을 마련하였다. 동인도회사가 인도로 진출하여 각각의 토후국들과 관계를 맺기 시작할 때에는 이 방법 외에는 대안이 없었던 것이다. 그러나 점차 런던에 있는 회사 본부의 의지와는 상관없이, 혹은 그들의 명령에도 불구하고 현지 관리들에 의해 지배 영역이 확대되면서 영국령 인도에서는 독특한 관료체제인 문관제(Indian Civil Service)가 확립되고 직접통치가 실시되었다. 인도는 그 자체 제국으로서 영국의 다른 식민지들과는 구분되는 예외적 존재였다. 1600년에 엘리자베스 1세로부터 특허장을 받은 동인도회사가 무굴황제의 승인하에 무역활동을 시작했는데, 이들은 무굴제국의 쇠퇴로 인한 행정체계의 붕괴, 무굴황제에게 복속되지 않았던 인도 토후국들과의 전쟁, 그리고 네덜란드, 프랑스 등 경쟁국들과의 갈등으로 점점 깊숙이 통치의 길로 빠져들게 되었다. 1750년경까지는 영국의 세력이 무굴제국에 비해 특별히 우세하지 않았다. 그러나 그 후 유럽인들의 군사적 · 기술적 위치가 결정적으로 유리해지자 인도에서의 회사의 역할도 변해 버렸다. 동인도회사가 상업적 관심에서 정치적 관심으로 도약하게 된 계기는 회사 직원 로버트 클라이브(1725~1774)가 7년전쟁중 플라시전투(1757)에서 프랑스를 물리치고 벵골의 실질적 지배자가 된 사건이었다.

영국의 간접통치는 각 토후국에 자문관을 파견하는 방식을 취하였다. 자문관은 토착 지배자의 궁정에 파견되어 그 정부의 일반 행정을 주시하고, 자문하고, 총독에게 보고하는 역할을 하며, 필요할 때에는 총독부와 토착 정부 간의 커뮤니케이션을 중개하는 역할을 하기도 했다. 이 때 자문관과 토착 지배자들 사이에서 큰 역할을 한 것이 무굴제국에 봉사했던 이슬람교도 엘리트층이었다. '문시'라 불린 이들은 자문관에게 무굴식의 외교방식을 가르치고, 영국의 명령을 무굴식으로 바꾸고, 궁정의식의 의미를 설명해 줌으로써 영국인 자문관이 자신과 전혀 다른 언어와 가치관을 가진 세계에서 일할 수 있도록 도와 주었다. 문시 밑에는 서기, 정보 담당관, 통역관, 의사, 그 외 다른 사람들로 구성된 스탭진이 있었

다.[3)]

영국인들은 통치비용을 줄일 수 있는 방법으로서 간접통치 방식을 선호하였지만 영국인 모두가 여기에 동의한 것은 아니었다. 간접통치에 대한 비판도 제기되었는데, 영국 내 인도문제 전문가들은 원주민들을 전통적 지배자의 통제하에 놓아 두는 것은 잔인하고 비인간적일 뿐 아니라 필연적으로 실패할 정책이라고 비판하였다. 동인도회사 사원으로 『영국령 인도의 역사』를 쓴 공리주의자 제임스 밀은 영국인들은 단지 영국 대중을 무마하기 위해 간접통치라는 방법을 사용하고 있지만 간접통치의 비용이 오히려 직접통치보다 높다는 사실을 지적하였다. 따라서 밀은 인도 토후국들을 병합해 그 지배자들에게 연금을 지급하고 직접통치를 시작할 것을 촉구하였다. 비판자들은 또한 간접통치는 원주민 사회에 존재하는 폭정과 부패 등 폐해에 의해 왜곡되기 마련이며, 원주민들은 직접통치를 통해 백인과 접촉함으로써 미래 발전에 대한 자극을 받아 문명화의 길로 나아갈 수 있는 것이라고 주장하였다.[4)]

19세기 중엽이 되면 영국령 인도는 아대륙의 2/3를 차지하게 되었으며, 나머지 1/3의 지역에는 600여 개의 크고 작은 토후국들이 남아 있었다. 이들 토후국들은 조약에 의해 영국 국왕에게 묶여 있었고 영국이 파견한 자문관에 의해 감독받았다. 동인도회사가 직접 점령하고 관할하는 지역이 늘어나면서 그 곳에서는 간접통치와는 다른 독특한 행정체계가 수립되었다. 영국령 인도에서는 이 체제하에서 19세기부터 20세기 전반기까지 500～1,000명의 영국인 문관들이 인도인들을 직접통치하였다. '인도식 직접통치'는 근대에 들어서 처음으로 고안된 식민지 통치방법으로, 영국에서 충원된 소수 전문 관리들이 '직접적으로 그리고 전제적으로' 거대한 수의 토착 인구를 통치하는 방식이었다.[5)] 물론 이처럼 적은

3) *Ibid.*, 438.

4) Anton Bertram, *The Colonial Service* (Cambridge University Press, 1930), 82, 85.

5) D. K. Fieldhouse, *The Colonial Empires* (Macmillan, 1982), 295.

수로는 거대한 아대륙을 감당할 수 없었기 때문에 영국인 문관 밑에 많은 수의 현지인들이 하급관리로 고용되었다. 직접통치라 해도 영국은 식민지 통치방식에 대한 논의에서 프랑스식의 동화정책을 처음부터 배제시켰으며, 지방의 법과 관습을 보존해 주었다.

오늘날 인도에 남아 있는 동인도회사의 유산으로 영어, 근대적 법체계, 그리고 관료국가가 언급될 정도로 관료제는 인도에 장기적으로 중요한 영향을 미쳤다. 인도에서 근대적 의미에서 관료제가 창설되기 시작한 것은 1780~1790년대부터였다. 이 때 회사관리에게 전문적 윤리의식이 도입된 것은 무엇보다도 중요한 일로서, 총독 해스팅스는 상당한 수준의 봉급과 연금체계를 수립해 사원들이 금전적으로 불미스러운 일에 말려들 소지를 애초에 없애 버렸다. '기율과 집단의식'을 가진 식민지 행정가들의 전문가적 성격은 영국령 인도에서 이 때부터 세워진 전통으로서, 인도 문관의 이러한 성격은 역으로 영국 본국의 전문 관료층에게도 비슷한 윤리를 주입시켰으며 다른 유럽제국에서도 답습되었다.

직접통치가 실시된 영국령 인도는 주(Province)와 그 밑에 구(District)로 나누어졌고, 주에는 주지사(Governor), 구에는 지방 행정관(District Officer)이 파견되었으며, 지방 행정관은 부지방 행정관(Assistant District Officer)의 도움을 받았다. 이 가운데 지방 행정관과 부행정관이 인도 문관제에 속한 관리였고 총독은 정치직이었다. 총독이 중앙정부의 중심이었다면 지방 행정관은 각 지역의 중심이었다. 무굴제국하에서 인도의 통치 영역은 기본적으로 세금 징수를 위한 지역 구분으로서 각 지역이 징세관에게 위임되었는데, 동인도회사는 이 체제를 그대로 물려받았기 때문에 지방 행정관이 징세관이자 실제적인 지방장관으로 세금 징수, 일반행정, 그리고 사소한 사건일 때에는 사법까지 담당하였다. 이들의 통치는 전형적 의미에서의 직접통치였고 영국령 인도에서 실질적 통치자는 이들이었다. 이들은 철저하게 가부장적이었고 따라서 이들의 통치체제는 전제정이었지만 법이 최고의 권위라는 원칙 위에서 통치했기 때문에 폭정으로 타락하지는 않았다.[6]

19세기 말 아프리카의 광활한 지역이 급격히 복속되면서 영국의 식민지 통치문제는 또 한 번 변화를 겪게 되었다. 인도에서 실시하던 것과는 약간 다른 방식의 간접통치가 아프리카에 도입되어 이것이 이후 영제국의 통치방식의 모델이 되었던 것이다. 19세기 말에 획득한 식민지들은 대부분 전략적 필요성 때문에 점령한 것으로 이들 지역들은 백인 정착민의 거주지가 아니었으며 고유의 법률과 사회적 관습과 정치제도들을 가지고 있었다. 따라서 이러한 식민지에는 통일적인 정치체제를 수립할 수 없었다. 또한 제국 운영은 국가기관에만 의존한 것이 아니었다. 많은 경우 식민회사로 대표되는 사기업, 상인들, 정착민들, 선교사들, 탐험가들이 여기에 참여하였기 때문에 중앙에서의 통제가 이들에게 효과적으로 미칠 수도 없었다.

20세기 초 나이지리아 총독인 F. D. 루가드(총독: 1912~1919)는 인도에서 행해진 간접통치 방식에 착안하여 독특한 간접통치의 행정체제를 고안하고 실시하였다. 나이지리아에서는 무슬림 추장들의 세력이 너무 커서 직접통치가 불가능했고 어떤 형태로든 간접통치가 불가피하였다. 루가드의 해결책은 직접통치와 간접통치의 결합이었다. 실제 행정은 '토착 권력자들'에게 맡기지만 이들은 강력한 영국 자문관에 의해 감독되어야 하며 이로써 토착민의 자율성과 제국의 권위 사이에 균형이 이루어진다는 것이었다. 그의 구상에 따라 북나이지리아의 간접통치는 다음과 같이 추진되었다. 즉 각 주마다 자문관이 임명되고 이들은 그 밑에 '정치관료'로 알려진 지방 행정관을 두었다. 나이지리아의 자문관의 지위는 인도 토후국의 경우와는 전적으로 달랐다. 인도의 자문관이 절대로 토후국 정부의 행정을 직접적으로 통제하지 않았다면, 나이지리아의 자문관은 정부의 한 관리로서 토착 관리와 나란히 지배하였다. 행정이 직접 그 자신의 손에 놓여 있다는 의미에서 자문관의 기능은 명실공히 지배자의 기능이었던 것이다. 루가드는 은퇴 후 『이중의 통치』(1922)를 출간하고

---

6) Bertram, *The Colonial Service*, 63.

자신이 고안해 낸 통치방식을 설파하였는데, 당시 유행하던 인류애적 관심, 신인류학, 그리고 '재정적으로 자급자족하는 식민지'라는 개념 등에 힘입어 그의 책은 큰 반향을 불러일으켰다. 루가드의 원칙은 아프리카 다른 지역에도 전파되어 1945년까지 아프리카 거의 전역에서 영국의 통치는 이 형태를 취하게 되었다.[7]

루가드의 방식은 실상 영국이 아프리카에서 할 수 있는 최선의 방법이었다. 나이지리아에 주재했던 한 관리는 1900년에 영국 정부가 북나이지리아를 특허회사로부터 인수했을 때 "기존 추장들을 통해 통치한다는 정책이 단번에 채택되었다. 실제로 다른 어떤 정책도 불가능했다"고 회고하였다. 모든 추장들과 기존 지배자들을 일소해 버리고 이민족의 지배를 확립시킨다는 것은 애초에 불가능했기 때문이다. 유럽인들만으로 그 나라를 통치하고 세금을 제대로 걷으려면 너무 비용이 많이 들어서 이러한 대안은 고려조차 할 수 없었던 것이었다. 또한 담당 지역에서 사용되는 모든 언어를 알지 못하는 지방 행정관은 결국 통역관이나 원주민 출신 경찰에 의존할 수밖에 없는데 그러한 상황에서 그들이 "진짜 총독이고 그의 이름으로 못된 짓을 할 것이 분명"하기 때문에 직접통치는 불가능하다고 판단되었다.[8] 원주민들에 대한 영향력도 그들의 추장을 통해 보다 효율적으로 발휘될 수 있을 것이라고 믿어졌다.

간접통치하에서 가장 예민한 문제는 토착 지배자의 위상의 문제인데, 영국의 간접통치에서는 토착 지배자들의 지위가 오히려 상승했음을 알 수 있다. 추장을 통해 통치하려면 추장이 필요하였다. 따라서 영국인들은 토착 권위자가 쇠퇴한 상태라면 그를 다시 살리고 활력을 주려고 노력하였고, 추장이 없는 곳에서는 그것을 만들어 냈다. 그 과정에서 그들은 새로운 학문인 인류학과 행정 관리들을 이용해 어떤 종족 집단을 다른 집단들보다 우위에 두고 선호하는 정책을 취하였다. 어떤 사람들과의

---

7) *Ibid.*, 72; Kathryn Tidrick, *Empire and the English Character* (I B Tauris, 1990), 205.

8) Bertram, *The Colonial Service,* 81, 82; Tidrick, *Empire and the English Character*, 207.

협력은 다른 사람들에 대한 차별을 의미하게 마련이었다. 영국인들은 인도에서는 힌두교도와 무슬림교도들의 차이를 강조하였고, 이집트에서는 이집트 민족주의자에 대항해서 오토만제국이 파견한 총독을 지지했으며, 말라야에서는 말레이인들보다 중국인들을 선호했던 것이다.

영제국의 광대한 규모가 현실적으로 직접통치의 한계를 넘어서는 것이라는 사실은 명백하였다. 간접통치는 실상 엄청난 규모의 땅을 보잘것없는 자원으로 통제하는 문제를 실용적으로 해결하고 그것을 합리화한 것일 뿐이었다. 루가드가 간접통치라는 개념을 사용하기 전에도 실상 간접통치는 널리 행해지고 있었으며 막상 영국인들이 만들어 낸 간접통치가 과연 다른 식민제국의 통치정책과 확연히 구분되는 새로운 것이었는가에 대해서는 의문이 남는다. 게다가 루가드는 그의 행정을 간접통치의 모델이라고 선전했지만 후대 학자들은 그가 실행한 것은 직접통치에 더욱 가까운 것이었다고 지적해 왔다.

직접통치, 혹은 간접통치라는 용어를 보다 분석적으로 사용하기 위해서는 공식적 정책과 식민지에서 실제 행해진 일 사이를 방법론적으로 구분할 필요가 있다. 역사적 사실은 영국만이 아니라 다른 제국 정부들도 원주민 중개인들에게 의존하였고 많은 토착제도와 법률을 보존했다는 것을 밝혀 준다. 영국의 간접통치, 프랑스의 직접통치는 어느 것도 원칙에 충실하지 못했던 것이다. 결국 모든 원주민 행정은 시간이 지남에 따라 더욱 강화되기 마련이기 때문에 진정한 비교는 점령 초기에 행해진 느슨한 통제와 식민지 지배 후기의 보다 치밀한 감독 사이의 차이에서 찾아야 할 것이다. 직접통치, 혹은 간접통치가 이상형과 얼마나 가까웠는가, 혹은 멀었는가는 장기간에 걸친 실제 정책과 실행을 통해 분석되어야 하는 것이다.

2. 간접통치의 배경

서양 식민제국들이 간접통치를 택하게 된 이유는 원칙이나 이데올로기가 아니라 그들의 한정된 능력과 자원 때문이었다. 이제 영제국을 중심으로 이 문제에 접근해 보기로 한다. 근대의 모든 제국들 가운데에서 영제국은 가장 다양하고 분산되어 있었다. 영제국은 20세기 초 이미 전 세계 지표의 1/4을 포괄할 정도로 광대해졌지만 일관되고 통일적인 제국의 통치전략을 가지고 있지 않았다. 제국이 광대해진 만큼 영국은 그 어느 때보다 더 다양한 체제로 제국을 통치할 수밖에 없었다. 20세기 초 영국의 식민지 관련 법은 해외 영토를 40개의 범주로 분류하였고, 그 통제를 3개의 부서 — 식민성, 인도청, 외무성 — 에 일임하였다. 그 외 로디지아와 북보르네오 등지에서는 개인 특허회사가 통치를 맡고 있었다.

영제국이 단일한 행정적 중심을 가지지 못한 채 경영이 느슨했던 이유는 무엇보다도 영제국이 중심부의 일관된 기획이 아니라 오랜 기간에 걸쳐 상황에 따라 즉흥적으로 획득되고 확장되었기 때문이었다. 영토의 획득이나 상실, 경제의 상승과 하강, 전쟁, 부패나 스캔들 등이 일어남에 따라 문제를 해결하기 위한 담당 기구가 그때그때 만들어졌던 것이다. 식민지 통치기구의 발달에는 특히 전쟁이 중요하였다. 전쟁은 정부로 하여금 식민지의 중요성을 인식하고 제국의 통일을 보다 강화하려고 노력하는 계기를 마련해 주었다. 영제국의 행정체계는 우선 1793~1815년간 대불전쟁 기간에 모습을 갖추기 시작했고, 1850~1860년대 인도를 비롯한 몇 군데에서의 반란사건으로 재평가되었으며, 마지막으로 제1차 세계대전을 계기로 또다시 변화를 겪었다.

초기 제국통치의 메커니즘에서 가장 중요한 것은 왕실과 의회였다. 영국의 특성인 취약한 행정기구를 고려할 때 효과적으로 권위를 행사할 수 있는 것은 의회뿐이었으나 의회는 식민지 경영에서 물러서 있었다. 제국

문제를 거의 논의하지 않던 의회는 18세기 후반부터 정부 운영에 관여하는 권리를 확인하는 차원에서 식민지 일에 간섭하기 시작하였으며 1766년이 되어서야 식민지에 구속력을 가지는 법을 제정하였지만, 이 법이 원인이 되어 북아메리카 식민지를 상실하는 아이러니를 맞게 되었다. 1810~1890년간 의회에서 행해진 토론 중 단지 4%만이 식민지 문제에 관한 것이었고, 그것도 캐나다, 오스트레일리아, 뉴질랜드에 대한 토론이 거의 주류를 이루었다.[9] 의회는 어찌 되었든 식민지 경영에 유능한 기관도 아니었다.

따라서 18세기 이전에 식민지는 전적으로 국왕의 관심사일 뿐으로 왕의 추밀원을 통해 통제되었다. 그러나 추밀원은 전문적 지식을 결여하고 있었을 뿐만 아니라 식민지 문제만을 다루는 상설기구가 아니었기 때문에 적극적인 정책을 펼치지 못하였다. 다만 추밀원이 조언을 얻기 위해 의존했던 상무성이 그나마 식민성에 가까운 역할을 하고 있었다. 점점 제국의 영역이 넓어지면서 복잡한 제국을 통제하기 위한 전문기관이 하나 둘 만들어지기 시작해 식민성과 인도청이 1801년에 창설되었다. 그러나 식민행정을 도맡은 중앙 부서는 존재하지 않았으며 부서간의 연관도 느슨하기 이를 데 없었다. 행정, 상업, 군사적 기능이 다양한 정부 부서 사이에 분산되어 있어 적어도 6개의 부서 — 외무성, 인도청, 전쟁성, 해군성, 상무성, 식민성 — 가 해외에서 영국의 이해관계를 수행하는 데 관여하고 있었다. 20세기까지도 이러한 혼란 상태는 지속되었고 각 부서간의 일관된 협력도 1940년대가 되어서야 가능해졌다.

식민지를 통제하는 중앙 부서들은 적극적인 제국 이론이나 통일된 제국통치의 이데올로기를 전적으로 결여하고 있었기 때문에 20세기 초까지 영국은 각각의 상황에서 가장 적합한 것은 아무것이나 적용하는 식으로 제국 운영에 임하였다. 즉 계획된 '원주민 정책'을 가지고 있지 않았

---

9) Richard A. Chapman & J. R. Greenaway, *The Dynamics of Administrative Reform* (Croom Helm, 1980), 61-63.

던 것이다. 각각의 식민지는 각각 다른 통치체제와 각각 다른 관료체계를 가지고 있었다. 1927년이 되어서도 식민장관은 다음과 같이 실토하였다.

> 엄격하게 말해서 (영국에는) 식민제국도 없고 식민지 행정관료라는 말도 없다. 나는 이 부서에서 36개의 서로 다른 정부들을 다루고 있는데 그들은 행정적으로, 재정적으로, 입법적으로 자립해 있고 서로간에 완전히 분리되어 있다.[10)]

영국의 제국 운영이 느슨했던 두 번째 이유는 '최소한의 경비주의'와 자유무역에 대한 신념 때문이었다. 의회는 식민지 문제로 국민에게 과세하는 것을 극도로 싫어하였다. 따라서 식민지 운영 비용을 주로 피지배지민들이 담당함으로써 '종속된 사람들이 종속의 비용을 지불한다'는 아이러니가 발생하였다. '싼 제국주의'를 위해 영국 정부는 특허회사나 보호령이라는 방법을 사용했는데, 이 방법은 영국 국민의 납세 의무와 더불어 통치 의무도 덜어 주었다. 1870년 이후 경쟁적인 제국주의 팽창에 휩쓸리고 난 후에도 영국은 가능한 한 공식적 합병을 피하려는 태도를 한동안 유지하였다. 식민회사인 북보르네오 회사가 1881년 자유당 정부로부터 특허장을 받았을 때 식민장관 그렌빌 경은 이 행위를 의회에서 두 가지 근거에서 정당화하였다. 즉 특허회사를 이용하는 것은 정부가 직접적으로 주권을 떠맡는 일과 그렇지 않을 경우 그 지역을 경쟁국들에게 넘겨 주어야 하는 바람직하지 못한 대안을 둘 다 피할 수 있는 유일한 방법이라는 것이었다.[11)]

19세기 초까지 영국은 식민지에 대해 정치적으로는 자유를 허용하지만 경제적으로는 통제를 가하는 독특한 제국 경영의 형태를 취하였다. 영국은 교역과 산업에서만은 본국의 이익을 위해 엄격한 통제를 실시함

---

10) L. H. Gann, & Peter Duignan, *The Rulers of British Africa 1870-1914*(Croom Helm, 1978), 46.

11) Paul Reinsch, *The Colonial Government*(Macmillan, 1916), 149.

으로써 경제적 영역에서는 식민지들을 하나의 통합된 제국으로 취급했던 것이다. 영국의 상업 체계도 다른 유럽 국가들과 마찬가지로 19세기 이전에는 독점체제였다. 튜더 시대에 만들어진 항해법은 모든 식민지 교역이 영국 상선을 통해, 그리고 영국의 항구를 거쳐 이루어져야 한다는 원칙을 확립해 놓았다. 또한 독점체제에 따르면 식민지 산업은 모국과 경쟁해서는 안 되고 식민지 생산은 국지적 시장의 필요를 충족시키는 선에서 제한되었던 것이다.

그러나 19세기에 이르러 영국에서 발달하고 있던 자유방임 이데올로기와 산업혁명의 결과, 경제적 통제조차 사라지게 되었다. 영국이 식민지를 중앙으로부터 통치하기 싫어한 것은 특히 자유무역에 대한 신념에 근거하였다. 과거에는 식민지에 대한 상업적 규제조치를 시행하기 위해 정치적 통제가 필요했으나 자유무역이 철칙이 되자 통제가 더 이상 필요하지 않게 되었던 것이다. 식민지들은 이제 통합된 세계경제의 일부이고 영국에게 특별한 이득을 가져다 주지 않는다는 주장이 설득력을 얻었으며, 항해법의 폐지(1849)와 더불어 모든 국가들에 영국 식민지와의 교역이 개방됨에 따라 완전한 자유무역주의가 1932년까지 지속되었다. 자유무역은 제국이 더 이상 중상주의적인 착취를 하지 않는다는 것을 의미했지만 모국의 보호 아래 번성하던 설탕 식민지나 인도의 직물업 등은 오히려 쇠퇴하게 되었고 식민지는 이제 스스로의 재원으로 살아가야 했다.

영제국에서 중앙으로부터의 통제가 느슨했던 마지막 이유는 관료진의 수적 제한과 비효율성 때문이었다. 이것은 물론 단순히 식민지 행정에서만 나타난 문제가 아니라 영국 국가 전체의 특성이기도 했다. 식민지 행정의 주무 부서라 할 수 있는 식민성은 1895년 조지프 챔벌린이 장관이 될 때까지 형편없는 건물에 위치했을 뿐 아니라 그 규모도 마찬가지로 형편없는 부서였다. 식민성과 전쟁성은 1801년 이래 같은 장관의 관장하에 있다가 1854년에야 분리되었는데, 1849년 당시 식민성에는 23명의 관리가 소속되어 있었으며 1907년에도 그 수는 125명에 불과하였다. 이러한 소규모의 부서로서는 철저한 감독이 불가능했고 적어도 1920년대까지는 자유방임적 정부의 태도가 제국 경영에서 그대로 드러났다. 19세기 중엽 파머스턴에 대한 한 일화는 식민성이 영국 정부에서 차지하고 있던 위치를 시사해 준다. 이 일화에 의하면 수상 파머스턴 경은 내각회의에서 아무도 식민장관직을 원하지 않자 자신이 담당하기로 결정하였다. 그리고는 회의가 끝난 후 "이 곳들이 어디 있는가"를 보여 달라고 주문하였다는 것이다. 파머스턴은 아마 당대 영국 정치인들 가운데 가장 국제적 감각을 가진 정치인이었을 것이다. 그런데도 그는 식민지의 위치조차 알지 못했던 것이다. 19세기 말에 이르면 사정은 많이 달라졌는데 그것을 당대인들은 디즈레일리와 '세기 정신' 덕분이라고 생각하였다.[12)]

식민성은 아주 유유자적한 곳이었다. 1864년에 식민성에 들어간 윌리엄 베일리-해밀튼 경의 회고에 의하면 그의 상관들은 부하 관리들이 12시 정각에 나타나서 5시 반 이전에 퇴근하지 않으면 만족했다고 한다.[13)] 식민성 관리들은 재무성이나 외무성보다는 못하지만 견실한 사회적 지위를 향유하고 있었다. 1886년에 관료제를 점검하기 위해 임명된 리들리 위원회의 보고서는 정부 내의 전통적 엘리트 부서인 외무성, 내무성과 함께 식민성, 인도청의 관리들이 지방정부성이나 상무성 관리들보다 높은 보수를 받는다는 사실을 보여 주었으며, 영국 식민성 관리들은 독일이나 벨기에의 경우보다 사회적 신분이 높았다. 1877~1889년 사이에 식민성이 임용한 2급 신참관리 11명 가운데 1명을 제외하고 전부 대학 출신으로, 7명은 옥스퍼드, 2명은 케임브리지 출신이었다. 가족 배경도 견실해서 대부분이 부르주아, 성직자, 전문직 종사자의 자식들이었다.

식민지 정부 관료의 충원 방법도 다양하였다. 인도 관료들은 독자적으로 모집, 채용되었고, 외무성도 관할 보호령에 파견하는 관리들을 독자적으로 충원했다. 열대 아프리카의 지방 행정관들은 주로 식민장관의 개

12) J. H. Muirhead, "What Imperialism Means," in *Fortnightly Review* CCCCIV (August 1, 1900), 179.

13) Gann & Duignan, *The Rulers of British Africa*, 47.

인비서가 후보자의 자격을 심사해서 임명했으며, 실론, 홍콩, 말라야에서는 인도 문관제와 마찬가지로 경쟁시험을 통해 선발하였다. 여기에 특허회사들의 사조직까지 있어서 영제국의 관료제는 그야말로 요지경 속이었다. 1930년대가 되어서야 공통된 채용 기준과 더불어 통일된 식민지 관료제가 정비되었던 것이다. 런던의 관리들은 거의 식민지를 방문하지 않았고, 현장에 있는 사람들이 당면한 어려움을 잘 알지 못했으며, 식민지가 어디 위치하는지조차 잘 모르고 있었다. 이들의 무지는 놀랄 만했다. 파머스턴은 식민지가 어디 있는지 알지 못해 지도를 찾아봐야 했고, 글래드스턴은 네 번이나 수상을 역임했지만 이오니아 제도보다 멀리 가보지 않았다. 챔벌린조차 인도를 한 번도 방문하지 않았던 것이다.

일반적으로 식민성은 전문 지식으로 훈련된 사람이 아니라 '신사의 습관과 매너'를 가진 사람을 원했기 때문에 관리들은 식민지에 대한 전문적인 지식을 결여하고 있었으며, 정책을 만들어 내는 것보다는 문제를 막는 데 관심이 있었다. 사정은 외무성에서도 마찬가지였다. 외교를 담당하는 전문가라는 개념은 20세기까지도 존재하지 않았다. 외무성의 일은 어떤 전문적 훈련을 받았는지, 어느 부서에 근무하는지, 그리고 어디에 주재하는지에 상관없이 교육받은 일반인들에 의해 수행되었다. 아프리카로 파견되는 관리들에 대한 예비훈련은 1909년에야 시작되었고, 1920년 이후가 되어서야 모든 신참자들이 옥스포드나 케임브리지에서 6개월간의 준비 과정을 거쳤다. 인도만은 예외였다. 인도의 경우 동인도회사의 통치 시대에 이미 헤일리베리 학교를 설립하여 엄격한 훈련과 준비과정을 거친 관리들을 파견하였다. 그러나 여기서도 관리는 전문인이 아니라 수준 높은 교양인이어야 한다는 법칙이 적용되었다. '특정의 이해집단을 고려하지 않는 공정성과 신사의 이상에 몸을 바친 사람'이 영국 관료의 이상형이었던 것이다.

이처럼 방대한 제국을 통치하는 영국 관리들은 전문적 지식이나 훈련이 많이 부족하였다. 많은 이들은 자신들이 통제하는 원주민 사회에 대해 충분히 알지 못했기 때문에 사회적 관습, 법, 토지보유 문제 등의 복잡한 문제를 다루는 데 있어 심각한 잘못을 저질렀다. 물론 영국인들은 그들이 지배하는 사회에 대해 전적으로 무지하지는 않았다. 그럼에도 불구하고 그들의 지식은 단편적이고 완전하지 못하였다. 그 사실을 너무도 잘 알고 있던 영국인들은 그 갭을 메우기 위해 최선을 다하였다. 그들은 각 지역에 대한 정보를 수집하고 탐사하여 지도를 작성하였으며, 인구조사를 실시하고 통계표를 만들어 내었다. 정보수집은 진정 제국주의적 팽창과 통치에 필수적 요소였던 것이다. 그러나 식민지에서 영국인들이 사용 가능했던 정보수집의 공식적 구조는 반드시 그 사회에 대한 일관성 있는 통찰력을 제공해 준 것은 아니었다. 여기서 예외적 경우는 인도였다. 인도에서는 성공적인 정보수집이 영국 지배를 가능하게 한 결정적 요소였다. 동인도회사가 인도를 정복하여 1세기 이상 지배할 수 있었던 중요한 이유 가운데 하나는 그들이 무굴제국 시대부터 존재하던 내부 스파이 조직과 정치적 보고체계를 이어받아 이용하였고, 인도의 정치적 조직과 사회의 내적 커뮤니케이션에 귀 기울이는 법을 배웠다는 것이다.

그러나 1857년 세포이 반란과 함께 영국의 스파이조직과 통제체제의 많은 부분이 순식간에 무너져 버렸고 영국인들은 그것을 밑바닥부터 다시 세워야 했다. 반란 이후 영국인들은 자신들이 수집해 온 인도에 대한 지식이 인도인들 삶의 외형에 대한 지식에 불과하다는 사실을 깨달았다. 그 때까지 무척이나 중요하다고 여겨졌던 수치 조사와 통계 작업은 영국인들에게 인도인들의 정서, 정치, 그리고 믿음에 대해서는 거의 아무것도 말해 주지 않았던 것이다. 1901년에 발표된 키플링의 『킴』은 인도를 배경으로 한 소설인데 여기서는 半식민화, 도저히 정복할 수 없는 광대한 땅을 통치하는 문제점 등을 다루고 있다. 주인공 킴은 영국을 위해 정보수집을 하는 아일랜드인으로 그려지고 있는데, 이 소설이 빅토리아 시대의 다른 텍스트보다 더욱 명백하게 보여 주는 것은 이 때쯤 되면 인종말살, 추방, 노예화 등을 통한 식민화와 같은 전근대적 및 근대적 방식이 정보라는 도구를 통한 식민주의에 양보하기 시작했다는 사실

이다.[14)]

영국의 식민지 정부 관리들은 대체로 상층 중간계급 출신으로 강한 기독교적 윤리에 젖어 있는 사람들이었다. 루가드는 영제국의 지방 행정관들이 대체로 사립학교와 대학교육을 받은 '잉글랜드 신사'로서 공정한 플레이를 할 줄 알고, 약한 사람을 보호하며, 규칙에 따른 시합의 개념을 잘 알고 있는 사람들이라는 평가를 내렸다. 전반적으로 볼 때 식민지 통치자들은 때로는 특별히 유럽인의 이익을 위해 행동하기도 했지만 대체로 종속민의 안녕을 염두에 두고 일한 사람들이었다는 것이다. 1882년 이후 이집트의 실질적 통치자였던 크로머 경은 '영국의 정치인'이기보다 '영국 출신 이집트인'이 되었다. 수상 솔즈베리 경은 이집트에 대한 크로머의 애정과 집착을 지적하면서 "이 세상이 갈기갈기 찢어지더라도 이집트만 멀쩡하다면 크로머 경은 아무 불만이 없을 것"이라고 말했다.[15)]

1930년대 영국 급진주의 단체인 '레프트 북 클럽'의 후원으로 『제국과 민주주의』를 출간한 레너드 반즈의 관찰에 의하면 영국의 식민지 관리들은 모두 분별 있고 실질적이며, 정직하고, 열심히 일하고, 영제국의 이익을 도모하는 데에는 관심이 없고, 식민지 경제발전이 자신들이 그처럼 충성스럽게, 열심히 봉사하고 있는 그 가부장적 체제를 붕괴시키고 있다는 사실을 모르고 있는 사람들이었다. 그러나 말라야에서 오랜 기간을 보낸 소설가 서머셋 모옴의 글에 나타나는 평균적 영국인 관리는 허약하고, 신경쇠약 증세가 있고, 술꾼이고, 여자들이나 쫓아다니고, 잔인하고, 불쌍한 모습으로 표현되어 있다.[16)]

---

14) C. A. Bayly, *Empire and Information: Intelligence Gathering and Social Communication in India 1780-1870*(Cambridge University Press, 1996), 316, 365; Thomas Richards, *The Imperial Archive: Knowledge and the Fantasy of Empire*(Verso, 1993), 23.

15) Philip Darby, *Three Faces of Imperialism*(Yale University Press, 1987), 27, 28.

16) Robert Heussler, *British Rule in Malaya 1867-1914*(Clio, Oxford, 1981), 321, 322.

이처럼 제국 관리에 대한 양극화된 평가 사이에서 어떤 결론을 내릴 수 있을 것인가? 일부 학자들은 식민지 영국 관료들이 "유럽 제국주의가 낳은 가장 높은 수준의 산물"이었다고 평가한다. '식민지 관료제의 꽃'이었다고 일컬어지는 인도 문관제에 속해 있던 영국인들은 재능에 의해 선발된 가장 공정하고 효율적인 집단으로서 이 세상의 어떤 관료 집단보다도 나은 사람들이었다는 것이다. 이들은 스스로를 신민과 매우 밀접하게 연관시킴으로써 "자신의 동포가 자신이 지배하는 신민들의 이해관계에 어긋나는 행동을 했을 때 자신의 동포보다 오히려 신민 편을 드는 이민족 지배자"로 그려지고 있는 것이다. 필드하우스 등의 역사가들은 유럽인 관리는 식민지에서의 유럽 지배의 '명예로운 단면'이자 오히려 제국주의 세력의 남용을 막아 준 주된 세력으로서, 그가 권력을 휘두른 착취적 제국주의의 대리인이었다는 신화는 잘못이라고 평가한다.[17)]

식민지 관료는 궁극적으로 영제국의 안정을 위해 일했기 때문에 영제국의 존재 자체가 惡이었다는 안목에서 본다면 이들은 분명 제국주의적 착취의 대표자이며 대변자였다는 평을 면할 수 없을 것이다. 영국의 지배가 전제적인 이민족의 지배였던 점은 사실이다. 그러나 식민지 관료들이 강하면서 동시에 선하고 싶은 욕망을 가진 사람들이었다는 사실 역시 간과해서는 안 될 것이다. 영국인 관리들과 함께 일했던 인도 출신 문관들의 증언에서도 영국인 관리에 대한 비슷한 이미지가 발견된다.[18)] 루가드가 잘 이해하고 있었듯이 백인의 권위가 계속 유지되기 위해서라도 백인의 통치는 도덕적이고 존경받을 만해야 했던 것이다.

한 가지 분명한 것은 이들의 가장 큰 특징이 영국의 문명화의 사명에 대한 믿음과 그에 수반하는 가부장적 태도라는 사실이다. 절대 권력은

---

17) Fieldhouse, *Colonial Empires*, 376; Bertram, *The Colonial Service*, 65; E. B. Milford, *Japan's Inheritance*(Fischer Unwin, 1913), 343.

18) Rajk Nigam, *Memoirs of old Mandarins of India*(Documentation Centre for Corporate & Business Policy Research, New Delhi, 1985), 298.

부패를 낳지는 않았지만 자주 과도한 가부장주의를 낳았으며 영국인들만이 원주민을 통치할 수 있으리라는 믿음이 강하게 유지되었다. 따라서 이들은 영제국의 영원성을 믿었고 원주민들을 정치적으로 훈련하는 일에는 관심이 없었다. 분명 영국의 통치는 오랫동안 인도인들의 암묵적 승인을 받았고, 그런 상황이 계속된 데에는 문관제로 대표되는 영국통치의 합리성이 크게 기여했다고 말할 수 있다. 그렇다고는 해도 이민족의 지배가 영원히 종속민들을 만족시킬 수는 없는 것이고, 점차 깨어나는 그들의 민족적 자각은 결국 독립의 요구로 이어질 수밖에 없었던 것이다.

3. 과학 기술의 발달과 제국 통치

실상 영국인들이 지배하려던 제국은 사용 가능한 스탭진에 비해 너무 크고 다양했다. 통신 수단이 발달하지 않은 상태에서 식민지의 효과적인 통치는 불가능한 일이었다. 18세기에 수상 월폴은 "동인도회사는 명령을 보내는 데 일 년이 걸리는 나라를 지배하려고 시도하고 있다"고 평한 바 있다.[19] 그러던 것이 근대적 통신, 특히 전보의 영향으로 식민지 관리들을 통제하에 두는 것이 가능해졌다. 1892년이 되면 식민성은 매년 3,500건의 케이블을 수신했고 8년 후에는 그 숫자가 10,000건으로 증가하였다. 이제 식민장관과 고급 관리들은 지체 없이 정책을 결정하고 명령을 내려야 했다. 최신 기술의 발달은 행정속도를 급속하게 만들었던 것이다.

과학 기술의 발달과 제국주의의 관계는 제국주의 연구에서 상대적으로 소홀히 취급되어 왔지만 실은 대단히 중요한 주제이다. 제국주의에 관한 대부분의 연구들은 일단 유럽인들이 영향력을 퍼뜨릴 것을 원하기만 하면 그렇게 할 수 있는 수단을 갖추고 있었다는 가정에 기반을 두고 있다. 그러나 실제 상황은 그렇지 않았다. 과학과 기술의 발달 없이는 유

19) Philip Lawson, *The East India Company*(Longman, 1994), 107.

럽 세력의 야욕은 효과적으로 실현되지 못했기 때문이다. 19세기 중엽 증기선과 키니네의 발명, 교통과 통신망의 개발과 개선이 있은 후에야 유럽의 제국주의가 실현될 수 있었을 뿐만 아니라 그러한 핵심적 수단 가운데 한 가지라도 결여되어서는 효과적인 제국주의적 확장이 불가능하였다. 그리고 이 모든 것들이 19세기 말에 가능해졌다는 사실이 신제국주의 시대의 놀랄 만한 팽창과 관련이 있다는 것은 분명하다.

신제국주의가 그전의 제국주의와 다른 점이 있다면 그것은 이 때 유럽인들은 비유럽 세계의 자연과 사람들을 굴복시킬 수 있는 새로운 기술과 고안물을 가지고 그 곳에 갔다는 것이다. 바람에 상관없이 강을 거슬러서 운행할 수 있는 증기선은 범선이 할 수 없었던 오지로의 침투를 가능하게 해 주었고, 의학의 발달은 서양 제국주의를 보다 적극적인 기획과 실천이 되도록 만들어 주었다. 또한 증기선과 철도에 의한 우편제도와 전보라는 두 개의 새로운 통신매체는 항상 식민지들과의 안전하고도 빠른 통신수단을 염원하던 제국의 욕구를 충족시켜 주었다. 19세기 말 영국의 문필가 벨록(Hilaire Belloc)은 "우리는 맥심 총을 가지고 있고 그들은 가지고 있지 않다"는 간결한 말로 제국주의의 핵심을 표현하였다. 신제국주의는 보불전쟁에서 패한 프랑스의 보상심리나 금융 자본가의 야심만큼이나 증기선과 키니네와 연속 발사총의 발명이 복합적으로 야기한 결과였던 것이다.

제국주의는 무엇보다도 힘에 의한 점령이었고 거기에서는 유럽의 우세한 무기가 결정적 역할을 하였다. 유럽인만이 가지고 있던 연속 발사총인 맥심 총은 유럽의 군사적 위력의 대명사였다. 아프리카 서부지역의 차드에서 320명의 프랑스군이 12,000명의 차드 병력을 물리친 것이나 (1899), 그 전 해에 영국군이 수단에서 20정의 맥심 총을 가지고 몇 시간 내에 11,000명의 수단인들을 사살한 것은 다 이러한 위력의 표시였다. 이 때 영국인 사상자는 단 348명에 불과하였다. 그러나 물론 원주민들이 항상 당한 것은 아니었다. 1880~1890년대 수단에서 프랑스에 대항해 효과적으로 싸운 사모리 투레(Samori Ture)가 보여 주듯이 무기는 유럽인들을 무적으로 만들지는 못하였다.

유럽의 군사적 우세는 그들이 아시아, 아프리카의 환경을 극복한 후에야 효과를 나타낼 수 있었다. 제국주의적 침투에 있어 유럽인들에게 무엇보다도 큰 희생을 요구한 것은 토착병이었다. 아시아, 아프리카에서의 황달병, 장티푸스, 이질, 무엇보다도 말라리아는 유럽인들의 접근을 좌절시킨 최대의 적이었다. 1777~1779년간 델라고아 만에서의 탐험에서 152명의 유럽인 가운데 132명이 쓰러져 갔다. 1805년에 시작된 나일 강 상류에 대한 탐험은 원정대 모두가 사망하는 결과를 낳았다. 이미 1830년대가 되면 유럽에서 발명된 증기기관을 장착하여 강 상류로 진행하는 증기선이 아프리카에서도 선을 보였다. 나이지리아를 영국에게 종속시키는 데 결정적 역할을 한 윌리엄 레어드가 이미 1830년대에 증기선을 사용하여 상업활동을 시작하였던 것이다. 그의 혁신과 탐험정신은 높이 살 만한 것이었지만, 나이제르 강을 거슬러 올라가는 탐험대 자체는 실패였다. 48명의 유럽인 가운데 9명만이 살아 돌아왔고 나머지는 다 질병으로 쓰러졌던 것이다. 증기기관의 위력으로도 유럽인들은 아프리카의 환경을 극복할 수 없었다.

아시아, 아프리카에서 활동하는 민간인과 군인들의 치사율은 엄청나게 높았다. 한 예로 1817~1836년 영국에서 세계 각지로 파견된 군인들 가운데 시에라리온에서는 1,000명 가운데 483명이, 골드 코스트에서는 669명이 사망하였다. 이에 비해 남아프리카에서의 사망률은 12명에 불과하였다. 열대 아프리카는 진정 '백인의 무덤'이었던 것이다. 말라리아는 인도에서도 맹위를 떨치고 있었다. 따라서 토착병을 다스리는 것이 무엇보다 중요한 과제가 되었다. 연구 결과 페루가 원산지인 친코나 나무껍질에서 추출한 말라리아 치료약인 키니네가 1820~1830년대에 개발되어 대량 생산이 가능해지면서 유럽의 제국주의적 팽창은 가능해졌다. 1881년 알제리아 과학협회는 키니네 처방을 프랑스군대에 도입한 메이요를 포상하면서 다음과 같이 천명하였다: "알제리아가 프랑스 영토가 된 것은 메이요 덕분이다. 이 기독교도들의 무덤을 영원히 봉해 버린 것이 바로 메이요이다."[20] 일단 토착병이 통제되기 시작하면서 제국주의적 침투는 보다 용이해졌는데, 이 때 침투를 더욱 효과적으로 만든 것이 교통의 발달이었다. 증기선은 그 때까지 해안지방에만 국한되었던 유럽인들의 활동범위를 내륙지방으로 확대시켜 주었다. 1880년대가 되면 포함을 장착한 영국 특허회사 소속의 증기선들이 나이제르 강을 순찰하면서 저항하는 원주민 마을들을 파괴하였다. 리빙스턴도 잠베지 강 탐험에 작은 증기선을 사용하였고, 스탠리도 아프리카 탐험에서 9톤짜리 증기선을 이용하였다.[21]

키니네와 증기선이 제국주의적 침투 단계에서 중요했다면, 제국을 연결시키는 데 무엇보다도 중요한 것은 통신의 발달이었다. 1837년 전보의 발명을 필두로 하여 1850~1860년대에 가능해진 해저 전신망의 영불 해협 및 대서양 횡단, 그리고 전화의 발명(1876) 등으로 연결된 일련의 통신혁명은 영제국의 서로 떨어져 있는 지역들을 연결시킬 뿐 아니라 최첨단의 해군력과 상업과 금융력을 보유하고 있는 영국의 위치를 강화시켜 주었다. 19세기까지 제국의 우편제도는 원시적이고 비용이 많이 들었다. 우편물은 여객선에 의해 운송되었으며 급한 정부 공문서는 해군에 의해 전달되기도 하였지만 그 속도는 무척 느렸다. 1840년 이전에 편지가 영국으로부터 인도에 도달하려면 5~8개월이 걸렸다. 답장을 2년 내에 받을 수 있으리라 기대하는 것은 불가능하였다. 1840년에 우편제도의 개혁이 시작되었고, 증기선이 발달하면서 정기적 운송이 가능해졌다. 1873년 남아프리카의 케이프 타운에서 잉글랜드 남단의 사우스햄튼 사이에 30만 종의 우편물이 배편으로 우송되었는데, 35년 후에는 그 숫자가 890만 종으로 증가하였다. 인도에만 2만4천 개의 우체국이 건설되었는데 이 숫자는 영국보다 많은 것이었다. 그러나 증기선이 우편물 운송을 떠맡고

---

20) Daniel Headrick, *The Tools of Empire: Techonology and Imperialism in the Nineteenth Century*(Oxford University Press, 1981), 59-67.

21) *Ibid.*, 74, 75.

난 후에도 영국-인도 간의 편도 여행은 6주가 걸렸다. 인도에 일단 도착하면 내륙 운송은 이전이나 마찬가지로 느리기 짝이 없었다. 전보가 발명되었을 때 제국주의자들이 환호성을 올린 것은 당연하였다.

전보체제는 주로 해저 케이블을 통한 대륙간 통신과 내륙에서의 통신, 이 두 부문으로 구성되었다. 19세기에 개발된 모든 경이로운 업적 가운데 해저 전신망만큼 이 세계를 명백하게 축소시킨 것은 없었다. 물론 나중에는 무선전신이라는 또 다른 놀라운 발명품이 전신망에 도입되었지만 그것이 출현하기 전까지 해저 케이블은 경이로움 그 자체였다. 영국해협을 건너는 최초의 해저 케이블이 1850년에 놓여졌고, 아일랜드가 3년 후에 해저 케이블에 의해 연결되었으며, 인도로의 해저 케이블은 1870년 성공적으로 설치되었다. 인도 내륙에서의 연결망을 보면, 1854년 인도의 아그라로부터 1,300킬로미터 떨어진 캘커타가 연결된 것을 시작으로 다음 10년 동안 인도 아대륙의 거의 모든 지역이 연결되었다. 이제 영국과 인도의 거리는 한줌으로 축소되었고, 한 곳에서 제국을 통제할 수 있게 되었으며, 정치적 통제만이 아니라 무역과 금융에서도 점차 중앙으로부터의 통제가 강화되었다.

인도가 이처럼 첨단의 전신망으로 통일된 데에는 총독 달하우지(총독: 1848~1856)의 신념이 크게 작용하였다. 달하우지는 전보가 제국 확장과 통치의 관건이라고 확신하여 런던의 동인도회사를 설득하였는데, 놀랍게도 회사가 그의 제안을 받아들여 1853년부터 전신망 설치공사가 시작되었다. 당시 캘커타와 봄베이 사이에 열흘이 걸리던 정부 지침은 전보에 의해 하루 안에 다 전달할 수 있게 되었다. 곧 세포이 반란(1857)이 일어나자 실제로 전보의 위력이 증명되었다. 반란군은 충분한 숫자와 무장을 갖추었지만 그들의 통신망은 엉망이었다. 펀잡의 판무관 존 로렌스는 "전보가 인도를 살렸다"고 부르짖었다고 전해진다.[22] 물론 그가 의

22) Daniel Headrick, *The Invisible Weapon: Telecommunications and International Politics 1851-1945*(Oxford University Press, 1991), 51.

미한 것은 '인도'가 아니라 '영국'이었지만, 반란 후에 전보망은 두 가지 충동에 의해 확산되었다. 하나는 영국 지배자들의 군사적 · 정치적 필요였고 다른 하나는 인도인들의 개인적이고 기업적인 필요였다.

한 하원 의원은 왕립 식민원(Royal Colonial Institute)에서의 연설에서 다음과 같이 정보통신망을 예찬하였다.

> 그리스제국, 로마제국, 스페인제국, 나폴레옹제국이 지금 어디 있는가? 영제국으로 하여금 이들의 운명을 되풀이하지 않게 만드는 것은 무엇인가? 나는 우리 여왕 폐하의 제국은 우편과 전보망으로 인해 이전의 제국이 결여하고 있던 일관성을 가지게 되었다고 감히 말하겠다.[23)]

1870년대까지 전신망은 주로 상업적 · 개인적 용도로 사용되었지만 1880년 이후 새로운 시대가 도래하였다. 해군성, 육군성, 식민성, 그리고 외무성들이 저마다 전보를 통한 통신에 익숙해져서 전신망을 제국 전체로 확대시킬 것을 원하게 되었던 것이다. 이제 전신망은 경제적 가치보다 정치적 이유 때문에 설치되기 시작하였다. 1882년 수에즈-수카린 선이 영국의 이집트 점령 정책의 일환으로 가설되었으며, 1899~1901년 보어전쟁이 진행되는 동안에는 영국과 희망봉 사이에 직통 전선이 설치되었다. 1902년에 영국, 캐나다, 뉴질랜드, 오스트레일리아를 잇는 전신망이 완성되자 이제 영제국 전체에서 전신망에 의한 통신이 가능하게 되었다. 통신의 발달은 식민지들을 런던과 신속하게 접촉하게 만듦으로써 멀리 떨어져 있는 식민지 관리와 정착민들을 보다 철저하고 효율적으로 중앙에서 통제할 수 있게 만들었다.

통신의 막강한 힘과 영국의 우월한 통신망이 가져다 주는 장점을 가장 잘 드러낸 것이 바로 파쇼다 사건이었다.[24)] 이것은 영국과 프랑스의 두 강대국이 전쟁 직전까지 감으로써 전쟁보다 덜 극적이지만 오히려 그보

---

23) Daniel Headrick, *The Tentacles of Progress: Technology Transfer in the Age of Imperialism 1850-1940*(Oxford University Press, 1988), 97.

24) 이후의 논의는 Headrick, *The Invisible Weapon*을 참조하였음.

다 더 심각한 상황을 야기한 사건이었다. 영국 정부는 수에즈 운하를 끼고 있는 이집트의 안전을 위해 나일 강 전체 지역의 통제를 원했고, 나아가 세슬 로즈 같은 제국주의자들은 아프리카 남단의 케이프에서 카이로까지 아프리카 동부 전체를 장악하려는 의도를 가지고 있었다. 한편 프랑스는 아프리카의 동서안을 연결하는 식민지를 확보하려는 야심을 가지고 있었다. 그 결과 나일 강 상류에서 영국의 키치너 장군과 프랑스의 마르샹 소령의 탐험대가 대결하게 된 것이다. 1896년 북아프리카에서 프랑스 식민지를 확보하려는 목표를 가지고 서쪽의 가봉을 출발하여 이디오피아로 향하고 있던 마르샹과 부하들은 2년 후 7월 나일 강 상류의 수단의 한 마을인 파쇼다에 도착하였다. 한편 키치너 장군 휘하의 영국-이집트 병력이 당시 이집트 통제하에 있다가 반란을 일으킨 수단인들과 싸워 그들을 격퇴시키면서 카르툼 근처에 도착한 것이 9월 7일이었다.

영국군과 프랑스군은 서로 그 지역이 자기네 영토라고 주장했지만 아직 총을 발사하지는 않은 채 각기 본국 정부에게 보고하는 수순을 밟았다. 여기서 영국 통신망의 우세가 여실히 드러났다. 영국은 그 때 이미 파쇼다 근처 지역인 옴더만에서 철로를 따라 이집트까지, 그리고 거기서부터 해저전선으로 잉글랜드까지 연결되는 전신망을 가지고 있었다. 키치너가 9월 24일에 보낸 전문은 같은 날 런던에 도착하였고 키치너는 29일 런던으로부터 긴 답신을 받았다. 반면 프랑스의 전신망은 영국에 비해 무척 뒤떨어져 있었기 때문에 아프리카 서안을 거쳐서만 파리에 닿을 수 있었는데 이 방법으로 마르샹의 보고서가 파리에 도착하려면 9개월 이상이 걸릴 것이었다. 아니면 지연을 피하기 위해 영국의 전신망을 사용하도록 요청해야만 하였다.

이처럼 마르샹이 본국 정부와의 커뮤니케이션에 어려움을 겪는 동안 파리는 영국측을 통해서만 그에 대한 소식을 알 수 있었다. 키치너는 고의적으로 마르샹 병력의 나약함과 비겁함을 과장하는 보고서를 보냈고, 전문을 받은 솔즈베리 수상은 파리 주재 영국 대사를 통해 그 전문을 프랑스 외무장관에게 전하였다. 외무장관은 27일 마르샹과 통신할 수 있도록 영국 전신망의 사용을 허락해 줄 것을 영국측에 요청하였다. 영국은 옴더만으로부터의 통신은 불허했지만 마르샹의 부하가 카이로로 가서 거기서 영국측 해저전선을 사용하는 것은 허용하였고, 그 결과 10월 22일 프랑스 정부는 드디어 마르샹으로부터 직접 보고서를 받게 되었다. 그 사이 영국 정부는 지중해 연안의 함대에게 대기 명령을 내리는 등의 위협조치를 취하고 있었다. 그러한 상황에서 프랑스 정부에게는 마르샹에게 후퇴를 명령하는 것 외에는 다른 선택이 없는 것으로 보였다. 파쇼다 사건 당시 육군에서는 양측의 세력이 비슷했지만 해군은 압도적으로 영국측이 우세하였고, 더 즉각적이면서 중요했던 것은 영국이 막강한 통신망을 가지고 프랑스를 속이면서 외교적 대결에서 승리하였다는 사실이었다. 곧이어 일어난 보어전쟁이나 제1차 세계대전에서도 영국은 우월한 통신망의 덕을 톡톡히 보았다. 제1차 세계대전 동안 영국과 프랑스는 독일과 달리 동맹국들과 통신할 수 있는 능력을 잃지 않았고 러시아, 인도, 극동, 미국 등과도 연락할 수 있었다. 통신전에서는 영국측이 독일에 대해 완전한 승리를 거두었던 것이다.

전신망은 제국주의적 팽창에 결정적인 요소가 되었을 뿐만 아니라 세계경제의 성장에도 큰 공헌을 하였다. 영국이 제국 내의 노동분업을 통제하고 제국과 세계에서 중심적 역할을 하도록 만들어 준 것도 정보통신망이었다. 그러나 통신망이 가져온 정치적 이익을 가름하는 작업은 쉽지 않다. 통신망 덕분에 영국은 모든 식민지, 해군 기지, 동맹국들, 중립국들과 교신할 수 있게 되었고 그것이 영제국을 더욱 강력하게 만든 것은 사실이다. 그러나 이는 동시에 다른 나라들의 질투심을 불러일으킴으로써 20세기 들어 국제적 분쟁이 더욱 심화하는 결과를 야기하기도 하였던 것이다.[25] 영국의 막강하던 통신망은 제2차 세계대전 쯤 되면 미국에게 추격당하게 되며, 해군의 기동력도 비행기의 그것에 압도되어 버리고 만다.

---

25) Headrick, *The Tentacles of Progress*, 110.

제국주의적 침투와 팽창에서 과학 기술의 우세는 서양에게 결정적으로 유리한 고지를 안겨 주었다. 그러나 과학 기술의 존재가 제국주의를 곧바로 부추긴 것은 아니었다. 1880년 이후에 사용된 권총, 연속 발사총, 대포 등을 주조하기 위해서는 철을 녹이는 용광로 이상의 무엇이 필요하였던 것이다. 이는 단지 기술만이 아니라 유럽인의 우월감과 이데올로기가 제국주의 팽창에 충분조건이었다는 말이 된다. 기술은 전쟁과 정복이라는 물리적 목표를 실현 가능하게 해주었을 뿐만 아니라 식민지 지배자들에게 백인 지배의 우월과 정당화의 객관적 증거로 작용함으로써 이데올로기적 목적에도 봉사하였다. 기술발달은 제국주의적 팽창만이 아니라 제국의 운영에도 지대한 영향력을 미쳤다. 제국의 경제적 중요성도 19세기 말 교통, 운송의 발전이 있은 후에야 실현되었다고 할 수 있는 것이다.

그러나 서양의 우세한 기술이 제국주의 지배를 오랫동안 유지시켜 준 것은 아니었다. 제국의 지배를 용이하게 만들어 준 교통과 통신망의 통일은 이제 피지배민들을 위해 작용하기 시작하였다. 서양제국은 지배하기 위해 식민지를 통일하게 되지만 일단 통일이 이루어지면 지배가 불가능해진다는 역설을 경험하지 않을 수 없었다. 세포이 반란 이후 인도 근대화의 주된 수단은 철도였다. 반란을 진압하는 데에서 증명된 철도의 놀라운 효과는 철도건설을 부추겼고, 그 결과 철도부설 비용이 인도 총 부채의 반을 차지할 정도가 되었다. 기차와 더불어 인도 아대륙에서 광범위하게 사용되었던 전보 역시 인도의 통일에 기여하였다. 이러한 통일은 처음에는 영국 지배자와 상인들에게 이로웠다. 그들은 나중에야 인도의 통일이 영국에게 불리하게 작용하고 있다는 사실을 깨닫게 되었다. 당시 한 현명한 영국인은 "철도는 인도를 위해 악바르 대제 같은 천재조차 할 수 없었던 일을 할지도 모른다. 즉 인도를 한 민족이 되도록 하는 것이다. 그러나 인도가 민족이 될 때 영국은 떠나야 할 것"이라고 예견하였다.[26] 그리고 그의 예견은 곧 사실로 나타났던 것이다.

---

26) T. O. Lloyd, *The British Empire 1558-1983* (Oxford University Press, 1991), 177.

제10장

해가 지지 않는 제국: 대영제국

19세기 프랑스의 역사가 미쉴레는 "프랑스는 개인이고 독일은 민족이며 잉글랜드는 제국"이라고 말하였다. 영국은 근대사회의 양대 기초가 되는 의회 민주주의와 자본주의를 최초로 발달시킨 나라이다. 이 두 가지와 더불어 영국을 위대하게 만드는 데 기여한 세 번째 요소가 바로 제국이었다. 셰익스피어가 '城의 해자'라고 부른 영국 해협은 영국에게 천연적인 방어막을 제공해 주었고, 전 세계를 열고 닫을 수 있는 5개의 전략적 키포인트, 즉 도버, 지브롤터, 알렉산드리아, 희망봉, 싱가포르를 장악함으로써 영국은 전 세계 바다를 통제할 능력을 획득하게 되었다. 이처럼 강한 해군과 상선의 보유에 덧붙여 영국이 세계 최초의 공업국이라는 사실은 곧바로 18세기 이후 세계 최대의 제국을 건설할 수 있는 배경이 되었다. 1914년의 지도에서는 전 세계 지표의 1/4이 영제국의 색깔인 붉은색으로 칠해졌다. 실질적으로 영국의 위성국이었던 나라들과 이른바 '비공식 제국'을 포함하면 아마도 지구의 1/3이 경제적인, 그리고 문화적인 의미에서 영국이었다. 대영제국은 비록 항상 해가 비치지는 않았지만 결코 해가 지지 않는 제국임에는 틀림없었다.

최근까지 역사가들은 영제국이 인류 역사상 최대의 제국이었음에도 불구하고 제국의 존재는 대부분의 영국인들의 삶에 직접적 영향을 미치지 않았던 것으로 이해해 왔다. 제국은 '저 바깥'에 있는 것으로 인식되었다는 것이다. 그러나 최근 연구들은 제국이 먼 곳에 있던 것이 아니라 영국 문화와 국민적 정체성의 형성에 있어 근본적으로 중요한 부분을 이루고 있었다는 사실을 새삼 강조한다. 제국은 대단히 오랫동안 영국 문화의 한 요소였다는 것이다. 에드워드 사이드도 최신 저서 『문화와 제국주의』에서 영제국은 본국의 정치의 場에서 매우 중요한 논쟁거리였을 뿐만 아니라 '사회적 구조, 지식인들의 담론, 그리고 상상력에 직접적으로 침투한 존재'였다고 주장하고 있다. 그러나 20세기 들어서는 1935년의 인도 통치법에 대한 논의 같은 예외를 제외하면 제국은 국내 정치상의 논쟁에서 거의 나타나지 않았다. 이는 대중의 무관심을 보여 주는 것으로 해석될 수 있지만, 반대로 20세기 중엽까지 흔들리지 않고 기본적으로 깔려 있던 합의, 즉 영국에게 압도적으로 중요한 우선적 가치는 제국이고 그렇기 때문에 반드시 제국을 유지해야 한다는 합의를 은연중에 드러내는 것일 수도 있다.[1] 이제 제국이 영국인들의 삶과 의식에 어떤 의미를 가지고 있었는지, 그리고 다민족 국가인 영국의 국민적 정체성 형성에 제국이 어떤 역할을 하였는지를 살펴보기로 한다.

1. 상업, 해군, 제국의 삼각형

잉글랜드 제국(English Empire)이라는 말은 헨리 8세가 1530년대에 처음 사용하였다. 그러나 그 말이 현대적 의미의 제국을 뜻한 것은 아니었다. 헨리 8세와 그의 의회가 '잉글랜드는 제국'이라고 선언했을 때 그들은 잉글랜드가 교황의 사법권으로부터 벗어난 독립된 나라라는 말을 하고 싶었던 것이다. 그러나 약 40년 후인 1570년대에 오면 잉글랜드 제국이라는 표현은 단순히 잉글랜드의 독립이 아니라 해외 영토의 전망에 대한 논의를 뜻하게 되었으며, 이들 영토들은 무엇보다도 군주에 대한 충

1) P. J. Marshall, "Imperial Britain," *Journal of Imperial and Commonwealth History*, vol. 23, no. 3 (1995), 380.

성심이라는 연대에 의해 묶여 있었다. 그렇지만 이 때에도 잉글랜드는 여전히 미미한 존재였다. 19세기 말의 열렬한 제국주의자인 조지 커즌 경은 엘리자베스 여왕 시대에 스페인 왕 필립 2세가 지도를 보면서 그의 "작은 손가락으로 잉글랜드를 가린 채" 잉글랜드가 어디 있느냐고 물었다는 일화를 상기시키며, "그 때 잉글랜드는 아무 데도 없었지만 지금은 모든 곳에 있다"고 감격스러워 하였다.[2)]

잉글랜드 제국의 팽창에 가장 결정적 역할을 한 것이 해군이었다. 제국은 우선 바다의 제패에서 시작되었고, 잉글랜드인들 또한 그러한 의미로 인식했기 때문이다. 15세기에 프랑스와 벌인 백년전쟁에서 패배함으로써 잉글랜드는 약소국이라는 이미지로 남게 되었다. 엘리자베스 1세가 등극했을 때(1558) 그녀는 수백 년 동안 선조들이 통치한 영역보다 더 작은 영토를 물려받았다. 그녀가 사망했을 무렵 해외 영토라는 면에서는 큰 변동이 없었지만, 해상에서의 잉글랜드의 위치는 크게 변화해 있었다. 튜더 시대 이래 브리튼 섬 밖의 세상에 대한 잉글랜드 정부의 대응은 강력한 해군의 건설이었다. 물론 이것이 제국적 목표를 위한 것은 아니었지만 일단 해군이 발달하자 국가 정책에 관계되는 모든 것에 영향을 미치게 되었다. 엘리자베스 1세 때 잉글랜드 해군은 그 위상을 크게 높였다. 우선적으로 이것은 유명한 해적 드레이크에 의해 대변되는 영국의 상업적 공격의 표현이었다. 공식적으로 스페인과 평화를 유지하고자 한 여왕은 스페인 상선들을 괴롭히는 드레이크의 행동에 대해 유감을 표시했지만, 그녀를 포함한 투자가들은 그로부터 투자액의 47배를 배분받는 횡재를 즐겼다. 여왕이 드레이크에게 기사 칭호를 수여한 것도 당연한 일이었다.

스페인 무적함대를 격파한 것도 이 시기였다. 무적함대의 격파(1588)는 너무나 결정적인 사건이어서 영국인들은 영국의 대양 제패가 그 때부

---

2) George Curzon, "The True Imperialism," *Nineteenth Century,* vol. LXIII (Jan. 1908), 153.

터 시작된 것이라고 믿게 되었다. 그러나 잉글랜드 해상력의 결정적 부상은 실상 17세기 말까지도 확실하지 않았다. 스페인의 해상력은 무적함대 패배 후에도 한동안 계속되었던 것이다. 잉글랜드는 제1차 영-네덜란드전쟁(1652~1654)의 말기에 이르러서야 영국 해협에서 우세하게 되었지만, 물론 이 때조차 해협을 벗어난 더 넓은 영역에서는 절대로 그렇지 못하였다. 엘리자베스 시대의 해상력의 한계는 아직 국가적 차원의 해군력이 확립되어 있지 못했다는 사실에서도 명백하였다. 이 때는 국왕과 무장상선 소유주들이 동맹을 맺어 전시에 출정하였다. 완전히 국가에 소속된 해군을 창설하려면 새로운 재정적 자원을 발달시켜야만 했다. 1630년대 찰스 1세가 부과한 선박세가 여기에 어느 정도 기여했지만, 잉글랜드 해군은 여전히 여러 곳에서 실패를 맛보았다. 어쨌든 잉글랜드는 엘리자베스 여왕 치하에서 매우 약한 나라라는 이미지에서 벗어나 그런 대로 중요한 나라가 되었다.

가장 극적인 변화는 공화정(1649~1660) 기간에 일어났다고 말할 수 있다. 216척의 선박이 해군에 보충되었으며, 제1차 영-네덜란드전에서 잉글랜드 해군이 승리했던 것이다. 1640년대 일어난 내전과 그에 수반된 갈등으로 말미암아 국가의 재정적 · 군사적 자원의 질적 · 양적 변화가 초래됨에 따라 군사적 동원은 점점 더 정부의 직접적 의무가 되었다. 해군의 전문화와 육군의 능률화가 진전되고 간접세가 전문적으로 관리되었으며, 의회가 책정하는 예산이 증대되고 정부의 다른 부문의 행정도 보다 효율적으로 변했다. 이 기간 동안 해군은 국운에 더욱 중요한 역할을 담당하게 되었다. 1660년대부터 의회는 해군을 위한 직접세 부과를 계속 승인해 주었는데, 이처럼 의회는 돈을 제공하고자 했고 대중은 그 돈이 어떻게 쓰였는가에 관심을 보였다. 무역과 제국이 점점 더 국가적으로 중요한 문제로 비춰지게 되었던 것이다. 평화시 상비군으로서의 해군이라는 개념도 확고해졌다. 해군은 상비 육군처럼 국왕의 절대권력 강화에 악용될 수 있다는 정치적 · 이념적 의혹을 받지 않았기 때문에 더욱 비약적으로 발전할 수 있었다. 국가는 전시에 상선을 빌리거나 징발하는 것에서 벗어났을 뿐만 아니라 이제 국유 선박들이 오히려 무역의 방어를 맡게 되었다. 1660년이 되면 국유 선박과 민간 상선들이 확실하게 구분되었다.[3)]

왕정복고 후에도 해군은 계속 발달하였다. 1680~1720년대는 영국이 해상에서의 우위를 확보하는 데 획기적 전기가 된 시기였고, 18세기에 영국이 다른 나라들과 벌인 여러 차례의 전쟁에서 영국을 승리로 이끈 것도 바로 해상에서의 우세였다. 예를 들어 7년전쟁(1857~1863)에서는 영국 해군의 봉쇄로 인해 프랑스가 대규모 원정대와 증원부대를 식민지에 도착시키지 못하였기 때문에 영국이 인도와 캐나다에서 승리할 수 있었던 것이다. 산업혁명과 더불어 영국의 해군력은 더욱 막강해졌다. 18세기 후반기 세계 최초로 산업화에 성공한 영국은 鐵船을 다른 어느 나라보다 싸게 만들 수 있었다. 1830~1840년대에 영국의 해운력은 감소하기 시작했는데, 왜냐 하면 이제 더 이상 영국에 대항할 만한 군사적 · 상업적 경쟁상대가 없었기 때문이었다. 영국은 싼 비용으로 해상에서의 우세를 지킬 수 있었다. 이제 제국은 해군에 절대적으로 의존하게 되었던 것이다.

제국은 또한 상업의 발달에 의존하였다. 엘리자베스 시대에 쓰여진 식민에 대한 중요한 한 책자는 '식민'의 장점을 확신하고 있다. 그 저자인 해클류트는 잉글랜드의 부와 국가적 중요성이 무엇보다도 해외무역과 해상력에 의존하고 있다고 평가하고 잉글랜드를 "공격적인 상업적 존재"로서 찬양하였다. 18세기를 통해 상업에 대한 찬양이 점점 더 영국인으로서의 정체성의 중요한 부분을 차지하게 되었고, 영국의 해외 상업에서 식민지와의 교역이 차지하는 비중이 계속 팽창하였다. 이미 버지니아

3) G. E. Aylmer, "Navy, State, Trade and Empire," in *Oxford History of the British Empire*, vol. 1, *The Origins of Empire*, ed., Nicholas Canny(Oxford University Press, 1998), 468; Michael Braddick, "The English Government, War, Trade and Settlement, 1625-1688," 같은 책, 287-292.

와 메릴랜드의 담배해안, 서인도제도의 설탕재배 지역들은 영국의 해외무역의 다양화와 성장에 크게 공헌하고 있었다. 18세기 중엽쯤 되면 제국이 의미하는 바가 변하였다. 그 때까지 제국은 무엇보다도 교역을 의미했지만, 7년전쟁이 끝난 1763년 이후에는 그에 덧붙여 지배까지 의미하게 되었다. 영국인들은 '잔인하고 약탈적이고 난폭한' 교역과 식민화의 과정에 대해 얼버무리면서 영국 식민지들을 잉글랜드의 '탁월함과 자비의 상징'으로 간주하였으며, 영제국의 부상을 전 세계의 구원으로서 정당화하였다.[4)]

특히 18세기 중엽 7년전쟁의 승리 후 모든 것이 변하였다. 이 때부터 제국을 형성하고 있다는 자부심이 나타났으며, 제국의 개념이 여론의 주된 토픽이 되었다. 제국과 무역과 해운력은 영광스러운 삼각형을 이루는 3개의 축이 되었던 것이다. 영국의 지위는 해운력에 근거하고 있었고, 해군은 동시에 영국의 해외무역을 보장해 주고 거기서 나오는 세금으로 국가의 수입을 증대시키는 역할을 하였다. 영국 정부는 증대된 세수로 프로이센 같은 대륙의 동맹국 군대를 지원함으로써 국제적으로 강력한 지위를 유지할 수 있었다. 즉, 해상에서는 영국 스스로가 싸우고 육지에서는 동맹국으로 하여금 싸우게 하는 체제를 통하여 강대국으로서의 면모를 유지해 나갔던 것이다.

엘리자베스 시대 이래 식민지와 다른 전초지들은 '잉글랜드인이란 누구인가'를 정의함에 있어서 점차 중요해지고 있었다. 이 때 잉글랜드와 잉글랜드 제국의 정체성을 정의하는 데 가장 중요한 요소가 된 것이 '잉글랜드인의 자유'였다. 18세기에 활동한 소설가 필딩은 잉글랜드 사람들이 "너무나 자유를 중시해서 아무런 이유가 없을 때에도 윗사람에 대해

---

4) Jack Greene, "Empire and Identity: from the Glorious Revolution to the American Revolution," in *Oxford History of the British Empire* vol. 2 *The Eighteenth Century*, ed., P. J. Marshall(Oxford University Press, 1998), 215-219; David Armitage, "Literature and Empire," in *Oxford History of the British Empire* vol. 1. *The Origins of Empire*, 106.

항상 불만을 중얼거린다"고 기록하였고, 다니엘 디포도 1707년에 비슷한 맥락에서 잉글랜드인을 신랄하게 풍자하였다. 나아가 자유는 영국 식민지들을 다른 나라 식민지들로부터 구별해 줄 뿐만 아니라 영제국의 놀랄 만한 성공에 기여했다는 주장도 제기되었다. 에드먼드 버크와 윌리엄 버크는 『아메리카의 유럽인 정착지』라는 책에서 "모든 사람들이 자신의 아이디어에 따라 상업을 추구하고 그 자신의 형식대로 삶을 꾸려 갔기 때문에" 영국의 식민지 상업이 그렇게 번영한 것이라고 결론지었다.[5] 그러나 그들이 그처럼 찬양한 잉글랜드인의 자유가 아메리카 원주민들의 자유를 말살한 위에 구가한 것이었다는 사실은 편리하게 무시되었다.

영제국이라는 개념은 영국인들의 선민 의식에도 근거하였다. 선민 의식의 확신은 왕과 해군에 대한 이름 없는 시인들의 찬양에서도 발견되는데, 이들 시에서는 '브리타니아', '자유', '제국', '해운력'이 잉글랜드의 영광을 표현하는 상징들로 나타났다. 제국에 대한 무한한 자부심은 곳곳에서 발견된다. 많은 영국 소설에서 제국의 소유는 당연한 것으로 간주되었는데 최근의 한 연구는 제국이 이미 18세기 하노버 왕조 시대 문화의 여러 수준에 침투해 있었다고 주장하였다. 이 시기 성인 문학 및 아동소설, 연극, 음악, 회화, 여가, 정원 가꾸기, 박애운동, 패션, 종교, 정치, 그리고 시각 예술과 문자를 통한 선전활동에서 제국의 뚜렷한 존재를 찾을 수 있다는 것이다. 문학에서는 키플링, 콘라드, 포스터 이전에 이미 낭만주의 시대부터 바이런, 셸리나 그외 문필가들에게서 제국적 관심을 강하게 찾아볼 수 있다. 사이드의 주장대로 부르주아 사회의 문화적 가공품인 소설도 제국주의를 제외하고는 생각할 수 없는 것이었다.[6]

1880년 이전에 이미 제국주의는 깊숙이 각인되어 있었다. 오스트레일

5) Greene, "Empire and Identity," 212, 223.

6) Richard Koebner, *Empire*(Cambridge University Press, 1961), 71-73; Kathleen Wilson, *The Sense of the People*(Cambridge University Press, 1995); Edward Said, *Culture and Imperialism*(Vintage Books, 1994).

리아의 금광 발견, 나일 강 기원의 탐험, 인도 세포이 반란 등으로 점철된 1850년대는 실로 제국주의 이데올로기에서 한 전환점을 이루었다. 제2장에서 언급되었듯이 제국주의란 용어는 1870년대 영어권에 도입되었기 때문에 1870년 이전에는 이름을 가지지 못했을지 모르지만 빅토리아 초기와 중기의 글쓰기에서 단순한 배경 이상의 무엇을 제공해 주었다. 매콜리, 제임스 밀과 존 스튜어트 밀, 쌔커리, 키플링은 인도를 무척 중시했다. 1870년대 말 '징고(Jingo)'라는 단어가 뮤직 홀에서 만들어지기 전에도 이미 1850년대 중반부터 크리미아전쟁과 인도의 세포이 반란이 문학과 언론에서 국수주의적(jingoistic) 정서를 조장하였다. 또한 1865년에 일어난 자메이카 반란과 이에 대한 진압은 영국 지식인계를 뒤흔들어 놓은 커다란 사건이었다. 칼라일, 디킨즈, 킹즐리, 러스킨, 테니슨 등은 모두 잔혹한 진압으로 물의를 빚은 에어 총독을 옹호하는 위원회에 속해 있었고, 그 반대편에는 존 스튜어트 밀, 토머스 헉슬리, 다윈 등이 모여 있었다. 칼라일 등은 에어를 자메이카 반란의 악한이 아니라 영웅으로 간주한 반면, 반대편의 밀 등은 그를 살인죄로 재판할 것을 요구하였다.[7)]

다른 무엇보다도 영제국의 거대함은 그 위대함과 동일한 것으로 인식되었다. 영제국의 크기는 다리우스제국보다 5배나 크고 로마제국보다는 4.5배 크기 때문에 영제국이 이 세상의 모든 다른 나라들을 합친 것보다 더 강력하다는 것은 과장이 아니라는 자부심이 존재했다. 이론적으로는 급진주의자이자 공화주의자였던 찰스 딜크조차 『大영국(Greater Britain)』(1867)이라는 저서에서 제국에 대한 찬양에 몰두하였고, 보수당 당수 디즈레일리는 1870년대에 애국주의와 제국을 결합시켰다. 영국 식민지들의 성립과 성장은 영국인들의 상업적 진취성, 항해술, 청교도적 도덕, 정치적 재능 등 거의 모든 바람직한 민족적 특성을 반영하는 것으로 보였

7) Patrick Brantlinger, *Rule of Darkness: British Literature and Imperialism 1830-1914* (Cornell University Press, 1990), 24.

다. 테니슨은 "우리는 배가 갈 수 있는 곳은 어디든지 갔고, 수많은 강력한 나라들을 건립했다"고 읊었다. 그리고 이러한 특징을 가진 영국인들은 지배해야 할 권리와 의무를 가진다고 생각되었다.[8] 19세기 말, 20세기 초가 되면 대중적 제국주의까지 가세하였다. 그 전에는 제국에 대한 대중의 관심은 미미하다고 판단되었지만 1890년대에 이르면 정치인들은 대중이 해외에서의 사업을 위해 약간의 비용을 부담하는 것을 마다하지 않을 정도로 제국적 열정을 가지게 되었다는 것을 깨닫게 되었다.

물론 반대쪽에는 전쟁과 제국주의적 확장을 반대하는 글래드스턴과 급진적 자유주의자들이 있었다. 글래드스턴은 1879년의 한 연설에서 "우리가 야만인이라고 부르는 사람들의 권리를 기억하시오"라고 호소하였다. "그의 수수한 집의 행복, 아프가니스탄의 산골마을 사람들의 삶의 신성함을 기억하시오. 그것들은 절대적 신의 눈에는 우리 것이나 마찬가지로 깨뜨릴 수 없는 것이오." 그러나 글래드스턴의 뒤를 이어 자유당 지도자가 된 로즈베리 경은 제국에 대한 자유주의자들의 사고가 얼마나 글래드스턴으로부터 멀어졌는지를 보여 주었다: "나는 제국주의라고 불리는 제국에 대한 커다란 자부심, 즉 더 큰 애국심을 자랑으로 생각한다."[9] 제국주의는 새롭게 정의되었고, 많은 정치인들이 1914년경이 되면 자부심을 가지고 자신을 제국주의자라고 표현하였던 것이다.

제국은 자부심과 더불어 실질적 이득도 제공해 주었다. 제국은 국내에서 펼칠 수 없는 꿈을 실현시킬 수 있는 장소로 간주되었다. 많은 영국인들에게 인도는 꿈의 나라였다. 인도 주재 한 영국인 관리의 회고를 보자.

> 인도는 로맨스로 가득 차 있었다. 나는 17살에 인도 문관이 되기로 결심하였다. 『관료로서의 경력』이라는 책에서 인도 문관이 되려면 승마시험에 합격해야 한다는 구절을 읽고 난 후 더 이상 그 책을 읽을 필요가 없었다.

---

8) W. J. Reader, *At Duty's Call: A Study in Obsolete Patriotism*(Manchester University Press, 1988), 39, 40.

9) *Ibid.*, 45, 46.

> 난 인도로 가서 말을 타고 넓은 땅을 달리면서 정의를 실천하고, 내 신민들의 아버지 노릇을 할 것이었다.[10)]

제국은 많은 상층 및 중간계급 사람들에게 옥외 구제와 같은 수단이 되었다. 예를 들어 식민지전쟁으로 정복된 지역에 새로 생긴 관직의 수와 가치를 전부 평가하기는 매우 어렵다. 인도 관료제, 군대, 직할 식민지 정부만 고려한다 해도 적어도 1만 개의 새로운 직위가 새로 생겼을 것이다. 1845년경 잉글랜드에는 이들과 비슷한 수입을 누리는 의사가 3만 명, 성직자가 2만 명 정도 활동하고 있었다. 제국은 국내에는 존재하지 않았던 상당한 수의 일자리를 지주계급 및 상층 중간계급에게 제공해 주었던 것이다.[11)]

2. '제국주의자'의 유형

제2장에서 살펴보았듯이 제국이라는 용어는 튜더 시대 이래 사용되었지만, 제국주의란 단어가 영어에 소개된 것은 그 역사가 길지 않다. 전통적으로 19세기 영국 제국주의의 역사는 1876년에 디즈레일리가 주저하는 의회를 설득하여 빅토리아 여왕에게 '인도 여황제'의 칭호를 덧붙였을 때부터 시작된 것으로 인정된다. 정치권에서 제국주의를 누구보다도 먼저 정치적 수단으로 삼은 사람은 보수당 지도자 디즈레일리였다. 그는 글래드스턴이 이끄는 자유당의 뚜렷한 자유주의 이데올로기에 대응할 보수당의 이념으로 민족주의와 제국주의를 취하였다. 1850~1860년대 파머스턴의 적극적 대외정책이 영국민의 정서에 맞아떨어져 성공한 사실

---

10) Chandrahas Singh, *The Civil Service in India, 1858-1947*(Atma Ram & Sons, Delhi, 1989), 27.

11) C. A. Bayly, *Imperial Meridian: The British Empire and the World 1780-1830* (Longman, 1993), 215, 216.

을 본 디즈레일리는 파머스턴이 죽자(1865) 재빨리 그의 이념을 보수당의 이념으로 받아들여 제국의 보존과 팽창을 보수당의 목표로 만들었다. 디즈레일리는 1872년 인도를 '영제국의 왕관에 박혀 있는 보석'이라고 칭하고 그 4년 후에는 빅토리아 여왕을 인도의 여황제로 즉위시켜 제국의 효과를 극대화하는 데 성공하였던 것이다.

1880년대 영국에서의 제국주의는 글래드스턴파 자유주의가 주장하는 아일랜드 자치안에 반대하여 제국을 유지하려는 것을 의미하였다. 또한 이는 보다 넓은 의미에서는 제국의 자치령들을 결속시키는 것을 의미하였는데, 이러한 의미에서는 자유, 보수 양당의 지도자들 간에 차이가 없었다. 1880년대 말부터 제국주의적 정서가 깨어나기 시작한 데에는 수단전쟁에서의 고든 장군의 전사와 빅토리아 여왕의 즉위 50주년 기념행사가 결정적 역할을 하였다. 제국적 열정은 두 가지 방향으로 나아갔는데, 하나는 영국과 자치령 사이에 보다 친밀한 관계를 맺는 것이었고, 다른 하나는 새로운 영토를 획득하는 것이었다. 제국에 대한 열광은 빅토리아 여왕 즉위 60주년 기념행사(1897)에서 절정에 이르렀다. 전 세계에 있는 영국 식민지로부터 황인종, 흑인종의 종속민들이 모여든 이 행사에서는 신장이 6피트 8인치에 달하는 가장 키 큰 병사가 행진을 이끌었다. 이는 영국인은 최고일 뿐 아니라 가장 크기도 하다는 사실을 보여 주려는 의도에서였다.

그러나 모든 사람들이 제국의 영광을 노래할 때 영제국의 영광은 이미 사라지고 있다는 사실이 명백해지기 시작하였다. 영국의 세력은 쇠퇴하고 있었고, 그것은 얼마 후 발발한 보어전쟁에 의해 적나라하게 드러났다. 제국주의자들은 이제 제국이야말로 영국을 쇠퇴로부터 구제할 수 있는 유일한 방법이라는 가치를 부여하였다. 예술평론가이며 문명비평가인 러스킨은 이미 1870년 옥스퍼드 대학 예술학 교수직 취임 연설에서 영국의 의무는 "가능한 한 빨리, 그리고 널리 식민지를 발견하는 것, 식민지인들을 가장 정력적이고 가치 있는 사람들로 만드는 것, 쓸모 없는 땅들을 모두 획득하는 것, 그들로 하여금 그들의 가장 큰 미덕은 조국에 대한 충성임을 가르치는 것, 그리고 그들의 첫번째 목표는 잉글랜드의 세력을 땅과 바다에 널리 팽창시키는 것"이라는 요지의 연설을 하여 제국의 중요성을 일깨운 바 있었다.[12)]

1880년대 제국에 대한 담론은 케임브리지 대학의 근대사 석좌교수였던 J. R. 실리가 주도했다. 1883년 출간된 실리의 『잉글랜드의 팽창』은 출판된지 2년 만에 8만 부가 팔렸고, 1883∼1911년 사이 16번이나 인쇄되었다. 실리는 이 책에서 잉글랜드의 전 지구적 성공은 아주 특이한 것으로서 잉글랜드는 '방심한 상태에서' 전 세계의 반을 정복하고 사람들을 이주시켰다는 유명한 말을 남겼다. 실리는 역사 연구를 정치적 행동에 대한 지침이라는 실질적 관점에서 보고자 하였다. "우리는 즐거우려고 역사책을 읽는 것이 아니라 정치적 성장이나 변화의 법칙을 발견하려고 읽는다"는 것이 그의 주장이었다. 잉글랜드 역사를 완전히 새로운 각도에서 보고자 한 실리는 잉글랜드 역사를 단순히 그 자체로 보는 것은 바보짓이며, 잉글랜드가 영국이 되고 영국이 다시 '대영국(Greater Britain)'이 되는 팽창의 역사로 보는 것이 옳다고 주장하였다.[13)] 그 때까지 잉글랜드 역사의 중심 테마는 자유였고, 그러한 휘그적 역사해석에서의 정점은 1688년의 명예혁명이었다. 그러나 실리는 새로운 잉글랜드적인 것의 기원을 명예혁명에서 100년을 거슬러 올라가 1588년의 스페인 무적함대의 격파로 옮겼다. 즉, 엘리자베스 시대부터 잉글랜드는 세계 정복과 식민화의 오랜 항해를 시작함으로써 제국 건설이라는 위대한 작업을 시작했다는 새로운 해석을 제시하였던 것이다.

실리의 제국에 대한 고양은 실상 국가의 재생을 위한 전략이었다. 그의 생각은 잉글랜드가 세계적 강대국으로서의 위치를 계속 확보하기 위

---

12) Helen Callaway & Dorothy Helly, "Crusader for Empire: Flora Shaw/Lady Lugard," in *Western Women and Imperialism*, eds., Nupur Chaudhuri & Margaret Strobel (Indiana University Press, 1992), 82.

13) J. R. Seeley, *The Expansion of England* (Macmillan, 1925), 9, 10.

한 방법은 해외팽창과 앵글로-색슨 자치령들과의 연방 밖에 없다는 믿음 위에 근거하고 있었다. 실리는 영제국을 주로 잉글랜드인들이 정착하고 국왕의 신민들로 구성되는 4개의 부분과, 인도와 같이 국왕의 관리들에 의해 통치되지만 이민족들이 거주하는 부분으로 구분하였다. 이 가운데 정착 식민지들을 잉글랜드에 완전히 통합시키는 것이 실리가 상정한 '대영국'의 내용이었다. 도덕적 · 인종적 · 유기적 통일체인 '대영국'이 진정으로 존재하게 되면 캐나다와 오스트레일리아는 영국에게 켄트나 콘월과 같은 것이 될 것이었다. 여기서 중요한 점은 실리가 아시아, 아프리카를 제국에서 제외함으로써 영제국을 백인들만의 제국으로 간주하였다는 것이다. 그에게 있어 인도는 없어도 되었을, 혹은 없는 게 더 좋았을 부분이었다. 인도보다는 미국이 오히려 인종과 성격에서 잉글랜드적인 것에 더 가깝다고 판단되었다. 한마디로 그는 인도를 마땅치 않게 생각했던 것이다. 그러나 그는 인도는 짊어지는 부담만큼의 상업적 가치가 있으며, "우리의 정부는 인도에 존재했던 그 어느 정부보다 나은 정부"이기 때문에 그 나라를 떠나는 것은 죄악이라는 의무감도 동시에 가지고 있었다. 실리의 책은 큰 반향을 불러일으켰으며, 그 때까지 비교적 냉담하던 중간계급으로 하여금 제국주의에 전향하도록 만든 주요 요인이 되었다.

이처럼 1870년대 이후 새롭게 '제국주의자'라고 불린 사람들은 정착 식민지가 곧 영국의 확대이며, 제국의 분리는 모국으로부터 그들의 자산을 빼앗는 것이라고 주장하는 한편, 식민지들은 이민을 위한 땅이며 영국 제조업자들을 위한 시장임과 동시에 국제적인 긴장과 대륙의 군비에 대비한 힘이라고 주장하였다. 그리고 그러한 이념의 선전을 담당할 주요 기관으로서 1884년 '제국연방동맹'이 설립되었다. 이 조직은 지도적인 정치가들을 포괄하고 여러 식민지에 지부를 결성하였으나, 적극적인 활동을 할 수 있는 합의된 강령을 만들어 내지는 못했다. '제국연방'이라는 용어는 영국과 식민지 모두에 받아들여질 수 있는 정확한 내용을 담지 못했던 것이다. 한 예로 경제적인 면에서 영국은 자유무역을 옹호하고 있었던 반면 자치 식민지들은 보호무역을 주장하였다.

제국의 인기는 1895~1902년간의 보수당 정부에서 절정에 달하였다. 20세기 초 영국 제국주의적 운동의 대명사라 할 수 있는 관세개혁운동에서 제국은 시장의 문제로 귀결되었는데, 이 운동을 이끈 보수당 정부의 식민장관 조지프 챔벌린은 외국과의 경쟁에 직면한 영국 산업을 회생시키는 수단으로 영국과 식민지 사이의 보다 긴밀한 경제적 연관을 주장하였다. 챔벌린은 원래 버밍엄의 기업가로서 그의 운동은 20세기 초 영국 산업이 당면한 어려움에 대한 반응이었다고 할 수 있다. 그는 이미 1880년대 아일랜드 자치법안이 정치적 현안이 되었을 때 버밍엄의 급진주의자들을 이끌고 글래드스턴을 저버리고 보수당으로 이동하였다. 그는 그 때에도 아일랜드 자치문제를 정치적 문제로서가 아니라 시장의 문제로 파악하였다. 이러한 챔벌린의 생각은 일반적으로 아일랜드 자치를 반대한 통합주의자들의 생각이기도 했다. 이들은 연합왕국 없이는 고용주들의 사업도, 그리고 노동자들에게 지급되는 임금도 있을 수 없다는 주장을 펼쳤다.

챔벌린에게 있어서 제국은 곧 시장을 의미하였다. 19세기 말은 주요 선진 산업국들이 보호무역주의로 전환한 시기였다. 독일은 1879년에 보호관세를 도입하여 1885년에 상향조정하였고, 프랑스는 1882년, 미국은 1891에 각각 이것을 도입하였다. 이탈리아, 합스부르크 왕국, 러시아도 뒤이어 이들 국가들을 따르자 영국 산업은 대륙과 미국의 시장을 잃게 되었던 것이다. 챔벌린은 제국 우대관세가 값싼 외국제품을 제거하여 영국 산업을 구제하고, 영국 노동자의 일터를 지켜 주어 생활수준을 향상시킬 것이며, 영제국을 구원해 줄 것이라고 믿었다. 그러나 영국 국민은 여전히 값싼 빵이라는 자유무역의 매력에 취해 보호관세의 도입을 거부하였고 챔벌린의 제국 우대관세운동은 사라져 갔다.

제국주의는 디즈레일리나 챔벌린 등 보수주의자들에 의해 주로 고양되었지만 그렇다고 이들만의 이념은 아니었다. 자유당 당수인 로즈베리, 애스퀴스, 할데인 등 당시 지도적 자유주의자들도 제국주의 이념에 몰두해 있었다. 이들은 제국주의와 자유무역을 결합한 소위 자유주의 제국주의자(Liberal Imperialist)로 불린다. 1894년 글래드스턴의 은퇴 후 자유당 내에서는 그를 좇아 아일랜드의 자치를 지지하는 급진주의자와 자치에 반대하는 통합주의자 사이의 골이 깊어졌다. 글래드스턴파는 남아프리카에서 보어인들과의 전쟁이 발발했을 때에도 제국주의전쟁을 거부하고 보어인들을 지지하였다. 그러나 자유당 내의 다른 파는 제국주의에 대해 글래드스턴파와는 다른 입장을 취하고 있었다. 자유주의 제국주의자들은 자유무역 덕분에 영제국이 위대하게 되었고, 영국의 금융과 상업적 이해관계는 전적으로 자유무역에 의존하고 있음을 믿었다는 점에서 확고한 자유주의자들이었다. 그러면서도 그들은 제국의 가치를 인정하였다. 그들은 자유주의적 제국주의는 '건전한 제국주의'인 데 반해 '공격, 탐욕, 폭력'의 기미가 있는 보호무역 제국주의는 '가짜 제국주의'라면서 자신들과 보수당의 제국주의를 구분하였다.

자유주의 제국주의자들은 한걸음 더 나아가 자유무역과 제국주의의 결합 위에 사회개혁을 첨가하였다. 사회개혁은 진정 19세기 말 영국 사회에서 가장 중요한 화두로 등장하였다. 제국주의자들은 대체로 사회적 다윈주의자들이었다. 자연계의 적자생존의 법칙을 인류 사회에도 그대로 적용한 사회적 다윈주의에서 투쟁은 인종적 투쟁을 의미하였다. 다윈주의는 사라져 가는 오래된 국가와 새롭게 부상하는 국가의 경쟁이라는 차원에서 문명을 바라보았으며, 전쟁을 필요할 뿐 아니라 그 자체 선으로서 찬양하였다. 특히 영국의 대표적인 사회적 다윈주의자인 칼 피어슨(Karl Pearson)의 저서가 당시 커다란 영향력을 발휘하였다. 독일에서 공부하면서 사회적 다윈주의에 깊이 경도된 피어슨은 보어전쟁 때 "만약 전쟁이 사라진다면 열등한 인종의 생산을 억제할 기제가 없기 때문에 인류는 더 이상 진보하지 않을 것"이라고 주장하였다.[14] 제국주의와 사회개혁의 결합은 영국 사회가 더 이상 그 민족적 숙명에 대해 확신하지 못하는 상태가 되어 버렸다는 당대인들의 인식에 의해 더욱 조장되었다.

---

14) Bernard Semmel, *Imperialism and Social Reform*(Doubleday, 1960), 30.

제국주의는 이제 본질적으로 생사의 문제로 파악되었고, 앞으로 다가 올 생존경쟁의 미래 세계에 대비해 적극적으로 제국을 방어하고 운영할 계획을 세워야 한다는 주장이 제기되었던 것이다.

제국주의와 사회개혁은 진정 19세기 말 모든 정파 위에 군림한 이념이었다. 제국주의자들은 그들 자신의 표현에 의하면 '사회주의자'들이었다. 이들은 사회주의자들이나 마찬가지로 전시에 하류계급을 보다 효율적인 병사로 만들기 위해서는 그들의 생활수준을 개선하는 것이 필요하다고 주장하였다. "목숨을 바칠 만큼 가치가 있는 제국을 만드는 것이 이 나라 정치인들의 할 일"이라고 믿었기 때문이었다. 진정한 제국주의는 국내에서의 진정한 변화를 필요로 한다는 것이었다. 챔벌린, 로즈베리, 커즌, 밀너, 세슬 로즈 등이 이러한 사회개혁을 주창한 제국주의자들이었다. 이들은 근대 세계의 경쟁을 단순히 국가간의 경쟁이 아니라 인종간의 경쟁으로 인식하였으며, '잉글랜드 인종'은 전 세계에서 튜튼, 슬라브, 그 외 다른 인종들과 갈등상태에 있기 때문에 제국의 결속을 통해 이들을 재결합해야 한다고 믿었다.

챔벌린의 관세개혁운동도 제국의 보다 나은 결속을 목표로 하는 운동이었다. 같은 목표를 위해 1902년 초 자유당 지도자 로즈베리 경이 정당 밖의 조직으로 자유주의 연맹(Liberal League)을 결성하였다. 이 연맹에는 후에 수상이 될 애스퀴스, 대표적인 급진적 자유주의자인 할데인, 후에 외무장관이 될 에드워드 그레이 등이 참여하였는데, 그들이 내세운 강령은 제국주의와 사회개혁이었다. 로즈베리 경은 1900년 「타임즈」지에의 기고에서 적자생존이 근대세계에서 절대적 진리라고 확신하면서 활력 있고, 부지런하고, 용맹스러운 제국인종(Imperial Race)을 배양하기 위해 보다 나은 학교, 사회보장, 보다 엄격한 기율이 필요하다고 주장하였다. 이러한 논의가 광범위하게 행해지면서 학교에서도 라틴어보다는 과학, 크리켓보다는 사격연습을 가르침으로써 보다 유용한 것들을 추구하는 움직임이 일기 시작하였다.

제국주의와 사회개혁의 접목은 보어전쟁(1899~1902)의 실망스러운 전개에 의해 크게 자극받았다. 전쟁 말 영국은 45만 명을 투입하는 지경에 이르렀지만 보어인의 병력은 9만 명을 넘지 않았다. 이러한 상황은 어떻게 영국이 강대국과 '진짜 전쟁'을 할 수 있을까 하는 회의를 불러일으켰다. 이제 효율이 그 시대의 표어로 등장하였고 몇몇 사람들은 제국 자체에 눈을 돌렸다. 커즌이나 로즈베리가 볼 때 아직 기회가 있을 때 영국이 팽창하지 않는 것은 죄악이었다. 그러나 팽창 자체로는 충분치 않았다. 제국은 이미 거대했다. 문제는 그것을 합리적 체제로 묶고 운영하는 것이었다. 실리 교수의 '대영국'은 여기서 중요한 실마리를 제공해 주었고 그의 이상을 실현하려는 움직임도 있었다. 실제로 오스트레일리아 식민지들이 연방을 구성하였고(1901), 남아프리카 식민지들도 1910년에 연방이 되었으며, 1901년부터 제국 수상회의가 4년마다 개최되기로 합의되었던 것이다. 자치령들은 또한 영국 해군에 찬조금을 내기로 결정하였다. 동시에 활기차고 용감무쌍한 제국적 인종을 배양하기 위한 단체들이 생겨나고 군대개혁이 추진되었으며, 1902년의 교육법도 같은 맥락에서 통과되었던 것이다.

그렇다면 제국주의에 대한 반대 세력은 19세기 후반기에는 존재하지 않았는가? 급진적 자유주의자들은 제국에 대해 어떻게 생각하였나? 물론 제국주의에 대해 전적으로 반대한 윌리엄 모리스 등 소수 사회주의자들과 '소 잉글랜드주의자(Little Englanders)'들이 존재했음에도 불구하고 맨체스터 학파조차 다 反제국주의자들은 아니었다. 콥덴이 이끄는 소수 평화주의자들이 맨체스터 학파에 反제국주의자라는 명성을 부여하였지만, 자유주의자들은 기존 제국을 포기할 생각이 전혀 없었다. 글래드스턴은 "우리는 제국주의에는 반대하지만 제국에는 헌신적이다"라는 말로 자유주의자들의 입장을 정리하였다. 이들은 백인 식민지에 대한 재정적 지원이나, 비문명국, 특히 인도에서의 인권 같은 것에 관심을 기울이면서도 제국이라는 개념에 대해서는 근본적으로 반대하지 않았다. 대부분의 사람들이 제국주의적 이상주의에 매달려 있었다. 즉, 인류 보편적 이상을 실현하기 위해서는 제국주의적 지배가 필요하다는 신념이었다. 제국주의에 반대한 사람들도 이를 원칙론에 입각하여 비판하지는 않았다. 그들은 다만 국내에서 자유주의가 약해지고 도전받을 때 제국에 대한 비판으로 전향하였던 것이다. 즉, 그들은 제국주의가 국내 정치에 미치는 영향에 의해 반대 여부를 결정하였을 뿐이며 제국의 가치에 대해서는 별 의문을 제기하지 않았다.[15)]

제국주의에 대해 가장 강한 비판의 목소리를 내야 할 사회주의자조차 제국주의를 지지하였다. 19세기 말, 20세기 초에 가장 성공적인 사회주의 주간지 「클래리온(*Clarion*)」을 창간하여 노동대중의 대변인으로 영향력을 떨친 로버트 블래치포드 역시 열렬한 제국주의의 지지자였다. "우리는 우선 영국인이고 그 다음에 사회주의자이다"라는 확언이 그의 입장을 대변해 준다. 따라서 블래치포드는 제2차 인터내셔널의 국제적 계급투쟁에 반대해서 영국과 제국의 통일을 강조하였다. 그는 사회주의자였지만 그 때 막 창당된 노동당에 대해서는 비판적이었다. 자유당과 노동당이 입을 모아 자유무역을 지지하는 상황에서 블래치포드는 경제적 민족주의를 더욱 고상한 이상으로 간주하였다. 그의 태도는 한마디로 "나는 자유무역을 믿지 않는다. 그리고 관세개혁은 토리들에 의하여 채택될 것이기 때문에 관세개혁도 믿지 않는다"는 것이었다. 그가 기대하는 사회주의 정부는 관세를 '자연스럽고, 효율적이고, 필요한 도구'로 여길 것이었다. 그는 노동계급의 생활조건의 개선을 원했다는 점에서 사회주의자였다. 그러나 노동계급의 생활향상은 외국과의 투쟁에서 잉글랜드가 더욱 강해지기 위하여 필요한 것이었다. 더 나아가 영국 노동계급은 그들의 번영을 위해 영제국에 의존해야 한다고 믿었다. 영제국에게 좋은 것은 영국 노동자에게도 좋은 것이기 때문이었다. 블래치포드는 한마디로 '제국주의적 사회주의자'였다.[16)] 이처럼 사회주의자조차 제국에 대한

15) Miles Taylor, "Imperium et Libetas?: Rethinking the Radical Critique of Imperialism During the Nineteenth Century," *Journal of Imperial and Commonwealth History*, vol. 19, no. 1 (Jan. 1991).

충성심을 표명하느라 급급한 상황에서 제국주의의 선전작업은 큰 장애 없이 진행될 수 있었던 것이다.

또한 영국의 대표적 마르크스주의 추종자인 하인드먼도 제국을 옹호했으며 속으로는 잉글랜드 국수주의자였다. 이러한 모순된 태도는 영국의 대표적 사회주의 단체인 페이비언 협회에서도 잘 나타난다. 페이비언 회원들 가운데 램지 맥도널드와 월러스 등은 제국주의에 반대했기 때문에 협회를 떠났지만, 협회의 주도적 인물인 웹 부부와 극작가 버너드 쇼는 확신을 가진 제국주의자들이었다. 페이비언협회원들이 제국주의에 대한 찬반투표를 벌였을 때 259명이 웹과 쇼 편에서 찬성표를 던졌고, 217명은 반대하였다. 투표를 통해 공식적 입장을 정리한 협회는 제국문제에 대한 협회의 선언문을 작성하는 역할을 버너드 쇼에게 위임하였고, 그리하여 그가 쓴 「페이비언주의와 제국」이 발표되었다(1902). 이 책자에서 쇼는 제국주의를 국제적 정치체제의 새로운 단계로 파악하였다. 그는 페이비언들이 제국을 노동계급이나 어떤 다른 계급이라는 좁은 관점에서 파악하는 게 아니라고 전제하면서, 문제는 영국이 "미래의 세계 제국들 가운데 하나로 남던가, 아니면 어리석게도 식민지를 잃고 북해의 고립된 작은 섬들로 왜소화하는가"라고 지적하였다. 그의 결론은 "위대한 국가가 인류문명 전체의 이익을 위해 통치해야 한다"는 것이었다.[17)]

쇼는 세계가 몇몇 커다란 제국주의 세력들에 의해 분할되는 것을 인정하고 정당화하였는데, 쇼만이 아니라 "제국적으로 생각하는 법을 배워라"고 주장한 챔벌린도 "작은 나라들의 시대는 이미 지나갔다. 제국의 날이 도래했다"고 확신하였던 것이다. 쇼 역시 작은 나라들은 시대에 뒤떨어진 것이고, 20세기의 새로운 세계에서는 제국을 유지하고 강화시킬 필요가 있다고 믿었다. 그리고 그를 위해서는 '국가적 효율성'이 필요하며 '국가적 효율성'은 또한 주거, 건강, 교육의 개혁을 필요로 한다는 것이

16) Semmel, *Imperialism and Social Reform*, 220-223.

17) *Ibid.*, 60.

었다. 이것은 단순히 쇼의 개인적 신념이 아니었다. 다음 해 시드니 웹은 새로운 '국가적 효율성'의 달성을 목표로 하는 정당을 결성할 것을 주창하였다.

이처럼 영국의 사회 제국주의의 중심 개념은 효율성이었다. 특히 보어전쟁은 관료제와 군대가 도달할 수 있는 극단의 비효율을 드러냈다고 판단되었다. 웹의 정당조직의 꿈은 결국 이루어지지 못한 채 단지 뜻을 같이 하는 몇몇 지식인들의 저녁 모임 비슷한 것으로 끝나고 말았지만, 그 모임에 참석한 지도자급 정치인들에게는 큰 영향을 미쳤다. 보어전쟁이 시작된 후 제1차 세계대전까지 사회생활의 모든 국면에서, 특히 독일 등의 산업적 · 상업적 라이벌들의 경쟁이라는 배경 위에서, 효율성의 증가와 제국의 상관관계가 일반적 담론의 주제가 되었다. 이러한 경향은 점점 더 군국주의적 맥락에서의 경쟁으로 나아갈 수밖에 없었다. 이처럼 사회적 효율성과 군국주의를 추구하는 사회 분위기가 형성된 결과, 학교교육에서는 운동경기가 필수과목으로 도입되고, 보이 스카우트가 창설되었으며(1908), 수많은 학도 훈련단들이 결성되었던 것이다.

1880년 이후의 신제국주의로 인해 영국에서는 국가와 국민의 관계가 재정립되어 국가는 국민의 유기적 성장으로, 그리고 제국은 국가의 유기적 성장으로 인식되었다. 영국인들은 나아가 문명화의 사명을 완수하기 위해서 개인의 의무와 국가적 운명을 연결시켜야 한다는 주장을 폈다. 원래 개인에게 적용되던 효율성이라는 개념이 이제 국가와 제국에 적용됨으로써 그 때부터 국가적 효율성이 무엇보다 중시되었으며, 국가의 목표는 국가적 · 제국적 효율성이라고 주장되었던 것이다.

3. 켈트 변두리와 제국

워털루 전투의 영웅인 웰링톤 장군은 잉글랜드계 아일랜드인이었다. 이러한 출신배경이 지적되자 그는 "마구간에서 태어났다고 해서 사람이 말이 되는 것은 아니다"라고 반박하였다. 역시 아일랜드 출신인 극작가 버너드 쇼는 언젠가 "모든 아일랜드 사람들의 희망과 야심은 아일랜드를 벗어날 수 있는 기회 여하에 달려 있다"고 지적하였다.[18] 제국은 마구간에서 태어난 아일랜드인들에게 여기서 벗어날 수 있는 기회를 제공해 주었다. 영제국은 잉글랜드 사람들만이 아니라 스코틀랜드, 웨일즈, 아일랜드 등 켈트 변두리 지역 사람들에 의해서 정복되고 운영되었다. 웨일즈의 농민과 선교사, 스코틀랜드 출신의 기술자와 의사들, 아일랜드 출신의 병사들과 상인들, 그리고 이주민들이 제국의 역사를 만드는 데 크게 공헌하였던 것이다.

제국은 16세기 중반 이래 차례로 잉글랜드에 의해 병합된 켈트 지역 사람들에게 '영국인'으로서의 소속감과 정체성을 가지게 해준 매우 중요한 도구였다. 켈트인들의 가장 중요한 가치는 무엇보다 군인으로서의 가치였다. 켈트인들은 거칠고, 용맹스럽고, 충동적인 병사로 인식되었다. 훈련에 문제가 있기는 하지만 이는 '조심스럽게 다루면' 극복할 수 있을 것이라고 생각되었다. '전사적 인종'의 모집은 스코틀랜드에서부터 시작되었다. 고지대 땅을 경작하던 소작인들이 더 수익성이 좋은 양들에게 쫓겨나게 되자 젊은이들은 살아갈 방편으로 군대를 택하게 되었던 것이다. 1707년의 잉글랜드와 스코틀랜드의 통합 이래로 영국 육군은 스코틀랜드인들의 야망에 부응하기 위해 개방된 국가의 몇 개 부서 가운데 하나였다. 18세기 중엽에 이미 연대 장교 4명 가운데 1명은 스코틀랜드 출신이었던 것이다. 일부 스코틀랜드인들에게 제국은 직업 그 자체가 되었고, 제국은 결코 고향에서는 누릴 수 없을 권력과 의무와 자극의 기회를 제공해 주었다.

인도야말로 스코틀랜드인들이 가장 크게 두각을 나타낸 곳이었다.

18) Keith Jeffery, "The Irish military tradition and the British Empire," in *An "Irish Empire"? Aspects of Ireland and the British Empire*(Manchester University Press, 1996), 94, 107.

1775년부터 10년간 벵골에서 관리로 임용된 249명 가운데 47%, 자유 상인으로 그 곳에 거주를 허용받은 371명 가운데 60%, 그리고 동인도회사 군대 장교의 1/4 이상이 이들 스코틀랜드 출신이었다. 총독 해스팅스는 잉글랜드 출신이면서도 특히 스코틀랜드인들을 기용했는데 그가 인도 각 토후국에 보낸 사절들이 대체로 그러했다. 제국의 형성에 주도적 역할을 한 스코틀랜드의 전통은 오늘날에도 계속되어 스코틀랜드 출신이 여전히 외무성에서 중요한 요소로 남아 있다.[19)]

영제국은 스코틀랜드인들로 하여금 본국에서는 여전히 편입될 수 없었던 잉글랜드의 일부라는 느낌을 가지게 해주었다. 그들은 잉글랜드와 뚜렷이 구분되는 스코틀랜드의 자취를 제국에 남겼는데, 전 세계에 퍼져 있는 영제국의 법과 행정체제가 잉글랜드의 것이었다면 시민사회의 틀을 이룬 것은 스코틀랜드 사람들이었다는 주장이 성립될 정도였다. 스코틀랜드인들은 단지 수동적으로 동화된 것이 아니었다. 그들은 예외 없이 '명예로운', 혹은 관점에 따라서는 '불명예스러운' 잉글랜드인이 되었다. 스코틀랜드인의 관심과 이해관계가 특히 영제국에 매우 깊숙이 연루되어 있다는 사실, 그리고 영제국의 건설과 경영에 있어 그들이 잉글랜드와 동등한 파트너였다는 개념이 그들의 정체성을 확립하는 데에 크게 기여하였다. 그러나 동시에 스코틀랜드인들은 종족적 정체성을 유지하였다. 서인도제도나 북아메리카에서 잉글랜드인들을 위해 봉사한 스코틀랜드 병사들은 "영국 왕실에 대한 충성을 보이기 위해 붉은색 자켓"을 입었지만 그 밑에는 그들 자신의 "부족적 · 종족적 충성심의 유지를 상징하기 위해 격자무늬 주름치마"를 입었던 것이다.[20)]

스코틀랜드인 다음으로 영국 제국주의의 디딤돌이 된 것은 아일랜드

---

19) Linda Colley, *Britons*(Yale University Press, 1992), 126-130. 소설에서도 스코틀랜드인들은 선박의 기사(engineers), 식민지의 관료, 그리고 스파이로 많이 나타난다.

20) *Ibid.*, 130, 131; Nederveen Pieterse, *Empire and Emancipation*(Pluto, 1989), 118.

민족이었다. 아일랜드는 스코틀랜드와 마찬가지로 영제국의 병사, 정착민, 관리들을 공급하였다. 제국과의 관계에서 아일랜드는 특이한 위치를 차지했는데, 이는 아일랜드는 일종의 식민지이면서 동시에 영국의 일부로 식민지 지배에 동참했기 때문이었다. 따라서 아일랜드인들은 영제국의 체제를 유지하면서 동시에 파괴시켰다고 말할 수 있다. 로마 카톨릭교도들의 군대 복무를 금지하던 법이 1780년대 폐지된 후 아일랜드인들은 영국 육군과 해군에서 결정적 요소가 되었다. 아일랜드인들은 특히 육군에서 과다한 비율을 차지하고 있었다. 1830년 당시 아일랜드가 영국 총인구에서 차지하는 비율은 32%인 데 반해 육군에서는 42%에 이르렀다. 동인도회사 군대의 숫자는 더욱 인상적이었다. 회사는 아일랜드에 세 개의 모집 센터를 가지고 있었는데 1825~1850년 사이 벵골군의 33.7%가 잉글랜드인, 10.9%가 스코틀랜드인, 그리고 47.9%가 아일랜드 출신이었다. 점차 낮아지던 비율은 1845년 이후 대기근으로 인해 다시 상승하였다. 흥미로운 점은 영국의 아일랜드 지배에 저항한 아일랜드 민족주의자들조차 아일랜드를 제외한 세계 다른 지역에서는 영국의 지배를 인정하였다는 것이다. 18세기 말 아일랜드에서 공화주의 혁명을 주도한 울프 톤은 서태평양의 식민화를 제안하기도 했는데 톤과 같은 아일랜드 민족주의 지도자에게도 영제국의 모험에 참여하는 것은 혁명적 민족주의의 목표와 양립불가능하지 않았던 것이다.

군인의 경력과 더불어 영제국의 관료직은 아일랜드 사람들에게 좋은 전망을 가진 직업이었다. 한 예로 1855~1896년 인도 식민지 정부의 엘리트 관료인 문관 합격자들의 출신학교를 분석해 보면 대학 교육을 받은 사람들 가운데서 아일랜드 소재 대학 출신이 10~30%의 분포를 보였다. 물론 아일랜드 출신은 대개 잉글랜드계 신교도들[21]이었지만 20세기 들어서 켈트족인 카톨릭교도의 수가 30%까지 육박하는 현상이 나타났다.

---

21) 이들은 16세기 후반부터 잉글랜드와 스코틀랜드로부터 아일랜드로 이주해 온 신교도들의 후손으로, 보통 Anglo-Irish라고 불린다.

인도만이 아니라 영제국 전체에서 실질적 행정관 역할을 한 지방총독(pro-consul)들의 사회적 배경을 보면 실상 많은 수가 아일랜드 출신의 신교도였다. 아일랜드 대기근 때 최초의 구호금이 캘커타에서 모금되었다는 것은 흥미로운 사실이다.[22] 많은 사람들에게 식민지는 마지막 변경이었고 명예와 출세의 기회였으며 영국 내에서 상대적으로 기회의 박탈감을 느낀 켈트 변두리인들이 진출할 수 있는 돌파구를 마련해 주었다. 출신이 좋고 잘 교육받은 잉글랜드인들이 본국에서 얼마든지 직업을 구할 수 있었다면, 식민지는 유능한 켈트 변두리 사람들이 접근가능했던 훌륭한 기회였던 것이다.

무엇보다도 제국은 '타자'와의 접촉을 통해 영국인으로서의 정체성을 형성하고 유지하는 도구가 되었다. 제국은 켈트 변두리 사람들을 잉글랜드와 융합시키는 데 있어 결정적 역할을 하였다. 줄루족이나 아프간족들에 대항해서 싸울 때 아일랜드인은 잉글랜드나 스코틀랜드 출신 병사들과 '동지'였다.[23] 아일랜드인에게 잉글랜드는 타자였지만 제국이라는 무대에서는 이들이 함께 어우러져 비유럽인이라는 타자에 대한 동질감을 획득할 수 있었던 것이다. 한 예로 아일랜드에서 태어나고, 많은 경우 잉글랜드에서 교육받고, 영제국을 위해 복무한 잉글랜드계 아일랜드인들은 식민지에서 스스로를 아일랜드인, 영국인, 심지어는 '잉글랜드인'으로 간주할 수 있었던 것이다. 영국인들이 가진 훌륭한 자질을 결여하고 있는 식민지인들과의 만남, 그리고 상상되거나 아니면 직접 경험한 제국은 백인이란 무엇인가와 연관되어 영국인이란 무엇인가를 깨닫게 만든 매우 중요한 요소였다. 많은 영국인들에게 제국의 소유는 그들의 영국적인 것의 본질적 부분을 구성하였다. 제국은 영국적인 것의 가장 숭고한

---

22) B. B. Misra, *The Bureaucracy in India*(Oxford University Press, Delhi, 1977), 101; D. M. Schreuder, "Ireland and the Expertise of Imperial Administration," in *Government and Expertise Specialist, Administrators and Professional 1860-1919*, ed., Roy MacLeod(Cambridge University Press, 1988), 161.

23) Pieterse, *Empire and Emancipation*, 118, 119.

가치를 구현하는 것으로 보였다.

특히 19세기 말 통용된 잉글랜드, 영국, 영제국을 둘러싼 언어는 켈트 변두리 지역과 영국, 그리고 제국의 관계를 잘 보여 준다. 오늘날에도 잉글랜드인들과 외국인들은 여전히 '영국(Britain)'을 '잉글랜드'와 동일시하는 경향이 있다. 그러나 제국은 항상 '영제국(British Empire)'이었지 '잉글랜드제국(English Empire)'이 아니었다. 19세기 말에도 여전히 영국이라는 말은 제한적으로만 사용되고 잉글랜드라는 명칭이 이를 대신하고 있었지만, 이제 잉글랜드라는 말을 자제하고 영국과 영국인이라는 명칭을 사용할 것이 권장되었다. 1914년 11월 「타임즈」지는 "잉글랜드인이라고! 제발 영국이라고 쓰십시오. 적어도 전쟁 동안에는"이라고 독자들에게 권하였다. 더 나아가 영국이라는 명칭은 영제국(British Empire)에게 자리를 양보하여 이와 동일시되기 시작하였다. 1914년경이 되면 영국과 제국을 동일시하려는 움직임이 활발해졌다. 제국주의와 애국주의는 상호의존적이 되었고, 한쪽을 제외하고는 다른 쪽도 생각할 수 없게 되어 버렸던 것이다.

이처럼 애국주의가 제국주의와 결부되면서 제국은 영국민의 정체성에서 빼놓을 수 없는 요소가 되었고, 제국 없는 영국이라는 단어는 거의 모순된 것처럼 보였다. "제국이 아니라 잉글랜드라고! 그 경우의 잉글랜드는 우리가 사랑하는 잉글랜드가 아닐 것이다."[24] 이러한 정서는 1945년까지 계속되었다. 제국은 영국의 공적 생활에서 필수 불가결한 요소임을 모든 사람이 인정하였고, 1870년 이후 제2차 세계대전까지 영국의 문화, 대중매체, 사회에 대한 논의에서 제국주의는 빼놓을 수 없는 개념이었다. 그러나 근대적 의미에서의 제국주의는 실상 한 세대도 안 된 것이었다. 제국이라고 할 때 빅토리아 시대 전반기에 살던 사람들은 프랑스나

24) Hugh Cunningham, "The Conservative Party and Patriotism," in *Englishness; Politics and Culture 1880-1920*, eds., Robert Colls & Philip Dodd(Croom Helm, 1987), 294, 298.

러시아 등 대륙의 전제적 제국들을 연상했지 빅토리아 여왕의 통치영역을 연상하지는 않았다. 그 점을 생각할 때 20년도 채 지나지 않은 사이에 '제국' 개념이 이렇게 부상한 것은 놀라운 일이었다. 로스트 비프, 플럼 푸딩, 존 불, 유니언 잭과 함께 '브리타니아여 지배하라(Rule Britannia)'는 성공적으로 대중에게 어필하였던 것이다.

그러나 영국와 영제국을 일치시키려는 노력은 결국 실패한 것으로 보인다. 잉글랜드인들은 켈트 변두리 사람들을 영국의 일부로 받아들였지만, 그 범위를 넘지는 않았다. 애국심이 영국을 넘어서 제국으로까지 확대되는 데에는 크게 성공하지 못했던 것이다. 영국을 넘어선 제국은 너무나 먼 개념이었다. H. G. 웰즈는 한 소설(1916)에서 영국인 20명 가운데 한 명을 뺀 나머지 19명, 중간계급과 하층계급의 대부분이 "아르헨티나 공화국이나 이태리 르네상스에 대해 알지 못하는 것만큼 제국에 대해서 모르고 있다"고 쓰고 있다.[25] 본국인들은 식민지 주민들에 대해 거만했다. 한 뉴질랜드인이 1906년에 말했듯이 그들은 "집에 남아 있는 잉글랜드인이 집을 떠난 잉글랜드인보다 우월하다는 웃기는 생각"을 가지고 있었다. 이러한 상황에서 전 세계에 퍼져 있는 영국인들로 하여금 스스로를 영제국이라는 통일체의 구성원으로 인식하게 만드는 작업은 쉬운 일이 아니었다.

그러나 충성심의 초점으로서 제국을 고양하려는 시도가 실패했다는 평가에도 불구하고 제국은 어쩔 수 없이 영국민의 관심의 대상이 되고 있었다. 세기 전환기 제국은 3억 4천 5백만 명의 제국 신민과 1천 1백 5십만 평방 마일의 영토를 보유하고 있었으며 영국 국민 가운데 많은 사람들이 제국과 연관된 직장에서 일하고 있었다. 설사 그렇지 않더라도 제국은 영국인들의 삶에서 관심과 흥미의 표적이 되었다. 19세기 잉글랜드 사람들의 상상력은 제국의 이미지로 가득 차 있었다. 이들의 세계는 제국이 제공하는 물질적 가공물들의 전시장이었다. 가장 뚜렷한 것들만

25) *Ibid.*, 298.

열거한다면 설탕, 차, 커피, 코코아, 담배 등이 있었다. 동시에 소설, 군사적 무훈을 그린 그림, 여행기들, 선교사 이야기 등 상상을 통한 식민지와의 만남도 있었다. 중간계급이 보는 잡지들은 정기적으로 식민지 문제를 다루었고 언론은 빨간 피부의 인디언이나 아프리카인들을 다룬 이야기를 무척 좋아하였다. 제국은 또한 개인적 야망, 금융상의 이익의 기회를 제공해 주었고, 이상하고도 이국적인 음식, 동물과 식물, 외래어, 이국 풍의 철학, 새로운 스포츠, 다른 문화, 그리고 익숙하지 않은 경험들을 영국인의 삶에 도입하였다. 제국은 영국인들의 일상생활의 한 부분이었던 것이다. 마지막으로 제국은 집으로부터, 성인의 세계로부터의 도피였다. 최근의 한 저서가 보여 주듯이 식민지는 평범하지 않은 사람들, 소위 괴짜나, 모험가, 동성연애자 등에게 욕구를 해결할 수 있는 꿈의 나라로 인식되었던 것이다.[26)]

국가의 세력, 즉 행동을 주도하고, 유지하고, 혹은 정지할 수 있는 능력 및 국민에게 영향력을 행사하고 통제할 수 있는 능력은 정책결정권, 사회적 응집력, 군사적 힘, 기술적 전문성, 그리고 정부 조직의 관계 등으로 평가될 수 있다. 이 모든 점에서 영국은 1815~1914년간 명실공히 세계에서 가장 위대한 국가였고 그렇기 때문에 영국은 세계 최대의 제국을 건설할 수 있었다. 19세기를 통해 거의 모든 영국인들은 제국을 당연시하고 제국주의적 이상주의를 영국의 독특한 면으로 상정하고 있었다. 그러한 이상주의가 실제로 실현되지는 않았지만 그것이 영제국을 다른 제국들과 구별짓는 약간의 차이를 만들어 낸 요인이었음은 사실이다. 제국 소유에 대한 콥덴의 비판은 1860년대에 이르면 그의 추종자들 가운데에서도 거의 지지를 받지 못했다. 글래드스턴은 디즈레일리의 국수주의적 팽창주의를 지겨워했지만, 그 스스로도 제국의 도덕적 개념을 신봉하였다. 글래드스턴의 자유주의는 '반제국주의적(anti-imperialist)'이었지만

---

26) Ronald Hyam, *Empire and Sexuality*(Manchester University Press, 1992).

'반제국적(anti-imperial)'은 아니었던 것이다. 1900~1914년 사이 제국에 대한 비판자들도 제국의 개혁을 원했지 제국을 해체하려는 것은 아니었다. 1945년에 들어선 노동당 정부도 제국을 해체하려 하지 않았고 오히려 영국 경제를 위해 아프리카 경제를 발전시키는 정책을 추구하였다. 그만큼 제국은 영국인들의 삶에서 제외할 수 없는 요소였던 것이다.

일반적으로 영제국은 다른 유럽제국과 다르다고 평가되어 왔다. 아프리카 열대지역에서 스페인, 포르투갈의 식민지 정부는 부패하고 질이 낮았다던가, 네덜란드인들은 용병에 불과했다던가, 독일과 러시아는 잔인하고 군국주의적이었다던가, 프랑스는 그들의 문화를 종속민에게 부과함에 있어 참을 수 없을 정도로 국수주의적이었다던가 하는 평가가 내려진 데 반해 영국의 지배는 종속민들의 안녕을 위해 고귀한 관심을 쏟았다고 주장되었다. 그러한 평가가 얼마나 근거 있는 것인가? 역사적 사실은 영제국과 다른 여타 제국들 사이에는 차이점보다는 유사점이 더 많았음을 보여 준다. 그럼에도 불구하고 차이는 분명히 있었다. 우선 영제국의 통치체계를 수립한 곳에는 전부 보통법의 전통이 확립되었으며 정부의 책임과 개인의 권리라는 개념이 도입되었다. 물론 백인의 권리가 비백인의 권리보다 우월한 것은 당연시되었다.[27)]

무엇보다도 영국의 제국적 팽창에서 가장 눈에 띄는 현상은 자신들의 정치제도, 특히 그들이 누리는 자유와 헌정체제에 대한 자부심이었다. 1926년에 행해진 '제국의 날' 행사에서 수상 볼드윈은 "다른 제국들은 군사적 정복에 의해 만들어지고 군사력에 의해 유지되었다. 우리 제국은 그들과 철저히 다르다"며 영제국의 자유주의적 가치들을 강조하였다. 영국인들은 그들이 "자치정부를 전 세계 6개 대륙에 퍼뜨렸다"고 자랑했으며, 1980년대에 이르러서도 마가렛 대처 수상은 영연방 수상들에게 그들이 영국에 의해 지배되었다는 사실이 얼마나 다행인가를 되풀이하여 강

27) P. J. Marshall, "Empire in Retrospect," in *The Cambridge Illustrated History of the British Empire*, ed., Marshall(Cambridge University Press, 1996), 372, 373.

조하곤 하였다.[28]

본장에서 살펴보았듯이 영국 국민성에 대한 정서를 만들어 내는 데 제국이 한 역할은 명백하다. 제국은 국민적 정체성의 핵심요소를 형성했으며, 수많은 영국인들의 이민을 통해 제국 내에서 새로운 사회를 형성하도록 했다. 영국인들이 제국을 통해 다른 사람들을 변화시켰다면 제국 역시 영국인들을 변화시켰다. 50만 명이 넘는 서인도제도 출신인들이 살고 있는 오늘날의 잉글랜드는 "자메이카와 트리니다드 다음으로 가장 큰 서인도제도의 섬"이라고 일컬어지게 되었다. "영제국은 해가 지지 않는 제국이 되었지만 제국의 위기에는 태양도 소용 없었다"는 존 갤러거의 지적이 사실로 다가온 것이다.[29] 다음의 과제는 1945년 이후 제국의 상실이 어떻게 국내에서 민족을 묶어 주는 연대를 약화시켰는지를 분석하는 것이다. 그리고 그러한 맥락에서 켈트 변두리 지역이 영국 내에서의 위치를 어떻게 정립시켜 왔는가도 연구 과제인데, 이 문제는 유럽 통합의 전망과 결부되어 브리튼제도 안에 있는 각 지역들 간의 관계라는 맥락에서 고찰되어야 할 것이다.

---

28) P. J. Marshall, "Introduction," in *The Cambridge Illustrated History of the British Empire*, 13.

29) Antoinette Burton, *At the Heart of the Empire: Indians and the Colonial Encounter in Late-Victorian Britain*(University of California Press, 1998), 9.

제11장

제국과 인종: 영국과 일본의 비교

비록 항상 해가 비치지는 않았지만 틀림없이 해가 지지는 않았던 영제국. 19세기 말, 20세기 초의 영제국은 그 인구와 영토에 있어서 인류 역사상 가장 큰 규모의 제국이었다. 근대에 들어 非백인으로서는 유일하게 식민제국을 지배하였던 일본. 두 제국의 경험은 역사, 동기, 지배 이념, 지배 방식, 그리고 해체 등 여러 면에서 흥미로운 유사점과 차이점을 보여 준다. 우선 가장 현격한 차이는 두 제국의 시간적 · 공간적 차이에서 발견된다. 영국은 이미 16세기 후반부터 해외 식민지를 개척하기 시작하여 19세기에 이르면 식민장관조차 다 기억하지 못할 만큼 거대한 제국을 전 세계에 소유하고 있었다. 반면 일본의 공식적 제국의 존속기간은 1895년 대만영유로부터 시작하여 50년밖에 되지 않는다. 영제국이 6대륙에 골고루 퍼져 있는 광대한 원격지들로 구성되었다면 일본제국은 근린 지역에 집중되어 있었다. 두 제국의 이러한 시간적 · 공간적 차이는 식민지 경영에서의 차이로도 나타났다. 영제국이 행정적 · 구조적 지속성을 결여하고 있었고 광대한 제국을 총괄하는 획일적인 정책을 만들어 내지 못하였고, 만들어 낼 수도 없었다면, 일본은 짧은 시일 내에 제국을 본궤도에 올려놓아야 한다는 당위성에서 처음부터 일사분란한 정책을 추진해 나아갔다.

영국의 제국팽창이 적어도 19세기 말까지는 자신감의 표현이었다면, 일본의 그것은 열등감의 표현이었다. 19세기 후반 일본은 개국과 더불어

서양 여러 국가들과 어쩔 수 없이 불평등한 조약관계에 들어서게 되었는데 어떤 점에서 일본 제국주의는 그들이 겪은 수모를 동양의 이웃들에게 보복삼아 되풀이한 것이라 말할 수 있다. 많은 영국인들에게 제국은 영국적인 가장 숭고한 가치들, 즉 남자다움, 용기, 기율, 자기희생, 타인에 대한 이기심 없는 봉사 등을 구현하는 것이었다. 1980년대에도 대처 수상은 영연방 수상들에게 그들이 영국에 의해 지배되었다는 사실이 얼마나 다행인가를 환기시키곤 하였다.[1)] 그러나 일본의 경우 제국영유의 경험은 일본 국민에게 거의 아무런 자취도 남기지 못하였다. 일본에는 키플링이 존재하지 않았고 일본 수상이 근린국 지도자에게 식민지 경험을 고맙게 여기라고 말한다는 것은 상상조차 할 수 없는 일일 것이다.

이 책에서 여러 차례 언급되었듯이 영국 제국주의의 특징은 무엇보다도 자신들의 도덕적 우월감으로 제국통치를 정당화하였다는 데 있었다. 그들의 우월감은 특히 영국 국민이 누리는 자유와 헌정질서에 대한 자부심의 반영이었다. 반면 그러한 도덕적 우월감을 결여하고 있던 일본은 천황을 중심으로 한 신비로운 민족개념을 만들어 내어 주변 아시아인들과의 차별성을 시도하고 궁극적으로는 천황을 이용하여 민족 말살로 이어지는 황민화정책을 실행하였고 그것에 일본 식민지 지배의 최대의 특징이 있었다.[2)] 마지막으로 탈식민화의 과정을 본다면 영국의 식민지 해방이 비록 제2차 세계대전 후 변화한 국제정세에 의해 어느 정도 강제된 것이기는 하지만 자발적 과정이었던 데 비해, 일본은 전쟁에서 패배함으로써 식민지를 포기하지 않을 수 없었다. 또한 영국 식민지들이 독립 후 영연방을 구성하고 영어가 이들 지역에서 여전히 중심 언어로 사용되는 데 반해, 일본은 이전 식민지에 그러한 유산을 남기지 못하였다.

---

1) P. J. Marshall, "The World Shaped by Empire," in *The Cambridge Illustrated History of the British Empire*, ed., Marshall(Cambridge University Press, 1996), 13.

2) 君島和彦, 「植民地支配の構造」, 淺田喬二 編, 『帝國日本どアジア』(吉弘文館, 1994).

한편 몇 가지 공통점도 발견된다. 가장 먼저 언급될 것이 제국팽창의 동기로서 소위 문명화의 사명이다. 영국과 일본은 둘다 문명의 척도를 사용하여 제국주의적 지배와 종속을 정당화하였다. 그러나 여기서도 두 나라 간에는 차이가 존재하는데 영제국 팽창의 큰 특징이 자신들의 제도를 전 세계에 퍼뜨리려는 사명감이었다면, 일본의 경우에는 딱히 내세울 자기 것이 없는 상황에서 자신들의 주도하에 서구화의 길을 가고자 하였다. 열등한 인종을 개화시켜야 한다는 문명화의 근저에는 인종주의가 자리잡고 있었다. 인종주의는 제국주의적 팽창의 동기에도, 지배 이념에도 작용하였다. 특히 19세기 영국에서는 앵글로-색슨 인종을 고양하고 타인종을 멸시하는 인종주의가 극성을 부렸는데, 이러한 인종적 편견에서 특이한 위치를 차지한 것이 같은 백인이고 같은 국가제도 내에 편재되어 있으면서 차별받아야 했던 아일랜드였다. 유사한 인종주의가 발견되는 일본의 경우에도 역시 가장 가까우면서도 먼 조선이 가장 큰 희생자였다. 물론 일본의 인종차별의 과제는 더욱 어려웠다. 본국인과 종속민들의 엄연한 인종적 유사성을 무시할 수 없었기 때문이었다.

이 장에서는 제국팽창의 동기로서의 인종주의와 그것이 식민정책에 미친 영향에 주목하고자 한다. 인종주의는 제국주의의 모순과 이중성을 가장 극명하게 드러내면서 동시에 서양의 제국주의와 비백인의 제국주의가 내포하는 유사점과 차이점을 가장 명료하게 보여 주는 한 단면이기 때문이다.

1. 앵글로-색슨주의와 문명의 계서제

영제국의 식민정책에서 인종주의가 시종 작용한 것은 아니었다. 19세기 초까지는 인류 보편성에 대한 믿음에서 종속민들에 대한 영국화 정책이 추진되었지만 점차 인종주의에 입각한 차별주의로 전환되었던 것이다. 18세기 계몽주의가 전성기에 있을 때 유럽의 인종적 태도는 네 가지

기본요소에 의거하고 있었다. 즉, 인류의 동질성에 대한 믿음; 피부색깔이 어떤 의미도 갖지 않는다는 믿음; '고귀한 야만인'에 대한 낭만적 이상화; 마지막으로 비유럽 문명, 특히 중국과 인도 문명에 대한 존경심 등이 그것이다. 이처럼 인류보편성을 믿었기 때문에 유럽인들은 자연에 어긋나는 모든 낡은 제한으로부터 개인을 자유롭게 하고 원주민 사회를 새롭게 만든다는 목표를 상정할 수 있었다. 복음주의자들은 전 세계에 기독교를 전파할 수 있다는 자신감을 가졌고, 자유주의자들은 식민지가 발전하여 자치화하게 되면 제국은 민족들의 연방으로 변할 것이라고 기대하였던 것이다.

1833년 벵골 최고위원회 위원장으로 임명된 토머스 매콜리는 인도 전통문화를 존중해 온 그 때까지의 동인도회사의 정책에 대항해서 인도인들의 영국화를 주장하였다. 인도 언어와 문화의 보존이라는 정책은 빅토리아 시대의 진보와 개혁의 세계에서 아무 쓸모도 없는 것이라고 확신한 그는 인도의 엘리트를 영국인들의 감독하에서 서구화하자는 대안을 제시하였다. 매콜리는 인도인에게 영어와 같은 근대 언어를 가르침으로써 그들을 무지로부터 벗어나게 만들 수 있다고 주장하였다. 이 근대적 언어에는 가장 많은 양의 정보가 쌓여 있기 때문이었다. "훌륭한 유럽 도서관의 서가 하나가 인도와 아라비아의 문헌을 모두 합친 것보다 값지다"는 것이 매콜리의 확신이었다. 인도의 영국화를 주창하면서 매콜리는 언젠가 인도가 충분히 영국화한 날 영국이 인도인들에게 권력을 넘겨 줄 것을 기대하였던 것이다.[3)]

그러나 이러한 보편적 안목은 19세기를 지나면서 사라져 버리고 비유럽인들을 깔보고 무시하는 태도로 대체되었다. 19세기 영국인들은 '앵글로-색슨주의'라고 부를 수 있는 독특한 인종의식을 발달시켰는데, 앵글로-색슨주의의 핵심은 앵글로-색슨 인종이 자유와 정의와 효율성을 합

---

3) Philip Lawson, *The East India Company*(Longman, 1994), 152, 153; Keith Robbins, *Great Britain: Identities, Institutions and the Idea of Britishness*(Longman, 1998), 173.

친 헌정체제를 통해 그들 자신은 물론 남들도 통치할 특별한 능력을 부여받았다는 믿음이었다. 이것은 5세기로 거슬러 올라가는 색슨인의 자유에서 유래하는 앵글로-색슨의 천재성으로서, 다른 사람들에게는 이전될 수 없는 특별한 재능으로 간주되었다. 다시 말해 영국의 탁월함은 교육이나 기후 같은 쉽게 정의될 수 있는 것들의 결과가 아니라 '잉글랜드 인종(English race)의 독특한 속성'에서 기인한다는 주장이었다.[4] 앵글로-색슨주의는 단순히 비백인에 대한 백인의 우월만을 주장하는 이데올로기가 아니었다. 그것은 다른 백인 인종과도 구분되는 앵글로-색슨인들의 탁월함에 대한 특별한 신념이었던 것이다.

비유럽인에 대한 인식은 19세기 후반 사회적 다윈주의가 팽배하기 전에도 이미 이들과의 잦은 접촉, 산업화, 공리주의 등에 의해 변화하고 있었다. 우선 영국 자체의 물질적 발전의 속도가 빨라지고 그들과 비유럽 사회 사이의 갭을 인식하게 되면서 열등한 문화에 대한 비판과 멸시가 고조되었다. 특히 공리주의는 비유럽 인종에 대한 인식을 변화시키는 데 중요한 역할을 하였다. 공리주의를 인도 역사에 적용하여 파악한 제임스 밀의 『영국치하의 인도 역사』(1817)는 인도에 파견된 영국 관리들의 필독서가 되었는데, 밀은 "공리가 정확히 얼마나 모든 노력의 목표인가에 따라 문명을 측정할 수 있다"고 보았다. 그리고 이 척도에 따르면 힌두인은 문명을 가지고 있지 못하다는 결론이 도출되는 것이다.[5] 이처럼 문명의 정도에 따라 만들어진 사다리의 맨 위에는 앵글로-색슨이 위치하였고, 다음에 독일인이, 다음에 프랑스 등 라틴국가들의 순으로 배치되었으며 훨씬 밑에 아시아, 아프리카 사회가 위치하였다. 흥미롭게도 아일랜드도 이 마지막 그룹과 같은 위치에 놓여졌다. 19세기 말에는 유럽인

---

4) 19세기를 지나며 잉글랜드 인종이라는 용어가 더 자주 사용되었는데, 당시 인종이라는 개념은 요즘의 국민과 같은 뜻으로 사용되었다.

5) Ronald Hyam, *Britain's Imperial Century 1815-1914*(Barnes & Noble, 1993), 74, 75; Ronald Inden, *Imagining India*(Basil Blackwell, 1994), 45, 46.

들에 의해 전통적으로 문명화되었다고 분류되어 온 민족들, 즉 남아시아, 중국, 아랍인들조차 정형화된 유형으로 구성되고 왜소화되고 조롱의 대상이 되었다. 여기서 특히 인종이 차별의 기준이 되었는데 이 때가 되면 비백인에게서 발견되는 문명, 산업화, 경제발전의 미진함이 인종적 차이의 이데올로기로 환원되었던 것이다.

영제국에서 노예제 폐지(1833) 후 특히 일부 영국인들의 인종적 태도가 급격하게 경직되기 시작하였다. 유명한 문필가 칼라일은 「깜둥이 문제에 대한 논의」(1853)에서 해방 노예들을 "자비로운 채찍"으로 일하도록 강제되어야 하는 "게으른 두 발 달린 짐승"이라고 표현하고는 "다음에는 말들이 해방될 것인가?"라고 비아냥거렸다.[6] 특히 인도의 세포이 반란(1857)과 자메이카 반란사건(1865)의 충격은 대단히 컸다. 자메이카 반란은 재판에 항의하는 수백 명의 자메이카 흑인들이 지방 재판소를 습격한 사건으로, 이 과정에서 50여 명의 사상자가 발생하였고 그 가운데 반 정도가 백인이었다. 거기서 끝났어도 될 사건이었지만 에어 총독은 원주민 수백 명을 붙잡아 재판도 없이 처형하고 수천 채의 집을 불태우는 등 무자비하게 진압하였다.

이 사건은 영국 여론을 크게 뒤흔들었다. 총독을 옹호하는 편에는 디킨즈, 러스킨, 칼라일, 킹즐리, 테니슨, 그리고 국교회 성직자 같은 보수주의자들이, 에어를 비난하는 반대편에는 존 스튜어트 밀을 위시하여 헉슬리, 브라이트 등 당대의 유명한 자유주의자들이 몰려들어 열전을 벌였다. 밀에게 이것은 "단지 영국 식민지의 문제만이 아니라, 영국 자체가 정부의 법에 의해 통치될 것인가, 아니면 군국주의적 만행에 의해 통치될 것인가의 문제"를 제기한 것으로 보였다. 어찌 되었든 많은 영국인들은 이 사건들을 통해 영제국의 종속민들이 영국의 정책과 영국적 가치를 거부하는 것으로 받아들였다. 문명화와 급격한 변화에 대한 기대감은 실망으로 바뀌고 이제 비유럽인들이 영국 수준으로 올라갈 수 있으리라는

---

6) Hyam, *Imperial Century*, 77.

가정이 의문시되었으며, 흑인은 정치적 권력을 갖기에 적합하지 않기 때문에 이들에게는 일종의 전제적 정부가 필요하다는 주장이 제기되었다. 게다가 당시 알려진 다른 발전 사항들, 즉 북미 인디언, 마오리 등 원주민들의 수가 급속히 줄고 멸종되기조차 한다는 사실은 이들이 생존에 필요한 자질을 갖추지 못한 탓으로 해석되었다.

19세기 후반에는 앵글로-색슨주의에 소위 과학적 인종주의가 가세해서 인종이 모든 것이 되었다. 물론 다윈 스스로는 자신이 발견한 법칙을 인간사회에 적용하기를 꺼렸지만 그의 이론은 말할 것도 없이 중대한 영향력을 끼쳤다. 특히 『인간의 계보』(1871)에서는 다윈 자신도 문명인과 야만인 사이의 차이를 강조하였다. 다윈에게서 깊이 감명받아 "보다 우월한 인종이 보다 열등한 인종을 멸종시키는 것, 혹은 그것이 새로운 환경에 적응하도록 강제하는 것, 이것이 모든 생명체의 보편적 법칙"이라고 확신하게 된 찰스 킹즐리는 "다윈이 모든 곳에서 마치 홍수처럼 정복하고 있다. 진실과 사실만 가지고"라고 관찰하였다. 물론 인종이 과학적으로 입증되고 구분되기 전에도 인종주의적 태도와 증오감은 존재하였다. 그러나 이제 인종은 현실로 다가왔고, 더욱 광범위하게 받아들여지고 더욱 엄격하게 분류되었으며, 비유럽인들에게 느끼는 실망과 이해하기 어려운 사실들을 설명해 주는 틀이 되었다. 일반적으로 다윈주의는 이 세상에는 높고 낮은 인종들, 진보적이고 진보적이지 못한 인종들이 있으며, 낮은 인종들은 문명화된 인종들에 의해 지배되어야 한다는 견해에 과학적 지위를 부여해 주었다. 정치인, 과학자, 인류학자들만이 아니라 선교사들, 여행가들도 인종적 태도가 경직되는 데 큰 역할을 하였다. 이들 가운데 많은 사람들이 아프리카인을 단순히 동물로 취급하였는데, 이들은 "불평등한 사람들을 평등하게 만드는 것은 커다란 잘못이며 유해한 일"이라고 주장하였다.[7)]

그러나 '잉글랜드 인종'이란 과연 무엇인가? 잉글랜드 인종이란 것은

7) *Ibid.*, 158-160.

애초에 존재하지 않으며 그것은 브리튼 섬의 원주민인 켈트인, 5세기에 그 곳에 침략한 앵글로-색슨인, 그리고 그 후의 또 다른 침입자인 노르만적 요소가 혼합되어 형성된 것이었다. 그리고 이 사실은 매튜 아놀드 등에 의해 지적되었지만 편리하게 무시된 채 '잉글랜드 인종'에 대한 예찬은 계속되었다. 앵글로-색슨주의는 어떤 한 정파, 한 사조에만 국한된 것이 아니었다. 물론 보수주의자에게서 가장 많이 발견되지만 급진주의자, 자유주의자, 그리고 지식인들에게서도 발견된다. 대단히 특이하게 영국적이고 빅토리아적인 이 인종주의적 믿음은 세상의 다른 지역으로 영제국을 확대시키기를 원하는 사람들에게 정당성을 제공해 주었던 것이다.

중요한 점은 이들이 통치할 수 있는 능력을 인종이라는 관점에서 본 것이었다. 즉 '피'가 중요했던 것이다. 수상 솔즈베리 경이 작성한 원칙, 즉 "영국인들이 열등한 인종들과 접촉하게 되면 그들을 지배할 것이다. 겉으로는 어떤 근거로 거기 있든 간에"에서도 인종적 오만이라는 개념이 발견되는 것이다.[8] 영국인들은, 어떤 인종들은 결코 문명화할 수 없을 것이라고 공공연하게 주장하였으며 비백인들은 정치적 자치나 사회적 발전에 맞지 않는 것으로 판단하였다. 그들은 "니그로와 유럽인 사이에는 우리를 짐승과 구별해 주는 것과 같은 간격이 있다. 열등 인간은 우리와 근본적으로 달라서 그들을 우리 수준으로 끌어올리는 것은 절대로 불가능할 것"이라고 평가하였고, 아시아인들을 백인들이 같이 살 수 없는 '유해한 동물'이라고 규정하였으며, "동화보다는 없애 버리는 것이 훨씬 쉽다. 교육은 경제적이지 못하기 때문에 행해지지 않을 것"이라는 잔혹한 판정을 내렸다. 그렇지만 영국의 인종주의자조차 일본인들을 그들보다 하위에 놓을 수 없을 것이라고 인정하였다. 일본인들은 서양문명을

---

8) Allen J. Greenberger, *The British Image of India: A Study in the Literature of Imperialism 1880-1960*(Oxford University Press, 1969), 13; Keith Wilson ed., *British Foreign Secretaries and Foreign Policy*(Croom Helm, 1987), 132.

성공적으로 수용한 유일한 동양인이기 때문이었다.[9]

영국인들의 인종주의는 결국 종속민의 반발을 야기할 수밖에 없었다. 인도 민족주의는 결국 영국 지배의 산물이었다고 할 수 있는데, 무엇보다도 인종주의가 이를 부추겼다. 인도를 방문한 한 영국인은 영국인들이 인도 용병을 욕하고 심하게 다루며 그들을 '검둥이'라고 부르면서 그것을 아주 훌륭한 조크로 생각하는 것 같다고 관찰하였다. 다른 식민지들에서는 많이 있는 일이었지만 영국인들은 인종적으로 혼합된 결혼을 결코 묵인하지 않았고 혼혈아들을 차별하였다. 보이 스카우트를 창설하여 전 세계 소년들에게 형제애를 설파한 바덴-파월은 실상 인종주의자였다. 흑인에 대한 그의 편견은 다음의 발언에서 적나라하게 드러난다: "인간이며 형제라고! 형제일지는 몰라도 그들은 확실히 인간은 아니다."[10] 인종은 문화로부터 떼어 내어 생각할 수 없었다. 예를 들어 영국인들은 흑인이 역사를 가지지 않았다고 해석하여 그들을 인종의 사다리에서 가장 밑에 위치시켰다. 물론 잉글랜드인이 아일랜드인을 인간 이하로 보았다던가, 인도의 커즌 총독이 "영국 병사들도 백색 피부를 가진 것에 놀랐다"는 등의 이야기가 있지만 대체로 피부색깔과 능력은 비례하는 것으로 간주되었다. 그러나 실상 인종은 문화, 민족, 계급 등과 혼합되어 시간이 갈수록 구분하기가 힘들게 되었다. 국내에서의 노동계급과 하층민에 대한 차별과 밖에서의 비백인에 대한 멸시는 일맥상통한 것이었다.

이렇게 해서 18세기식의 인류의 평등과 완전해질 수 있는 가능성에 대한 믿음은 반전되어 버렸다. 영제국 내에서 원주민들의 지성과 교육은 결코 인정되지 않았다. 오히려 교육받은 원주민들의 등장과 더불어 그들의 관직보유 비율은 줄어들었다. 한 아프리카 총독은 "교육받은 친구들

---

9) Leonard Alston, *White Man's Work in Asia and Africa*(Longman, Green, 1907), 4, 8, 106, 114.

10) Denis Judd, *Empire: the British Imperial Experience from 1765 to the Present*(Fontana, 1996), 70, 211.

과는 아무런 관계도 가지고 싶지 않다"고 자백하였으며, 교육을 통해 인도의 영국화를 시도하였던 매콜리의 정책은 완전히 버림받게 되었다. 특히 1857년의 세포이 반란 후 그의 정책은 불만에 찬 선동가들을 키운 것밖에 안 되었다는 비난을 받았다. 아프리카의 골드 코스트에서는 1890년대부터 아프리카인들이 중요한 직위로부터 배제되기 시작하였다. 관리 임용과정에서 보다 높은 자격제한과 훈련계획 등이 세워졌고, 은퇴하거나 사망한 아프리카인들의 자리를 영국인들이 채웠다.[11)]

인종에 대한 담론은 불가피하게 정치적 능력에 대한 담론과 연결되었다. 킹즐리는 "내가 보아 온 바에 의하면 인종간의 차이가 너무 커서 어떤 인종들, 예를 들어 아일랜드의 켈트인들은 자치정부에 매우 부적합하며, 어떤 로마카톨릭 국가도 입헌정부에 어울리지 않는다"고 단언하였다. 각 인종의 두개골의 크기를 측정하여 우열을 따진 것으로 유명한 의사 녹스는 "색슨인으로서 나는 모든 왕정, 모든 군국주의 정부를 혐오하지만 켈트인에게는 그것만이 유일하게 적합한 정부형태인 것 같다"고 단정하였다.[12)] 인종적 태도는 곧바로 식민지 경영에도 반영되었는데, 영제국에서 자치정부를 허락받은 곳은 캐나다, 오스트레일리아, 뉴질랜드 등 백인들의 정착 식민지뿐이었다. 반면 주민 대부분이 비유럽인으로 이루어진 식민지들은 종속 식민지가 되었는데 이는 전적으로 인종주의에 근거한 정책의 차이였다.

식민 문제, '아일랜드 문제(the Irish Question)', 그리고 자치 문제가 한데 어우러져 있던 영제국의 골칫거리 아일랜드에서 영국인들의 인종적 편견이 지배정책에 어떠한 영향력을 미쳤는가가 가장 잘 드러난다. 왜 19세기 말 영국의 식자층 가운데 그렇게 많은 사람들이 아일랜드의 자치

---

11) L. H. Gann & Peter Duignan, *The Rulers of British Africa 1870-1914*(Croom Helm, 1978), 257, 258.

12) Hyam, *Imperial Century*, 161; Vincent Cheng, *Joyce, Race and Empire*(Cambridge University Press, 1995), 29.

정부 허용에 그처럼 반대하였는가의 문제는 결국 앵글로-색슨주의와 그것이 내포하는 신념, 즉 아일랜드인은 인종에 있어 앵글로-색슨인과 다른 사람들이며 문화에 있어 열등하다는 확신으로 귀결된다. 이는 물론 튜더 시대로 소급되는 침략과 약탈의 역사에서 그 기원을 어느 정도 찾을 수 있다. 17세기 이래 아일랜드, 웨일즈, 스코틀랜드 등 주변부에 대한 잉글랜드의 정치적 · 군사적 통제에는 노르만-앵글로-색슨 문화가 켈트 문화보다 본래부터 우월하다는 인종적 이데올로기가 깔려 있었다. 그러나 근본적으로는 빅토리아 시대에 점차로 유행하게 된 인종과 국민성에 대한 이론에 근거를 두고 있었다. 물론 인종 이외에도 아일랜드인의 종교인 카톨릭에 대한 적대감, 그리고 계급적 편견 등이 작용한 것은 사실이다. 그렇지만 종교와 계급적 편견이 오래 전부터 존재하던 것이고 어느 정도 이해가능한 요소였다면, 그처럼 비논리적이고 비체계적인 인종주의라는 사조가 그처럼 급격하게 그리고 감정적으로 중요하게 빅토리아인들을 휘어잡았다는 사실은 19세기라는 시대적 특수성과 인종주의의 중요성을 반영한다 하겠다.

19세기 말 영국 정계를 뒤흔들었던 아일랜드 자치법을 둘러싼 아일랜드 문제는 결국 이러한 영국인들의 인종 의식에 근거한 것이었다. 영국인들은 미개하고 뒤떨어진 인종이라는 아일랜드인에 대한 정형화로부터, 아일랜드인들은 자치에 적합하지 못하며 스스로 통치할 수 없기 때문에 영국이 그들을 지배해야 한다는 결론을 끌어내었다. 아일랜드인들의 자치의 부적합성, 경제적 무능, 지적 능력의 결핍, 과학적인 것에 대한 둔감함 등을 언급하는 영국인들의 글이나 담론은 무수히 많다.[13] 칼라일은 아일랜드인의 성격을 "차분하지 못하고, 비합리적이며, 비참한 놀림감"으로 규정하였고, 이 "거칠고, 무분별하고, 게으르고, 불확실하

---

13) 예를 들어 *Blackwood's Edinburgh Magazine* 등 보수적 경향의 저널은 물론, 자유주의 저널인 *The Nineteenth Century, The Contemporary Review* 등에서도 인종주의적 글들이 많이 발견된다.

고, 미신을 잘 믿는 인종은 잉글랜드적 성격을 이해할 수 없기 때문에 우리의 자유롭고 비옥한 제도를 증오한다"고 주장되었다. 켈트인은 난폭한 정치적 · 사회적 혼란에 빠져들 수밖에 없기 때문에 이를 방지하기 위해서는 고도로 중앙집권적이거나 권위주의적인 제도가 필요하며, 무식하고 경험이 없고 불안정한 아일랜드인의 손에서 앵글로-색슨의 자유는 무정부와 내란, 혹은 로마카톨릭 교회와 성직자들의 독재로 전락할 것이기 때문에 자치를 허용할 수 없다는 것이었다.

1860년대부터 영국 만화에서는 평범한 아일랜드인을 표현하는 '패디(Paddy)'가 원숭이로 그려지기 시작하였다. 원숭이(apes)의 반대 이미지는 천사(angel)였다. 잉글랜드인들은 '에인젤, 앵글, 앵글로-색슨' 등의 말장난을 하면서 자신들을 천사에 비유하였다. 18세기까지만 해도 영국 만화에서 패디는 어리석고 비합리적이지만 깨끗하게 수염을 깎고 날카로운 이빨도 없는 것으로 그려졌으며, 정치나 민족적 문제에는 무관심한 것으로 나타났다. 따라서, 존 불(John Bull)과 브리타니아(Britannia)는 패디를 위험하지 않은 것으로 판단하였고 만화가들은 그를 온전한 인간으로 대우하였다.[14] 그러던 것이 1860년대 폭력적 민족운동인 피니언주의가 발생하고 자치문제가 본격화하면서 패디를 원숭이에 비유하는 경향이 강해졌던 것이다. 킹즐리는 1860년 아일랜드를 여행한 후 이 끔찍한 나라에 널려 있는 자신과 마찬가지 피부색깔을 가진 '하얀 침팬지들'을 보고 경악하였다. 앵글로-색슨과 켈트인들간의 차이는 너무나 확실하게 보였으며 대부분의 상류 및 중간계급 영국인들에게 소위 '켈트 변두리'라는 말은 지리적 표현 이상의 무엇을 의미하였다. 영국인의 눈에 아일랜드인은 '하얀 깜둥이'였던 것이다.[15]

앵글로-색슨주의의 신화와 선전은 1860~90년대에 절정에 이르렀다.

---

14) '존 불'은 평범한 잉글랜드인, '브리타니아'는 영국의 의인화이다.

15) L. P. Curtis, *Apes and Angels: the Irishman in Victorian Caricature*(Smithsonian Institution Press, Washington, 1997), 101.

영국의 힘과 영향력이 절정에 도달한 시기인 이 때 잉글랜드인들의 인종적 · 문화적 성취를 다른 인종과 다른 문화의 실패라는 관점에서 측정하려는 시도가 활발하였던 것이다. 물론 인종주의에 대한 비판이 전혀 없는 것은 아니었다. 문필가 매튜 아놀드는 중류계급의 속물 근성에서 발견되는 켈트인들에 대한 뿌리 깊은 적대감을 한탄하면서 켈트적 · 게르만적 · 노르만적 요소들이 혼합되어 잉글랜드인에 구현되었다는 사실을 사람들에게 환기시키려 노력하였다. 1895년에 윌리엄 배빙턴은 『국민성에 적용되는 인종론의 오류』라는 책에서 잉글랜드 인종이라는 개념 자체가 역사를 통해 그 땅에 몰려 들어온 사람들의 혼합을 무시한 것으로 본래부터 켈트적, 혹은 잉글랜드적인 미덕이나 결함은 없다고 지적하고, 문화들 간의 차이는 사회적 · 환경적 영향에서 결과하는 것임을 강조하였다. 19세기 말 아프리카 서부를 탐험한 메리 킹즐리도 아프리카인들을 끔직한 미개인이나 어리석은 어린애로 보는 사람들을 비판하고, 사람들 간의 문화적 차이를 인정할 것을 주장하였다. 20세기 초 보어전쟁을 겪고 난 후 그 동안의 팽창적 제국주의에 대한 대중의 지지가 약해지면서 앵글로-색슨 인종에 대한 맹목적 고양도 쇠퇴하기 시작하였다. 제국의 시인 키플링조차 국민적 교만함이 야기할 위험에 대해 경고하기 시작하였다. 물론 잉글랜드 인종이 우월하다는 예찬은 여전히 계속되었지만 그것은 절대적이기보다 상대적 차원에서 논의되기 시작하였다.

인종적 편견은 그 표적이 된 아일랜드인보다 잉글랜드인에 대해 더 많은 것을 말해 준다. 아일랜드는 영국인들의 굴절된 이미지가 투영된 전형적 케이스였다고 말할 수 있다. 다시 말해 아일랜드 인종이라는 개념이 언급될 때는 언제나 잉글랜드 인종과의 관계에서, 그리고 반드시 잉글랜드 인종에 대비되는 변증법적 개념으로서 논의되어졌던 것이다. “담론은 타자에 대해서보다 자기에 대해서 훨씬 더 많은 것을 말해 준다”는 사이드나 그 외 학자들의 지적대로 잉글랜드인들이 켈트족의 특성이라고 규정지은 것들은 영국 국민성에 대한 변증법적 안티테제의 상이었다. 결국 아일랜드 문제는 본질적으로 영국의 문제였으며, 아일랜드인의 왜

곡된 이미지는 바로 문명화와 체면의 중시 등 빅토리아 시대의 행동 규범이 야기한 영국인들의 좌절이 만들어 낸 희생양이었다고 해석할 수 있을 것이다.[16)]

2. 일본의 오리엔탈리즘적 인종주의

일본의 제국주의적 팽창의 가장 큰 특징은 그것이 상황의 산물이었다는 것이다. 일본 제국주의는 서양과의 연관 속에서 형성, 추진된 현상이었으며, 시기적으로도 일본의 근대국가 형성과 제국주의 시대가 맞아 떨어졌다는 상황이 중요하게 작용하였다. 19세기 후반 봉건체제를 청산하고 서양식의 근대국가 형성을 시작한 일본에게 성공적인 근대국가의 표본은 영국, 프랑스 등 강력한 제국이었다. 제국주의는 일종의 세계관이 되었고 19세기 말부터 금세기에 걸치는 일본의 담론 공간은 식민제국의 이데올로기로 충만해 있었다. 이들에게 우승열패의 자연도태에 따른 국가간의 침략은 피하기 어려운 것으로 보였다.

동시에 동아시아 세계를 제패하고 있던 중국이 이 때 몰락하게 되면서 일본이 그 공백을 메우기가 쉬웠다는 상황도 중요하였다. 일본 자신도 서양 제국주의의 희생자였다. 개국과 더불어 서양 열강들과 맺은 불평등조약 등 선진 제국주의의 침략을 경험한 일본은 스스로도 제국주의 국가로서 같은 침략에 참여하는 것만이 국운신장의 유일한 일이라고 판단하였던 것이다. "우리 일본의 제국주의는 열강의 촉진도발에 의한 것으로 자동적이 아니라 수동적이다. 속히 제국주의에 나서서 자립자존의 계획을 위하지 않는다면 하루도 평안하지 못할 것"이라고 주장되었던 것이다.[17)] 따라서, 일본제국의 문제는 19세기 후반 동아시아 세계의 구조변

16) Cheng, *Joyce, Race and Empire*, 20-22; Curtis, *Anglo-Saxons*, 65.

17) 古屋哲夫, 「日本帝國主義の成立おめぐて」, 『歴史學硏究』 202호(1956), 40-42.

화와, 그 구조변화의 과정에서 일본이 동아시아의 주변국들과의 관계에 있어서 어떠한 지위를 확보하려고 하였는가, 또한 확보하였는가의 문제와 연결된다.

일본의 오리엔탈리즘은 처음부터 이율배반적 지향성을 가지고 있었다. '열등한 아시아'라는 의식에 괴로워하면서 동시에 '아시아를 깔보는' 우월감을 팽창시킴으로써 국가의 위세를 인접 아시아 국가에 심고자 했던 국가 정책은 아시아에 대한 지정학적인 헤게모니의 확립으로 돌진해 갔다. 후쿠자와 유기치로 대표되는 탈아입구론은 비서구 세계, 특히 오리엔트를 일종의 폐쇄된 무대로 조망하는 서구의 시각을 그대로 차용한 것이었으며, '구태의연한 근린 아시아 국가들로부터 일본을 구별하려는 자의식'이 강화되어 일본인의 정체성은 양극으로 분해되고 있었다. 이제 미개한 아시아의 전형인 중국적 가치와 학문체계를 거부한 이들은 '중국'을 '지나'로 고쳐 부르고 동양이라는 개념을 정립하면서 자신들의 역사를 새롭게 쓰는 작업을 행하게 되었던 것이다. 일본은 지나나 그 속국으로 여겼던 조선에 대해 '완고, 고루, 편협한 동양'이라는 이미지를 만들어 내었고, 스스로를 대표할 수 없는 아시아를 대신해서 그들을 대표해야 한다는 도착된 자부심으로 문명화의 사명감을 강화시켜 나아갔다.[18)]

'미개한 아시아'와 달리 일본의 특색은 진보라고 주장되었다. 일본에서 동양사학을 창시한 시라토리는 아시아의 한구석, 그것도 동쪽 맨 끝에 있는 일본이 "유독 광채를 내뿜으며 이처럼 융성해진 까닭은 무엇일까"라는 의문을 제기한 후 그것은 일본이 세계의 모든 장점을 흡수하는 지위에 서 있기 때문이라고 답하였다. 일본은 동양의 일부이면서 동양

18) 강상중, 『오리엔탈리즘을 넘어서』(이산, 1997), 90; Buso Hashikawa, "Japanese Perspectives on Asia: from Dissociation to Co-prosperity," in *The Chinese and the Japanese,* ed., Akira Iriye(Princeton University Press, 1980), 328-330; 그리고 Stefan Tanaka, *Japan's Orient*(University of California Press, 1993) 등을 참조할 것.

문명의 정수를 모으고 동양 문화와 서양 문화를 혼합시켜 서양과 동일한 '진보=문명'의 길을 걸을 수 있게 된다는 것이었다. 대만 통감을 지낸 고토 신페이는 "일본민족의 동화력, 즉 정신적 정복력은 도저히 타민족에서 볼 수 없는 것"으로 "진실로 감탄하지 않을 수 없다"고 자평하였다. 지리적 위치로 보아 스스로를 '동아시아의 영국'으로 인식한 일본인들은 유럽에서 영국이 행한 의무를 자신들은 아시아에서 담당해야 한다고 믿었다.[19] 이처럼 일본의 제국적 팽창 초기에는 서양에 대한 강한 흠모와 모방이 중요하게 작용하였던 것이다.

일본인들이 상정한 문명은 전적으로 서양 문명이었다. 서양 문명은 곧 인류가 가야 할 보편적 길이기 때문에 그것을 받아들이는 것은 부끄러운 일이 아니고, 자기분해도 아니었다. 서구와 일본의 차이는 문명의 발달 단계에서 나타나는 양적 차이에 불과하며, 노력하면 서구와 같은 문명에 도달할 수 있을 것으로 믿었다. 1910년대 영국의 페이비언 사회주의자인 웹부부가 아시아 방문중 일본의 가츠라 수상과 면담할 기회를 가졌을 때 가츠라는 끊임없이 '문명'에 대해 언급하였는데, "모든 서양적인 것은 문명이고 다른 종류의 일본식 문명은 없는 것으로 상정하는 것 같았다"고 웹부부는 관찰하고 있다. 자객이 던진 다이너마이트로 폭사할 뻔했던 오쿠보는 "낡은 도구인 칼 같은 그런 물건이 아니라 진보적인 서양 발명품에 의해 부상당한 것이 기쁘다"고 말해 문병객들을 놀라게 했으며, 외상 이노우에 카오루는 1887년 노골적으로 "우리 제국을 유럽 스타일의 제국으로 변화시키자. 우리 국민을 유럽식의 국민으로 바꾸자. 동양의 바다 위에 새로운 유럽식의 제국을 건설하자"고 열변을 토하였다.[20] 이것은

19) 後藤新平, 『日本膨脹論』(通俗大學會, 大正 5/1916), 165; 大日本文明協會, 『歐美人の日本觀』(中)(原書房, 明治41/1907), 110.

20) Sidney & Beatrice Webb, *The Webbs in Asia: The 1911-1912 Diary*, ed., George Feaver (Macmillan, 1992), 36; Yoshitake Oka, *Five Political Leaders of Modern Japan* (University of Tokyo Press, 1986), 53; Marius Jansen, *Japan and its World*(Princeton University Press, 1980), 69.

문화적 열등감의 적나라한 고백이었다. 물론 맹목적 서구화의 지향은 일본적 문화 정체성의 재확인이라는 반발 조류를 낳게 되어 맹목적인 서구파들도 1895년경이 되면 일본의 전통과 과거를 자부하게 되지만 여전히 서양에 대한 흠모와 열등의식은 남아 있었다. 서양 문명에 대한 맹목적 추종은 곧 서구화할 수 있는 능력에 의해 결정되는 인종적 우열 개념을 낳았으며, 그것은 당시 전래된 사회적 다윈주의에 의해 심화되었던 것이다.

반세기에 지나지 않은 짧은 역사지만 일본제국의 지배정책은 제국형성 초기부터 1920년대까지의 전반기와 그 후 제국의 몰락까지를 구분해서 이해할 필요가 있다. 전반기가 서양을 모방하려는 의지가 강한 시기였다면, 후반기는 동아시아를 서양으로부터 해방시킨다는 소위 대동아공영권이라는 개념으로 서양 제국주의를 배척한 시기였다. 전반기인 1895～1920년에는 점차 아이디어 및 형식에 있어서 유럽 식민주의와의 동일시가 진행되었다. 이 때 나타난 식민지 문제에 관한 주장은 당시 유럽 식민정책이론과 많은 것을 공유하고 있었는데 특히 문명화의 사명이라는 개념이 두드러졌다. 도쿠토미 소호 등은 “마치 로마인들이 유럽과 지중해 지역에서 했던 것처럼” 일본의 정치조직을 동아시아 다른 지역과 남태평양에까지 확대시켜야 한다는 제국주의적 사명을 주창하였다. 이러한 문명화는 서양을 모델로 하는 아시아의 근대화라는 방향을 지향하고 있었고, 서양 제국주의의 구축을 주장한 1930년대의 범아시아주의와는 구별되는 것이었다.[21)]

일본 식민사상에 있어서 처음부터 일관되게 발견되는 한 가지 요소는 인종적 이데올로기였다. 일본의 인종주의는 서양으로부터 사회적 다윈주의가 도입되기 전부터 잠재해 있었지만 19세기 말 유럽으로부터 다윈주의와 생물학적 인류학이 도입되자 각 민족의 생물학적 우열에 대한 이론이 1905～1920년간의 일본 식민사상에서 주류를 이루게 되었다. 오쿠

21) Kenneth Pyle, *The New Generation in Meiji Japan*(Stanford University Press, 1969), 80; Mark Peattie, 『植民地』(讀賣新聞社, 1996), 140.

보는 1908년 일본 지식층의 대부분을 포함하는 회원이 5천 명에 달하는 대일본문명협회를 결성하였다. 이 조직은 구미 최근의 저서 가운데 "가장 건전하게 우리 나라에 추천하기에 적당한 것"을 선택하여 번역하는 작업을 하기 위한 모임이었는데, 이 협회가 프랑스의 인종주의자 르봉의 『민족발전의 심리』를 1910년에 번역하였다는 사실에서 알 수 있듯이 인종론은 이 때 가장 선구적인 서양이론으로 인식되었다. 흥미로운 사실은 서양의 압도적 힘과 지식체계에 억눌린 일본인들이 자신들의 인종적 열등을 인정하였다는 것이다. 동경대학의 철학 교수 이노우에 데츠지로는 스펜서의 이론을 받아들여 일본은 서양의 우월한 인종들과 경쟁할 수 없을 것이라고 단언하였다. 일본인들은 지력, 금융상의 능력, 체력, 그리고 다른 모든 면에서 서양 사람들에게 뒤떨어지며, 서양인의 두개골 모양은 그들의 우월함을 단적으로 보여 준다는 것이었다.[22] 그러나 곧바로 생리학적 열등감을 극복하기 위한 다른 종류의 인종론이 제시되었는데, 그것은 각 종족의 근대화의 능력을 평가기준으로 하는 인종론이었다. 이러한 인종론에 근거해서 일본인들은 이 세상을 '문명권'과 '비문명권'으로 나누어 자기들을 인접 아시아 국가들로부터 분리하는 문화적 계서제를 만들어 내었다.

문제는 영국과 달리 일본은 자신과 종속민 사이에서 피부색은 물론 인종적 차이와 문명의 차이를 크게 강조할 수 없다는 것이었다. 대부분의 일본인들은 일본민족과 조선민족이 과거, 문화, 그리고 인종적인 유산을 공유하고 있다는 사실을 알고 있었고, 그렇게 인정할 수밖에 없었다. "원래 내지인과 조선인은 동일 민족에서 갈라져 나온 것으로 선조가 같다"거나 "우리 일본인의 많은 수가 조선에서 이주해 온 것"이라는 사실이 공공연히 인정되었던 것이다. 물론 몇몇 사람들은 일본을 다른 아시아 근린국들로부터 격리시키기 위해 매우 이상한 인종론을 제시하였다. 타구치 유키치와 다케고시 요사부로 같은 문명의 선전가들은 일본인들이

22) Pyle, *The New Generation*, 110.

서양 문명의 요소들을 너무나 쉽고 빠르게 받아들이는 것은 곧 "일본인이 아리안족이라는 부정할 수 없는 증거가 된다"는 억지를 폈다. 일본인들은 중국인이나 다른 아시아인들에 비해 "지적으로 너무나 뛰어나기 때문에 일본인들은 유럽인이나 미국인들과 관련 있는 게 틀림없다"는 주장이었다. 시라토리 같은 국수주의 학자들도 일본이 아시아 대륙에서 "인종상으로 완전히 고립"되었다고 주장하고, 역사상으로도 아시아의 다른 국가와 비할 바 없이 다르다며 일본을 아시아의 다른 지역과 분리시키려 노력하였다.[23)]

그러나 조선인과 일본인이 얼핏 보면 구분할 수 없을 정도로 외양이 비슷하다는 것은 누구도 부인할 수 없었다. 따라서 외양상의 유사함을 넘어서는 차이를 발견해야 했다. 영국인들이 '하얀 검둥이', '하얀 침팬지'의 이미지로서의 아일랜드인을 만들어 내었듯이 일본인도 "좀더 자세히 들여다보면 멍청해 보이고, 입은 열려 있고 눈에는 총기가 없으며 무언가 모자라는 것처럼 보이는" 조선인의 이미지를 만들어 내었다. 일본인들은 조선인을 "옷을 잘 입은 아이누", "두 발로 서서 걷는 원숭이"라고 비하해서 불렀으며, "더럽고, 게으르고, 무지하고 비위생적이고, 냄새 나고, 심한 육체노동에는 적합하지만 복잡한 과제를 행할 능력은 없으며, 복종적이고, 따라서 어린애로 다루어져야 하는" 열등 인간으로 간주하였다. 역사적으로 조선인은 "글러먹은 민족"이고 "놀기 좋아하고, 게으름이 습속이 되어 있고, 혐오스런 풍속습관을 가진 민족"으로 진단되었다.[24)]

그렇다면 그렇게 가깝고도 비슷한 일본민족과 조선민족이 왜 그렇게 멀고도 다를 수가 있을까? 일본인들은 그 해답을 조선인들이 그 동안 잘

---

23) 예를 들어 濱田恒之助 & 大山長資, 『わが植民地』(富山房, 昭和 2/1927), 348; Peter Duus, *The Abacus and the Sword: the Japanese Penetration of Korea 1895-1910*(University of California Press, 1998), 414; 강상중, 『오리엔탈리즘』, 126.

24) Duus, *The Abacus*, 398; 강동진, 『일본언론계와 조선 1910~1945』(지식산업사, 1987), 34.

못 통치되어 왔다는 사실에서 찾고, 영제국처럼 좋은 정부를 제공하기 위한 것이라는 구실로 일본의 지배를 정당화하였다. 이들은 또한 조선사람은 아프리카 노예나 인도의 천민처럼 억압에 대해 저항할 방법이 없으며 어떠한 공적 생활의 경험도 없기 때문에 조선인에게는 공적 정신 혹은 애국심이 부족하다고 주장하였다. 이러한 무력한 조선인의 이미지를 이용한 사람이 이토 히로부미였다. 이토는 적어도 공식적으로는 조선인에 대한 인종주의적 경멸을 감춘 채 조선인은 일본인에 비해 열등하지 않으며, 육체적·정신적 능력에서 중국인보다 못하지 않다고 주장하였다. 이토는 또한 조선의 문제는 국익을 생각지 않고 자신의 이익만 챙기는 엘리트의 부패와 후진성에 있기 때문에 이들의 부패와 후진성을 싹쓸이하는 것이 급선무라고 공언하였다. 이러한 공적인 발언과는 달리 그는 사적으로는 조선인에 대해 매우 권위주의적이었고 멸시감을 가지고 대하였다. 그는 야마토 인종이 인류보편적 흥망의 법칙에서 예외일 수는 없으며 다른 민족의 "정당한 권리와 이익을 무시하면 우리 나라의 멸망은 뻔한 것"이라고 주장하였지만, '정당한 권리를 가진 다른 민족'은 서양에 국한되었다. 그는 서양을 거스리지 않으려고 조심하였지만 조선과 같은 약자에게는 강하고 강자에게는 약한 교활함을 보였던 것이다.[25]

3. 동화정책과 인종주의

인종적 유사성을 인정하면서 동시에 종속의 이데올로기를 이용하여 식민지배를 정당화해야 하는 이중의 과제는 일본 특유의 동화정책에서 그 해결책을 찾았다. 흔히 일본의 동화정책은 프랑스제국의 동화정책을 따른 것으로 이해되지만 일본의 동화정책은 프랑스의 그것과 근본적으로 다른 동양적 색채를 강하게 띠고 있었다. 원래 동화주의의 배경에는

---

25) Duus, *The Abacus*, 198, 199, 403-410; Oka, *Five Political Leaders*, 30, 31, 42.

프랑스혁명의 사상적 배경인 자연법 사상과 계몽주의의 인간관이 있었다. 인간에게는 모든 사람이 공유하는 이성이 존재하기 때문에 유일보편의 진리나 자연법을 감지할 수 있으며, 유일보편의 자연법의 기본에서 만인은 평등하며 사람들 간의 격차는 탄생이 아니라 교육과 환경에 의해 발생한다는 사고였다. 이런 가운데서 계몽주의가 나타났고 이 사상에서 혁명과 인권선언만이 아니라 동화주의도 발생하였던 것이다.

그러나 일본제국에는 프랑스식 동화주의와 구분되는 특수한 양상이 몇 가지 있었다. 첫번째는 同文同種, 즉 식민 본국과 식민지가 함께 중국 문화권에 속한다는 사실이었다. 두 번째는 천황의 통치하에 있는 사람들은 누구라도 평등한 은혜를 받는다는 것을 뜻하는 一視同仁이라는 개념이고, 세 번째는 민족 전체가 천황을 우두머리로 하는 가족이라는 개념으로서 황족은 상상된 공동체의 우두머리 가족으로서의 위치를 부여받았다. 마지막으로 일본인은 역사적 경험으로부터 외국인이나 외래사상을 동화시키는 특수한 능력이 있다는 확신이었다. 동화는 하늘로부터 주어진 것으로 문제는 어떤 속도로 진행하는가일 뿐이라고 주장되었다. 급격한 동화정책을 옹호한 자들은 문명화의 사명을 완수하기 위해서는 조선인의 언어를 말살하고 급속하게 일본적 가치와 제도를 강제할 것을 주장하였다. 합병은 조선인의 '도덕적 전락'과 물질적 탐욕을 일본의 '정신적 자질'로 대체할 수 있게 해주는 '구제활동'이라는 것이었다. 따라서, 조선인의 문화와 언어를 말살해야 하는데, 그렇게 하지 않으면 도덕적으로 타락한 사람들의 민족주의와 민족자결이라는 '쌍둥이 죄악'을 부추길 뿐이라는 것이었다.[26)]

물론 동화정책에 대한 반대가 보수주의자와 자유주의자 모두에게서 심각하게 제기되었다. 그러나 이들의 비판은 한 발자국 더 나가면 민족자결론이 되는, 그런 것이 아니었다. 이들의 비판에는 무엇보다도 인종주의가 포함되었다. 1911년 대만 총독부 고위관리인 도오고 미노루가

26) Michael Weiner, *Race and Migration in Imperial Japan*(Routledge, 1994), 31.

「비동화론」이라는 평론을 발표하였다. 삿포로 농과대학에서 농정학을 전공하고 대만 식민정부의 관리가 된 도오고는 베를린대학에서 식민정책학을 배운 경험으로부터 폴란드에서 독일의 동화정책, 그리고 알제리아와 인도차이나에서 프랑스의 동화정책이 실패한 것을 알고 있었다. 그는 또 인도의 반란과 무질서도 영국이 인도 엘리트에게 서구식 교육을 시키고 거의 무제한한 자유를 허용했기 때문이라고 확신하였다. 그의 주장은 한마디로 식민지에서는 '원주민 사회에서 가장 적합한 종류 및 정도'의 교육만을 실시하고 전통적 관습을 존중하면서 경제적 이익을 높이는 '모국인 및 토인간의 공생주의'를 강화하는 것이었다. 비록 공생주의라는 말을 쓰고 있지만 동화주의에 대한 도오고의 비판은 확실하게 인종주의적 태도의 반영이었다. 그는 혼혈의 기피, 유전에 근거한 민족심리의 불가변성, 인류평등설의 오류, 식민지에서의 고등교육 유해론 등에 기반하여 조선과 대만은 일본의 연장이 아니라 분리되어 식민지로서 지배되어야 하며, "절대로 동등해서는 안 된다"고 주장하였다.[27)]

자유주의자 가운데에서도 동화주의에 대한 비판의 목소리가 제기되었다. 일본에서 식민정책학을 학문으로 수립한 니토베 이나조는 일본인으로서는 보기 드문 기독교도로서, 그리고 대만 식민지 정부의 관리로서 동화주의에 대한 비판을 제기하였다. 동화주의는 "800년의 장기간을 요하는 비현실적 정책"이라는 말로 동화주의의 비현실성을 강조한 그는 식민지 주민에게만 동화를 강제하지 말고, 본국인도 원주민의 장점을 적극적으로 배워야 한다고 주장하였으며, 일본은 식민의 성공이 '자비로 간을 맞춘 정의(justice seasoned with mercy)'라는 사실을 알아야 한다고 역설하였다. 그는 대만의 원주민들을 총독부가 토벌하려는 것에 반대하고 아이누의 보호를 주장하는 등 인도적 박애주의 사상가로 알려져 있지만 '식민은 문명의 전파'라는 그의 주장에서 제국주의적 사명에 대한 신념을 볼 수 있다. "인종간의 우열의 이유를 설명하는 것은 불가능하지만

27) 小態英人,「差別卽平等」,『歷史學硏究』662호(1994), 22, 23.

우열이 존재하는 것은 사실"이라는 말에서도 일본민족 우월론이 발견된다. 이러한 인종차별론은 종속된 민족의 정치적 독립권, 민족자결권을 전적으로 부정하게 만들었다. "식민지 통치자들은 자부심을 지켜야 한다. 단순히 원주민에게 친절한 것은 효율적이지 못하다. 미개인들은 공포에 의해서 움직인다"는 그의 주장 역시 마치 영국의 권위주의적 제국주의자였던 커즌이나 세슬 로즈가 할 법한 말이었다.[28)]

니토베보다 더욱 확고한 자유주의적 기반에서 동화정책을 반대한 사람이 동경 제국대학에서 니토베의 후임으로 식민정책학을 가르친 야나이하라였다. 인종의 우열이라는 표현을 사용하지 않은 유일한 식민정책학자가 야나이하라였다. "양복을 입고, 영어를 말하고, 영문학을 공부한다고 해서 인도인이 영국인이 되지는 않았다"는 말로 동화정책의 한계를 지적한 그는 동화주의 식민지 통치가 "정치적으로도, 경제적으로도, 그리고 교육적으로도 전부 본국 중심적"이라고 보았다. 그는 동화정책이 종속민에 대해 경제적 · 사회적 동화를 요구하지만 정치적 권리의 동화는 거부하는 것을 특색으로 한다는 점을 깨닫고 있었다.[29)] 그는 그 대안으로 영제국 본국과 자치령의 제휴협동을 모델로 한 식민지 의회의 설치를 제의하였다.

제국주의 종주국이 종속국을 영구히 지배, 착취하는 것은 불가능하다고 생각한 그는 민족주의의 필연적 승리를 믿었다. "조선에 가 보라, 길가의 돌조차 자유를 부르짖고 있다." 그렇지만 야나이하라조차 조선민족의 완전 독립을 상정하지는 않았으며 평화적인 식민지 영유와 분할을 찬성하였다는 한계를 보였다. 그는 제국주의적 지배를 부정한 것이 아니라

---

28) 淺田喬二, 『日本植民地研究史論』(未來社, 1990) 41; 新渡戶稻造, 「Japan as Coloniser」, 『新渡戶稻造全集』 제13권(敎文館, 昭和45/1970), 230; 小態英人, 「差別卽平等」, 24.

29) 矢內原忠雄, 「軍事的ど同化的: 日佛植民政策比較の一論」, 『帝國主義硏究』(白日書院, 昭和 23), 316; 矢內原忠雄, 「朝鮮統治上の二三の問題」, 같은 책, 340.

종속민이 최대한 정치적 · 경제적 · 사회적 · 문화적으로 해방될 수 있는 최선의 방책으로 자치를 실시할 것을 요구하였던 것이다. 그 역시 인종의 우열이라는 말을 직접 사용하지는 않았다 하더라도 내심으로는 문명의 차이를 믿고 있었다. 그는 또한 자치를 허용한다 해도 조선이 반드시 독립할 것이라고는 생각지 않았다. 자주적 존재를 인정해 주면 조선은 "일본에 대해 반항할 심리적 이유를 잃게 될 것"이고 "경제적 군사적 이해관계의 공통은 그 결합력을 발휘하게 될 것"이라고 보았던 것이다.[30)]

식민정책론을 연구한 학자 및 정책결정자들만이 아니라 식민지를 방문한 일반인도 동화정책의 어려움을 쉽게 인식하였다. 한 평자는 "이민족의 통치에 하등의 경험도 없는" 일본으로서는 조선이나 대만의 통치를 홋카이도나 오키나와의 개척이던가 아이누의 지배와 같은 식으로 간단하게 생각한 것이 무리는 아니라고 인정하고, 그러나 수천 년의 역사를 가진 조선 민족을 동화시킬 수 있다는 생각은 성급하다고 말하지 않을 수 없으며 특히 내지연장주의에 이르러서는 "대담, 무모하다고까지 말하지 않을 수 없다"고 의견을 피력하였다. 3천 년의 역사를 가지고 있는 1천 7백만 명의 민족을 동화시키는 것은 절대로 불가능하다는 판단이었다. 특히 일본이 제국주의 국가의 모범으로 존경한 영국이 아일랜드에서 겪는 어려움은 일본인들에게 귀중한 시사점을 제공해 주었다. 동화는 저급한 식민지인들로 하여금 당국의 의도를 이해하지 못하게 하여 그들을 불행하게 하고 원망을 품게 만들기 때문에 각 민족의 민도에 상응하는 정치를 해야 한다는 것이었다. 특히 풍속 습관의 세부에 이르기까지 동화정책을 주장하면 원주민의 반감을 도발하기 쉽다는 점이 지적되었다. 여기서는 영국의 인도에서의 통치방법 즉, 풍속 습관에는 하등 간섭하지

---

30) Mark Peattie, "Japanese Attitudes toward Colonialism 1895-1945," in *The Japanese Colonial Empire,* eds., R. Meyers & Peattie(Princeton University Press, 1984), 117; 矢内原忠雄, 「朝鮮統治의 方法」, 『中央公論』(大正15/1926 6월), 46, 47.

않으면서 "그 정치경제 생활에 있어서 요점을 확실히 장악하는" 등 "큰 문제는 장악하면서 작은 부분은 인도인 동지의 협력에 의해 통치를 용이하게 하는 점"이 더 교묘한 식민정책이라는 점이 강조되었다.[31]

동화정책은 지배자와 종속민의 진정한 융합의 필요성을 상정하였지만, 실제로 일본 제국주의는 그러한 이상이 실현될 수 있는 환경을 거의 만들지 않았다. 시행착오 끝에 일본이 채택한 길은 영국식도, 프랑스식도 아닌 모호한 타협의 길이었다. 문제를 더욱 복잡하게 만든 것은 각지 주민들과 일본과의 문화적 통합이 달성되지 않자 법적 · 제도적 측면에서의 제국의 통합을 강조하고 실현하고자 한 점에 있었다. 그러면서도 시민적 권리와 정치적 권리를 식민지에 확장하려는 의지는 결코 없었다. "대다수 조선인들은 독립을 원하는 것이 아니라 일본인과 같은 대우를 받기를 원한다"는 수상 하라의 발언에도 불구하고 1920년대 소위 다이쇼 민주주의 시기에도 그러하였다. 그 결과 단지 물질적 동화, 즉 일본 음식을 먹고, 일본 말을 하고, 일본식 집에서 살고, 일본식 옷을 입는 등의 기계적 수준에서 동화가 멈추었던 것이다. 이처럼 기계적 수준에 머물 수밖에 없었던 이유는 식민주의에 대한 일본인들의 이율배반적 태도, 즉 동화를 주장하면서도 내심으로는 동화를 믿지 않고 식민지인과의 차별성을 강조한 인종주의 때문이었다.

난폭한 인종차별의 실상과 동화정책의 허구성은 일본인들의 눈에도 명백하였다. 동경제대 법학교수이면서 자유주의자인 요시노 사쿠조는 조선 방문 후 일본인과 조선인의 인종적 · 문화적 유사성을 얘기하는 데라우치 행정부의 '분별 없는 레토릭'과 일본인들이 조선인을 바라보는 '인종적 · 문화적 모멸감' 간의 차이를 간파하였다. 요시노가 보기에 비교적 진보되어 있고 독특한 문화를 가진 조선인 같은 사람들을 동화하는 것은 어쨌든 어려운 일이었다. 『日本及日本人』의 한 평자도 "조선인 가

---

31) 濱田恒之助 & 大山長資, 『わが 植民地』 361, 367, 368; 蘇藤榮三郎, 『英國の植民政策』(大東出版社, 昭和14/1939), 368, 369.

운데에는 열등한 천민도 있지만 고상한 선비도 있어 그들을 일률적으로 여보, 이누마 등 비속어로 부르는 것은 난폭한 짓"이라고 한탄한 후, 일본인은 식민적 능력이 없는 국민이라고 자평하였다.[32] 그러나 식민지 정부는 일본인과 식민지인들의 결혼을 방해하고 위축시켰으며, 식민지에 거주하는 일본인들은 우월감을 지닌 채 그들만의 고립된 사회를 형성하고 자신들의 특권과 지위를 고집하였다. 일본은 서양 국가들과는 달리 결코 식민지인들로 구성된 분리된 병력을 편성하지 않았는데 제2차 세계대전중에 대만인과 조선인들이 징병되었지만 주로 노무부대에 편입되었고 별도의 전투 단위를 구성하도록 허용되지 않았던 것이다.

1930년대 보다 혹독한 재무장과 착취 및 획일화와 더불어 동화의 개념은 대동아 공영권과 동일시되어, 일본은 아시아인들의 인종적 조화와 통합이 어떤 서양 제국주의의 문명화의 사명보다도 고귀한 것이라고 주장하는 데 이르렀다. 이것은 조선에서 그 극단적 형태로 나타나 조선인의 언어는 물론 이름까지도 말살하려는 '식민적 전체주의'로 나타났다. 이제 동화주의는 부족한 정책이라는 비판을 받았다. 대동아전쟁중 永雄策郎은 세계 식민정책을 종속주의, 동화주의, 자치주의로 분류하고 일본의 식민정책은 그 중 어느 것도 아닌 일시동인주의라고 주장하였다. 종속주의는 노골적인 착취이며, 동화주의는 '가면 쓴 종속주의'에 다름 아니고, 자치주의는 식민지의 성숙을 방해하는 데 지나지 않는다고 기존의 세계 식민정책들을 모두 비난한 그는 일본의 일시동인이야말로 "진정한 인류애적 식민통치"라고 자화자찬하였다. 일본제국은 지역적으로, 인종적으로 볼 때 "어디까지나 운명공동체"라는 것이었다. '운명공동체'의 의미는 전쟁에의 강제징병으로 구체화되었다. 황당하게도 그는 조선에 이미 징병령이 적용되고 있는 것은 구미제국에는 절대 존재하지 않는, "근세적 식민운동에 있어 전례 없는 일"로서, "조선은 이미 일본 본국이 되었다고

32) Peattie, "Japanese Attitudes," 105; 中野正剛, 「同化政策論」(下), 『日本及日本人』 653호(大正4/1915).

말할 수 있지 않을까?"는 억지를 부리고 있었다.[33]

식민지 지배가 대중적 합법성이 없이 외부로부터 부과된 것이라면, 종속된 집단으로 하여금 그들 스스로의 열등함을 납득하고 이민족의 지배에 종속하도록 만들기 위해서는 종족적 우월감을 고양하는 것이 꼭 필요하였다. 식민지 지배자들은 종속민들에게 끊임없이 깊은 인상을 심어 주고 항상 우월한 정체성을 스스로와 종속민들에게 확인할 필요가 있었다. 아프리카에 주둔한 한 프랑스 장교는 "자신들이 선택된 인종이라는 믿음을 우월한 인종 스스로가 버릴 때 그들은 실제로 선택된 인종이기를 그만두는 것"이라고 갈파하였다.[34]

영국이 식민지로 삼은 곳은 대체로 제국주의 본국과 비교해서 문화 수준과 경제발전이 현저하게 뒤떨어진 원격지인 반면 일본은 역사적으로도 거의 같은 문화권에 속한 인접 지역에서부터 팽창하였다. 그리고 그 사실이 일제의 부담이 되었다. 영국인들이 문명의 차이를 근거로 만들어낸 종속민의 이미지가 본국에서는 용납될 수 없었을 정책을 식민지에서 실시하는 것을 정당화하는 데 쓰였다면, 조선인과의 인종적 · 문화적 유사성을 잘 알고 있던 일본인들은 그럴 수가 없었다. 따라서 인종적 유사성을 인정하면서 종속적 차별을 실시하는 정책이 필요하였다. 식민지인의 정체성을 일본인으로서의 정체성으로 치환하려는 시도는 그 내용과 목적에 있어 완전히 비현실적이었다. 공정한 체제 가운데서도 다른 언어와 문화를 가지고 있는 사람들의 성격과 가치관을 그렇게 단기간에 변화시키기가 어려웠을텐데, 하물며 일본제국에서처럼 지배자와 종속민 사이의 근본적인 불평등이 존재하고 국민으로서의 의무는 강조하면서 권

---

33) 永雄策郎, 『日本植民政策の動向』(有斐閣, 昭和19/1944) 411-413, 415.

34) A. G. Hopkins, *The Future of the Imperial Past*(inaugural lecture, Cambridge University, 12 March 1997), 19; Scott Cook, *Colonial Encounters in the Age of High Imperialism*(Harper Collins, 1996), 130, 131.

리는 인정받지 못한 곳에서 '황민화' 정책은 언어도단이었던 것이다.

1930년대 일본이 식민지를 경제적으로 더욱 착취하기 시작하면서, 본토에 가깝고 동심원적 지배의 안쪽에 위치한 조선 등의 직할 식민지에 대한 지배는 더욱 강화되어 구시대 제국주의적 지배의 성격을 더 한층 띠게 되었다. 지배의 이러한 복합구조는 영제국하에서 식민지의 확대와 함께 구래의 식민지가 자치령화, 준자치령화하면서 점차 자립성을 가지게 된 것과는 대조되는 현상이었다. 일본 제국주의의 경우에는 제국 권역의 확대에 따라 기존 억압체제가 보다 강화되는 방향으로 귀결되었던 것이다.

서양인들도 식민지를 근본적으로 제국주의 종주국의 이익을 위해 이용할 도구로 인식하였다. 그러나 영국의 경우에는 비록 오도된 것이기는 하나 종교가 뒷받침한 강한 사명감이 식민정책의 기저에 흐르고 있었다. 영국의 제국주의적 사고에는 서로 반대되는 그러면서도 영원히 공존하는 두 개의 흐름 즉, '강력하면서도 선하고 싶은 욕구'가 공존하고 있었다.[35] 권위주의적 제국주의자의 전형인 나이지리아의 총독 루가드를 보더라도 신에 대한 대단히 강한 경외심이 그의 생애를 사로잡고 있었던 사실을 알 수 있다. 그러나 일본은 종속민에 대한 의무감을 포함하는 식민주의 윤리를 결코 발달시키지 않았다. 일본에서도 제국 초기에는 이념상으로는 적어도 그러한 의무감을 주장한 사람들이 있었지만 곧 대차대조표의 원칙에 의해 경제적 이익과 지배의 성공과 실패를 평가하는 것이 지배적인 관심이 되었다. 일본 제국주의를 관찰한 서양인의 눈에 그들이 도덕적 요인을 결여하고 있음은 명백하였다. 식민지의 영국인 관리가 '공복 公僕이라는 개념의 이상형'이라면 일본제국 관리에게는 개인적인 동정심이 결여되어 있는 것으로 판단되었던 것이다.[36]

타자로서의 아일랜드, 타자로서의 조선인은 결국 영국인의 정체성과

---

35) Kathryn Tidrick, *Empire and the English Character*(I. B. Tauris, 1990), 198.

36) E. B. Milford, *Japan's Inheritance*(Fischer & Unwin, 1913) 343.

일본인의 정체성을 확인하고 강조하는 각각의 방법이었다. 영국과 일본의 식민정책은 우월하고 열등한 국민 사이에 내재하는 차이에 대한 가정에 확고하게 뿌리박고 있었다. 그것은 또한 종속민에게 종속적 정체성을 부여하고 그들에게 인종적으로 결정된 잠재력에 상응하는 역할과 기능을 담당하도록 강요하였다. 그러나 두 제국에서 공통적으로 발견되는 인종주의의 요소를 보더라도 영국인의 인종적 편견이 자신만만한 영국인의 정체성의 확인으로부터 발생하였다면, 일본인의 인종주의는 다른 동아시아인들과의 차별성을 강조하면서도 미개한 아시아인임을 부정할 수 없다는 정체성의 혼란에서 야기된 것이고, 그러한 정체성의 혼란이 일본제국의 인종주의를 더욱 심화시켰던 것이다.

제12장

제국주의의 대차대조표

이제까지 이 책에서 다루어 온 제국주의의 여러 모습들 가운데 중요한 문제들을 다시 점검해 보기로 하자. 홉슨 이래로 제국주의를 경제적 동기에 의한 현상으로 해석하는 오랜 경향이 있어 왔음은 제3장에서 살펴본 바와 같다. 그에 대한 반작용으로 최근에는 오히려 경제적 팽창과 영토의 통제와는 아무런 상관관계가 없었음을 강조하는 해석이 두드러지고 있다. 그렇다면 실제로 경제적 동기는 얼마나 중요한 요인이었는가? 우리는 여기서 경제적 동기가 항상 작용했던 것은 아니지만 그렇다고 경제적 해석을 무시할 수도 없음을 인정해야 할 것이다. 1840~1850년대 인도에서 영제국의 확장과 맨체스터 면직물 공업의 자유무역 제국주의 사이에는 분명 상관관계가 존재하였다. 그러나 19세기 말 아프리카에서의 팽창과 영국 경제의 요구 사이에는 아무런 관계가 없었음이 분명하다. 영국은 아프리카의 경제적 가치가 미미할 때 그 곳을 획득해서, 제2차 세계대전 후 경제적으로 그 곳이 영국에 이익이 될 수 있을 때 포기하였던 것이다. 이러한 사정은 영국만이 아니라 다른 유럽 국가들에서도 마찬가지였다. 제국의 팽창과 경제의 관계를 간단히 정리할 수는 없지만, 영제국의 경험으로부터 우리는 식민지를 획득하는 데 있어서 경제적 동기의 역할은 직접적이기보다 간접적이었다고 결론지을 수 있을 것이다.

제국주의는 근본적으로 그 의도와 결과에 있어 착취적이라는 가정에 대해서도 답하기가 쉽지 않다. 제국주의의 주된 목표는 자유로운 시장에서의 가격으로 얻을 수 있는 것보다 더 많은 부와 노동을 차출하는 것이다. 그러나 그 결과는 항상 기대에 부응하는 것이 아니었다. 영제국은 다른 여느 제국과 마찬가지로 경제적이건, 전략적이건 국가적 이기심의 추구의 산물이었다. 여러 번 강조되었듯이 식민지는 싸게 유지되어야 한다는 원칙을 견지하고 있던 영국에게 식민지는 통치비용을 능가하는 경제적 · 전략적 보상을 가져다 줄 것으로 기대되었다. 그러나 실제로 보상이 비용보다 더 컸는지는 제5장에서 분석되었듯이 논란의 대상이 되고 있는 문제이다. 무역에 종사하는 상인들, 특허권 소유자, 관료, 지역 엘리트 등 일부는 분명 제국으로부터 이득을 얻었다. 그러나 국가 전체로 보았을 때 이득이 있었는지는 확실하지 않은 것이다. 소수의 수혜자들과 압도적 다수의 민중 사이에는 분명 큰 괴리가 있었고, 국가의 이익이라고 생각된 것은 곧 국가를 이끌어 가는 지배 세력의 이익에 다름 아니었다.

영제국 내에서 행해진 착취의 흔적은 자명하다. 특히 인도는 착취당한 식민지의 대표적 케이스였다. 전 세계에 퍼져 있는 영제국을 위해 사용된 매우 중요한 자원이었던 인도 육군은 남아프리카에까지 진출하여 영국을 위해 제국주의 전쟁을 치른 영제국 병력의 주역이었다. 그리고 인도군은 전적으로 인도인들의 세금으로 유지되었다. 비슷한 방식으로 동인도회사가 처음으로 침투한 벵골지방은 인도 아대륙 전체의 정복을 위한 비용을 지불해야 했고, 인도는 이번에는 아시아, 중동지역에서 영국의 정복 비용을 부담해야 했다. 1900년 한 왕립위원회의 보고서는 "페르시아나 수에즈 운하는 인도를 위해 매우 중요한 관심이고 따라서 거기서 발생하는 모든 비용은 전적으로 인도가 부담해야 한다"고 주장하였다.[1] 페르시아와 수에즈 운하는 '영국'에게 매우 중요한 관심사이지 '인도'에게 그러했던 것은 아니었다. 영제국의 뻔뻔스러움이 여기서 여실히 드러나는 것이다.

---

1) Nederveen Pieterse, *Empire and Emancipation*(Pluto, 1989), 120.

그러나 전반적으로 평가해 볼 때 영국 식민주의는 식민지 주민들에게 일정 정도의 경제적 혜택을 가져다 준 것으로 보인다. 영국 식민지의 사회 간접자본 투자는 모든 유럽 식민지 가운데에서 가장 많았다. 물론 그것이 영국의 군사적 · 상업적 목표 때문이었을 수도 있다.[2] 그러나 비록 영국이 자신의 이익을 위해서 경제적 근대화의 엔진을 작동시켰다 해도 식민지 경제는 영국 경제에 편입됨으로써 근대화에 한 걸음 다가갈 수 있었던 것이다. 식민지 지배하에서 마련된 도로나 철도, 항만시설 등 근대화의 토대가 독립 후의 주변부 사회의 경제발전을 촉진시켰다는 점은 인정된다. 확실히 식민지 이전 시대에 존재하던 최저 수준의 경제하에서의 인구 대다수의 생활수준이 식민지 지배하의 근대적 경제가 가져다 준 것보다 높았다고 믿는 것은 '낭만적인 노스탤자'임에 틀림없다는 것이 대부분 연구자들의 결론이다.

그러나 영국은 종속국들을 세계경제에 통합시켜 세계시장의 위험과 보상에 노출시킴으로써 그들로 하여금 이익과 해독을 함께 경험하게 만들었다. 제국주의의 경제적 효과는 종주국과 종속국에 미친 영향의 깊이와 본질에 있어 불균등하였다. 결국 제국주의가 종속국들에 미친 경제적 효과는 착취와 봉사의 복잡한 망이었다고 결론지을 수 있을 것이다. 우리는 또한 식민주의가 그 어떤 물질적 혜택으로도 상쇄하지 못하는 정신적 고통을 수반하였다는 사실을 기억해야 할 것이다. 물론 영제국의 몇몇 지역에서는 노예제 폐지 등의 긍정적 면도 존재하였지만 제국주의 지배는 궁극적으로 국가적 독립의 상실, 개인적 자유의 제한, 정치적 소외, 그리고 인종주의적 차별과 모멸감이라는 부정적 결과를 야기하였다. 많은 사람들에게 제국주의의 가장 중요한 측면은 도덕적 측면이고 이 점에서 제국주의는 강하게 비난받아 온 것이다.

그러나 식민주의를 단순히 극단적인 인종주의로 보거나 파괴적 과정으로, 혹은 식민지 주민의 주권과 자율성을 철저하게 거부하는 것으로

---

2) David Landes, *The Wealth and Poverty of Nations*(Little Brown, 1998), 437.

인식하는 관점은 식민주의 기획이 식민주의자들에 의해 얼마나 자주 문명화와 진보를 위해 필요한 과업으로 간주되었는지를 간과하는 것이다. 따라서 한 역사가의 말대로 우리는 "악한과 수탈자만이 아니라 정직하고 총명한 식민주의 행위자들"도 설명해야 하는 것이다.[3] 마찬가지로 아프리카의 역사를 '어떻게 유럽이 아프리카의 발전을 저해했는가'라는 식으로 설명하면서 모든 것을 약탈과 노예제로 소급시켜 설명하려는 것도 너무 단순화된 접근 방식이다. 식민주의의 가장 사악한 단면인 노예무역은 유럽인 노예상인의 잘못만으로 벌어진 일은 아니었다. 유럽이나 아랍인 노예상인의 공범은 아프리카의 토착 지배자들이었다. 이쪽이나 저쪽이나 비슷한 정도의 책임을 져야 하는 사람들이 있었던 것이다.[4]

유럽 제국주의가 어떤 양상으로 표출되건 그것에 상관 없이 항상 내포되어 있던 명분은 문명화의 사명이었다. 특히 영국인들이 여기에 강한 집착을 보였는데, 그렇다면 이러한 이데올로기의 존재가 영제국의 지배와 다른 제국과의 차이를 야기하였는가? 제국주의적 이상주의와 제국주의적 실천과의 관계는 어떠하였는가? 결론부터 말한다면 제국적 이데올로기의 존재는 영제국의 성장을 설명해 주지는 못하지만 상당한 정도로 제국의 행동에 영향을 미쳤음이 사실인 것 같다. 영국에서는 19세기 말을 제외하고는 제국 자체를 위해 제국을 원하는 국수주의는 큰 세력이 되지 못하였다. 또한 제국의 원칙을 반대하는 세력도 매우 약했다. 양자 사이에는 '제국주의적 이상주의자'라고 부를 수 있는 영향력 있는 세력이 존재하였는데 이들은 제국의 존재를 국가적 의무 혹은 사명으로 간주하고, 그들의 지배가 종속민들에게 혜택이 가는 통치이어야 한다고 믿는 도덕적 신념을 가지고 있었다. 19세기 대부분의 영국인들이 이러한 문명화의 사명과 '성스러운 위임'으로서의 제국의 개념에 집착하였다. 마르크스 역시 식민주의의 진보적 측면을 확신하였고 그의 전통을 잇는 좌파

3) Nicholas Thomas, *Colonialism's Culture*(Polity, 1994), 14, 15.

4) 조셉 폰타나, 김원중 옮김, 『거울에 비친 유럽』(새물결, 1999), 193.

학자들조차 그의 확신에서 벗어나지 않는다. 물론 의무감과 이기심은 궁극적으로는 분리될 수 없는 것이었다. 그렇지만 본질적으로는 이기적인 목표를 가진 제국 체제라 해도 박애주의적이고 가부장적 충동에 의해 끊임없이 제한되고 부드러워지는 경향이 있었음은 사실이다. 여기서 만약 누군가의 식민지가 되어야만 한다면 영국의 식민지가 되는 것이 제일 낫다는 말이 생겨났던 것이다.

어떤 제국주의 국가는 다른 나라보다 나은 지배자였고 그들의 식민지는 독립 후에 다른 지역보다 나았다는 기준으로 판단한다면 영국이 '가장 덜 나쁜' 식민제국이었음은 사실이다. 대처 전 수상이 영연방 수상들에게 영국의 식민지였음을 고마워하라는 말을 했다는 것은 이러한 영국인들의 정신상태를 반영하는 것이다. 영국의 식민지 지배에 대한 전반적 평가는 지배의 우선적 목표가 영국의 이해관계를 보호하고 강화하는 것이었지만 이 목표와 갈등이 없는 한 식민지 주민들의 복지와 안녕이 자주 중요하게 고려되었다는 것이다. 특히 이상주의적 정책 결정자들의 수준에서 그러하였다는 평가이다. 게다가 영국인들은 만족한 신민들이 안정된 정부의 필수 불가결한 요소이며 일방적인 착취는 바람직한 식민지 지배 방식이 아니라는 사실을 인식하고 있었다. 그런 면에서 영국의 지배는 다른 제국들보다는 점잖은 편이었다는 것이다. 소설가 콘라드조차 『암흑의 핵심』에서 비록 제국주의는 나쁜 것이지만 영국인들은 그것을 다른 사람들보다는 덜 나쁘게 운영하고 있다는 메시지를 전달하고 있는 것이다.[5)]

그러나 동시에 영제국의 지배는 영국인들의 선민의식과 가부장적 충동 때문에 어떤 면에서는 다른 제국보다 더욱 옥죄이는 양상을 보였다.

---

5) Tapan Raychaudhuri, "British Rule in India: an Assessment," in *The Cambridge Illustrated History of the British Empire*, ed., P. J. Marshall(Cambridge University Press, 1996), 365; Deirdre David, *Rule Britannia: Women, Empire, and Victorian Writing*(Cornell University Press, 1995), 23.

영제국의 특징 가운데 하나는 그것이 대단히 인종주의적이었다는 사실에서 찾을 수 있다. 그들의 선민의식은 처음에는 이성적이고 합리적인 정치제도, 법체계, 막강한 경제적 세력 등에 근거했지만 19세기 중엽 이후 인종주의에 보다 기반을 두고 발달하게 되었다. 영국인들은 앵글로-색슨주의라고 부를 수 있는 독특한 인종주의를 발달시킴으로써 특유의 오만함으로 치달았다. 이 때문에 다른 나라 식민지에서는 많이 있는 일이었지만 영국인들은 식민지에서 원주민과의 혼합 결혼을 결코 묵인하지 않았고 혼혈아를 대단히 멸시하는 경향을 보였다. 영국인들은 극단적인 인종적 특권의식을 가지고 있었고, '백인의 지배는 이 특권에 의존하기 때문에 무슨 일이 있어도 유지되어야 한다'며 그러한 특권의식과 잔인함을 정당화하였다. 더욱 참을 수 없는 것은 영국인들의 오만함이었다. E. M. 포스터의 『인도로 가는 길』에서 무어 부인이 그녀의 아들 로니에게서 느끼는 것이 바로 이 오만함이었다. 만약 그에게 한 조각의 후회, 약아빠진 흉내가 아니라 마음으로부터의 진정한 후회가 있었다면 그것이 그를 전혀 다른 인간으로 만들었을 것이고, 영제국을 전혀 다른 제도로 만들었을 것이라고 무어 부인은 느끼는 것이다.

문명화의 사명이 야기한 역설적 결과는 그것의 진정한 공헌이 비유럽인들에게 어떻게 유럽 제국주의의 지배에 저항하는가를 가르친 데 있다. 장기적으로 봤을 때 기독교와 서구식 교육을 통해 식민지 사회를 재구성하려는 많은 제국주의자들의 의지는 식민지 사회에서 서구식 교육을 받은 민족주의자들이 전통적 정치를 넘겨받는 결과를 야기하였다. 제국주의의 모든 형태 가운데 가장 증오의 대상이 되는 문화적 제국주의가 실상 제국을 멸망시키는 데 가장 중요한 역할을 하였던 것이다. 제국은 본질적으로 자신을 파멸시킬 씨앗을 내포하고 있었다. 공식적 식민지 지배는 영국에게 항상 최후의 수단이었고 그것은 또한 비용이 적게 들어야 했기 때문에 새로 합병한 영토에 대한 간섭을 최소한으로 억제하는 것이 영국 행정의 당초 목표였다. 그러나 결국 최소한의 간섭만으로는 제국의 유지가 불가능했기 때문에 결국 최대한의 간섭으로 나아가게 마련이고,

궁극적으로 영국의 식민지 지배의 미묘한 균형은 파괴되고 말았다. 그 과정에서 선교사나 정부가 설립한 학교에서 서구식 교육을 받은 새로운 도시 엘리트들이 소규모 전통적인 협력자에게서 대중적 기반을 넘겨받게 된 것이었다. 소수 유럽인들이 다수 원주민들을 지배해야 하는 상황에서 이 과정은 어쩔 수 없는 것이었다.

제6장에서 다룬 협력과 협력자의 문제는 식민지 경험을 가진 우리에게 특별히 민감한 문제임에 틀림없다. 제국은 싸게 얻어질 수 있어야 가치가 있다는 영국인들의 기본원칙이 그들로 하여금 식민지 주민들 가운데 협력자를 구하게 만들었다. 토착 엘리트에 대한 의존의 정도는 다양했지만 아프리카에서 주로 행해진 간접통치로부터 인도식의 직접통치에 이르는 영국의 식민지 지배는 그 명칭과는 상관 없이 대체로 소수 유럽인들이 그들보다 훨씬 많은 수의 토착 엘리트의 협력을 유도해 내고 유지하는 체제에 의존하였다. 그러나 문제는 적은 비용으로 얻은 통제는 필연적으로 쉽게 무너지게 마련이라는 사실이었다.

1883년 인도에서 일버트 법안이 한창 논란 중일 때 부총독 존 스트라치 경은 인도의 영국 식민지 정부는 다른 어느 식민지 정부보다 상대적으로 덜 반감을 야기시켰지만 어떤 나라에서도 이민족의 정부가 진정 대중의 지지를 받는다는 것은 있을 수 없다는 사실을 지적하였다. 이에 대한 그의 대응은 가능한 한 인도인들의 통치 참여를 억제하는 것이었다.

> 이민족의 정부가 대중의 지지를 받을 수 없다는 근본적 사실을 잊는다면, 그리고 그들이 우리 정부가 신뢰할 수 있고 우리에 대한 강력한 지지자라는 전제하에서 더 많은 행정권을 원주민들에게 위임한다면 우리 지배의 종말은 시작될 것이다.[6)]

이 말은 제국주의 지배의 본성을 적나라하게 드러내고 있다. 한 학자에 따르면 식민제국은 식민지 주민의 철저한 착취와 충성심 확보라는 두

---

6) D. K. Fieldhouse, *The Colonial Empires*(Macmillan, 1982), 274.

개의 극단 사이에서 갈등하게 마련이며, 성공적인 식민지 지배를 유지하려면 그 중에서 하나를 선택하여야 한다. 즉 종주국이 식민지를 착취의 대상으로서 지배하고자 하고, 지배를 유지하려면, 비록 비인간적이기는 하지만 강압적 정책에서 물러서서는 안 된다는 것이다. 반대로, 식민지 주민의 충성심을 확보하려면 종주국은 식민지 주민들을 착취해서는 안 된다. 식민지 지배자는 그들의 이해심을 개발하고 정치적 참여를 합법화하는 데 필요한 희생을 감수해야 한다. 그런데 영국은 어느 한 쪽을 취할 수 없었고 그래서 결국 영제국은 몰락할 수밖에 없었다는 것이다.[7)]

여기서 제국은 궁극적으로 협력자가 아니라 힘과 위압에 의존하는 것이고, 이를 자유화하는 것은 지배를 완전히 붕괴시키는 것이 될 뿐이라는 결론이 도출되는 것이다. 스트라치 경이 지적했듯이 전제정이 양보를 할 때 그것은 언젠가 물러나게 마련이다. 그렇지만 동시에 절대적 권력을 유지할 수 있게 해주는 조건은 영원히 지속될 수 없었다. 거기에 유럽 제국주의의 고민이 있었던 것이다. 제국주의자들은 지배하기 위해서는 식민지 사회를 통일할 수밖에 없었다. 그러나 일단 통일이 이루어지면 지배는 곧 불가능해지게 마련이었다. 잘 알려진 "식민지는 익으면 떨어지는 과일과 같다"는 튀르고의 경구가 이러한 모순적인 상황을 표현한 말이었다. 독일의 경제학자 슐츠-게베르니쯔는 유럽이 처음에는 농업과 광업, 그리고 보다 힘든 상업에서 육체적 노동의 짐을 유색 인종들에게 넘기고 그들 자신은 금리생활자의 역할을 즐길 것이라고 예견하였다. 그렇지만 그럼으로써 아마도 유색 인종들의 경제적, 나중에는 정치적 해방의 길을 준비할지도 모른다고 전망하였다.[8)] 제국주의적 지배는 결국 종결될 수밖에 없는 운명인 것이다.

제국은 군사적 정복과 탐욕스러운 경제적 착취를 포함하였지만 또한

---

7) Richard Ned Lebow, *White Britain and Black Ireland: the Influence of Stereotypes on Colonial Policy*(Institute for the Study of Human Issues, 1976), 107.

8) Eric Hobsbawm, *The Age of Empire*(Weidenfeld & Nicolson, 1987), 83.

문화적 지배의 이상주의적이면서도 권위주의적인 기획들을 수립하기도 하였다. 그리고 이 서로 반대되어 보이는 요소들을 잘 결합시키거나 그 모순을 감추기 위해 제국주의 담론이 필요하였다. 제국주의 담론은 항상 식민지 주민들을 정형화하는 데 특징이 있다. 그러나 유럽인들이 식민지 주민을 영원히 변하지 않는 타자로 인식하고 정형화한 것은 돌이킬 수 없는 실수였다. 매우 자주 식민지 주민은 그들의 지배자를 흉내내고 따라잡으려 했기 때문이다. 예를 들어 영국의 지배는 확실히 인도인들의 이민족 지배에 대한 수동적, 혹은 능동적인 수용에 의존하였다. 그러나 그것이 바뀔 수 있고, 바뀌고 있다는 것을 영국인들이 인식하지 못한 점이 큰 실수였다. 영국인들은 단지 인도의 독립이란 불가능하며, 대다수 인도인들은 식민지 정부에 만족하고 있고 단지 선동가들에 의해 오도되고 있다고 믿었기 때문에 원주민의 정치운동을 진정한 위협으로 감지할 수 없었다. 영국은 제국이 영원할 것이라고 가정하였던 것이다.

많은 식민지 주민들이 식민지 지배를 받으면서 자신들의 정체성을 형성해 갔다. 그들은 지배자에 의해 정체성을 부여받고 그것을 내면화하면서, 혹은 그것에 저항하면서 자신의 정체성을 확인해 나아갔던 것이다. 아마도 이 점이 식민주의가 남긴 가장 중요한 단면이라고 말할 수 있을 것이다. 식민지 세계의 지도는 유럽인들에 의해 만들어졌다. 유럽인들이 그어 놓은 국경선은 사람들과 장소의 실상을 반영하지 못하였다. 특히 아프리카에서 그러하였다. 그럼에도 불구하고 신생 독립국들은 유럽인들이 그어 놓은 국경선을 신성한 것으로 유지하였는데, 그 이유는 무엇이 대체물이 될지 몰랐기 때문이기도 하였다. 그러나 제국주의적 지배는 결코 일방적인 것이 아니었다. 제국의 권력은 무한정한 것이 아니었으며 정부는 결코 배타적으로 지배자들만의 것이 아니었다. 권력이 실제로 어떻게 배분되었는가는 각 식민지마다 달랐고, 식민지 주민들이 이용할 여지가 있었던 것이다. 그리고 그 사실은 제국주의 지배자들도 알고 있었다. 호미 바바에 의하면 식민주의 권위의 상징은 식민지 종속민인 타자로부터 스스로를 구분하는 반복적인 과정을 통해 끊임없이 정의되고 재정의되어야 했으며, 식민지 주민들의 파괴적인 모방 텍스트에 대항해서 식민주의 세력은 끊임없이 스스로를 재형성한다는 것이다.[9] 따라서 최근 연구들은 제국주의적 지식과 권력의 일방적 통제라는 개념을 거부하고 상호연관 속에서 제국주의를 이해하려는 노력을 보인다.

식민지 주민의 정체성이 지배자들에 의해 형성된 것이라면 지배자들 역시 식민지 종속민이라는 타자를 통해 자신을 구성해 갔다. 지배자와 종속민은 서로를 타자로서 인식하였지만 타자 없이는 자기를 인식할 수 없는 운명에 처하게 되었다. 인도를 제외하고는 18세기 중반 이후의 영국의 역사는 생각조차 할 수 없는 것이 되고, 프랑스의 역사와 알제리아의 역사는 분리되어서는 연구될 수 없는 것이다. 물론 사이드가 『문화와 제국주의』에서 지적하듯이 양쪽에서 발견되는 비대칭은 놀랄 만하다. '너희가 현재의 너희가 된 것은 우리 덕분'이라는 태도가 양쪽 모두에서 발견되는 것이다. 그러나 보다 근본적으로는 과거의 죄를 사해 준다거나 혹은 원수를 갚는다는 차원이 아니라 서로를 배제하고는 이해할 수 없는 끈질기면서도 밀접한 관계를 제대로 이해하기 위해서 우리는 식민주의의 역사를 공부해야 하는 것이다.

이 책은 전적으로 서양 제국주의를 이해하려는 시도였다. 그러나 제국주의는 서양만이 아니라 전 세계에 걸친 현상이었고 역사의 모든 시대를 통해 제국주의적 국가들이 존재해 왔다. 따라서 제국주의를 서양의 발명품이나 독점물로 보는 것은 잘못이다. 물론 근대의 서양 제국주의는 근대 이후의, 혹은 비서양의 제국주의와는 다른 면모를 보였다. 19~20세기에 나타난 제국주의의 특징은 서양이 경제적 · 군사적 권력이라는 맥락에서 타의 추종을 불허하는 선두를 지키게 되면서 아시아, 아프리카 제국들이 점차 유럽제국들에 의해 대체되었다는 점이다. 서양의 근대 제국주의는 우월한 군사력과 지식에 의한 정복을 동반하였을 뿐만 아니라 그것을 바탕으로 그 희생지를 멀리 떨어져 있는 곳에서 찾았다는 점에서

9) David, *Rule Britannia*, 34.

다른 제국주의와 차이를 보인다.[10] 어찌 되었든지 서양의 경험과 비서양의 경험을 함께 연구해야 제국주의에 대한 전체적 이해가 가능할 것이다. 근대 비서양 세계에서 가장 뚜렷한 식민제국은 일본이었다. 제11장에서 다루어지고 있지만 일본의 제국주의는 서양식의 근대화를 모방해야 한다는 강박감과, 동양이면서 동양을 벗어나려는 오리엔탈리즘이 작용함으로써 더욱 혹독한 군국주의적 동화주의 정책으로 나아갔던 것이다. 서양 제국주의와 일본 제국주의의 비교연구는 여러 면에서 흥미로운 유사점과 차이점을 드러낼 것으로 전망된다.

현재 우리는 더 이상 제국주의의 굴레 속에 살고 있지 않다. 1945년 이후 세계는 탈식민의 과정을 겪어 왔다. 그러나 우리는 '탈식민'이라는 개념에 포함되어 있는 의미와 함정을 생각해 볼 필요가 있을 것이다. 공식적 제국의 종결이 탈식민이 아님은 이제 명백한 사실이다. 그것은 무엇보다도 현재 우리의 문화적·정신적 구조와 담론에서 적나라하게 드러난다. 아르헨티나는 150년간 스페인제국으로부터 독립해 있었고 홍콩은 이제 막 영국으로부터 독립했지만 아르헨티나가 홍콩보다 더 탈식민적이라고 말할 수는 없을 것이다. 제3장 3절에서 살펴본 탈식민이론은 이제까지 정치적·경제적 종속이라는 틀로만 제국주의를 바라보던 우리의 관점을 물질적 영역으로부터 문화적 영역으로 확대시켜 주었다. 문제는 이 이론이 제국주의라는 현상을 역사적으로 이해하는 데 얼마나 도움을 주는가에 있다. 그런 의미에서 담론 분석과 역사 연구는 아직 바람직한 결합상태에 도달하지 못한 것으로 판단된다. 그럼에도 불구하고 탈식민이론은 서양은 동양으로부터, 중심부는 주변부로부터 분리되어서는 아무런 의미가 없다는 사실, 그리고 지배자나 종속민 모두에게 의미를 부여하는 정체성의 범주는 권력의 맥락에서만 이해되어야 한다는 사실을 밝혀 주었다.

사이드의 지적처럼 유럽 제국주의는 여전히 우리 시대에 상당한 그림

10) Landes, *The Wealth and Poverty*, 423-425.

자를 드리우고 있다. 오늘날 살아 있는 어떤 북아메리카인, 아프리카인, 유럽인, 라틴 아메리카인, 인도인, 아시아인도 과거의 제국들이 남긴 영향으로부터 자유로울 수 없다. 우리가 제국주의를 공부하는 이유는 '비난의 정치'를 조장하려는 것이 아니라 과거의 제국주의자와 식민지 종속민들로 하여금 식민주의와 제국주의의 유산을 보다 잘 이해하게 하고, 어떻게 그것들이 우리 문화와 사회관계와 실천을 계속해서 형성하고 있는지를 깨닫게 하는 일이다.[11] 과거 그 자체보다 더 중요한 것은 그것이 현재 우리의 문화적 태도에서 가지고 있는 영향력을 이해하는 것이다. 우리의 궁극적인 목표는 식민주의가 남겨 놓은 의식체계와 담론으로부터 탈식민화하고 탈중심화하는 일일 것이다. 그리고 그것이 가능해졌을 때 동양과 서양, 중심부와 주변부는 진정 동등하게 서로를 바라볼 수 있을 것이다.

---

11) Edward Said, *Culture and Imperialism*(Vintage Books, 1994), xxiv.

참고문헌

Adas, William Michael ed. (1996) *Technology and European Overseas Enterprise*, Variorum.

Alston, Leonard (1907) *The White Man's Work in Asia and Africa*, Longman, Green and Co.

Anderson, Benedict (1983) *Imagined Communities*, Verso.

Armitage, David (1998) "Literature and Empire," in *The Oxford History of the British Empire* vol. 1. *The Origins of Empire*, ed., Nicholas Canny, Oxford University Press.

Atmore, A. (1984) "The Extra-European Foundations of British Imeprialism: Towards a Reassessment," in *British Imperialism in the Nineteenth Century*, ed., C. C. Eldridge, Macmillan.

Aylmer, G. E. (1998) "Navy, State, Trade and Empire," in *The Oxford History of the British Empire*, vol. 1. *The Origins of Empire*, ed., Nicholas Canny, Oxford University Press.

Bairoch, Paul (1986) "Historical Roots of Economic Underdevelopment: Myths and Realities," in *Imperialism and After*, ed., W. Mommsen & J. Osterhammel, Allen & Unwin.

______ (1993) *Economics and World History: Myths and Paradoxes*, Harvester.

Barker, F., P. Hulme & M. Iversen eds. (1994) *Colonial Discourse/Postcolonial Theory*, Manchester University Press.

Bayly, C. A. (1993) *Imperial Meridian: The British Empire and the World 1780-1830*,

Longman.

______ (1996) *Empire and Information: Intelligence Gathering and Social Communication in India 1780-1870*, Cambridge University Press.

Beaglehole, T. H. (1977) "From Rulers to Servants: The I.C.S. and the British Demission of Power in India," *Modern Asian Studies* II.

Beasley, W. G. (1991) *Japanese Imperialism 1894-1945*, Clarendon.

Bentley, M. & J. Stevenson eds. (1983) *High and Low Politics in Modern Britain*, Clarendon.

Bertram, Anton (1930) *The Colonial Service*, Cambridge University Press.

Bhabha, Homi K. (1994) *The Location of Culture*, Routledge.

______ (1994) "Of mimicry and man: the ambivalence of colonial discourse," in Bhabha, *The Location of Culture*, Routledge.

Bloomfield, Ann (1990) "Drill and dance as symbols of imperialism," in *Making Imperial Mentalities*, ed., J. A. Mangan, Manchester University Press.

Braddick, Michael (1998) "The English Government, War, Trade and Settlement, 1625-1688," in the *Oxford History of the British Empire*, vol. 1. *The Origins of Empire*, ed., Nicholas Canny, Oxford University Press.

Brantlinger, Patrick (1990) *Rule of Darkness: British Literature and Imperialism, 1830-1914*, Cornell University Press.

Breckenridge, Carol A. & Peter van der Veer eds. (1993) *Orientalism and the Postcolonial Predicament: Perspectives on South Asia*, University of Pennsylvania Press.

______ (1993) "Orientalism and the Postcolonial Predicament," in Breckenridge & Veer, *Orientalism and the Postcolonial Predicament: Perspectives on South Asia.*, University of Pennsylvania Press.

Brown, Judith & Roger Louis eds. (1999) *The Oxford History of the British Empire* vol. 4 *The Twentieth Century*, Oxford University Press.

Brown, M. (1972) "A Critique of Marxist theories of imperialism," in *Studies in the Theory of Imperialism*, eds., R. Owen and B. Sutcliffe, Longman.

Burke, Peter (1991) *New Perspectives on Historical Writing*, Polity.

_____ (1993) *The Art of Conversation*, Polity.

Burton, Antoinette (1998) *At the Heart of the Empire: Indians and the Colonial Encounter in Late-Victorian Britain*, University of California Press.

_____ (1992) "The White Woman's Burden: British Feminists and the Indian Woman, 1865-1915," in *Western Women and Imperialism*, eds., N. Chaudhuri & M. Strobel, Indiana University Press.

Cain, Peter and A. Hopkins (1980) "The Political Economy of British Expansion Overseas 1750-1914," *Economic History Review* XXXIII.

_____ (1986 & 1987) "Gentlemanly Capitalism and Britisn Expansion Overseas, I & II," *Economic History Review* XXXVIIII & XL.

_____ (1993) *British Imperialism* vol. 1. *Innovation and Expansion 1688-1914*; vol. 2. *Crisis and Deconstruction 1914-1990*, Longman.

Callaway, Helen & Dorothy Helly (1992) "Crusader for Empire: Flora Shaw/Lady Lugard," in *Western Women and Imperialism*, eds., Chaudhuri & Strobel, Indiana University Press.

Cameron, Rondo (1993) *A Concise Economic History of the World*, Oxford University Press.

Cannadine, David (1995) "The Empire strikes back," *Past and Present* no. 147.

Canny, Nicholas (1998) "The Origins of Empire," in the *Oxford History of the British Empire* vol. 1. *The Origins of Empire*, ed., Nicholas Canny, Oxford University Press.

Chamberlain, M. E. (1984) "Imperialism and Social Reform," in *British Imperialism in the Nineteenth Century*, ed., Eldridge, Macmillan.

Chapman, Richard A. & J. R. Greenaway (1980) *The Dynamics of Administrative Reform*, Croom Helm.

Chatterjee, Partha (1993) *The Nation and Its Fragments*, Princeton University Press.

Chaudhuri, Nupur & Margaret Strobel eds. (1992) *Western Women and Imperialism: Complicity and Resistance*, Indiana University Press.

Chaudhuri, Nupur (1995) "The Structure of the Indian Textile Industry in the Seventeenth and Eighteenth Centuries," in *Technology and European Overseas*

Enterprise, ed., W. M. Adas, Variorum.

Cheng, Vincent (1995) *Joyce, Race and Empire*, Cambridge University Press.

Coates, David (1994) *The Question of UK Decline*, Harvester.

Conklin, Alice & Ian C. Fletcher eds. (1999) *European Imperialism 1830-1930*, Houghteon Mifflin.

Colley, Linda (1992) *Britons*, Yale University Press.

Collini, Stefan (1993) *Public Moralists: Political Thought and Intellectual Life in Britain 1850-1930*, Clarendon.

Colls, Robert & Philip Dodd eds. (1987) *Englishness; Politics and Culture 1880-1920*, Croom Helm.

Cook, Scott (1996) *Colonial Encounters in the Age of High Imperialism*, Harper Collins.

Cooper, Frederic & Ann Stoler eds. (1997) *Tensions of Empire: Colonial Cultures in a Bourgeois World*, University of California Press.

Cunningham, Hugh (1987) "The Conservative Party and Patriotism," in *Englishness; Politics and Culture 1880-1920*, eds., R. Colls & P. Dodd, Croom Helm.

Curtis, L. P. (1997) *Apes and Angels: the Irishman in Victorian Caricature*, Smithsonian Institution Press.

Curtis, L. P. (1969) *Anglo-Saxons and Celts: A Study of Anti-Irish Prejudice in Victorian England*, University of Bridgeport, Conn.

Curzon, George (1908) "The True Imperialism," *The Nineteenth Century* vol. LXIII.

Darby, Philip (1987) *Three Faces of Imperialism: British and American Approaches to Asia and Africa 1870-1970*, Yale University Press.

Darwin, John (1994) *European Impeirlaism 1860-1914*, Macmillan.

______ (1991) The *End of the British Empire*, Basil Blackwell.

Deirdre, David (1995) *Rule Britannia: Women, Empire and Victorian Writing*, Cornell University Press.

Davin, Anna (1997) "Imperialism and Motherhood," in *Tensions of Empire: Colonial Cultures in a Bourgeois World*, eds., F. Cooper & A. Stoler, University of California Press.

Davis, Lance & R. Huttenback (1988) *Mammon and the Pursuit of Empire*, Cambridge

University Press.

_______ (1982) "The Political Economy of British Imperialism," *Journal of Economic History* vol. 42.

Deane, Seamus ed. (1990) *Nationalism, Colonialism, and Literature*, University of Minnesota Press.

Dirks, Nicholas (1992) *Colonialism and Culture*, University of Michigan Press.

Dodd, Philip (1987) "Englishness and the National Culture," in *Englishness; Politics and Culture 1880-1920*, eds., R. Colls & P. Dodd, Croom Helm.

Doyle, Michael (1986) *Empires*, Cornell University Press.

Duignan, Peter & L. H. Gann (1978) *The Rulers of British Africa 1870-1914*, Croom Helm.

Duus, Peter (1998) *The Abacus and the Sword: the Japanese Penetration of Korea 1895-1910*, University of California Press.

Edelstein, M. (1981) "Foreign investment and empire 1860-1914," in *The Economic History of Britain* vol. 2, eds., Roderick Floud & Deirdre N. McCloskey, Cambridge University Press.

Eldridge, C. C. ed. (1984) *British Imperialism in the Nineteenth Century*, Macmillan.

Eldridge, C. C. (1984) "Sinews of Empire: Chaning Perspectives," in *British Imperialism in the Nineteenth Century*, ed., Eldridge, Macmillan.

Feinstein, Charles (1990) "Britain's overseas investments in 1913," *Economic History Review* XLIII, 2.

Fieldhouse, D. K. (1982) *The Colonial Empires*, Macmillan.

_______ (1984) *Economics and Empire 1830-1914*, Macmillan, 1984.

_______ (1996) "For Richer, for Poorer?," in *The Cambridge Illustrated History of the British Empire*, ed., P. J. Marshall, Cambridge University Press.

Fisher, Michael (1991) *Indirect Rule in India: Residents and the Residency System 1764-1858*, Oxford University Press.

Floud, Roderick & Deirdre N. McCloskey eds. (1981) *The Economic History of Britain* vol. 2, Cambridge University Press.

Fontana, Joseph, 김원중 옮김 (1999) 『거울에 비친 유럽』, 새물결.

Gallagher, John (1982) *The Decline, Revival and Fall of the British Empire*, Cambrige University Press.

Gallagher, John & Ronald Robinson (1953) "The Imperialism of Free Trade," *Economic History Review* VI, 1.

——— (1961) *Africa and the Victorians*, Doubleday.

——— (1980) "The Partition of Africa," in *The New Cambridge Modern History* vol. xi., Cambridge University Press.

Gamble, A. (1985) *Britain in Decline*, Macmillan.

Gellner, Ernest (1983) *Nations and Nationalism*, Cornell University Press.

Graham, Colin (1994) "'Liminal Spaces': Post-Colonial Theories and Irish Culture," *Irish Review* no. 16.

Greenberger, Allen (1969) *The British Image of India: A Study in the Literature of Imperialism 1880-1960*, Oxford University Press.

Greene, Jack (1998) "Empire and Identity: from the Glorious Revolution to the American Revolution," in the *Oxford History of the British Empire* vol. 2 *The Eighteenth Century*, ed., P. J. Marshall, Oxford University Press.

Gregory, Robert (1981) "Co-operation and Collaboration in colonial East Africa: the Asians' Political Role 1890-1964," *African Affairs* 80.

Haggis, Jane (1998) "White Women and Colonialism: towards a non-recuperative history," in *Gender and Imperialism*, ed., Clara Midgley, Manchester University Press.

Hall, Catherine (1998) "Going a-Trolloping: imperial man travels the Empire," in *Gender and Imperialism*, ed., Clara Midgley, Manchester University Press.

Hashikawa, Buso (1980) "Japanese Perspectives on Asia: from Dissociation to Co-prosperity," in *The Chinese and the Japanese*, ed., Akira Iriye, Princeton University Press.

Headrick, Daniel (1981) *The Tools of Empire: Technology and Imperialism in the Nineteenth Century*, Oxford University Press.

——— (1991) *The Invisible Weapon: Telecommunications and International Politics 1851-1945*, Oxford University Press.

______ (1988) *The Tentacles of Progress: Technology Transfer in the Age of Imperialism 1850-1940*, Oxford University Press.

Hecher, Michael (1975) *Internal Colonialism: The Celtic Fringe in British National Development 1536-1966*, University of California Press.

Heussler, Robert (1981) *British Rule in Malaya 1867-1914*, Clio, Oxford.

Hill, Christopher (1989) "History and Patriotism," in *Patriotism: the Making and Unmaking of British National Identity*, vol. 1, ed., R. Samuel, Routledge.

Hobsbawm, Eric (1968) *Industry and Empire*, Pantheon.

______ (1987) *The Age of Empire*, Weidenfeld & Nicolson.

Hobson, J. A. (1968) *Imperialism: A Study*, George Allen & Unwin.

Hopkins, A. G. (1997) *The Future of the Imperial Past*, inaugural lecture, Cambridge University, 12 March.

Hunt, Margaret (1993) "Racism, Imperialism, and the Traveler' s Gaze in Eighteenth-Century England," *Journal of British Studies* 32.

Huttenback, Robert (1976) *Racism and Empire*, Cornell University Press.

Hyam, Ronald (1992) *Empire and Sexuality*, Manchester University Press.

______ (1993) *Britain's Imperial Century 1815-1914*, Barnes & Noble.

Inden, Ronald (1994) *Imagining India*, Blackwell.

Iriye, Akira ed. (1980) *The Chinese and the Japanese*, Princeton University Press.

James, Lawrence (1995) *The Golden Warrior: the Life and Legend of Lawrence of Arabia*, Abacus.

Jansen, Marius (1984) "Japanese Imperialism: Late Meiji Perspectives," in *The Japanese Colonial Empire, 1895-1945,* eds., R. Myers and Mark Peattie, Princeton University Press.

______ (1980) *Japan and its World*, Princeton University Press.

Jeffery, Keith (1996) "The Irish military tradition and the British Empire," in *An "Irish Empire"? Aspects of Ireland and the British Empire*, ed., Jeffery, Manchester University Press.

Judd, Denis (1996) *Empire: the British Imperial Experience from 1765 to the Present*, Fontana.

Kanya-Forstner, S. (1976) "A Final Comment on the Value of Robison & Gallergher" in *Imperialism: the Robinson and Gallagher Controversy*, ed., Wm. Roger Louis, New Viewpoints.

Kaye, Harvey (1995) "Introduction: Imperialism and its Legacies," in *Imperialism and its Contradiction*, ed., V. G. Kiernan, Routledge.

Kemp, Tom (1972) "The Marxist theory of imperialism," in *Studies of the Theory of Imperialism*, eds. Owen & Sutcliffs, Longman.

Kennedy, Paul (1984) "Continuity and Discontinuity in British Imperialism 1815-1914," in *British Imperialism in the Nineteenth Century*, ed., Eldridge, Macmillan

______ (1989) "Debate: the Costs and Benefits of British Imperialism 1846-1914," *Past and Present*, no. 125.

Kennedy, Dane (1996) "Imperial History and Post-Colonial Theory," *Journal of Imperial and Commonwealth History* vol. 24, no. 3.

Kiernan, V. G. ed. (1995) *Imperialism and its Contradiction*, Routledge.

Kipling, Rudyard (1991) *Something of Myself and Other Autobiographical Writings*, ed., Thomas Pinney, Cambridge University Press.

Koebner, Richard (1961) *Empire*, Cambridge University Press.

Landes, David (1998) *The Wealth and Poverty of Nations*, Little Brown.

Lawson, Philip (1994) *The East India Company*, Longman.

Lazarus, Neil (1994) "National consciousness and the specificity of (post) colonial intellectualism," in *Colonial Discourse/Postcolonial Theory*, eds., F. Barker, P. Hulme and M. Iversen, Manchester University Press.

Lebow, Richard Ned (1976) *White Britain and Black Ireland: the Influence of Stereotypes on Colonial Policy*, Institute for the Study of Human Issues.

Lenin, V. 박상철 옮김, (1992) 『제국주의: 자본주의의 최고단계로서』, 돌베개.

Lloyd, T. O. (1991) *The British Empire 1558-1983*, Oxford University Press.

Louis, Wm. Roger ed. (1976) *Imperialism: the Robinson and Gallagher Controversy*, New Viewpoints.

Low, D. A. (1993) *Eclipse of Empire*, Cambridge University Press.

MacDonald, Robert (1994) *The Language of Empire: Myths and Metaphors of Popular*

Imperialism 1880-1918, Manchester University Press.

Mackay, Jane & Pat Thane (1987) "The Englishwoman," in *Englishness; Politics and Culture 1880-1920*, eds., R. Colls & P. Dodd, Croom Helm.

Mackenzie, John ed. (1986) *Imperialism and Popular Culture*, Manchester University Press.

——— (1988) *Propaganda and Empire*, Manchester University Press.

——— ed. (1992) *Popular Imperialism and the Military 1850-1950*, Manchester University Press.

——— (1992) "Heroic myths of empire," in *Popular Imperialism and the Military 1850-1950*, ed., John Mackenzie, Manchester University Press.

MacLeod, Roy (1988) *Government and Expertise Specialist, Administrators and Professional 1860-1919*, Cambridge University Press.

Mangan, J. A. (1986) "The Grit of our Forefathers: invented traditions, propaganda and Imperialism," in *Imperialism and Popular Culture*, ed., John Mackenzie, Manchester University Press.

——— ed. (1990) *Making Imperial Mentalities*, Manchester University Press.

Marshall, P. J. (1995) "Imperial Britain," *Journal of Imperial and Commonwealth History* vol. 23, no. 3.

——— ed. (1996) *The Cambridge Illustrated History of the British Empire*, Cambridge University Press.

——— (1996) "Introduction" & "The History of the Empire," in *The Cambridge Illustrated History of the British Empire*, ed., P. J. Marshall, Cambridge University Press.

——— (1996) "The World Shaped by Empire," in *The Cambridge Illustrated History of the British Empire*, ed., P. J. Marshall, Cambridge University Press.

——— (1996) "Empire in Retrospect," in *The Cambridge Illustrated History of the British Empire*, ed., P. J. Marshall, Cambridge University Press.

Midgley, Clare ed. (1998) *Gender and Imperialism*, Manchester University Press.

Milford, E. B. (1913) *Japan's Inheritance*, Fischer Unwin.

Mills, Sara (1993) *Discourses of Difference: An Analysis of Women's Travel Writing and Colonialism*, Routledge.

Misra, B. B. (1977) *The Bureaucracy in India*, Oxford University Press, Delhi.

Mokyr, Joel ed. (1985) *The Economics of the Industrial Revolution*, Rowman & Allanheld.

Mommsen, W. (1981) *Theories of Imperialism*, Random House.

——— (1986) "The end of empire," in *Imperialism and After*, eds., W. Mommsen and J. Osterhammel, Allen and Unwin.

Mommsen, Wolfgang & Jürgen Osterhammel ed. (1986) *Imperialism and After*, Allen & Unwin.

Moore, R. J. (1984) "India and the British Empire," in *British Imperialism in the Nineteenth Century*, ed., C. C. Eldridge, Macmillan.

Morgan, K. (1987) *Labour in Power 1945-1951*, Oxford University Press.

Muirhead, J. H. (1900) "What Imperialism Means," *Fortnightly Review* CCCCIV.

Myers, R. and Mark Peattie eds. (1984) *The Japanese Colonial Empire 1895-1945*, Princeton University Press.

Nigam, Rajk (1985) *Memoirs of old Mandarins of India*, Documentation Centre for Corporate & Business Policy Research, New Delhi.

O'Brien, Patrick (1982) "European Economic Development: the Contribution of the Periphery," *Economic History Review* XXXV, No. 1.

——— (1988) "The Costs and Benefits of British Imperialism 1846-1914," *Past and Present* , no. 120.

——— (1997) "Intercontinental Trade and the Development of the Third World since the Industrial Revolution," *Journal of World History*, vol. 8, no.1.

Offer, Avner (1993) "The British Empire, 1870-1914: a waste of money?," *Economic History Review*, xlvi, 2.

Oka, Yoshitake (1986) *Five Political Leaders of Modern Japan*, University of Tokyo Press.

Osterhammel, Jürgen (1997) *Colonialism*, Markus Wiener.

Owen, Roger and Bob Sutcliffs eds. (1972) *Studies in the Theory of Imperialism*, Longman.

Pearson, Keith, Benita Parry & Judith Squires eds. (1997) *Cultural Readings of Imperialism: Edward Said and the Gravity of History*, St. Martin's.

Peattie, Mark (1996)『植民地』, 讀賣新聞社.

——— (1984) "Japanese Attitudes toward Colonialism 1895-1945," in *The Japanese Colonial Empire*, eds., R. Meyers & M. Peattie, Princeton University Press.

Pelling, Henry (1983) "The Labour Government of 1945-1951," in *High and Low Politics Modern Britain*, eds., Bentley & Stevenson, Clarendon.

Pieterse, Nederveen (1989) *Empire and Emancipation*, Pluto.

Pollard, Sidney (1991) *Britain's Prime and Britain's Decline*, Edward Arnold.

Porter, Andrew (1994) *European Imperialism 1860-1914*, Macmillan.

——— (1996) "Empires in the Mind," in *The Cambridge Illustrated History of the British Empire*, ed., P. J. Marshall, Cambridge University Press.

Porter, Andrew, Alaine Low & Wm. Roger Louis eds. (1999) *The Oxford History of the British Empire* vol. 3 *The Nineteenth Century*, Oxford University Press.

Porter, Bernard (1975) *The Lion's Share: a Short History of British Imperialism 1850-1970*, Longman.

Potter, David (1973) "Manpower shortage and the end of colonialism," *Modern Asian Studies*, 7.

Prakash, Gyan ed. (1995) *After Colonialism*, Princeton University Press.

——— (1995) "Introduction: After Colonialism," in *After Colonialism*, ed., Prakash, Princeton University Press.

Pratt, Mary Louise (1992) *Imperial Eyes: Travel Writing and Transculturation*, Routledge.

Pyle, Kenneth (1969) *The New Generation in Meiji Japan*, Stanford University Press.

Ramusack, Barbara (1992) "Cultural Missionaries, Material Imperialists, Feminist Allies: British Women Activists in India 1865-1945," in *Western Women and Imperialism*, eds., Chaudhuri & Strobel, Indiana University Press.

Raychaudhuri, Tapan (1996) "British Rule in India,: an Assessment," in *The Cambridge Illustrated History of the British Empire*, ed., P. J. Marshall, Cambridge University Press.

Reader, W. J. (1988) *At Duty's Call: A Study in Obsolete Patriotism*, Manchester University Press.

Reinsch, Paul (1916) *Colonial Government*, Macmillan.

Reynolds, David (1996) *Britannia Overruled*, Longman.

Rich, Paul (1990) *Race and Empire in British Politics*, Cambridge University Press.

Richards, Thomas (1993) *The Imperial Archive: Knowledge and the Fantasy of Empire*, Verso.

Robbins, Keith (1998) *Great Britain: Identities, Institutions and the Idea of Britishness*, Longman.

Robinson, Ronald (1972) "Non-European Foundations of European Imperialism: sketch for a theory of collaboration," in *Studies in the Theory of Imperialism*, eds., Owen & Sutcliff, Longman.

______ (1986) "The Excentric Idea of Imperialism, with or without Empire," in *Imperialism and After*, eds., W. Mommsen & J. Osterhammel, Allen & Unwin.

Rutherford, Jonathan (1997) *Forever England: Reflections on Masculinity and Empire*, Lawrence & Wishart.

Said, Edward, 박홍규 옮김, (1994) 『오리엔탈리즘』, 교보문고.

______ (1994) *Culture and Imperialism*, Vintage Books.

Samuel, R. ed. (1989) *Patriotism: the Making and Unmaking of British National Identity*, vol. 1, Routledge.

Schreuder, D. M. (1988) "Ireland and the expertise of imperial administration," in *Government and Expertise Specialist, Administrators and Professional 1860-1919*, ed., Roy MacLeod, Cambridge University Press.

Seeley, J. R. (1925) *The Expansion of England*, Macmillan.

Semmel, Bernard (1960) *Imperialism and Social Reform: English Social Imperial Thought 1895-1914*, Doubleday.

Sikka, Ram Parkash (1984) *The Civil Service in India: Europeanization and Indianization under the East India Company 1765-1857*, UPPAL Publishing House, New Delhi.

Singh, Chandrahas (1989) *The Civil Service in India 1858-1947*, Atma Ram & Sons,

Delhi.

Sinha, Mrinalini (1995) *Colonial Masculinity*, Manchester University Press.

Smith, Tony (1981) *The Pattern of Imperialism*, Cambridge University Press.

Snyder, Jack (1991) *Myth of Empire*, Cornell University Press.

Springhall, John (1986) "'Up Guards and At them!': British imperialism and popular art 1880-1914," in *Imperialism and Popular Culture*, ed., John Mackenzie, Manchester University Press.

Spurr, David (1993) *The Rhetoric of Empire: Colonial Discourse in Journalism, Travel Writing, and Imperial Administration*, Duke University Press.

Stanley, Brian (1992) *The Bible and the Flag*, Apollos.

Stockwell, A. J. (1996) "Power, Authority, and Freedom," in *The Cambridge Illustrated History of the British Empire*, ed., P. J. Marshall, Cambridge University Press.

Sturgis, James (1984) "Britain and the New Imperialism," in *British Imperialism in the Nineteenth Century*, ed., Eldridge, Macmillan.

Summerfield, Penelope (1981) "The Effingham Arms and the Empire," in *Popular Culture and Class Conflict 1590-1914*, eds., Yeo, Eileen & Yeo, Stephen, Harvester Press.

Tanaka, Stefan (1993) *Japan's* Orient, University of California Press.

Taylor, Miles (1991) "Imperial et Libetas?: Rethinking the Radical Critique of Imperialism during the Nineteenth Century," *Journal of Imperial and Commonwealth History* , vol. 19, no. 1.

Thomas, Nicholas (1994) *Colonialism's Culture: Anthropology, Travel and Government*, Princeton University Press.

Tidrick, Kathryn (1990) *Empire and the English Character*, I B Tauris & Co.

Warren, Allen (1986) "Citizens of the Empire: Baden-Powell, Scouts and Guides and an Imperial Ideal, 1900-40," in *Imperialism and Popular Culture*, ed., John Mackenzie, Manchester University Press.

Webb, Sidney & Beatrice Webb (1992) *The Webbs in Asia: The 1911-12 Diary*, ed., George Feaver, Macmillan.

Wehler, Hans-Ulrich (1970) "Bismarck's Imperialism 1862-1890," *Past and Present*, no. 48.

Weiner, Michael (1994) *Race and Migration in Imperial Japan*, Routledge.

Wesseling, Henk (1991) "Overseas History," in *New Perspectives on Historical Writing*, ed., Peter Burke, Polity.

Wesseling, H. L. (1986) "Imperialism and Empire: an Introduction," in *Imperialism and After*, eds., Mommsen & Osterhammel, Allen & Unwin.

Wilson, Kathleen (1995) *The Sense of the People*, Cambridge University Press.

Wilson, Keith ed. (1987) *British Foreign Secretaries and Foreign Policy*, Croom Helm.

Wolport, Stanley (1997) *A New History of India*, Oxford University Press.

君島和彦, 「植民地支配の構造」, 淺田喬二 編, 『帝國日本どアジア』(吉弘文館, 1994).

宮本盛太郎, 『近代日本政治思想の座標』(有斐閣, 1990), 29.

古屋哲夫, 「日本帝國主義の成立おめぐて」, 『歴史學研究』 202호(1956).

大江志乃夫, 「東アジア新舊帝國の交替」, 『近代日本ど植民地』 第1券, 『植民地帝國日本』(岩波, 1992)

大日本文明協會, 『歐美人の日本觀』(上 中 下)(原書房, 明治 41/1907).

濱田恒之助 & 大山長資, 『わが 植民地』(富山房, 昭和 2/1927).

小態英人, 「差別卽平等」, 『歴史學研究』 662호(1994).

蘇藤榮三郎, 『英國の植民政策』(大東出版社, 昭和 14/1939).

小峰和夫, 「開國期における海外植民論」, 淺田喬二 編, 『帝國日本どアジア』

矢內原忠雄, 「軍事的ど同化的: 日佛植民政策比較の一論」, 『帝國主義研究』(白日書院, 昭和 23/1948).

矢內原忠雄, 「朝鮮統治上の二三の問題」, 『帝國主義研究』(白日書院, 昭和 23/1948).

———, 「朝鮮統治의 方法」, 『中央公論』(大正15/1926, 6월).

新渡戸稲造, 「Japan as Coloniser」, 『新渡戸稲造全集』 제13권(教文館, 昭和 45/1970).

岩波 講座, 『近代日本ど植民地』 總 8券(岩波, 1992).

永雄策郎, 『日本植民政策の動向』(有斐閣, 昭和 19/1944).

中野正剛, 「同化政策論」(下), 『日本及日本人』 653호(大正 4/1915).
淺田喬二, 『日本植民地研究史論』(未來社, 1990).
淺田喬二 編, 『帝國日本とアジア』(吉弘文館, 1994).
後藤新平, 『日本膨脹論』(通俗大學會, 大正 5/1916).

강동진, 『일본언론계와 조선 1910-1945』(지식산업사, 1987).
강상중, 『오리엔탈리즘을 넘어서』(이산, 1997).
김경택, 「韓末 東學敎門의 政治改革思想 硏究」(연세대학교 석사논문, 1990).
김도형, 「日帝侵略 初期(1905-1919) 親日勢力의 政治論 硏究」, 『계명사학』 제3집(1992).
———, 「한말 친일파의 등장과 문명개화론」, 『역사비평』 3호(1993 겨울).
권태억 외 편, 『근현대 한국탐사』(역사비평, 1995).
나종일 · 송규범, 『영국의 역사』 상 · 하(한울, 2005)
나카니시 테루마사, 서재봉 옮김, 『대영제국 쇠망사』(까치, 2000)
박지향, 『영국적인, 너무나 영국적인』(기파랑, 2006)
박찬승, 『한국 근대 정치사상사 연구』(역사비평, 1992).
박형지 · 설혜심, 『제국주의와 남성성』(아카넷, 2004)
서정훈, 『바르게 본 홉슨의 제국주의론』(울산대학교출판부, 2005)
스미스, 사이먼, 이태숙 · 김종원 역, 『영국 제국주의』(동문선, 2001)
이명화, 「日帝의 轉向工作과 民族主義者들의 變節」, 『한국독립운동사연구』 제10집(1996).
퍼거슨, 닐, 김종원 역, 『제국』(민음사, 2006)
한영우 · 권태억 외, 『시민을 위한 한국역사』(창작과비평, 1997).

찾아보기

ㅎ

박지향(朴枝香)

1953년 서울에서 태어나 서울대학교 문리과대학 서양사학과를 졸업하고 동 대학원에서 석사학위를 받았다(1978). 동아일보 기자를 잠시 거쳐 뉴욕 주립대학(스토니브룩 소재)에서 역사학 전공으로 철학박사 학위를 받았다(1985). 뉴욕 프렛대학, 인하대학교 교수를 지냈고, 동경대학과 케임브리지대학의 객원교수를 거쳤다. 1992년부터 서울대학교 서양사학과 교수로 재직하였으며, 서울대학교 도서관장, 한국 영국사학회 회장, 국사편찬위원회 위원 등을 역임했다. 현재 서울대학교 명예교수이다.

저서

Profit-Sharing and Industrial Co-partnership in British Industry 1880-1920: Class Conflict or Class Collaboration? (NY: Garland, 1987)

『영국사: 보수와 개혁의 드라마』(까치, 1997)

『슬픈 아일랜드: 역사와 문학 속의 아일랜드』(새물결, 2002)

『일그러진 근대: 100년 전 영국이 평가한 한국과 일본의 근대성』(푸른역사, 2003)

『만들어진 전통』(휴머니스트, 2004)(번역)

『영웅 만들기: 신화와 역사의 갈림길』(휴머니스트, 2005)

『해방 전후사의 재인식 1, 2』(책세상, 2006)(편집)

『영국적인, 너무나 영국적인』(기파랑, 2006)

『슬픈 아일랜드』(기파랑, 2008)

『클래식 영국사』(김영사, 2012)

『정당의 생명력: 영국 보수당』(서울대학교출판문화원, 2017)

『근대로의 길: 유럽의 교훈』(세창출판사, 2017)

『제국의 품격: 작은 섬나라 영국은 어떻게 세계를 지배했는가』(21세기북스, 2018)

『평등을 넘어 공정으로』(김영사, 2021)

그 외 *Past and Present*, *Journal of Contemporary History*, 『서양사론』, 『역사비평』 등 국내외 학술저널에 60여 편의 논문을 발표했다.

서양의 역사 총서

제국주의

신화와 현실

초판 1쇄 발행 2000년 3월 10일
초판 9쇄 발행 2021년 7월 15일

지은이 박지향

펴낸곳 서울대학교출판문화원
주소 08826 서울 관악구 관악로 1
도서주문 02-889-4424, 02-880-7995
홈페이지 www.snupress.com
페이스북 @snupress1947
인스타그램 @snupress
이메일 snubook@snu.ac.kr
출판등록 제15-3호

ISBN 978-89-521-1820-2 93900